Communicating

中西相遇　文明互鉴

本书为国家社科基金重大项目"多卷本《中国文化域外传播百年史（1807—1949）》"阶段性成果。（项目批准号：17ZDA195）

★国际汉学研究书系★

张西平 主编

西方汉学史
汉学先驱与中国古典文献学的发展

[美] 韩大伟（David B. Honey）著

李真 程钢 管永前 主译

Incense at the Altar:
Pioneering Sinologists and the Development of Classical Chinese Philology

中原出版传媒集团
中原传媒股份公司

大象出版社
·郑州·

图书在版编目(CIP)数据

西方汉学史：汉学先驱与中国古典文献学的发展／
(美)韩大伟(David B. Honey)著；李真，程钢，管永前
主译.— 郑州：大象出版社，2024.2
（国际汉学研究书系／张西平主编）
ISBN 978-7-5711-1904-1

Ⅰ.①西⋯ Ⅱ.①韩⋯ ②李⋯ ③程⋯ ④管⋯
Ⅲ.①汉学-历史-西方国家 Ⅳ.①K207.8

中国国家版本馆 CIP 数据核字(2023)第 234879 号

本书中的中文简体字版由 The American Oriental Society 授权大象出版社出版，未经大象出版社书面许可，任何人或单位不得以任何形式复制或抄袭本书的任何内容。
著作权合同备案号：豫著许可备字-2023-A-0142

西方汉学史：汉学先驱与中国古典文献学的发展

XIFANG HANXUESHI:HANXUE XIANQU YU ZHONGGUO GUDIANWENXIANXUE DE FAZHAN

[美]韩大伟(David B. Honey) 著

李 真 程 钢 管永前 主译

出 版 人	汪林中
责任编辑	杨 倩
责任校对	牛志远 安德华
特邀设计	刘 民
美术编辑	付铼铼

出版发行 **大象出版社**（郑州市郑东新区祥盛街 27 号 邮政编码 450016）
　　　　　发行科 0371-63863551　总编室 0371-65597936

网　　址	www.daxiang.cn
印　　刷	北京汇林印务有限公司
经　　销	各地新华书店经销
开　　本	890 mm×1240 mm　1/32
印　　张	16.375
字　　数	365 千字
版　　次	2024 年 2 月第 1 版　2024 年 2 月第 1 次印刷
定　　价	130.00 元

若发现印、装质量问题，影响阅读，请与承印厂联系调换。
印厂地址 北京市大兴区黄村镇南六环磁各庄立交桥南 200 米（中轴路东侧）
邮政编码 102600　　电话 010-61264834

学术顾问

任大援

国家社科基金重大项目
"多卷本《中国文化域外传播百年史（1809—1949）》"首席专家

译者

（按音序排列）

程　钢　　管永前　　郭　磊　　韩　凌

韩　雨　　胡文婷　　李　真　　潘　琳

王寅冰　　邢冠钦　　张　锦　　赵冬旭

目 录

自 序
1

对"欧美汉学通史"的一种追求（代序）
1

译者序
1

原序言与致谢
1

导 论
1

第一节 学者型传教士
1

第二节 博学的"门外汉"与第一代专业汉学家
26

第一章

法国汉学与三位巨擘
57

第一节　沙畹：文献学之父
59

第二节　伯希和："精神上的马可·波罗"
78

第三节　马伯乐：研究古代中国的奇才
112

第二章
德国汉学：古典文献学和历史编撰学
151

第一节　创立者们：古典学与人文教育
152

第二节　资深汉学家：福兰阁
177

第三节　侨民
188

第三章
英语国家汉学家：从中国沿海汉学到中国研究
215

第一节　英国汉学三巨头：马礼逊、伟烈亚力、翟理斯
215

第二节　理雅各：美梦成真
266

第三节　阿瑟·韦利：如诗人般的文献学家
289

第四节　美国汉学家

315

第五节　卜弼德：文献学研究的人文精神与全球化汉学

368

第六节　薛爱华：诗学考古与唐朝世界

394

结束语：汉学中的传统与寻真

412

参考书目

435

人名对照表

448

自 序

拙作中文译本出版，有幸应译者之邀作序，不胜欣忭。因感激之人济济，现在借机报恩。

三十年来，在华北游学演讲，识荆前辈北京外国语大学教授张西平先生、中国艺术研究院任大援教授、清华大学程钢教授，时而晤叙，商酌西方汉学史。三位硕儒为翻译计划策计人。程先生亦以身作则，翻译早期耶稣会士之评议部分。翻译总负责人、全书统稿及审校为北京外国语大学李真教授。对此四人及翻译小组铭感无尽！翻译小组成员主要为张西平教授门生：北京外国语大学管永前副教授、福建师范大学潘琳副教授、北京邮电大学韩凌副教授、郑州师范学院郭磊教授、电子科技大学胡文婷副教授、对外经济贸易大学赵冬旭、上海平和双语学校王寅冰、北京海鹰科技情报研究所韩雨；郑州师范学院张锦和濮阳技师学院邢冠钦两位老师亦参与部分翻译工作。特别向诸位学友谨致谢意。

简略回顾英文版编撰原委。当年在加州大学伯克利分校攻读硕士，恩师薛爱华先生（Edward H. Schafer, 1913—1991）开设西方汉学史一项目，并特别招生。恩师深感本校汉学式微，抗拒学位标准降低、课程简化，怒发冲冠，设立己管硕士、博士班，力图挽救学术恶化，要求尤为严谨。学长哈珀（Donald Harper）、柏夷（Stephen R. Bokenkamp）先进博士班，我以硕士身份被录取，三年后晋升博士班。当时和柏夷一同参加"西方汉学史"座谈会，每周阅读、评析名著，多为早期法国汉学家杰作。书评终汇编一帙，成本书三分之一之篇幅。1987年在杨百翰大学执教后，悠悠忽忽、徐疾自如编写德国汉学家、英美汉学家二部。撰书大旨则在尚友。孟子于天下之善士曾写道："颂其诗，读其书，不知其人，可乎？是以论其世也。是尚友也。"

拙作一贯以研析文献学治学法为叙事脉络，附属学科亦包括在内，诸如翻译加以注释、金石学、历史音韵学、版本学、校刊学、目录学均为大纲。其余系汉学家小传、大作之评议。因多学科借鉴于传统中国经学治学方法，而言西方汉学实出乎中国经学之大范畴亦可。我先沿着此一路线而后转方向研究中国经学史，可谓自然一转折。

喜幸审译稿时陶醉回味：启蒙受训、栽培提拔，沐浴其春风，洵铭佩恩师。迄今尚用其惠赐书籍，力循其严谨学风。因此，与英文原版一样，中文版亦献给恩师以颂其终生之勋。希诸位读者能借拙作寅念西方前贤，读其书，论其世而知其人。

兹以诗代序：

国学汉学兄弟缘

韩大伟

中国经学宏业盛，
厘析渊源汉学生。
伏龙凤雏虽具才，
私淑弟子仿子城[1]。
遥远师表咸瑰儒，
毗倚典范室深入。
熏陶久沐方出头，
异壤汉学终溜熟。
国学汉学才多奇，
前贤均见儒中西。
任重道远途艰巨，
见贤思齐终目的。

草于犹他州普罗沃市思齐斋
壬寅年秒冬

---

[1] 子城为大城之一区域。喻西方汉学家以中国前贤为自己师表，成其门生之一部分。

对"欧美汉学通史"的一种追求(代序)

张西平

海外汉学研究已经成为近四十年来中国学术界发展最快的一门学问。从1979年孙越生在中国社会科学院情报研究所出版"国外研究中国丛书"起,这方面研究发展之快令人吃惊。记得四川外语学院成立中国学研究所,并出版《国外中国学研究》第一辑时,季羡林先生在序言中说:"当我最初听到你四川外语学院成立一个国外中国学研究所的时候,颇为吃惊。"为什么呢?他说:"我们对外国中国学家的工作太不注意了。有一些人根本不知道什么是中国学?另有一些学者也漠然置之。"但在短短四十年中,我们翻译出版的国外汉学著作竟多达三千部以上,具体书目至今无法完全统计出来。以海外汉学研究为内容所作的博士论文也有几百篇之多。目前全国各高校设有海外汉学研究所的有十余家。

对海外汉学的研究一派风风火火,国别汉学的研究著作及汉学家的个案研究著作都有了大幅度的进展。但静下心来搜索已经出版的研究著作,至今尚无当代中国学者写出一部西方汉学通史性的著作。这说明,这个研究领域目前仍处在国别汉学史研究和汉学家个案研究的阶段。虽然在国别汉学史和汉学家个案研究方面已经取得了重大的进展，但对西方汉学的总体研究至今没有产生代表性的专著，且对包括东亚汉学在内的总体性世界汉学研究的专著不知何时才能诞生。当然，这种情况倒也符合学术发展的规律，正像在研究中国史时，如果没有断代史研究的基础，没有个案研究的扎实推进，写一部中国通史是不可能的。

我做了三十余年的海外汉学研究，在教学中也常常面临这个尴尬的局面，找不到一部西方汉学通史性著作给学生们上课。为了解决这个困难，我想了两个办法：一是重新刊印出版莫东寅的《汉学发达史》，这本书于1949年1月由北平文化出版社出版，1995年李学勤先生在《东方》杂志上做了推介。在大象出版社的"国际汉学研究书系"再版这本书时，我找到了李先生，表示希望他为此书写篇序言，李先生欣然接受。这本书简单、明了、清晰，可以使初学者了解西方汉学史的一些基本脉络，而不足之处就是书中所用的基本材料旧了些，其文献主要来自张星烺先生的《中西交通史料汇编》和日本学者石田干之助（Ishida Mikinosuke，1891—1974）的《欧美的汉学研究》这两本书。这些材料反映的都是20世纪30年代的西方汉学研究的成果。二是为弥补《汉学发达史》的不足，我自己编了本《欧美汉学研究的历史与现状》，作为研究生的教材来使用。这本书在体系上不如《汉学发达史》，但材料新，主要包括西方汉学家20世纪六七十年代左右的论文，像法国的戴密微，德国的傅吾康，意大利的白佐良、兰乔蒂，美国的费正清等人的论文。甚至还收入了匈牙利、挪威、瑞典等国研究汉学的文章。这本书也是放在大象出版社出版的，很快不少高校的老师开始用此书作为从事海外汉学研究的研究生教材。

在大象出版社出版的这两本书算是救急，后来我申请了北京高校精品教材项目，主编出版了《西方汉学十六讲》。这本书对推进西方汉学研究有所贡献。一是对西方汉学四百年的历史有了一个总体认知。我提出的西方汉学发展的三个主要阶段，即"游记汉学""传教士汉学""专业汉学"的逻辑框架基本得到学术界的认可。同时这本书对展开海外汉学研究的基本思路和方法也做了初步的说明。二是大大扩展了国别研究，除了人们常讲的"葡萄牙汉学的发展""西班牙汉学的发展""意大利汉学的发展""德国汉学的发展""法国汉学的发展""荷兰汉学的发展""英国汉学的发展""俄罗斯汉学的发展""美国汉学的发展"，增加了"瑞典汉学的发展""波兰汉学的发展""捷克汉学的发展""罗马尼亚汉学的发展""澳大利亚汉学的发展"这些章节。这样的欧美汉学史教材在国内是第一本。这本教材卖得很好，十年之间再版了四次。

尽管书卖得不错，但它作为一本通史性教材仍有其不足。首先，教材是由多位学者所写，无论是在写作的风格还是在写作的深度上都参差不齐。其次，作为教材，因篇幅所限无法对西方汉学的核心人物和学术谱系作深入的学术研究，更无法对西方汉学文献学有一个基本的介绍。

恰逢此时，由任大援教授和程钢教授介绍我认识了美国汉学家韩大伟教授，他是美国著名汉学家薛爱华的高足，精通西方古典学问。他按照西方经学治学的路数写了这本《西方汉学史：汉学先驱与中国古典文献学的发展》(*Incense at the Altar*: *Pioneering Sinologists and the Development* of Classical Chinese Philology），首次见面时，他将这本书送给了我。我如饥似渴，一个月左右粗读了一遍。此书文献详备，重点突出，是典型的语文学路数。关键在于，这是由他一人写成，全书一气呵成，逻辑严密，分别论述了欧洲早期传教士汉学、法国汉学、德国汉学、英国汉学、美国汉学的核心人物以及相关历史文献。韩先生具有西方古典语言和各国语言的能力，在书中对西方各国汉学的历史如数家珍，文献能娓娓道来，像他这样以一人之力写出西方汉学的通史性著作，在中国至今未见，恐怕若干年内国内也很难有像他这样兼具语言能力和西方汉学通史学术修养的学者写出这样的著作。

后来，我把这本书作为研究生的教材用了两年，学生们反响也很好。于是就和韩先生商议将其译成中文出版。清华大学程钢教授、我的学生李真教授及管永前副教授带着我的几个博士和硕士开始翻译这本书。

春来秋往，花开花落，这样持续了几年。翻译定稿后，全部译稿也发给韩先生逐句做了审读，中外学者能这样合作翻译汉学著作的并不多见。在这里我对韩大伟先生和李真、程钢诸君的精心合作深感敬佩，对他们的辛勤努力表示感谢。

对于海外汉学名著的翻译一直是一项最基础、最根本的学术工作，因为在我们身边很少再有像钱锺书先生那样精通多国语言、融通中外学术的大师。我们只能老老实实地把西方各国汉学的名著一本一本地翻译出来，才会对欧美汉学史有一个整体的、完整的认知。近二十多年来我与大象出版社的合作就是凭借着这种理念，翻译了一批西方早期汉学的经典著作。韩大伟先生这本书也在大象出版社出版，我们会继续坚持这个理念，矢志不渝地做下去。

韩先生深爱中国古典诗歌，记得九年前我们在北京相遇，与任大援教授、程钢教授、李真教授等一起聚餐。席间，他脱口而出吟了首七绝，我也诗兴大发，当场和了他的诗：

东西儒生会
——答美国杨百翰大学韩大伟教授

秋落紫竹西儒韩，
坐道论经东西篇。
锦瑟绝响钟子期。
汉学文心同相连。

2022 年 12 月 17 日写于北京丰台游心书屋

译者序

李 真

11月的京城难得雨雪霏霏,渐入初冬时节。在电脑屏幕上打出这些字时,意识到快两年的翻译工作终于接近尾声了。犹记得2019年初,导师西平教授来电,殷殷嘱托希望我们几位弟子能承担一部汉学名著的中译工作。这部作品就是美国汉学家韩大伟(David Honey)教授的代表作之一《西方汉学史:汉学先驱与中国古典文献学的发展》。在我们之前,清华大学程钢教授已着手翻译了前面两个章节。在西方汉学研究领域,韩教授的这本书是一部非常重要的作品,以"Philology"——语文学(韩教授称之为文献学)的路径入手,以代表性的汉学家为坐标,对西方汉学从萌芽、发展到繁荣的历程以及国别差异和各自特点进行了极为细致和深入的梳理总结,洋洋洒洒数十万字,资料之繁丰,人物之众多,非精研中国古典文献和熟知西方汉学史志的大家不能为之。该书以其恢宏布局和丰富内容成为所有治汉学的青年研究者案头必读之书。面对这部汉学名著,初接到任务,不免惶恐忐忑,能否高质量地完成一部令作者和读者都满意的译稿,是对我们语言能力和专业知识的一次磨砺与挑战。

感谢西平师与韩教授的信任,以及任大援教授的支持。

在三位先生的频频鼓励之下，我们几位同门组建了翻译小组，接续程钢教授前期的工作，于 2019 年春节后着手翻译。本书参与翻译工作的师友共计 12 人，具体分工如下：

  导论：清华大学 程钢

  第一章第一节、第二节：北京外国语大学 李真（全书统稿及三遍审校）

  第一章第三节：郑州师范学院 郭磊、张锦

  第二章第一节、第二节：上海平和双语学校 王寅冰

  第二章第三节：电子科技大学 胡文婷

  第三章第一节：北京邮电大学 韩凌

  第三章第二节：福建师范大学 潘琳

  第三章第三节：对外经济贸易大学 赵冬旭

  第三章第四节：北京外国语大学 管永前（第三章四五六节的第一次校稿）；濮阳技师学院 邢冠钦

  第三章第五节：电子科技大学 胡文婷

  第三章第六节：对外经济贸易大学 赵冬旭

  结束语：清华大学 程钢；北京海鹰科技情报研究所 韩雨

  需要说明的是，本书始终贯穿一个重要术语"Philology"，这个词以前有古典语言学、比较语言学、历史语言学、文献学（日本学界普遍采用的译法）、小学、朴学等不同译法，目前国内研究藏传佛教和汉藏佛教比较研究的著名学者沈卫荣教授则推荐译为"语文学"，即傅

斯年先生当年所创建的中央研究院历史语言研究所所遵循的宗旨：将语言学和文字（文学、文献）结合起来研究的一种术语。为此我与韩教授反复研讨，韩教授认为语文学的范围太广，包括册、诏、表、奏、打油诗、论等体裁，只有语文的结晶——文献才是"Philology"的研究目的，因此他觉得最恰当的翻译还是以"文献学"为佳；故而，本书中译本尊重作者的意见，将"Philology"统一翻译为"文献学"。韩大伟教授这部汉学史引用和提及的外文二手资料、参考文献不胜枚举，且大多未有中译本问世，如勉为其难转译成汉语表述，难免可能失之确凿；考虑到读者研究中查找各个语种资料之便利，在征求了韩教授意见后，原书注释中所引述的外文资料不再翻译为中文，直接附原文。特此说明。此外，书中涉及相当数量的汉学家和西方学者，译者尽力给出了他们的中文译名，并在注释中简要介绍其生平和学术成就（参见各章译者注），并在全书最后附录了汇总的中西文人名对照表。

因承担翻译的师友均有本职工作，译书都是在大家繁重的教学科研之余完成，实属不易，在此特向参与翻译的各位师友致以诚挚谢意。我本人承担最后的统稿过程也颇为辛苦烦琐，需统一调整体例，逐字逐句核对原文，增加译者注，整理人名对照表等，花费时间较长。2020年又意想不到地经历了长达数月之久至今仍未结束的新冠疫情，虽身在书斋，也感受到了这次前所未有的大疫情下世界的种种变化，有的甚至可能影响到中西政治、外交以及文化关系的未来走向。故而此刻完成这样一部汉学史经典之作的中译，在学术上回溯西方了解、认识和研究中国的历史抑或能为当下的复杂态势提供一些借鉴与参考，这也是我辈学人义不容辞的责任。译文初稿完成后，又蒙韩教授悉心指导，从今夏开始，远在大洋彼岸的韩教授在百忙之中对译稿每个章节进行了审读，对翻译中的一些疏误做了修订和调整。不料9月我又因病住院手术，最后在出院休养期间完成了审校与统稿。根据韩教授的建议和意见，我再次对全书做了通校，尽最大努力完善译稿质量。然因我辈后学学识有限，书中除英文外，兼有法文、德文、拉丁文、希腊文等语种，翻译中力有不逮之处，恳请各位专家学者批评指正。

目前国内外学界对汉学史大致有两种研究方法。其一是描述和积累汉学史的历史资料。外国人对中国的研究已经有几百年的历史，有许多可以描述的故事和业绩，目前见到的汉学史大多是这种。其二是将汉学研究搁置于所在国及其特定时代之中，联系当时的政治、经济、社会和时代思潮诸外部因素来考察汉学。到目前为止，以中外文著述的汉学通史不过寥寥数部，其一为民国学者莫东寅的《汉学发达史》，1949年1月由北平文化出版社出版，1989年上海书店出版竖排影印本，2006年大象出版社重印再版。这部小书按时代顺序，论述了域外汉学研究的演进史。其作为简明扼要的入门书是中国学者了解西方汉学史概况的一个基础参考资料。其二，日本汉学家石田干之助（1891—1974）写过一部《欧人之汉学研究》，成书于1932年，1934年就有了中译本（朱滋萃翻译，山西人民出版社于2015年再版并纳入"近代海外汉学名著丛刊·古典文献与语言文字"系列）。该书以古代和中世纪初欧洲对中国的初步印象为发端，按时间顺序梳理了从南北朝到明清时期中国知识在欧洲的传播，以及传教士汉学的繁荣和专业汉学的建立。1942年又出版了《欧美的中国研究》（日文，创元社刊行），收录了他的15篇论文，提倡要善于吸收和借鉴欧美汉学的研究成果和治学方法。大致而言，莫东寅的《汉学发达史》中的16世纪以前的材料取材于张星烺先生的《中西交通史料汇编》，16世纪以后的材料则多来源于石田干之助的作品《欧美的中国研究》。不过，汉学史如果只变成历史事件和历史人物堆积的流水账，则表明这门学科还不成熟。汉学如果要健康成长，一种自我批判和反省历史的意识是必不可少的。从这一角度来看，张西平教授的《欧洲早期汉学史——中西文化交流与西方汉学的兴起》（中华书局，2009）可称作近年来国内学者编撰汉学史的扛鼎之作。该书在前人研究之基础上，辅以大量珍贵的一手文献，细述从古希腊罗马时代到19世纪中国知识西传欧洲的历史，着重探讨在这一传播过程中真实的知识和意识形态相互交织的过程，并且深入剖析了欧洲早期汉学是如何在中欧文化互动中逐渐在欧洲近代知识与思想的形成中构成一门新的学科。

　　从域外范围来看，美国汉学家韩大伟的《西方汉学史：汉学先驱与中国古典文献学的发展》则另辟蹊径，正好为我们提供了一部从传统文献学分析的视角写成的西方汉学史。著作主要包括五部分内容。第一部分是导论，重点介绍了欧洲汉学的草创时期。具体又分作两节。第一节以明清来华传教士汉学家为主体，内容大致上相当于美国汉学家孟德卫（David E. Mungello）在《奇异的国度：耶稣会适应政策与汉学的起源》（*Curious Land：Jesuit Accommodation* and the Origins of Sinology)一书讨论的内容。在第二节讨论了法国早期汉学的进展。第二部分主要是关于法国专业汉学阶段"汉学三巨头"的研究，分别是沙畹（Édouard Chavannes，1865—1918）、伯希和（Paul Pelliot，1878—1945）、马伯乐（Henri Maspero，1883—1945）。此外还论述了另外三个重要人物：亨利·考狄（Henri Cordier，1849—1925）、葛兰言（Marcel Granet，1884—1940）和高本汉（Bernhard Karlgren，1889—1978）。第三部分重点讨论德国汉学的发展及其代表人物，如霍古达（Gustav Haloun，1898—1951）、福兰阁（Otto Franke，1863—1946）、劳费尔（Berthold Laufer，1874—1934）等。第四部分讨论了包括英国和美国在内的英语国家的汉学发展，主要以马礼逊（Robert Morrison，1782—1834）、理雅各（James Legge，1815—1897）和翟理斯（Herbert Giles，1845—1935），以及阿瑟·韦利（Arthur Waley，1889—1966）、卜弼德（Peter A. Boodberg，1903—1972）、薛爱华等人为核心。全书最后是一个总结性的结语。

可以看出，韩教授书中采用了一种"汉学谱系"的方法进行框架的安排和内容的叙述，其特点是明显绕过了思想文化史，用一种"追溯过往和持续不断的形式描述了文献学类型的汉学（philological sinology）的结构和方法论"。而且，他在结语中反复强调了这些汉学大师级人物对于整个西方汉学研究的发展方向和研究路径所起到的巨大作用。传教士汉学到19世纪上半叶作为一门综合了语言、文学、哲学、宗教、艺术和历史的现代专门学科正式确立，即汉学，在欧洲学术体系中登堂入室。在这一学科发展的进程中，欧美几代汉学家不断传承并坚持一种"文献学"（语文学）的学术方法，用以整理、研究汉文古籍和古代文学，在历史和语言的上下联系中重构、理解和解读文本。然而，自20世纪后半叶以来，这种文献学的研究传统渐渐被漠视甚至被鄙夷，受到了严重挑战，似乎精心复原和重构古代文本之形式和意义的做法已成为明日黄花，人们更关心的是宏大叙事，而轻视入室门槛既高、做起来又难的"文献学"（语文学）。事实上，语文学标准的降低也就意味着知识的失落。正如韩教授在本书最后所大声疾呼的那样："我们不能允许让'好古癖'与其他的棍子和帽子合在一起来指责这个世纪以及以往世纪从事文献学路数的汉学家。要做到这一点，唯有忠实地面对由该著作所论述的权威们所倡导、发展起来的传统；与此同时，我们还得对文献学家的技能装备库进行有效的处理，并清楚简明地表述出来，从而对我们的同龄人能勤奋地从事重新审阅、分析和介绍中国文献遗产的工作有所裨益。"此外，沈卫荣教授在其新作《回归语文学》（上海古籍出版社，2019）也提出了和韩大伟教授二十年前同样的主张："需要警惕的是，不少不遗余力地批判对包括汉学在内的西方'东方学研究'的学者，往往对阅读、理解东方的'文本'缺乏兴趣和能力，却非常热衷于阐述'主义'、建构'话语'，积极参与学术与政治的'宏大叙事'，以打倒过去几百年间树立起来的学术权威，思想今日'小子可取而代之也'。"由此可见，无论是西方汉学家还是国内学者中的有识之士，都已经意识到需要扭转近几十年以来所盛行的现代和后现代理论对以文献学（语文学）为基础的人文学科领域的负面影响，强烈呼吁要培养文献学（语文学）的基本素养，重归文献学（语文学）的核心实践，复兴文献学（语文学）的传统，找回"学问之爱"！

尼采曾说过"语文学就是慢慢读书的艺术"（Philology is the art of reading slowly）。当我们满怀敬意地在学术的祭坛前心存敬意，沉心静气来阅读这些汉学先驱的著作，一定会被他们当年对中国古典文本的那种钻研与热爱深深感染。这种执着与坚持更令我们认识到：不管身处哪个学科、在做什么样的课题研究，用文献学（语文学）的方法做仔细的文本研究应该是每一位学者必须具备的最基本的功夫。这是过往的历史所能给予我们的最大价值。

再次向韩大伟教授、张西平教授和任大援教授表示衷心感谢，没有他们的勉励，就没有这部中译本的问世。还要特别谢谢翻译小组的诸位同人，为着同一个学术理想所作出的无私奉献。最后，感谢大象出版社的责任编辑认真审校，为本书出版付出了极大的心血。

最后，借用恩师西平教授庚子年元月廿五日所作之七言绝句《书生》致敬诸位前贤：

> 男儿何须带吴钩，
> 青史漫卷待我修。
> 文章本是天下事，
> 横笔扫尽百年愁。

是为序。

2022 年 11 月 18 日冬夜
于北京

原序言与致谢

温故而知新，可以为师矣。
　　　　　　　　　　——孔子
执古之道，以御今之有。
　　　　　　　　　　——老子

迄今为止，完整意义上的西方汉学史还没有问世。浮现在我脑海中的尽是些文献综述和生平描述，西方有傅海波（Herbert Franke）、李渡南（Donald Daniel Leslie）和戴维森（Jeremy Davidson）、若泽·弗雷歇（José Frèches），东方有陶振誉（C. Y. Tao）、石田干之助，与桑兹（J. E. Sandys）的著作相比，这些成果不过是些作者与著作目录；[1] 我们需要的是像鲁道夫·

---

[1] Herbert Franke, *Sinologie* (Bern: A. Francke, 1953); Donald Leslie and Jeremy Davidson, *Author Catalogues of Western Sinologists* (Canberra: Dept. of Far Eastern History, Australian National University, 1966); José Frèches, *La Sinologie* (Paris: Presses Universitaires de France, 1975); C. Y. Tao (T'ao Chen-yü), *Shih-chieh ke-kuo Han-hsüeh yen-chiu lun-wen-chi* (Taipei: Kuo-fang yen-chiu-yüan, 1962); Ishida Mikinosuke, *Ō-Bei ni okeru Shina kenkyū* (Tokyo, 1942); J. E. Sandys, *A History of Classical Scholarship*, 3 vols. (1903-1908; rpt. Boston, 1958). *傅海波（1914-2011），德国汉学家。李渡南（1922-2020），澳大利亚汉学家。戴维森，澳大利亚汉学家。弗雷歇（1950-），法国历史小说作家，经常以中国为题材。陶振誉，民国学者，近代外交史学者，有《日本史纲》等传世。石田干之助，日本汉学家。桑兹（1844-1922），英国著名古典学家。——译者注

普法伊费尔（Rudoph Pfeiffer）《古典学术史》（*History of Classical Scholarship*）那样里程碑式的著作。[1] 很遗憾，本书仍然不是这种类型的史书。本书只是如下的初步尝试：通过选取最重要学派的代表人物加以研究从而提供一种叙事史，这种叙事史是以现代汉学作为一门学科的发展过程为基础的；不论从事的是艺术、考古学、历史学，还是经济学、人类学、语言学、文论，这门学科都有助于提供基础平台。当然，我在这里谈及文献学（Philology）[2] 时，虽然这一事业当然是很高贵的，但有时只是第一步考察罢了。本书试图描述一些由西方最杰出的阐释者发现并加以灵活运用的中国古典文献学的主要原则。因而，这部由学术性传记、学术综述和文本考据等诸多内容构成的著作，就像祭坛上的香火一样，不是为了向上天祈求祝福，而是为了寻求过去的祝福；不是为了精神上的慰藉，也不是为了物质上的满足，而是为了矫正我们的研究方法，以及提升对汉学遗产的自觉意识。

人们习惯将汉学看成是对以文字为载体的中国文明进行的人文学研究。汉学家（sinologist）这个词大约形成于

---

[1] Rudolph Pfeiffer, *History of Classical Scholarship*, 2 vols.（Oxford：Oxford University Press, 1968-1976）。*本书已有中译本，普法伊费尔：《古典学术史》（上卷），刘军译；《古典学术史》（下卷），张弢译，北京大学出版社，2015年。——译者注

[2] Philology, 学界有多种不同译法，如语言学、言语学、语学、古典语言学、比较语言学、历史语言学、文献学（日本学界普遍采用的译法）、小学、朴学等。译者经过与作者韩大伟教授的讨论商榷，尊重韩教授本人意见译为"文献学"，即一门研究文本的学问，其宗旨是正确理解文本之本来意义，基础工作是文本校勘与研究。近年来，国内学界偏向于使用"语文学"的说法，其含义与韩教授的"文献学"相似，相关讨论与分析可参见沈卫荣教授的新作《回归语文学》，上海古籍出版社，2019年。——译者注

1838年，在历史上它等同于"文献学家"（philologist）。牟复礼（Frederick Mote，1922—2005）[1]深思熟虑地说："汉学这个词，真正有分量的涵义就是汉语文献学。"[2]傅海波重申了这个观点："直到晚近，汉学一直等同于汉语文献学。"[3]当然，这样一个在一门学科与一个研究领域之间建立起来的、曾被看成是牢不可破的联系，已经不再存在。在1860年之后，汉学一词有时会表现出多种用法（最初，当人们称呼汉学专业人士时，它最常见的拼法是"sinologue"；在现代欧洲汉学家中间，这个词还时常使用），[4]这一点在诸部性质迥异的著作所采用的研究路径之中可见。金守拙（George Kennedy，1901—1960）[5]的著名工具书《汉学概论：辞海导读》［*An Introduction to Sinology: Being a Guide to the Tz'u Hai (Ci Hai)*］，为我们讲述了利用这本有名的字典查阅古汉语传统资料的文献学

---

[1] 牟复礼，美国汉学家，创办普林斯顿大学东亚学系。——译者注
[2] Mote, "The Case for the Integrity of Sinology", *JAS* 23 (1964), p. 531.
[3] Franke, *China and the West*, trans. R. A. Wilson (Oxford: Basil Blackwell, 1967), p. 145.
[4] 早期的例证可参阅如下论著：John Chalmers, "Is Sinology as Science?", *China Review* 2 (1873), pp. 169 – 173。两篇当代的例证包括：Michael Gasster, "Hellmut Wilhelm, Sinologue", *Newsletter for Modern Chinese History* 8 (1989), pp. 27 – 51; Donald Holzman and Denis Twittchett, "The Life and Work of Robert des Rotours", *T'ang Studies* 13 (1995), pp. 13 – 31。*湛约翰（John Chalmers, 1822 – 1899），英国传教士汉学家。高慕柯（Michael Gasster），美国汉学家。卫德明（Hellmut Wilhelm, 1905 – 1990），德国汉学家。侯思孟（Donald Holzman, 1926 – ），法国汉学家，魏晋南北朝文学思想研究专家。崔瑞德（Denis Twitchett, 1925 – 2006），又名杜希德，英国汉学家，唐史专家，《剑桥中国史》的主编之一。戴何都（Robert des Rotours, 1891 – 1980），法国汉学家，唐史专家。——译者注
[5] 金守拙，美国汉学家，1943年耶鲁大学受美国陆军委托成立的远东语文研究院的创始人和第一任院长。——译者注

原则。江亢虎（Kiang Kang-Hu，1883—1954）的初级教学大纲《中国文明：汉学引论》（*Chinese Civilization: An Introduction to Sinology*），其功能主要是为中国通提供中国历史文化方面的指导，因而书中内容应有尽有，从风俗习惯到法律，从烹饪到宗族礼制。[1]可以想见，这种含混不清使得人们对这个歧义重重的术语产生了抵触情绪，在某些更加关注经济学、社会学、人类学问题，很少依赖文献学基本训练的中国研究学者中间，出现了想对方法论进行革新的思潮。某些历史学家，期望迎合那些新奇大胆的解释立场，疏远那些古旧保守的学风，贬斥那些跟不上时代变化的历史学为"旧汉学"。因此，在本书中，我并不想表示，现代汉学应当一股脑地推崇过去，鲁莽掉头，重返其文献学的历史根源之中。但是，在选择现有书名："Pioneering Sinologists and the Development of Classical Chinese Philology（汉学先驱与中国古典文献学的发展）"作为这部著作的标题时，在我头脑里起决定作用的是汉学与文献学之间的历史联系。

"古典汉语文献学"这个术语，是刻意选择的；实际上，它依靠的是某种更加不肯妥协的传统：希腊拉丁古典研究一直被称为"古典文献学"。诸君请看，证据就是维拉莫威兹（U. von Wilamowitz，1848—1931）的《古典学的历史》（*History of Classical Scholarship*），其德文原名为：

---

[1] Kennedy, *An Introduction to Sinology: Being a Guide to the Tz' u Hai (Ci hai)*. (1953; rpt. New Haven: Far Eastern Publications, 1981). Kiang, *Chinese Civilization: An Introduction to Sinology* (Shanghai: Chun Hwa Book Co, 1935).
*江亢虎，现代政治活动家，学者。——译者注

Geschichte der Philology。[1] 维拉莫威兹在柏林大学的继承人瓦纳尔·耶格尔（Werner Jaeger，1888—1961）有一部论述 1870 年至 1945 年柏林大学古典学系的著作，从而进一步确认了这个用法。[2] 法国的第一位古典学者纪尧姆·比代（Guillaume Budé，1468—1540）[3] 同样将其著作命名为《文献学》（*De Philologia*）。近来对特定人物的研究也证明了这一点，例如安东尼·格拉夫顿（Anthony Grafton）[4] 关于约瑟夫·斯卡利杰（Joseph Scaliger，1540—1609）[5] 的研究，或贝林柯（C. O. Brink）关于三位杰出的文献考据家理查德·本特利（Richard Bentley，

---

[1] U. von Wilamowitz-Moellendorff, *History of Classical Scholarship*, trans. Alan Harris, edited with introduction and notes by Hugh Lloyd-Jones (Baltimore: Johns Hopkins University Press, 1982). *维拉莫威兹，德国 19 世纪末 20 世纪初顶尖的古典学大师。——译者注
[2] Jaeger, "Classical Philology at the University of Berlin: 1870 to 1945", in *Five Essays*, trans. Adele M. Fiske, R. S. C. J. (Montreal: Mario Casalini, 1966), pp. 45-74. Budé, *De Philologia* (Paris, 1532). *瓦纳尔·耶格尔，德国古典学者，是"第三种人文主义"的核心人物，他主张在学校重振古希腊经典的教育，完善当代的精神生活。——译者注
[3] 纪尧姆·比代，法国文艺复兴时期人文主义法学家。——译者注
[4] 安东尼·格拉夫顿，普林斯顿大学教授，美国知名历史学家，以研究欧洲早期近代史著称。——译者注
[5] 斯卡利杰，法国神职学者，他的著名创举是开发出一系列古典概念，它包括"古代"希腊、罗马、埃及、波斯、巴比伦、腓尼基和犹太人的历史。英国 19 世纪的神职学者马克·帕蒂森（Mark Pattison，1813-1884）认为，作为"编年史之父"或"科学编年史之父"，斯卡利杰把一系列随意猜测（神话传奇、虚构故事）变成了"固定规律的理性程序"。这就诞生了西方的历史学和"普世历史编年"。他生命的最后十六年是在荷兰度过的，在这里获得了很多关于中国的资料，包括"中国历史朝代帝王年表"和天干地支的时间算法。斯卡利杰的代表之一《时间校正篇》（1583 年）对于西方人认知"古代编年"，堪称是一次革命：它不仅首次把"希腊—罗马"有序化、合理化，而且还把到那时为止被西方所忽略的"古埃及、古巴比伦"等，纳入他所设计的《圣经》框架的普世历史系统之中。——译者注

1662—1742）[1]、理查德·波森（Richard Porson, 1759—1808）[2]以及阿尔弗雷德·爱德华·豪斯曼（Alfred Edward Housman, 1859—1936）[3]的研究，书名很大胆地称作《英国古典学术》（English Classical Scholarship）。[4]可以说我们借助于杰出文献学家的生平与学术来对汉学史所作的漫游，既有历史学的依据，也有方法论的保证，这一点请大家只管放心。

这一学者群体中的教父级人物是沙畹，他在西方学者中开启了古典汉语文献学的专业化大门。在他之前，这个领域的主导者都是些客串的研究者，用安德鲁·沃兹（Andrew Walls）[5]的术语说："他们是些兼任多重身份的传教士——汉学家；官员——汉学家；商人——汉学家；他们必须从自己的主业中挤出时间，将他们了解的中国介绍给西方。"凤毛麟角的专业汉学家，如夏德（Friedrich Hirth, 1845—1927）、薛力赫（Gustav Schlegel, 1840—1903）、高延（J. J. M. de Groot, 1854—1921）。[6]他们在当时的学术条件下取得了成果，撰写了著作，并因此获得

---

[1] 理查德·本特利，英国古典学者，他被誉为"历史文献学的奠基人"。——译者注
[2] 理查德·波森，英国古典学者。——译者注
[3] 阿尔弗雷德·爱德华·豪斯曼，英国古典文学家及诗人。——译者注
[4] Grafton, *Joseph Scaliger: A Study in the History of Classical Scholarship*, vol. 1: *Textual Criticism and Exegesis* (Oxford: Oxford University Press, 1983). Brink, *English Classical Scholarship* (Cambridge: James Clarke and Co., 1986).
[5] Andrew Walls, "The Nineteenth-Century Missionary as Scholar", in *Misjonskall og forskerglede*, ed. Nils E. Block-Hoell (Oslo: Universitetsforlaget, 1975), pp. 209-221. *安德鲁·沃兹，英国爱丁堡大学传教史教授。——译者注
[6] 夏德，德国汉学家，后任哥伦比亚大学汉学教授。薛力赫，又作施古德，德国人，后迁往荷兰，汉学家和博物学家，曾任莱顿大学教授。高延，荷兰汉学家。——译者注

赞誉。绝大多数他们的研究成果在今天看来尚有微瑕，这情有可原。因为他们对中国语言本质的设定就包含错误，传统目录学的根基也不牢靠，尤其是缺少历史音韵学这个工具——这是个在他们辛苦写作的时代尚未发展起来的学科。

我们将沙畹看成是专业汉学的创始人，因为，他撰写的所有作品，无论是从思想的预见性、概念的清晰性还是从方法论的途径来看，没有一样是过时的。当然，沙畹的著作需要更新，这很自然；所有学术成果随着知识的推进都同样需要更新；至今沙畹的作品集在总体上仍有价值，大大优于同时期的学者，这是因为他一直努力地关注完整性，对证据不足之处保持警惕，努力掌握各种原始资料。尤其值得一提的是，他小心翼翼，不将结论依赖于比较文献学和历史学、音韵学的基础，因为当时科学的汉语语言学尚处于起步阶段。在利用历史音韵学的时候，沙畹的措辞总是很谨慎，表明其结论是有条件的，与通过其他手段获得的结论相互关联。事实上，他的弟子伯希和、马伯乐才是第一代以系统而可靠的方式将历史音韵学作为学术工具加以运用的学者，他们与汉学界的语言学家高本汉[1]及前贤们并不相同，后者将历史音韵学作为主要的研究对象。

伯希和是 20 世纪最伟大的汉语文献学家。他过人的记忆力使其能够掌握任何历史阶段和任何研究主题相关的中国历史、文本评注、目录学以及传记，并且能够井井有条

---

[1] 高本汉，瑞典汉学家，其汉语历史音韵学研究在中国有很大影响。——译者注

地加以分析。伯希和的知识储备极其广博，能够对各种汉学问题做出裁断。他的博学有时也会成为负担，因他的秩序感使其很难将所有知识加以综合，形成一种假设性的历史表述；他更愿意汇集事实，让它们一次只与一个疑问发生关联。伯希和的长项是为翻译重要的汉语原始资料提供穷竭性的注释，逐一讨论在翻译中发现的一系列相关问题。追求精确的汉学研究路径，导致他的风格有时显得机械而枯燥。然而，在文本解释方面特别是学术步骤的精确性以及结论的彻底性方面，伯希和树立了典范，至今无人匹敌。

伯希和的同班同学马伯乐也是罕见人才，尽管在注释和文本解释方面比伯希和逊色，但对历史学却有非常发达的直觉。马伯乐将自己的研究加以总结，提出假设性的结论。他擅长研究道教、古代神话和历史学，与伯希和的研究相比，他的研究更具人文学科色彩，这些主题更贴近普通文化人的关怀与兴趣范围。即便在更为专业性的研究音韵学和白话的著作中，马伯乐竟然也融入了比科学精神更多的人文关怀。和他同时代的学者还有葛兰言和高本汉。葛兰言用社会学研究中国古代，高本汉在历史音韵学方面（在这方面马伯乐的兴趣一般）成为专家，而且都开创了独立的学科。不过，无论是他们两位，还是马伯乐，如果不考虑彼此之间的相互影响和学术期刊上的争鸣交流，很难对其加以评述。

甲柏连孜（Georg von der Gabelentz，1840—1893）、葛

禄博（Wilhelm Grube，1855—1908）[1]、孔好古（August Conrady，1864—1925）、西门华德（Walter Simon，1893—1981）以及其他的德国汉学家，尽管今日较少为人所知，但他们都在早期欧洲汉学家与学术共同体之间的对话中发挥了作用。或是像辛德勒（Bruno Schindler，1882—1964）[2]那样筹办了刊物；或是像卫礼贤（Richard Wilhelm，1873—1930）那样，为汉学家和文化人之间的对话交流作出了贡献。这个群体的重要人物还包括从事历史编纂学的福兰阁和从事文本考据的霍古达。[3]

英国汉学源于服务在华的新教传教事业，主要人物是苏格兰人马礼逊，他编撰词典，将《圣经》译成汉语。伟烈亚力（Alexander Wylie，1815—1887）从事目录学、天文学和数学。理雅各研究中国经典。理雅各以严谨的方法翻译中国经书，为此享有国际声誉；他对于传统注疏的掌握水平可与本土学者相颉颃，被看成是研究《诗经》的古文经学专家。翟理斯成为最后一位转向学术的领事官员，是将英国汉学由兼职转向全职状态这一艰难过程的过渡性人物。他用维多利亚的韵味翻译汉语，和更具印象主义抒情风格的恩内斯特·费诺罗萨（Ernest Fenollosa，1853—1908）一道，一方面激发了埃兹拉·庞德（Ezra Pound，

---

[1] 葛禄博，又称为顾威廉，德国19世纪末到20世纪初著名汉学家。——译者注
[2] 辛德勒，德国汉学家兼出版人，主持出版东方学刊物《泰东》（*Asia Major*）。——译者注
[3] 本书关于德国汉学概述的部分，同时参见"Cultural Missionaries of China to the West: An Overview of German Sinology", in *Sino-German Relations Since 1800: Multidisciplinary Explorations*, ed. Ricardo K. S. Mak and Danny S. L. Paau (Frankfurt am Main: Peter Lang, 2000), pp. 149-165。

1885—1972）的漩涡主义，另一方面又引导了阿瑟·韦利本人对跳跃韵诗风的变通。[1]

韦利在汉学家当中是杰出的诗人。作为长于精雕细琢文风的学者，他的英译本不仅普及了中日文学作品，而且也树立了无与伦比的翻译榜样。韦利的译本既在总体上刻意保持了精确性，又颇具可读性。他在学术上还有一个特点，他深谙世界各地的人类学知识。他对古汉语文本和哲学文献的翻译，有一种来自比较视野的开阔的文化洞察力。在19世纪传教、商业和政治利益所开启的自学成才路径中，韦利是最后一位同时也是最优秀的汉学家。由于身处职业汉学家体制之外，他反而能够将汉学拽进西方文学的领域，从而就像某种文学使节一样，以非官方的方式代表了东方。

与英国相似，美国汉学也根源于传教士和领事馆。两位19世纪的美国传教士，裨治文（Elijah Coleman Bridgman，1801—1861）和卫三畏（Samuel Wells Williams，1812—1888）代表了这种传统的第一个鼎盛期。随后，社会科学走向成熟，最终将领域分割开来。柔克义（William F. Rockhill，1854—1914）[2]、恒慕义（Arthur W. Hummel，1884—1975）以亲身经历表明，20世纪早期

---

[1] 费诺罗萨，美国东方学家和诗歌理论家，后在日本任教，对日本文化有精深研究，对汉学也有所涉及。庞德，美国诗人，对中国文化有所研究。漩涡主义，在1912-1915年期间短暂流行的一种艺术思潮，诗人庞德加入了这个潮流。跳跃韵是一种以讲话的正常节奏为基础的英诗格律。阿瑟·韦利，译名还有魏礼、魏理等。——译者注

[2] 柔克义，美国外交官，汉学家。曾任美国驻华大使，对古代中国和南洋、西洋的交通史颇有研究，也是美国近代藏学研究的先驱。——译者注

的美国汉学中,外交与政治仍然扮演重要角色。在博物史、技术和人类学方面进行高度专门化研究的先驱是劳费尔,他是那个时代美国唯一的杰出汉学家,尽管他出生于德国,又在德国接受了教育。牛津大学的德效骞(Homer H. Dubs,1892—1969)、哥伦比亚大学的傅路德(Luther Carrington Goodrich,1894—1986)、金守拙,他们全都在中国出生并在中国长大,属于继承19世纪传教事业遗产的最后一批人。

让我们以三位哈佛人物来结束对美国汉学的概论。他们中的两位是美国汉学史学研究领域由叙事史学向区域研究转变的代表人物。加德纳(Charles S. Gardner,1900—1966)[1]将历史文献看成是原始资料,留给我们一篇关于历史文献学(历史学家所需要的文献学)简要的理论性论文。费正清(John King Fairbank,1907—1991)将一个完整系列的档案看成是资料库,供人参考,为其理论范式填充内容;至于是由他本人,抑或是本土的合作者来获取这个资料库,从这门学科的总体性看是无关紧要的。第三位哈佛教授是柯立夫(Francis Woodman Cleaves,1911—1995),他以强大的学术能力,充分发挥了加德纳所解释的文献学原则,对众多汉语和蒙古语文献作了翻译,并且附有详尽的注释。

最后,需要单独讨论伯克利学派的两位杰出人物。卜弼德虽然国际声誉不如伯希和,但在思想敏锐性和博闻强记方面与伯希和不相上下,在人文关怀方面则超过马伯乐,

---

[1] 加德纳,美国汉学家、历史学家,代表作有《中国旧史学》。——译者注

因为他毫不掩饰地将文献学家的著作范围限定在普遍性的人文主义之内。卜弼德试图为文献学家增加职能，让其既成为时代记录的审查官，又成为寻找所有民族的创造性精神和文化遗产之至善表现的哲学家和先知。他的论著并不十分厚重，但篇篇俱为杰作，有时甚至需要读者具备古典主义者、中世纪主义者以及古代诗人的情怀才能加以理解。由于他偏爱打造具有神秘色彩的术语，因而看不出他在学术研究方面所制定的超凡脱俗的目标，反而主要关注其某些古怪的个人性格，许多与卜弼德同时代的汉学家最终将他的学问看成是江湖方术加以丢弃。结果，在我们的记忆中，他所获得的荣誉只是他参加过一场堂吉诃德式的文献学远征。在关于汉字性质的争辩中，他遭遇了一个势均力敌的对手顾立雅（Herlee G. Creel, 1905—1994）。顾立雅创立了芝加哥学派，至今仍在中国古代史、思想文化史和考古学等所开创的领域内拥有崇高的地位。

卜弼德的学生薛爱华不仅在学术深度和广度两方面同样出色，而且还拥有非常少见的将文学艺术大师杰作中难以言说的独特魅力与学术圈外的大众进行交流沟通的才能。假如说卜弼德未能运用其广博的学识建立一种哲学，正如耶格尔未能在古典学领域内建设起第三种人文主义的理想，那么，薛爱华却成功地创立了一种学术写作的新风格。在涉猎广泛的作品中，他运用诗人般的洞察力和描绘能力，将文化内涵以具象呈现出来。在薛爱华对于唐代中国之自然界、物质界和想象世界的探索中，处处表现出对中古中国和世界文学的艺术鉴赏力。因此他的人文主义情怀就被直接传递给了全球各地的人，他们有的学养深厚，有的资质平平，并不见得都是汉学家，可全都被薛爱华的话题吸引过来，被其博学善辩和优雅文采所折服。

所有这些学者，无论是在进行文本的考据，还是文本的阐释，抑或从事语法分析、音韵重构、史籍翻译或诗歌鉴赏，他们都是运用文献学专业知识的行家能手。所谓分析文本和获取文本的这样或那样的手段就构成本书中文献学定义的内容。薛爱华曾经给文献学下过一个界定，其中列举了文献学家所能获取的技术工具的范围——文献学是这样一种学问："运用碑铭学、古文字学、释经学，初级批判与高级批判[1]，对现存文本进行分析与解释，引导人们将文本视为人类文化之错综复杂性与人类心灵之微妙难解性的直接呈现物加以研究。"[2] 从历史学的角度看，这是正确的；直至15世纪末叶的西方，文献学一词既包括学问的总和（七艺）[3]，又包括获得学问的手段。[4] 为抗衡笛卡儿（Rene Descartes，1596—1650）的理性主义哲学，此前以伊拉斯谟（Desiderius Erasmus，约1466—1536）为代

---

[1] 又可译作"低级批评"与"高级批评"。低级批判着眼于文本（尤其是《圣经》）本身的构成和含义，即文本批判（又称考据学，Textual Criticism）；而高级批判又称为历史批判（Historical Criticism），着眼于文本（尤其是《圣经》）作者与历史时代等历史细节。——译者注
[2] "Communication to the Editors", *JAOS* 78 (1958), p. 119; *JAS* 17 (1958), p. 509.
[3] 七艺分为前三艺（trivium）：语法、修辞和逻辑；后四艺（quadrivium）：算术、几何、天文和音乐。参见 Charles Homer Haskins, *The Rise of Universities* (1923; rpt. Ithaca: Cornell University Press, 1965), pp. 27–29。
[4] 参见 Matianus Capella, *De Nuptius Mercurii et philologiae* (*The Marriage of Mercury and Philology*), fifth century。关于文献学的历史发展，参见 Karl D. Uitti, "Philology", in *The Johns Hopkins Guide to Literary Theory and Criticism*, ed. Michael Groden and Martin Kreiswirth (Baltimore: Johns Hopkins University Press, 1994), pp. 567–574。

表在《理性方法》(ratione studii)[1]中所创立的方法论激发了维科(Giambattista Vico, 1668—1744)[2]的语言学思潮；他以此为基础，重视文献学在典籍和其他"人工精神制品(artifacts of the spirit)"[3]中发现的历史殊相，并恢复其科学地位。在中国，对于古典主义者来说，文献学作为一门学科的基础地位，其重要性从未丧失，即便宋代注经学者也是更关注伦理诠释学而不是字义训诂。[4]理解东西方的学者是如何创作出了那些著作，其意义不亚于接近他们所得出的结论；前者才是具有持久价值的方法论课题；后者只是人类理解能力的暂时阶段，只要有最新的考古发现，或者有最新的杰作出版，它们就会随之改变。1976年，休・劳埃德-琼斯(Hugh Lloyd-Jones, 1922—2009)[5]在对鲁道夫・普法伊费尔所撰巨著第二卷写的书评中宣称："当前我们的主要任务是对于所关注主题的历史演变，一个时期接一个时期地，就学者做研究的真实步骤，进行详细

---

[1] Translated by Brain McGregor as "On the Method of Study", in *Collected Works of Erasmus*, vols. 23-24: Literary and Educational Writings (Toronto: University of Toronto Press, 1978), vol. 24, pp. 661-691.

[2] 维科，意大利17世纪末18世纪初的人文主义思想家。其最大贡献是在科学理性成为西方思想主流的当时，强调历史、政治、法律、哲学等人文学科的价值。——译者注

[3] Uitti, "Philology", p. 570. 关于特别详细的尤其是从文本考据角度出发，对文献学所作的辩护，可参见 Vico, *On the Study Methods of Our Times*, trans. Elio Gianturco (Ithaca: Cornell University Press, 1990), p. 76.

[4] 关于将中国传统文献学置于古典研究语境中所作的全面介绍，参见钱基博，《小学志》，《经学通志》("经学丛书初编"，台北：学海出版社，1985年)，第215-252页。

[5] 休・劳埃德-琼斯，牛津大学希腊语教授，著名古典学家。——译者注

的研究,给出精确的描述。"[1]本书当然远远达不到这个崇高的目标,进行的只是初步尝试,通过对选定的出版物加以讨论,来具体描述这些学者作为文献学家是如何开展工作的。

我本人不免偏重于文献,因为我遵循的是旧式的翻译—注释路径,并且选择汉学领域偏重文献学的典范著述,不惜篇幅对其内在的运作过程加以评论。当然,这一宝贵的注释传统最终源于一代代中国注经家和儒学道德主义者,是他们将其方法论范式和有偏见的文本框架传承给了第一代西方汉学家。在这方面,我不能否认,我反对东方主义,这会使得萨义德(Edward Said, 1935—2003)这样的文化批评家感到高兴;当然,这也会让芮沃寿(Arthur Wright, 1913—1976)这样的由文献学转型过来的历史学家失望。他们都对传统汉学有所批评,我对此作了回应,这些回应保留在本书的结束语部分。然而我现在提前强调一下,并非全无裨益:我之所以采取文献学的路径,既非由于故意对汉学中的历史或社会科学方面的进展一无所知,也不是由于本人像道家那样故意唱反调。思想史非我所致力的目标。因而,尽管在其他领域尚有不少好的方法论范式可供遵循,我却既不想建构一种以垄断话语形态存在的汉学领域,也不想用米歇尔·福柯(Michel Foucault, 1926—1984)的术语所言之以考古学范式对其加以解构。我所谈及的汉学家——他们的学术而非其生平——将被当成文本

---

[1] Lloyd-Jones, review of Pfeiffer, *History of Classical Scholarship*, vol. 2, in *Times Literary Supplement*, 20 August 1976; rpt. in *Classical Survivals: The Classics in the Modern World* (London: Duckworth, 1982), p. 19.

证据加以对待，将接受解释性的翻译和详尽的注释。换言之，在接纳谱系框架时，我的注意力聚焦于个体而非领域；说得好听些，我忽略了汉学的森林，看见的只是一株株"汉学家"树木，及其所运用的形态各异的"方法论"树枝。

毫无疑问，本书原本可以包含许多其他的汉学家，有些人甚至可以被选作主要的关注点。在我的脑海中，这样的人物还有白乐日（Etienne Balazs, 1905—1963）、卜德（Derk Bodde, 1909—2003）、芮沃寿、艾伯华（Wolfram Eberhard, 1909—1989）、戴密微（Paul Demiéville, 1894—1979）、鲍格洛（Timoteus Pokora, 1928—1985）、龙彼得（Piet van der Loon, 1920—2002），更不用说还有亚洲的"汉学家"，例如王国维、顾颉刚、陈寅恪、钱穆、杨联陞、洪业（William Hung）、吉川幸次郎（Yoshikawa Kōjirō, 1904—1980）、诸桥辙次（Morohashi Tetsuji, 1883—1982）、岛邦男（Shima Kunio, 1908—1977）。[1] 然而先看看亚洲的汉学家群体，由于本书预设的主要读者是西方大学中最广义的汉学专业的学生，当使用现代汉语或日语讨论古汉语时，必然存在与他们截然不同的问题：在大多数情况下，碰到古诗或古代散文词句时，在西方读者认为需要加以分析的地方，他们往往不加注释地进行引用，因为这被看成是读者理应知道的知识。上面引述的那

---

[1] 白乐日，匈牙利裔法国汉学家。卜德，美国汉学家，冯友兰《中国哲学史》（两卷本）英译者。芮沃寿，美国汉学家。艾伯华，德裔美国汉学家。戴密微，法国汉学家。鲍格洛，捷克汉学家。龙彼得，荷兰裔英国汉学家，执教于剑桥大学。吉川幸次郎，日本汉学家。诸桥辙次，《大汉和辞典》的编纂人。岛邦男，日本汉学家。——译者注

些西方汉学家，尽管许多人是文献学专家，但在绝大多数情况下，他们会对文献学加以整理，使其更接近于适合其他学科（从经济学到社会学）所关注的问题。因此，在我的心目中，文献学的原则最好由那些写作宗旨本身就指向文献学的著作来加以揭示：文学批评、文本考据和翻译等。[1]

本书将要考察的汉学家，已逝者按国籍排列；对于盎格鲁-美利坚人（Anglo-Americans），则按语言排列。尽管只有八位汉学家值得给予整章的篇幅，我还是会对许多主要汉学家的历史背景和思想语境加以描述，厘清其师生关系（并非对所有人）。对于耶稣会翻译家和第一代法国专业汉学家，以及德国、英国、美国的汉学传统，我都写了一个导论性篇章，提供了更广阔的学术背景。许多其他人的相关信息，或见于正文，或见于注释。本书所处理的著作，并不总是这些汉学家最重要或最著名的作品，不过依照我的观点，它们能够最完美地呈现文献学方法的运用。周法高在其《汉学论集》中另有标准，他将葛兰言、伯希和、马伯乐以及福兰阁看成是西方汉学的航标灯。[2] 我的关注面要窄一些：文献学的发展及其应用。因而，我将葛兰言与马伯乐关联在一起加以考察，并不单独设章。这也可以解释，为什么除了两三位以外，其他俄国汉学家在本书中全都缺席。对汉学史来说，俄国汉学的成就不可忽略，

---

[1] 在这里，作者将"文学批评"（literary criticism）与"文本考据"（text criticism）以及翻译这三者均同时列入文献学。——译者注
[2] 在周法高的《汉学论集》中，只有上述四位 20 世纪汉学家有资格在书后面附有传记。见周法高：《汉学论集》，香港：精华印书馆，1964 年，第 149 页。

但对西方世界的古典汉语文献学发展史来说，俄国汉学家所起的作用并不大。不管怎样，我只能选择那些在语言学方面与我相投契的典范人物。由于将注意力聚焦于文献学这一狭窄领域，这还可以解释为什么没有收录女性汉学家。即使是像石秀娜（Anna Seidel, 1938—1991）[1] 这样的大学者，凭借其人格魅力和学术著作，对整个领域都有影响，推进了许多方面的研究，但在方法论的创新方面贡献甚微。她所采用的研究路径都是由马伯乐和薛爱华开创的，当然特定的选题方向是她本人的创新。

在作了诸多防止误解的说明以及提前致歉之后，我将开始阐述本研究所要实现的目标。我的研究路径与其说是介绍文献学路径所采用的特定技术，追溯一位汉学家到另一位汉学家对汉学的应用情况和完善过程；不如说我的关注点将聚焦于一个时代的某一位主要学者身上。尽管会涉及个人学术的所有重要的方法论内容，然而更为广泛的讨论会放在大部分汉学家的生平描述，将其构拟成一项或多项主要（文献学）的技术工具，不论是历史音韵学、碑铭学、目录学，还是文本考据等等。我通常会附带介绍西方和中国类似方法的进展。

假如这本书能够引导人们更多地关注汉学领域的先驱人物，对关心汉学生态的人来说，这将是一场胜利。这些人曾经很失望地看到如下景象：过去的巨木被砍伐倒地，拖在一旁，给风驰电掣前进的学位培养计划或专门化方向让路；新的方法使得文献学的某个细节变得更为精密复杂，

---

[1] 石秀娜（1938—1991），德裔法国汉学家，以道教研究见长。——译者注

但却并不讲授文献学。当然,并非所有人都应当成为文献学专家——倘若如此,广袤的汉学土地将会变得贫瘠,面临着风险,人文学术从总体上变得无人关心。评论社会科学时,最常见的是历史学家的方法,我并不想树立一个反方辩手,或是贬低其他路径的价值。无论如何,对汉学家来说,无论他拥有什么样的学科导向,处于什么样的发展阶段,对过去的先驱,即使并不需要模仿他们,我们也应当对其进行回忆,欣赏其成就,从方法论角度来看,这才是良性态度。

研究生以及年轻的专业人士投身于这项研究,他们会运用新型的定量研究方法,但通常在学习过程中对于文本传统的理解尚未达到充分的深度。很不幸,在学习不成熟的状态下追求发表成果,又成为追逐终身教职历程中不可避免的缺点,但这未必有利于学术的长远发展。学习传统汉语原典的任务是如此之艰巨,研究生毕业之后还需要继续学习——它要求终身的投入。由于这个原因,牢牢地掌握文献学分析方法和方向,学习细致的翻译、文本释义、考据和赏析、历史音韵学、语言学、古文字学、碑铭学,最后还有必不可少的工具——目录学,这些都应当包括在研究生的学习课程之中。这样一来,学者将配备终身自我教育和自我引导的工具,能按照个人的研究方向,去探索或运用文献。在这个意义上,我将文献学看成是一套一旦需要随时就能启用的技艺。我可不是为了说服更多的学生转到中国语言与文学系,才来尝试推动作为一门学科的文献学"事业"的。

与中国语言文学系相比,社会科学付出了同等光荣的努力,这使得毕业年限变短,一开始成果发表的速度更快,进而将注意力聚焦于那些或者是看上去与现实的政治、社会和人文关怀更为直接相关的问题。在美国的教育系统中,这种趋势越发流行。但正由于这个原因,那些开拓先驱的故事所展现出的汉学史纲要,至少对羽翼尚未丰满的学者来说是基础读物;只有这样,源自社会科学的方法与模型才能更有成效地应用于中国文献传统中去。当然,文献学同样需要牢牢掌握基础训练,这样他们才能追求并运用社会科学的成果,但那另当别论了。在欧洲的教育系统中存在着资深教授体系,这些教授具有谱系显赫的讲席,更加尊重学术传统,即便这种传统限制了年轻学者的活动范围,束缚了领域的发展。至少从方法论角度说,期待成为"终身教职"(美国式)的汉学家期盼成为他或她所在领域、学科、历史时段或特定文本方面的顶尖专家。若是对文献学传统中一直予以关注的问题没有透彻的把握,这样的期待是不可能实现的。

本书发端于我在1984年加州大学伯克利分校与柏夷(现印第安纳大学研究汉语的教授)[1]共同参加的研究生研讨班。这个研讨班是应已故著名文献学大师、以坚守珍贵的传统而自豪的薛爱华教授之提议而开设的。如同宗教修会的艰苦培训一样,这次研讨班成为一种提振精神的洗礼仪式,使我们能熟悉汉学史及其最受尊敬的圣人。由于他的热情呵护和以身作则,本书一定要充满敬意地献给薛

---

[1] 柏夷自1989年至2007年间在印第安纳大学任教,2007年至今在亚利桑那州立大学任教。——译者注

爱华教授，以示纪念。

校内诸多院系或提供外出调研基金，或提供研究资助，兹谨表谢忱：亚洲与近东研究学系、人文学院，以及肯尼迪（David M. Kennedy）国际研究中心。前任系主任渥太贝（Kazzy Watabe）和盖塞尔（Van Gessel），以及现任系主任帕金森（Dil Parkinson）一直不间断地支持本项研究，他们的耐心鼓励和慷慨资助，于我恩莫大焉。

许多国内外同人提出了颇有深度的批评。古德里奇（Chauncey S. Goodrich）[1]教授和柯睿（Paul W. Kroll）[2]教授以专业编辑的眼光通读全稿，明察秋毫，在观点与表述方面多有指正。其后，作为美国东方学会单行本系列的编辑——柯睿教授又对全稿进行了仔细审读。他和古德里奇教授精通汉学及其主要人物的历史，指出了我的孤陋失察之处。夏含夷（Edward L. Shaughnessy）[3]教授和他的学生们在汉学史的研究生研讨班上，从方法论抉择的具体过程出发，提供了一整套富有启发性的框架，有利于发表抽象的知识性问题。夏含夷教授就汉学史与汉学家这个话题，与我进行了推心置腹的讨论，直至深夜，在此深表谢意。梅维桓（Victor Mair）教授提醒我，要尝试着打破自己对于加州大学伯克利分校养成的偏见，不可拘泥于文献学家的出版物，还要关心文献学家在课堂、博物

---

[1] 古德里奇（1920—2013），汉学家，曾于1998年至1999年任美国东方学会主席。——译者注
[2] 柯睿，美国科罗拉多大学波德分校荣休教授，曾任美国东方学会主席，主要研究领域为汉末到唐代的中古中国文学、语言、历史和宗教，对诗歌研究造诣颇深，尤其是有关李白和道教的研究。——译者注
[3] 夏含夷，美国汉学家，现任教于芝加哥大学。——译者注

馆以及田野调查的教学生涯。牛津大学博德利图书馆的何大伟（David Helliwell）、牛津大学圣安妮学院（St Anne's College）的罗伯特·查德（Robert Chard）教授、剑桥大学的崔瑞德教授，对于我两次前往英国访问，均给予了热情接待，在获得原始材料方面助力甚多，若不是他们的帮助，我在牛津与剑桥之间将寸步难行。崔瑞德教授对于韦利、霍古达、西门华德富有洞见的回忆弥足珍贵。剑桥大学克莱尔学院（Clare Hall）的白安妮（Anne Birrell）教授帮助安排了一次访问，我感到很欣慰，无论是人际关系，还是学术上都很有意义。

鲍则岳（William Boltz）、白牧之（Bruce Brooks）、恩迪柯特－维斯特（Elizabeth Endicott-West）、古向德（Scott Galer）、吉瑞德（Norman J. Girardot）、康达维（David Richard Knechtges）、倪豪士（William H. Nienhauser）、费乐仁（Lauren Pfister）、塞诺（Denis Sinor）、魏汉茂（Hartmut Walravens）、黄文江等诸位教授[1]，或给予有益批评，或时而文字鼓励，或赠送宝贵材料，谨致谢意。我在杨百翰大学的同事，盖尔·金（Gail King）博士、保罗·赫尔（Paul Hyer）教授、赛钦·雅契（Sechin Jagchid）、斯各特·米勒（Scott Miller）、凡·格塞尔（Van

---

[1] 鲍则岳，美国汉学家，任教于华盛顿大学。白牧之，美国汉学家，任教于美国马萨诸塞州大学阿默斯特分校。恩迪柯特－维斯特，美国汉学家，任教于佛蒙特州米德尔伯里学院。古向德，杨百翰大学外国语言与文学系教授。吉瑞德，美国汉学家，任教于美国理海大学。康达维，美国汉学家，任教于威斯康星大学麦迪逊分校。倪豪士，美国汉学家，任教于威斯康星大学麦迪逊分校。费乐仁，汉学家，任教于香港浸会大学。塞诺，汉学家，任教于印第安纳大学。魏汉茂，德国汉学家。黄文江，任教于香港浸会大学历史系。——译者注

Gessel）和大卫·莱特（David C. Wright，现为卡尔加里大学教授）均给予了帮助。我以前的直接同事（系里的中国学教研部门）多年来助力良多，尤其值得我表达最衷心的谢意，他们是加里·威廉斯（Gary Williams）、达娜·波尔格里（Dana Bourgerie）、马修·克里斯腾森（Matthew Christensen）、唐艳芳（Tang Yan fang，音译）和彭恩华（Edward Peng）。詹妮弗·迈尔斯（Jennifer Myers）认真熟练地为我准备了影印文件。对她的辛苦与奉献精神，我要表示感谢。埃丽莎·莫迪（Eliza Moody）承担了制作编撰索引的枯燥工作，亦当致谢。

最后，傅海波教授花费大量时间阅读书稿的部分章节，提供了第一手的意见，提出了关键性的修改意见，并给予了热情的鼓励。他将严密的文献学技艺运用于权威性的历史研究之中，其中就包括汉学史。他的研究中处处渗透着浓浓的人文情怀，代表着本书所讨论的许多学术思潮的巅峰。在这些方面，薛爱华教授堪称典范。他的一生给汉学增添了荣光。

附：本书汉学杂志缩略语

AM　　　　Asia Major《泰东》

BEFEO　　Bulletin de l'Ecole française d'Extrême-Orient《法国远东学院学报》

BSOAS　　Bulletin of the School of Oriental and African Studies《亚非学院院刊》

BSOS　　Bulletin of the School of Oriental Studies《亚洲研究学院院刊》

CLEAR　　Chinese Literature：Essays，Articles，Reviews《中国文学：论文、文章、评论》

FEQ　　Far Eastern Quarterly《远东季刊》

HJAS　　Harvard Journal of Asiatic Studies《哈佛亚洲研究》

JA　　Journal Asiatique《亚洲杂志》

JAOS　　Journal of the American Oriental Society《美国东方学会学报》

JAS　　Journal of Asian Studies《亚洲研究杂志》

JESHO　　Journal of the Social and Economic History of the Orient《东方社会与经济史杂志》

MS　　Monumenta Serica《华裔学志》

OE　　Oriens Extremus《远东学报》

OLZ　　Oriental Literaturzeitung《东方学文献杂志》

PEW　　Philosophy East and West《东西方哲学》

TP　　T'oung Pao《通报》

ZDMG　　Zeitschrift der deutschen morgenländischen Gesellschaft《德国东方学会学报》

导　论

第一节　学者型传教士

对我们来说，中国语言就像来自其他世界的语言。假如人们要给语言下一个界定，然后再根据这个界定，将所有其他表达习惯称作语言的话，那么，我们就不得不承认，汉语并非一种语言，正如中国人并非一种人民。[1]
——弗德里希·谢林（Friedrich Shelling，1775—1854）[2]

考虑到汉语的价值和实用性，欧洲学者很早以前就开始研究中国语言与文学，可直至今日这一研究的

---

[1] 本段话引自 Christoph Harbsmeier, "John Webb and the Early History of the Study of the Classical Language in the West", in *Europe Studies China: Papers from an International Conference on the History of European Sinology*（London: Han-Shan Tang Books, 1995），p. 332.
[2] 弗德里希·谢林，德国著名古典哲学家。——译者注

水平仍然很不尽人意。[1]

——巴耶（Theophilus Siggfried Bayer, 1694—1738）[2]

伊比利亚阶段[3]

在历史上，西方人对于中国之存在的感知是模糊不清的，中国或者表现为传说中被称作"赛里斯"（Seres）的那片土地，或者表现为托勒密（Claudius Ptolemy，约90—168）[4]笔下生活在"秦尼"（Sinae）土地上的人民，或者是穆斯林史学家所说的"契丹"（Cathay）。这种感知得以产生的后台背景包括马可·波罗（Marco Polo, 1254—1324）、伊本·白图泰（Ibn Battutah, 1303—1378）[5]等人所写的中世纪游记，或者是由教皇派往蒙古王廷使节的报告，此外，还包括对于她的异国情调和美妙物品一知半

---

[1] Knud Lundbæk, *T. S. Bayer* (1694-1738): *Pioneer Sinologist* (London: Curzon Press, 1986), p.39.
[2] 巴耶，德国古典学者，也是早期汉学家。——译者注
[3] 这个概念是英国汉学家巴雷特（Timothy Hugh Barrett）提出的，本书作者在下文有所交代。Barret, *Singular Listlessness: A Short History of Chinese Books and British Scholars* (London: Wellsweep, 1989), pp.26-29. ——译者注
[4] 托勒密，罗马帝国统治下的著名的天文学家、地理学家，天文学"地心说"的创始人。——译者注
[5] 白图泰，14世纪阿拉伯世界的旅行家，有《白图泰游记》传世。——译者注

解的欣赏。[1] 有关中国的真实知识，照理说较少受到错误和幻想的干扰，但由于道听途说不停地向内渗透，因而并不容易获得。唐纳德·拉赫（Donald Lach）写了两卷本的《欧洲形成中的亚洲》（*Asia in the Making of Europe*），第二卷被恰当地题为《一个奇异的世纪》，在该卷结束语部分对亚洲与西方接触初期的情形有一段简明典雅的概括：

---

[1] 要了解西方与亚洲的接触与交流，首选的作品一定是拉赫的这部多卷本杰作《欧洲形成中的亚洲》。Donald F. Lach, *Asia in the Making of Europe*, 2 vols. (5 books) (Chicago: University of Chicago Press, 1965-1970). Donald F. Lach and Edwin J. Van Kley, vol. 3 (4 books) (Chicago: University of Chicago Press, 1993). 此外，雷蒙·道森这部作品《中国变色龙：对于欧洲中国文明观的分析》介绍了近代以前欧洲人对中国的印象。Raymond Dawson, *The Chinese Chameleon: An Analysis of European Conceptions of Chinese Civilization* (London: Oxford University Press, 1967). 其他简史类作品还可参阅如下著作：W. E. Soothill, *China and the West: A Sketch of their Intercourse* (London: Oxford University Press, 1925); Arnold H. Rowbotham, "A Brief Account of the Early Development of Sinology", *The Chinese Social and Political Science Review* 7 (1923), pp. 113-138; Robert H. Gassmann, "Sinologie, Chinakunde, Chinawissenschaft: Eine Standortbestimmung", *Asiatische Studien* 39 (1985), pp. 147-168; David E. Mungello, *The Great Encounter of China and the West, 1500 - 1800* (New York: Rowman and Littlefield Publishers, 1999). 关于18世纪英国的特殊案例，参见 Fan Tsen-chung, *Dr. Johnson and Chinese Culture* (London: The China Society, 1945). 关于马可·波罗和伊本·白图泰，因为他们太出名了，与传教士的报告一样，实在不需再提供研究文献。关于早期来华旅行者及其旅行报告，以及在华耶稣会的报告，有一个信息量很大但又比较简要的综述，可参见巴耶的《中国博览》（*Museum Sinicum*）的前言。这是直到巴耶所处时代的一部有汉学之实而无汉学之名的汉学史。其中与本书最有关系的部分，丹麦汉学家龙伯格（Knud Lundbæk, 1912—1995）已经做了翻译并加以注释。参见 Knud Lundbæk, *T. S. Bayer*, pp. 39-97. 如需进一步了解相关内容，可参见 Donald W. Treadgold, *The West in Russia and China: Religious and Secular Thought in Modern Times*, vol. 2: *China 1582 - 1949* (Cambridge: Cambridge University Press, 1973), pp. 1-34. 同一背景的大多数内容，在戴密微的文章中均有所涉及，且处理得更具有考据性，内容也更有深度，参见 Paul Demiéville, "Aperçu historique des études sinologiques en France", rpt. *Choix d'études sinologiques (1921-1970)* (Leiden: E. J. Brill, 1973), pp. 443-487.

所有16世纪的欧洲人都继承了地理大发现时代以前被时空迷雾笼罩得模糊不清的东方图像。广大民众的信息渠道源于亚历山大时代的浪漫传说、收集奇闻志怪的博物类书、宇宙图谱学、布道手册、动物寓言[1]；在他们眼中，亚洲的形象仍然被定义为：经济富饶，人民怪异，施行神秘巫术，擅长外人不明底细的具有异国情调的技艺工巧，生活也堪称楷模。早在500年以前，亚洲的艺术、技术工艺和思想观念的个别碎片已经传播到欧洲，但是通常无法辨认它们的起源地点；16世纪同样如此，许多工艺主题、工具、设备以及数学观念从亚洲发源地借用过来，有时甚至并不觉得这是借用。大部分欧洲人并不能区分伊斯兰东方和亚洲的其余部分。结果，害怕奥斯曼帝国进攻中欧的恐惧感与日俱增，并衍生出了一股担心远东人入侵的焦虑与不安，这是一种奇怪而又不知底细的观念；许多作家将葡萄牙在印度对抗穆斯林的战争同欧洲人与土耳其人的殊死对抗联系在一起。因此，对欧洲各地民众来说，东方既是伊斯兰人的故乡，也是神话般民族、神奇艺术、高超工艺、贤明君主和众多军队的故乡。[2]

直到葡萄牙和西班牙航海者出版了1513年首次在中国

---

[1] 这是西方中世纪非常流行的一种以动物形象出现的道德说教书籍。——译者注

[2] 参见 Lach and van Kley, *Asia in the Making of Europe*, vol. 3, Book. 3, p. 557. 尽管马可·波罗和他的《马可·波罗行纪》受拉赫的格外重视，但伊本·白图泰一次也没有提到。

海岸登陆后发布的航海探险报告,相对可靠的原始材料才变得广为人知。[1]

杰出的人文主义者和行政官僚巴罗斯(Joao de Barros, 1496—1570)是葡萄牙卓越的历史学家,他利用了这些游记资料。他的著作名为《巴罗斯在亚洲的第三个十年:葡萄牙人发现与征服东方海洋与陆地大事记》(Third Decade of the Asia of Joan de Barros: of the Deeds which the Portuguese Did in the Discovery and Conquest of the Seas and Lands of the East),1563年在里斯本出版。[2] 荷兰人范·林斯科顿(Jan Huygen van Linschoten,1563—1611)的叙事故事书名为《葡萄牙人东方旅行纪事》(Travel Account of the Portuguese to the Orient,1595),这部书的内容一部分来自个人经历,一部分来自葡萄牙语档案资料,它很快就推进了荷兰人前往东方进行商业冒险的事业。[3] 然而,第一部广为传诵的中国通史类著作,是由一位与中国诗人刘禹锡经历相似的作者所著;刘禹锡(772—842)[4] 以金陵为题写诗,却并没有到过他所写的地方。门多萨(Juan González

---

[1] 对西班牙与葡萄牙所发挥的作用有所介绍的作品可参见 C. R. Crone, The Discovery of the East (New York: St. Martin's Press, 1972),这本书比拉赫的巨著要精练一些,主题更为集中。更简略的介绍可参见 Michael Cooper, "The Portuguese in the Far East: Missionaries and Traders", Arts of Asia 7 (1977), pp. 25-33。
[2] C. R. Boxer, Joao de Barros: Portuguese Humanist and Historian of Asia, (New Delhi: Concept Publishing Company, 1981). Lach, Asia in the Making of Europe, vol. 1, Book. 1, p. 190.
[3] J. J. L. Duyvendak, Holland's Contribution to Chinese Studies (London: The China Society, 1950), pp. 4-5. Lach, Asia in the Making of Europe, vol. 1, Book. 1, p. 201.
[4] 刘禹锡,唐代诗人。有《金陵怀古》《乌衣巷》等诗。——译者注

de Mendoza，1545—1618）著有《中华大帝国史》(*Historia de las cosas más notables, ritos y constumbres de gran Reyno de la China*，1585）。16世纪尚未结束，此书就已经以各种欧洲语言发行了30版。[1] 然而，这本书是以多明我会士克鲁斯（Gaspur Cruz，1520—1570）和奥古斯丁会士马丁·德·拉达（Martin de Rada，1533—1578）的一手报告为基础再次加工而成的。[2] 它为许多欧洲思想家和学者提供了素材，弗兰西斯·培根（Francis Bacon，1561—1626）是其中一位；它还启发了一些冒险家，其中就有沃尔特·雷利爵士（Sir Walter Raleigh，1554—1618）。[3]

本书出版两年后，伟大的古典主义者约瑟夫·斯卡利杰读到此书，并在他自己论述世界历法体系的著作中利用了该书的材料。

赛里斯人［拉丁文为 Sinae］［西班牙人称为中国人（Chinas），原因不详］计算出，从他们的古代国王 Vitey 到 Honog 有 4282 年，Honog 于公元前 1570 年登基。从 Vitey 到 Tzintzom 有 2257 年，Tzintzom 是 Vitey 种族的最后一位君王，他用一道连贯长城将鞑靼人与

---

[1] 英文本出版于1588年。关于该书版本、内容、资料来源及书目信息的描述，参见 John Lust, *Western Books on China Published up to 1850 in the Library of the School of Oriental and African Studies*, University of London (London: Bamboo Publishing Ltd., 1987), p. 7. Lach, *Asia in the Making of Europe*, vol. 1, Book. 1, p. 184; Book. 2, p. 562。

[2] 在下面这本书中两份报告均以英译本再版：C. R. Boxer, ed., *South China in the Sixteenth Century* (London: Hakluyt Society, 1953)，有关述评可参见 Lach, *Asia in the Making of Europe*, vol. 1, Book. 2, pp. 536, 749-750。

[3] 弗兰西斯·培根，英国文艺复兴时期的文学家、哲学家，实验科学的提倡者；沃尔特·雷利，英国宫廷大臣、诗人。——译者注

中国人分隔开来。从他到 Honog，也就是到上帝纪元 1570、1571 或 1572 年等，他们计算为 2025 年。正如此前所说，两者之和为 4282 年。因而 Vitey 要比亚伯拉罕古老很多。[1]

不管怎么说，像这样的精确资料还是从门多萨书中推导出来的，那些中国人名的拼法就明显不对，不论它们是翻译还是转写，都表现出对中国的总体了解水平非常之低，根本谈不上语言学这样的尖端学科——尽管门多萨的原文为"Bonog"，在斯卡利杰那里却变成了"Honog"。斯卡利杰对于中国黄道十二宫的知识是另外一个例证，说明在文化出现误解、位序都会排错的语境之中，不可能准确地掌握基本事实。他通过通信，从伊纳爵主教（Igantius, the Patriarch of Antioch）[2] 那里获得了一套动物名称，但却误解其基本性质。"他并没有认识到，那些名称构成一个固定周期的序列，它们不可以被用来针对某一年的性质进行诗意发挥。"[3]

尽管门多萨的《中华大帝国史》存在这样那样的缺点，对中国的印象也存在这样那样的错误，更不用说作者受限于中世纪世界观本身的误导，但它的价值却无可厚非。这

---

[1] Anthony Grafton, *Joseph Scaliger: A Study in the History of Classical Scholarship*, II: *Historical Chronology* (Oxford: Clarendon Press, 1993), p. 406.
[2] 东方安条克教区的主教伊纳爵十七世，对天文历法具有浓厚的兴趣，大力支持教皇格列高利十三世（Gregory XIII, 1572—1585 年在位）在任上大力推进的历法改革。格列高利十三世因 1582 年公布格里历而名垂史册。伊纳爵主教从阿拉伯文献中获得了东方天文历法的知识，其中十二年为一个周期，每一年用一种动物作为象征。——译者注
[3] J. J. L. Duyvendak, "Early Chinese Studies in Holland", *TP* 32 (1936), p. 294.

本著作要直到下列作品出版后才被超越——利玛窦的日记《基督教进入中国史》(De Christiana expeditione apud Sinas, 1615)[1]。其后，有卫匡国 (Martino Martini, 1614—1661) 的《鞑靼战纪》(De Bello Tartarico Historia, 1654)，这部作品被意大利汉学家白佐良 (Giuliano Bertuccioli, 1923—2001)[2] 称为第一部"严肃详尽而又科学系统地向欧洲介绍中国历史的著作"[3]。卫匡国所著的《中国新图志》(Atlas Sinensis, 1655) 包含有 17 幅[4]地图，这是第一部展现中国地形地貌的地图集。卫匡国的《中国上古史》(Sinicae Historiae Decas Prima) 是欧洲第一部论述中国古代史的著作。[5]

上文已简要叙述过 16 世纪初是汉学发展的最早阶段[6]，它被英国汉学家巴雷特 (Timothy Hugh Barrett) 很

---

[1] 原稿是意大利文，金尼阁 (Nicholas Trigault, 1577-1628) 编辑整理后译成拉丁文。英译本为：*China in the Sixteenth Century: The Journals of Matteo Ricci, 1583-1610*, trans. Louis J. Gallagher, S. J. (New York, 1953)。有关该书以及利玛窦和金尼阁各自的贡献之讨论，参见 David E. Mungello, *Curious Land: Jesuit Accommodation and the Origins of Sinology* (Wiesbaden: Franz Steiner, 1985), pp. 46-49。

[2] 白佐良，意大利当代著名汉学家。——译者注

[3] Bertuccioli, "Sinology in Italy 1600-1950", in *Europe Studies China*, p. 69.

[4] 英文原文为"7 幅"，系排印错误。——译者注

[5] 白佐良简要概括了卫匡国著作的内容，参见 Bertuccioli, "Sinology in Italy 1600-1950", in *Europe Studies China*, pp. 68-69。如需进一步了解，可参见 Giorgio Melis, "Ferdinand Verbiest and Martino Martini", in *Ferdinand Verbiest, S.J (1623-1688): Jesuit Missionary, Scientist, Engineer and Diplomat* (Nettetal: Steyler Velag, 1994), pp. 471-484。

[6] 上述历史概貌的依据为以下作品：C. R. Boxer, ed., *South China in the Sixteenth Century*, introduction; C. R. Boxer, "Some Aspects of Western Historical Writing on the Far East, 1500-1800", in *Historians of China and Japan*, ed. E. G. Pulleyblank and W. G. Beasley (London: Oxford University Press, 1961), pp. 306-321; Frèches, *La Sinologie*, pp. 9-16。

恰当地定义为"伊比利亚阶段"。[1] 它的内容是由外国访问者通过个人观察或是通过本地人提供信息而获得的外部印象。凭借菲律宾多明我会的有限努力，以及耶稣会在中国大陆所做的更为实际的贡献，它才一点点挤进真正汉学的内部，即通过中国典籍研究中国。

马尼拉的多明我会士

在1593年到1607年，在马尼拉开办的出版机构发行了九种论述天主教信仰、教义和教阶制度的书籍：其中三种是汉语文言的，一种混用汉语文言和本地闽南语，一种混用西班牙语和塔加路语（Tagalog）[2]，三种是塔加路语的，还有一种使用拉丁文。[3] 这些书籍旨在惠及中国移民社区，尽管这些书是由中国人自己出品的，但最早却是多明我会士的原创作品。

罗明敖·黎尼妈（Domingo de Nieva）[4] 是《新刊僚氏正教便览》[5]（*Memorial da la Vida christiana en lengua china*，1606）的作者，他也是第一位申请延期以便学习汉语的多明我会士。他清楚说明了翻译和印刷这些书籍背后

---

[1] Barrett, *Singular Listlessness: A short History of Chinese Books and British Scholars* (London: Wellsweep, 1989), pp. 26-29.
[2] 这是菲律宾吕宋岛和棉兰老岛的常用语言。
[3] Piet van der Loon, "The Manila Incunabula and Early Hokkien Studies, Part I", *AM* n. s. 12 (1966), pp. 1-45.
[4] 该汉文名字引自 Albert Chan, S. J., *Chinese Books and Documents in the Jesuit Archives in Rome: A Descriptive Catalogue*, Joponica-Sinica I-IV（《罗马耶稣会档案处藏汉和图书文献：目录提要》），*An East Gate Book*, M. E. Sharpe, Armonk, New York; London, England, 2015, p. 226。——译者注
[5] 该书汉文书名也引自前注《罗马耶稣会档案处藏汉和图书文献：目录提要》。——译者注

的精神冲动：

> 若不能使用语言，宗教就会闭塞不通；解释信仰所用的文字若是不为人所知，信仰就不会被人认识。为了我们的宗教和信仰，我们来到这个地方，在这里我很幸运能与大明朝的学者交谈。当我对他们的语言和文字略有所知之后，我感到非常的开心，我将一本旧作的内容，翻译成为大明朝的文字和语言，并传授给他们。我出版本书的目的是为指导那些已经皈依我们信仰的人。[1]

然而用汉字进行写作，以便宣传信仰；这与学习阅读中国书籍是很不相同的两件事。不过，这两者所涉及的方法却非常相像。就凭他们工作所要服务的目的，我们也不应低估西班牙多明我会士为了自己使用而编撰的早期词汇表和词典的价值。[2] 在华多明我会士的活动被耶稣会士更为杰出的成就所遮蔽，其情形与此是相似的。[3]

---

[1] Piet van der Loon, "The Manila Incunabula", p. 30.
[2] 关于这些词汇表、语法和词典的早期手稿，参见 Piet van der Loon, "The Manila Incunabula and Early Hokkien Studies, Part II", *AM* 13 n. s. (1968), pp. 95–186。
[3] P. Jose Maria Gonzales, O. P., *Misiones Dominicanos en china (1700–1750)*, 2 vols. (Madrid: Consejo Superior de investigaciones cientificos Instituto Santo Toribio de Mogrovejo, 1952).

耶稣会士在中国

中国大陆的耶稣会士尝试了更为不同的路径。[1] 例如，16 世纪末，耶稣会士编制了最早的音节表。[2] 利玛窦所编的词典被在华耶稣会士所使用但没有出版发行。[3] 这些尝试很快就被新一代的耶稣会士在语言学上的成就所超越。早期汉学的新阶段将迎来第一部完备的词典编撰和第一波大规模的翻译运动。

波兰耶稣会士卜弥格（Michael Boym，1612—1659）出版了第一部两卷本的汉语词典，其中一本为 1667 年出版的汉-拉双语词典，另一本为 1670 年出版的汉-法版本。[4] 因为卜弥格在中国语言、医学、绘图学、地理学和植物学方面均有著述，他的现代波兰同胞施茨涅亚克（Boleslaw Szczésniak）[5] 认为，卜弥格"也许是第一代真正有学问

---

[1] 以下综述要归功于：Mungello, *Curious Land*; Bertuccioli, "Sinology in Italy 1600-1950"。对于这些与众不同的代表人物研究，我受到了薛爱华这篇文章的启发："Rudiments of a Syllabus on Sinological History", unpublished manuscript, Berkeley, n. d.。薛爱华的观点是在他本人熟读加州大学伯克利分校图书馆所藏珍稀本的基础上形成的，并根据考狄的评论进行了补充。

[2] Piet van der Loon, "The Manila Incunabula, part II", p. 102.

[3] Boleslaw Szczésniak, "The Beginnings of Chinese Lexicography in Europe with Particular Reference to the Work of Michael Boym（1612-1659）", *JAOS* 67（1947）, pp. 160-165.

[4] Szczésniak, "The Beginnings of Chinese Lexicography in Europe" and "The First Chinese Dictionary Published in Europe", in *American Oriental Society Middle West Branch Semi-Centennial Volume*, ed. Denis Sinor（Bloomington: University of Indiana, 1969）, pp. 217-227. 如需进一步了解可参见 Paul Pelliot, "Michael Boym", *TP* 31（1935）, pp. 95-151. 关于这些词典的著作权，西门华德有过辩驳，参见 Walter Simon, "The Attribution to Michael Boym of Two Early Achievements of Western Sinology", *AM* n. s. 7（1959）, pp. 165-169。

[5] 施茨涅亚克，波兰汉学家。——译者注

的汉学家,在为西方建立中国研究的基础方面厥功至伟"[1]。1694 年,叶尊孝(Basilio Brollo,1648—1704)编有汉-拉词典,1699 年加以修订,比卜弥格的词典更为完备。在第一版中它收录了 7000 个汉字,第二版中收录了 9000 个汉字。不幸的是,它仅以手稿形式流通,遭到剽窃,小德经(Chrétian Louis Joseph de Guignes,1759—1845)以它为基础编撰了词典(1813),但没有说明出处。[2] 另一位来自西西里的意大利耶稣会士殷铎泽(Prosper Intorcetta,1626—1696)将部分中国经典译成拉丁文(例如《中庸》),出版了《中国智慧》(*Sapienta Sinica*,1662)、《中国的政治与道德学说》(*Sinarum Scientia Politica-moralis*,1669)。[3] 另一本紧接着出版的语法书是万济国(Francisco Varo,1627—1687)编撰的《华语官话语法》(*Arte de la Lengua Mandarina*,Canton,1703),该书只论述了官话口语。[4] 万济国是西班牙多明我会士,1654 年来华。很不幸,正如何莫邪(Christoph

---

[1] Szczésniak, "The Beginnings of Chinese Lexicography in Europe", p. 217.
[2] Bertuccioli, "Sinology in Italy 1600-1950", in *Europe Studies China*, pp. 69-70.
[3] 《中国的政治与道德学说》后来有节译本:*The Morals of Confucius: a Chinese Philosopher*(London,1691)。
[4] 薛爱华将这一成就放置于欧洲总体的学术背景中加以分析,并指出实际上当时所有主要语言的语法书都已经完成,汉语语法在此之后很久才撰写出来:西班牙语(1492)、阿拉伯语(1505)、英语(1586)、希伯来语、阿拉米语、意大利语、法语以及许多南美洲印第安语(16 世纪)、日语(1604)、塔加路语(菲律宾使用人数最多的方言——译者注)、马来语、土耳其语、伊尔卡诺语(菲律宾使用人数较多的方言——译者注)、波斯语、越南语(17 世纪)。Schafer, *What and How is Sinology?* Inaugural Lecture for the Department of Oriental Language and Literatures, University of Colorado, Boulder, 14 October 1982 (University of Colorado, 1982), p. 5.

Harbsmeier）哀叹的那样："这部开创性的语法著作，回避使用汉字，在介绍中国语言时完全以音译作为基础。"尽管它以手稿形式在中国流通，耶稣会也采用它，但它在欧洲却非常罕见，然而，在未注明出处的情况下，它被傅尔蒙（Étienne Fourmont, 1683—1745）作为原始资料加以利用，编撰成《中国官话》（*Grammatica duplex*）。关于傅尔蒙这本书我们下文还会有所讨论。[1] 南怀仁（Ferdinand Verbiest, 1623—1688），比利时耶稣会士、康熙皇帝的大炮制造者、钦天监监正，记述了清代初期的历史《中国皇帝鞑靼行纪》（*Voyages de l'Empereur de la Chine dans la Tartarie*, Paris, 1695）。由于南怀仁在天文学、数学、地理学、工程学、翻译和外交方面均有贡献，皇帝对他是如此之尊重，以至于他成为在中国死后获得谥号的第一位外国人。[2] 经过众多个人努力，在典籍翻译和历史叙述方面的事业达到顶峰之后，他们开始集体合作完成一个计划，这个计划最初是由利玛窦发起，最终由柏应理（Phillipe Couplet, 1622—1693）加以协调整合。柏应理是比利时耶稣会士，他主持编纂了耶稣会士集体翻译的儒家"四书"中的三本（《孟子》未译），以《中国哲学家孔夫子》（*Confucius Sincarum Philosophus*）为名。这部作品于 1687 年在巴黎出

---

[1] Harbsmeier, "John Webb and the Early History of the Study of the Classical Language in the West", p. 329.
[2] 参看近期的会议论文集：John W. Witek, S. J., ed., *Ferdinand Verbiest, S. J.*, (Nettetal: Steyler Verlag, 1994)。他的《欧洲天文学》（*Astronomia Europaea*）近来被高华士（Noel Golvers）译成英文：*The "Astronomia Europaea" of Ferdinand Verbiest, S. J.* (*Dillingen, 1687*): *Text, Translation, Notes and Commentaries* (Nettetal: Steyler Verlag, 1993)。

版发行，对开本，412页，外加插图。有16位耶稣会士被列入作者名单，但实际参与工作的人员多达116位。[1]

利玛窦与争取文化适应策略的改变

当然，耶稣会中最主要的先驱人物是利玛窦。[2] 利玛窦1552年出生，他在罗马学院就读于克拉维奥（Christopher Clavius，1538—1612）[3] 门下，克氏是耶稣会的天文学权威，格雷果里历法的创作者。[4] 1582年，利玛窦在澳门开始传教，一年后到达广州。他花了28年向中国人传播福音，采取了与此前西班牙和葡萄牙传教士极不相同的新型传教路线，直至1610年逝世。最初他为了表达诚意，开始学习汉语。[5] 这很快成为一种劝说改变宗教信仰的方法。例如，利玛窦不是将中国人看成追求偶像崇拜

---

[1] Bertuccioli, "Sinology in Italy 1600-1950", in *Europe Studies China*, p. 76. 注释13中列举了四位耶稣会编辑者的名字：殷铎泽、柏应理、恩理格（Christiani Herdritch）和鲁日满（Francisci Rougemont）。孟德卫在《奇异的国度：耶稣会适应政策及汉学的起源》一书中，对这本著作做了长达50多页篇幅的论述（第247-299页）。关于柏应理的介绍，参见 Jerome Heyndrickx, C. I. C. M., ed., *Philippe Couplet, S. J. (1623-1693): The Man Who Brought China to Europe* (Nettetal: Steyler Verlag, 1990)。

[2] 大多数权威著作将三位耶稣会士单独从众人中挑选出来并称为"神父中的重要者"（primi inter pares），至少就其对中国知识界的影响而言——不论是通过基督教思想，还是通过西方科学——都有其合理性。这三位是：意大利人利玛窦，德国人汤若望（1592—1666），比利时人南怀仁。参见 *Ferdinand Verbiest, S. J.*, pp. 17, 184, 329。1978年，中国政府拨款对他们在北京的墓地进行了修葺。

[3] 克拉维奥，德国天文学家和数学家，又被利玛窦称为"丁先生"。——译者注

[4] 关于克拉维奥，参见 Lach, *Asia in the Making of Europe*, vol. 2, Book. 3, pp. 413, 480。

[5] John D. Young, *East-West Synthesis: Matteo Ricci and Confucianism* (Hong Kong: Centre of Asian Studies, University of Hong Kong, 1980), p. 14.

利玛窦

（Matteo Ricci，1552—1610）

意大利传教士

的异端,而是将中国人看成是与他们相似的文士,可以从学术层面上加以接近。[1] 因而他凭借其浓厚的文化修养,对中国人采取了调适性的态度。也就是说,他利用在欧洲习得的科学、古典修辞学、记忆术等,以文言写就典雅的文章呈现在中国人面前,从而发现与儒家士大夫的共同点。从基本面上讲,他是一位"人文主义者和学者"。霍华德·古德曼(Howard Goodman)和安东尼·格拉夫顿评价说:"他用典籍工作,所掌握的儒家经书成为他与中国精英阶层交谈的入场券,西方经典为他提供了可以替代儒教的权威资源。"[2] 正如利玛窦所说:

> 我们在中国已经生活了差不多三十年,曾游历过它最重要的一些省份。而且我们和这个国家的贵族、高官以及最杰出的学者们友好交往。我们会说这个国家的本土语言,亲身从事研究过他们的习俗和法律,并且最后而又最为重要的是,我们还专心致志夜以继日地研读过他们的文献。[3]

利玛窦认为,一旦建立起了交情,彼此相互尊重,那

---

[1] 利玛窦取代罗明坚开始领导中国传教团之后,耶稣会士才摈弃了佛教袈裟(kāsyāpa),换上了儒士冠服。参见 Lionel M. Jensen, "The Invention of 'Confucius' and His Chinese Other, 'Kong Fuzi'", *Position* 1 (Fall 1993), p. 426。

[2] Howard L. Goodman and Anthony Grafton, "Ricci, the Chinese, and the Toolkits of Textualists", *AM* 3rd ser. 3 (1990), p. 102。

[3] Mungello, *Curious Land*, p. 48. ＊译文引自《奇异的国度:耶稣会适应政策及汉学的起源》,陈怡译,郑州:大象出版社,2010 年,第 33 页。——译者注

么他的学识与和蔼态度背后的基督教源头也会被认真地聆听。[1] 对于某些中国信仰和礼仪，他额外给予有限度的精神上的调适，后来这些被裁断为对于"真正"天主教教义方面的妥协让步。[2] 其实，他的新型方法只是将欧洲耶稣会圈子里面被称作"古典神学"的精神运动思潮付诸实际应用的结果，这种神学提倡对于从柏拉图到孔子的宗教异端，要采取"更为开放的姿态"。[3] 在欧洲，古典神学的拥护者与更为主流的天主教会之间的争辩在礼仪之争和专门术语翻译的往复角力中达到了顶点。[4]

与多明我会士罗明敖·黎尼妈一样，利玛窦为推进传教事业，既利用口头语言，也利用书面汉语。但与多明我会及多数耶稣会同人不同，利玛窦更倾向于书面语而非口语。对此，史景迁（Jonathan D. Spence）有这样的解释：

利玛窦和所有这些人（有学问的皈依者）都热爱

---

[1] 关于利玛窦的适应策略和博学的科学知识，参见 John D. Young, *East-West Synthesis*; Henri Bernhard, S. J., *Matteo Ricci's Scientific Contribution to China*, trans. Edward Chalmers Werner (Westport, Conn.: Hyperion Press, 1973); Mungello, *Curious Land*, pp. 44–73; Jonathan D. Spence, *The Memory Palace of Matteo Ricci* (New York: Viking, 1984)。
[2] Willard Peterson, "Learning from Heaven: the introduction of Christianity and other Western ideas into Late Ming China", in *The Cambridge History of China*, vol. 8: *The Ming Dynasty, 1368–1644*; Part 2, ed. Denis Twitchett and Frederick W. Mote (Cambridge: Cambridge University Press, 1998), pp. 789–839.
[3] Ibid., p. 792.
[4] 关于这个文化适应策略对于"礼仪之争"的影响，尤其是儒学对于基督教义的适应性，参见 Erik Zürcher, "Jesuit Accommodation and the Chinese Cultural Imperative", in *The Chinese Rites Controversy: Its History and Meaning*, ed. D. E. Mungello (Nettetal: Steyler Verlag, 1994), pp. 31–64。

书籍和印刷品。他对中国的识字率有夸大的估计："在这里很少有人一点书面的东西也不懂。"但他也正确地说明，所有宗教群体都倾向于用书籍而不是利用布道或公共话语来传递他们的信息。[1]

这样一来，将宗教小册子翻译成为汉语就有了理论上的合理性，这为接纳相互认同而进行适应策略提供了推动力。当然，多多学习与中国有关的知识，并在欧洲心地善良人士中间传播自己的理解，自然成为这一过程的有机组成部分。这就说明了以下作品的成因：它们既包括利玛窦及其同人支持过的翻译事业、考察中国文化和历史的作品著述，又包括在欧洲出版的私人日志与信札，其中就有利玛窦身后出版的日记。

东方文化复兴：巴洛克式中国爱好者和《中文之钥》

利玛窦和他的团队开启了一股翻译中文典籍的涓流，伴随着18世纪启蒙运动，它们如同洪水般地涌进对外国观念变得日益开放的欧洲。[2] 这场思想文化觉醒运动的一种重要成分，最先表现为对于波斯事物的极端迷恋，尤其是波斯风格的外部饰品；随后，印度和中国的物品逐步成为

---

[1] Spence, *The Memory Palace of Matteo Ricci*, p.154.
[2] 例如：Ting Tchao-ts'ing, *Les Descriptions de la chine par les Française, 1650-1750*, (Paris, 1928)。关于这些对于法国文学意识的影响，参见 P. Martino, *l'Orient dans la littérature française au XIIIe et au XVIIIe siècle* (Paris, 1906)。

前沿潮流。[1] 在思想文化方面，这一潮流又称作"巴洛克式中国爱好"。[2] 然而，这场东方文化复兴运动的成熟形态，与更早的欧洲文艺复兴运动一样，其基础正是文献学。[3] 杜西埃（Lois Dussieux）解释说："东方的博学多识为文艺复兴画上了圆满的句号。"[4]

多罗西·费古埃娜（Dorothy Figueira）从两个方面解释了东方文化复兴运动对欧洲心灵产生影响的思想文化切入点：一是为西方经典提供了替代品，二是推进了欧洲人心理上的自我认同：

> 随着对梵文之类语言"解码"的成功，东方智慧补全了文艺复兴运动的视野。至少像雨果（Victor Hugo，1802—1885）这种级别的评论家在他的日志中就曾表示，东方文学之于高等心灵，就如同希腊文学之于16世纪的智者一样。进而言之，东方为欧洲观察者赋予了一个站在优越位置上，刻意制造他者的问题。

---

[1] Raymond Schwab, *La Renaissance orientale* (Paris: Editions Payot, 1950); English edition, *The Oriental Renaissance: Europe's Rediscovery of India and the East, 1680-1880*, trans. Gene Patterson-Black and Victor Reinking (New York: Columbia University Press, 1984).

[2] Herbert Franke, "In Search of China: Some General Remarks on the History of European Sinology", in *Europe Studies China*, p. 12.

[3] 近来这一观点有所重申，参见 Alain Peyraube, "Orientalism et linguistique", in *Livre blanc de l'orientalisme française* (Paris: Société Asiatique, 1993), pp. 101-103. 对于欧洲文艺复兴，参见 Craig R. Thompson, ed., *Collected Works of Erasmus*, vol. 23 (Toronto: University of Toronto Press, 1978), p. xxi. "据伊拉斯谟说……艺术和文学的再生或'再次兴起'……在时间上开始于'大约80年以前'，尽管它扩展到了不同的艺术门类，其基础是文献学：实实在在恢复拉丁文。"

[4] Schwab, *The Oriental Renaissance*, p. 15.

它不但与西方文化的独特模式存在差别,而且还成为欧洲众多志业的源头。[1]

学者们对时代走向的预判会为翻译者浅层次的宗教性追求注入思想文化的能量。在对普遍语言的探求中,人们将所有方言的源头追溯至《圣经》所说的巴比塔混乱。[2]比较《圣经·旧约》所有语言的版本作为阐释《圣经》之助,这是学术上的副产品。这一探究导致了众多奇异的结果,其中之一即为荷兰牧师菲利普·马松(Phillippe Masson)那种虽然虔诚但却误人子弟的语源学:他将从天堂赐出的希伯来人的面包——吗哪(manna)与山东省的大众食品馒头(man-t'ou)相等同,将弥赛亚的称号(Shiloh)与汉语"时乐"(Shihlo)(时代的快乐)相等同。[3]在两个多世纪的时间里,那些在巴比伦文化或埃及殖民者当中寻求中华文化源头的史学家,与他犯错的类型相同,只是错误程度更在其上而已。[4]

这一研究还有一项附属品,即发现了学习汉语的"钥匙",例如,缪勒(Andrew Müller, 1630—1694)关于《中文之钥》(Clavis sinica)之类的著作,将某种语言迅速

---

[1] Dorothy Matilda Figueira, *Translating the Orient* (New York: State University of New York Press, 1991), p. 1.
[2] 关于这种对于普遍语言的狂热追求,参见 Mungello, *Curious Land*, pp. 174-207。
[3] Duyvendak, *Holland's Contribution to Chinese Studies*, p. 13.
[4] Joseph de Guignes, *Memoire dans lequel on preuve, que les Chinois sont une colonie Egytienne* (Paris, 1759). Terrien de Lacouperie, *The Western Origin of the Early Chinese Civilization from 2300 BC to 200 AD* (London, 1884).

嵌入到语言谱系图之中，从而掌握这种语言。[1] 然而，尽管运用了前一代人尚未掌握的语言工具，但在那个世纪的文化氛围中充斥的学术辩论与神学争吵还是会将那些本该就事论事的翻译牵扯进这个阵营或那个阵营，以便支持个人的学术目标或宗教目标。例如，早期耶稣会过度神学化的翻译转变成为过度理性化的《中国哲学家孔夫子》。[2] 用孟德卫的话说："选择原始材料的着眼点是（传教）成败而不是真理。"[3] 在 1700 年的礼仪之争中，争论达到了顶点。[4]

耶稣会翻译者和准汉学家

法国传教士主导了 18 世纪汉籍欧译的工作，直到 1773 年耶稣会被解散时仍未终止。到这个时候为止，大约有 456 位耶稣会士，其中包括本土的皈依者，在中国付出了辛勤工作。[5] 这一翻译洪流开始于洪若翰（Jean de

---

[1] 缪勒是德国汉学的创始人，我们将在本书第二章对此加以讨论。
[2] Mungello, *Curious Land*, p. 258. 这一页有一段摘自《大学》的话。
[3] Mungello, *Curious Land*, p. 331.
[4] 耶稣会士也好，世俗汉学家也好，他们都既有历史偏见，也存在思想偏颇，因此整个问题非常的错综复杂，保罗·鲁尔（Paul A. Rule）将其置于历史语境加以讨论，参见 *K'ung-tzu or Confucius: The Jesuit Interpretations of Confucianism* (Sydney: Allen and Unwin, 1986), pp. 183-198. 关于礼仪之争，参见 D. E. Mungello, ed., *The Chinese Rites Controversy: Its History and Meaning*.
[5] Kenneth S. Latourette, *A History of Christian Missions in China* (New York, 1929), p. 167. 关于在华耶稣会，参见 Arnold H. Rowbotham, *Missionary and Mandarin: The Jesuits at the Court of China* (Berkeley: University of California Press, 1942); George Dunne, *Generation of Giants: The Story of the Jesuits in China in the Last Decades of the Ming Dynasty* (South Bend: Notre Dame University Press, 1962); Charles Ronan and Bonnie Oh, eds., *East Meets West: The Jesuits in China, 1582-1773* (Chicago: Loyala University Press, 1988).

Fontaney, 1643—1710)领导的第一批由耶稣会数学家组成的法国传教团。[1] 居住在北京的最杰出的法国耶稣会汉学家是宋君荣(Antonine Gaubil, 1689—1759),他于1733年到北京,在此居住直到26年后逝世。[2] 他的主要著作有《中国天文学史纲》(*Histoire abrégée de l'astronomie Chinoise*, 1729)、《成吉思汗与蒙古王朝》(*Historie de Yentchis-can et de la dynastie de Mongou*, 1739)、《书经》(*Le Chou King, un des livres sacrés des Chinois*, 1770)、《中国年表(三部分)》(*Traité de la chronologie Chinoise divesé en 3 parties*, 1814)。遗憾的是,他的著作大多出版于身后。博克舍(C. R. Boxer, 1904—2000)[3] 概括过宋君荣的学术风格:"他从不将自己打扮成原创者,而是明说自己只是为欧洲人提供由最可靠的中国史家讲述的既精确又具有批判性的中国历史观念。"[4] 此外,他和冯秉正(Joseph de Mailla, 1669—1748)一样,是少数明说自己依靠本土学者提供信息的人,虽然他也曾抱怨说寻找合格的助手不易。[5]

尽管有宋君荣这样态度客观的编年史家,但最初汉学学科的发展与依照中国自身条件的评价几乎没有任何关系。因为当时围绕着非基督教的开明专制主义之美德问题存在

---

[1] 在孟德卫的书中有详尽叙述。参见 Mungello, *Curious Land*, pp. 329-331。
[2] 关于宋君荣的传记,参见 Abel Rémusat, *Nouveaux mélanges asiatiques*, 2 vols. (Paris, 1829), vol. 2, pp. 277-290。
[3] 研究荷兰与葡萄牙海上殖民史的专家。——译者注
[4] Boxer, "Some Aspects of Western Historical Writing on the Far East, 1500-1800", p. 314.
[5] Ibid., p. 315.

着争辩,中国成为这场争辩正方和反方的生动体现,不可避免地被拖入到那些智力堡垒——以伏尔泰(Voltaire, 1694—1778)和培尔(Pierre Bayle, 1647—1706)等从理性方面攻击基督教的人士与孟德斯鸠(Baron de La Brède et de Montesquieu, 1689—1755)和杜尔阁(Anne Robert Jacques Turgot, 1727—1781)等虔诚的正统辩护者之间展开的争论之中。这一时期的许多主要著作都背负着双重偏见,从清朝满族历史观的历史编撰学家那儿采集资料,以西方视角加以解释[1],抵消平衡盲目崇拜中国风(chinoiserie)的迷思。[2] 生动有趣的越洋通信,取代了激情较少且乏味的分析报告,传递着肤浅的印象和缺乏真情了解的信息。[3] 耶稣会以外人士所从事的学术也仍然同样具有争议性。孟德卫宣称:早期耶稣会士,至少在语言学层面上,无论是其目标,还是其方法,都要比准汉学家更具有学术性;至少大部分耶稣会士已经出版的著

---

[1] Jean-Francois Gerbillon(1654-1707), *Observations historiques sur la Grande Tartaire*. 法国耶稣会士张诚曾经代表清朝皇帝调解了与俄国之间的边境纠纷,他在立场上倾向于清廷,这情有可原。
[2] Hugh Honour, *Chinoiserie*: *The Vision of Cathay* (London: John Murray, 1961). 这本书的可读性很强,涉猎的对象五花八门,从忽必烈汗到对中国园林的崇拜,从对瓷器的痴迷到饮茶习俗的形成。
[3] 对一般读者,可参见 Isabelle and Jean-Louise Vissière, *Lettres édifiantes et curieuses de Chine par des missionnaires jésuits 1702 - 1776* (Paris: Garnier-Flammarion, 1979)。这部著作是以篇幅浩大的另一部为基础的,参见 *Lettres édifiantes et curieuses écrites des missions étrangèrs*, 34 vols. (Paris, 1703—1776)。

作都是以汉语或满语原始文献作为基础的。[1] 尽管如此，即便是像冯秉正的《中国通史》（Histoire générale de la Chine，1777—1783），引用了原始材料，表述力求稳健——当然这种客观性也是成问题的[2]。其他的原始资料更接近于杜赫德（Jean Baptiste du Halde，1674—1743）的《中华帝国全志》（Description de L'empire de la Chine），它是"欧洲爱好中国人士的《圣经》"[3]，书中回避了一切对中国不友好的措辞。[4]

有学识的教内人士，如缪勒或基歇尔（Athanasius

---

[1] 关于耶稣会学术的性质与可靠性，有比孟德卫的著作较少晦涩的入门读物，参见 Paul A. Rule，"Jesuit Sources"，*Essays on the Sources For Chinese History*，ed. Donald Leslie et al.（Columbia：University of South Carolina Press，1973），pp. 176‐187；E. Zürcher，"From 'Jesuit Studies' to 'Western Learning'"，*Europe Studies China*，pp. 264‐279。有关历史背景，以及简略的目录学考察，可以参看 Frèches，*La Sinologie*，pp. 16‐24。从亚洲视角出发的著述，可以参考 Mikinosuke，*Ō-Bei ni okeru Shina kenkyū*，pp. 5‐29；Fang Hao，*Fang Hao liu-shih tzu-ting kao*（Taipei：Student Book Co.，1969）。

[2] 冯秉正的《中国通史》，共13卷。这套书主要依据朱熹《通鉴纲目》作为翻译底本。巴斯蒂夫人（Marianne Bastid-Bruguière）将冯秉正的著作，连同耶稣会那些好为人师的奇怪书信，视为"耶稣会在拯救中国形象，同时也是在拯救自身信誉的最后一次大规模的努力"。参见 Marianne Bastid-Bruguiere，"Some Themes of 19th and 20th Century Historiography on China"，*Europe Studies China*，p. 229。

[3] 此处依据的是许理和（Erik Zücher，1928‐2008）的观点，参见 Zürcher，"From 'Jesuit Studies' to 'Western Learning'"，p. 268。

[4] 杜赫德是《耶稣会士中国书简集》（*Lettres édifiantes et curieuses*）的主编。他编撰了34卷中的18卷（第9—26卷）。他同时也是四卷本《中华帝国全志》（*Description géographique，historique，chronologique，politique et physique de l'empire de la Chine*，Paris，1735）一书的编者。这部著作主要来源于卫匡国《中国上古史》（*Sinicæ Historiæ*，Munich，1658）、李明（Le Comte，1655‐1728）《中国近事报道》（*Nouveaux mémoires sur l'etat présent de la Chine*，Paris，1696），以及耶稣会从北京呈送到杜赫德处的报告。相关评论参见 C. R. Boxer，"Some Aspects of Western Historical Writing on the Far East，1500‐1800"；Mungello，*Curious Land*，p. 125。

Kircher，1602—1680），将他们的汉学研究整合到了更广阔的、远远超出中国范围的计划之中，因而人们将这些学者视为非为中国传教辩护的耶稣会士，而是看成思想文化上独立的准汉学家。这些学者占据了一个与冷战时期"中国通"（China Hand）相似的地位。他们的汉学著作，由于没有明显的宣传目的而被广泛接受。例如基歇尔最为流行的书籍《中国图说》（*China monumentis qua sacris profanes, nec non variis naturae & artis spectaculis, aliarumque rerum memorabilium argumentis illustrate*, Amsterdm, 1667）。[1] 他的目的是要证明大秦景教流行中国碑是真实存在的，却由于淹没于过度繁多的信息之中而难以彰显。这部作品包含如下内容：到达中国的不同途径；中国基督教史；横跨欧亚大陆的古道；西藏概况；中国、日本和印度的宗教概况；中国的政府、风俗、地理、动物、植物，以及机械工艺；一篇研究中国语言的论文；一本篇幅很长的汉-拉词典。[2] 尽管这些以及其他准汉学家的著作有这样那样的优点，但他们的世俗学术研究事实上熏染着一种极其浓厚涵盖一切的基督教思想，即具有神秘色彩的赫尔墨斯主义。例如，人们所能记住基歇尔的，往往不是他论述中国的著作，而是他探讨赫尔墨斯神秘主义（Hermeticism）的巨著四卷本《埃及的俄狄浦斯》（*Oedipus*

---

[1] Conor Really, *Athanasius Kircher: Master of a Hundred Arts* (Rome, 1974); Jocelyn Godwin, *Athanasius Kircher: A Renaissance Man in Quest of Lost Knowledge* (London, 1979).

[2] Lach, *Asia in the Making of Europe*, vol. 3, Book. 1, pp. 485–486.

Aegyptiacus，Rome，1652—1654）。[1] 例如，在《诗经》（毛诗，第 245 首）中发现了赞颂基督诞生场景的颂歌，这是流传极广的例子。[2] 同样令人忍俊不禁的还有这样的研究结论：含（Ham）父子两人在离开埃及前往他乡时，将中国汉字带到了新的殖民地。[3] 因而，那些准汉学家就其观念预设以及护教态度而论，与身居主流、本该有不同学术纲领可供追求的耶稣会士一样具有宗教色彩。雪上加霜的是，准汉学家极端依赖在华耶稣会士提供的口头报告与书面报告。例如缪勒的未完稿《中文之钥》主要取自二手材料，因为他基本不懂汉语。简而言之，准汉学家更擅长于从事编纂，而不是研究和创作。[4] 那么，他们的思想观念最好被看成是某种心智型的"中国风"，深入其中，并且乐此不疲。

第二节　博学的"门外汉"与第一代专业汉学家

我们到达的是一片荒芜而贫瘠的土地，这种语言没有进入我们内心，欧洲人仅仅知道它的名字而已。我们既没有任何模式可以遵循，也不指望有人给予指

---

[1] Mungello, *Curious Land*, pp. 134-173. 孟德卫在书中深入探讨了基歇尔的赫尔墨斯主义。在第 307-311 页，对白晋（Joachim Bouvet, 1656-1730）的索隐派（Figurism）中的同类倾向有所讨论。同时参见 Claudia von Clooani, *P. Joachim Bouvet, S. J. Sein Leben und sein Werk*（Nettetal：Steyler Verlag, 1985）。
[2] Knud Lundbæk, *Joseph de Prémare (1666-1736), S. J.：Chinese Philology and Figurism*（Aarhus：Aarhus University Press, 1991）, pp. 134-135.
[3] Lach, *Asia in the Making of Europe*, vol. 3, Book. 3, pp. 1717-1718.
[4] Mungello, *Curious Land*, p. 135.

导；简言之，我们必须自给自足，在我们自己的土地上汲取能量。

——雷慕沙[1]

当开拓者让-皮埃尔·阿贝尔·雷慕沙（Jean-Pierre Abel Rémusat, 1788—1832）面对他所从事的艰巨任务时，肯定有过崩溃感。然而，正如马伯乐所说，在很久以前，中国人对于本土文献已经发展出一套独特的科学探究体系，并且还积累了一整套学术工具：词典、目录学、各种通史与专史、类书、地名与碑铭汇编等等。[2] 与西方古典学者不同，假如汉学新手能够发现这些并加以利用的话，那么他就会拥有许多专业工具。由于典籍与词典，史书和注释，都是用同等高深的语言写成，因而这种很不简便的工具，并不见得真的能够得到利用。无论如何，开发自己的研究主题和研究方法，特别是研发辅助工具以及翻译的使命，就交到了第一代专业汉学家的手上。

18世纪欧洲的知识圈是由狂热推进人文主义反潮流的天主教法国主导的；只有在这里，我们才能找到现代汉学

---

[1] Rémusat, *Nouveaux mélanges asiatiques*, vol. 2, pp. 2-3.
[2] Henri Maspero, "La Sinologie", *Societé asiatique*, *Le Livre de Centenaire, 1822-1922* (Paris, 1922), p. 261.

的源头。[1] 第一位在欧洲占据汉学专业讲席的是法国人雷慕沙，在他之前的是两位法国同胞：德经（Joseph De Guignes，1721—1800）及其博学却德行有亏的老师傅尔蒙。

傅尔蒙

傅尔蒙求学于马扎冉学院（Mazarin college）期间沉迷于语言学。尚在求学阶段，傅尔蒙写的一本拉丁文教材就是这种狂热兴趣的产物。可惜，他最终写就的论希伯来语、阿拉伯语和汉语语法的书，全都以拉丁文法范畴作为分析基准。这种"普世化"趋向反映了当时的时代精神。作为皇家学院的阿拉伯语教授，傅尔蒙拓展了学术范围，将汉语也包含在内。借助于一位有学养的助手——来自福建的中国天主教徒黄嘉略（Arcadius Huang，1679—1716）的辛勤工作，傅尔蒙赢得了"汉学行家（sinologue）"的荣誉。黄嘉略于1703年随天主教使团到达欧洲，分配在皇家图书

---

[1] 对于18世纪的法国汉学，考狄在下面这篇文章的第一页列出五项相关的书目与传记研究；此外还有六项与19世纪汉学发展有关的研究，均可参见 Henri Cordier, "Les Etudes chinoises sous la révolution et l'empire", *TP* 19 (1920), pp. 59-103; *Deux siècles de sinologie française*: *Exposition des principaux ouvrages d'autuers française publiés au xviiie et au xixe siècle et rassemblés a Peking*. (Peking: Centre franco-chinois d'études sinologiques, 1943). 这是一本关于18和19世纪法国汉学家、耶稣会士与其他人早期著作的书目，包括简单的生平说明，以及所罗列的书籍题解。此外，弗雷歇对1650年到1800年期间欧洲世俗汉学家的研究进展有所讨论，参见 Frèches, *La Sinologie*, pp. 24-33。

馆工作,负责编撰一部词典。[1] 词典还没有编好,黄嘉略就英年早逝;傅尔蒙旋即撷取了遗稿。傅尔蒙完成了由黄嘉略开始编撰的书目《皇家图书馆手稿目录》(*Codicum Manscriptorum Bibliothecae Regiae*)(巴黎,1737 年)。傅尔蒙最著名的著作《中国官话》[2],完全以万济国的语法书作为基础,只不过增加了汉字。一个由 80000 个汉字组成的字模库,用木版刻成,五位工匠费时 20 年方才完工,这似乎是傅尔蒙对于法国汉学草创时期所做的唯一具有独创意义的贡献,与其说这是学术成就,不如说是管理成就。[3]

作为一个人,傅尔蒙并不受人钦敬,甚至可说是人格卑劣,他任意剽窃他人成果,其中包括黄嘉略、万济国和马若瑟(Joseph de Prémare, 1666—1736)。考狄对傅尔蒙其人有极其负面的评价,这里无须抄录。他对法国汉学的这位先驱极其反感,在好几种著作中都不假辞色地表达了

---

[1] 雷慕沙介绍过一些汉学家,黄嘉略名列其中。参见 "Sur les Chinois qui sont venus en France", *Nourveaux mélanges asiatiques*, vol. 1, pp. 258 - 265。史景迁根据档案材料,对解读黄嘉略在巴黎的生活提出了新的研究角度:"The Paris Years of Arcadio Huang", *China Roundabout: Essays in History and Culture* (New York: W. W. Norton, 1992), pp. 11 - 24。

[2] *Linguae Sinarum mandarinicae hieroglyphicae grammatica duplex latine et cum characteribus Sinensium. Item sincorum regiae bibliothecae librorum catalogue denuo cum Notis amplioribus & Caractere Sinico editus* (Paris, 1737)。

[3] 关于傅尔蒙对法国汉学的影响及其学术成就,特别是对他所推崇的语法学以及波尔·罗亚尔(Port Royal)教学法进行的评价,可以参见 Cécile Leung, "Etienne Fourmont (1683 - 1745): The Birth of Sinology in the Context of the Institutions of Learning in Eighteenth-Century France", *Sino-Western Cultural Relations Journal* 17 (1995)。承蒙我的同事盖尔·金将此文推荐给我,并赠送一份复印件。

贬斥之意。[1] 雷慕沙没有对傅氏进行人身攻击,其批评仅限于学术范围。对傅氏的学术,他有时也明确给出负面评价。[2] 素以厚道著称的马伯乐则表示,18世纪的传教士们相信只有住在当地才能够学习远东的语言与文化;傅尔蒙的探索不得其法,对扭转这种意见没有作出任何贡献。[3]

不管怎样,傅尔蒙的确是一位充满热情的中国语言研究者,他终身扑在汉-法词典的编撰事业上,直至去世,仍未完成。他受到时代风气的影响,试图通过214个部首来探索汉语的"钥匙"——《中文之钥》成为准汉学家和法国汉学东方主义者的圣杯。傅尔蒙从未学习阅读完整的文本,自然这个缺陷给他带来很大问题。他对于调和中国与《圣经》的纪年系统作出了贡献[4],而且似乎是最早声称汉语是原始普世语言的法国汉学行家。[5] 他留给我们的未完稿《历史地理学词典》（*Dictionar Historium Geographicum*）,厚厚三大卷的精装本,连同他的图书馆编目,为其后法国重视书目分类的传统树立了榜样。这个传统牢牢吸引了考狄与伯希和。梁凤清（Cécile Leung）对此有所总结:

---

[1] Cordier, "Les Etudes chinoises sous la révolution et l'empire", p. 60.
[2] Rémusat, *Nourveaux mélanges asiatiques*, vol. 2, pp. 291-304.
[3] Maspero, "La Sinologie", pp. 261-262.
[4] "Dissertation sur les Annales Chinoises", Paper presented at the Académie des Inscriptions et Belles-Lerres, 18 May 1734.
[5] 这在他最早的语法著作《汉语沉思录》的副标题中表现得很明显,参见 *Meditationes sinicae, in quibus I considerature linguae philosophicae atque universalis natura qualis esse, aut debeat, aut possit; II Lingua Sinarum mandarinica...* (Paris, 1737)。

假如说傅尔蒙的其他著作使得学习者学会了语言，那么这部辞典就会帮助阅读者探索中国地理，并熟悉其历史。对18世纪上半叶任何一位严肃的学者来说，这可是必备工具，在当时知识精英的脑海中，收集与整理知识是最重要的任务。[1]

虽然我们知道傅尔蒙剽窃了知识，也知道他缺少汉语文献学的能力，那么，即使傅尔蒙作为前近代法国汉学学派的创立者稍显得成色不足，至少可以把他看成是开拓方向的先锋。

巴耶

真正具备独立判断能力的学者是巴耶。[2] 这位普鲁士古典学家的汉语是自学成才的。与傅尔蒙一样，他原本是以研究希腊罗马古文物为专业的教授。他先前在柏林的皇家图书馆任职。后来，他应召前往俄国首都圣彼得堡新成立的科学院就职。巴耶对中国研究怀有持久热情，科学院为他量身定制了一个新职位：东方古典教授。直到沙畹的学生和瓦西里耶夫（V. P. Vasil'ev, 1818—1900）的关门弟子阿历克谢耶夫（Vassili Mikhailovitch Alekseev, 1881—1951）到任，圣彼得堡才拥有了同样杰出的东方学家，这

---

[1] Leung, "Etienne Fourmont", p. 56.
[2] Lundbæk, *T. S. Bayer*; Dr. Franz Babinger, *Gottlieb Siegfried Bayer (1694-1738), ein Beitrag zur Geschichte der morgenländischen Studien im 18. Jahrhundert* (Leipzig: Harrassowitz, 1916).

一次是一位训练有素的汉学家。[1]

龙伯格是为巴耶作传的现代传记作家,他对两位最早的半专业汉学家巴耶和傅尔蒙进行了如下对比:

> 两位的差异之大令人难以想象:一位虔诚而腼腆,另一位则自负而刻薄。两人处境也极不相同。巴耶生活在地处俄国彼得大帝所建的首都小巧而新派的科学院,而傅尔蒙则生活在巴黎大都市久负盛名的学院。

---

[1] 阿历克谢耶夫是公认的俄罗斯现代汉学的创始人。他1902年毕业于圣彼得堡大学,后前往英、法、德继续学习汉学。在巴黎,他的同班同学包括马伯乐、葛兰言和伯希和。终其一生,他都将伯希和视为挚友。从欧洲一回到圣彼得堡,阿历克谢耶夫就被聘用为相当于"助理教授"的教职,同时还兼任科学院中国图书与手稿部主任。他翻译了大量的中国文学作品,研究中国美学、文学批评、词典学、目录学以及汉学史。他去世之后,出版了五卷本的文集,未刊手稿的数量与此相当。关于他的生平与著述,参见 Hartmut Walravens, "V. M. Alekseev-Leben und Werk: Eine Bibliographie", OE 21 (1974), pp. 67-95; L. N. Men'shikov, "Academician Vasilii Mikhailovich Alekseev (1881-1951) and his School of Russian Sinology", Europe Studies China, pp. 136-148; L. Z. Ejdlin, "The Academician V. M. Alexeev as a Historian of Chinese Literature", trans. Francis Woodman Cleaves, HJAS 10 (1947), pp. 48-59; Frèches, La Sinologie, pp. 82-83。关于俄罗斯汉学的历史与发展,还可参见 Vladislav F. Sorokin, "Two and a Half Centuries of Russian Sinology", Europe Studies China, pp. 111-128; Nikolai Speshnev, "Teaching and Research on Chinese Language at St Petersburg University in the 19th and 20th Centuries", Europe Studies China, pp. 129-135; Wilhelm Barthold, La Découverte de l'Asie: Histoire de 'Orientalismé en Europe et en Russia (Paris, 1947); C. Kiriloff, "Russian Sources", Essays on the Sources for Chinese History, pp. 188-202; Tung-Li Yuan, Russian Works on China, 1918-1960 (New Haven: Far Eastern Publications, 1961); E. Stuart Kirby, Russian Studies of China: Progress and Problems of Soviet Sinology (New Jersey: Roweman and Littlefield, 1976); B. G. Gafurov and Y. V. GanKovsky, eds., Fifty Years of Soviet Oriental Studies: Brief Reviews (1917-1962) (Moscow: Nauka, 1967)。关于最初对中国语言进行研究的俄国传教士背景,参见 Eric Widmer, The Russian Ecclesiastical Mission in Peking During the 18th Century (Cambridge, Mass.: Harvard University Press, 1976)。

两人所享有的研究中国的条件同样极不相同。巴耶年轻时曾经在柏林王室图书馆坐了一年的冷板凳，抄录传教士使用的词汇表以及老旧的耶稣会稿本与书信。当他于 1726 年到达圣彼得堡时，他发现这里既没有中文书籍，也没有在华传教士写的书籍。在他生命的后期，他才获得了身处北京博学多识的耶稣会士的指导。可是，在当时一封书信从圣彼得堡发出，得花费一年甚至更长时间，北京那边才能收到；还得花费差不多时间，才能收到回信。傅尔蒙有大量的文献可供他任意使用，而且，有一段时间他还有一位会说法语的中国年轻人的帮助。[1]

巴耶最有影响的著作是《中国博览》(*Museum Sinicum*)，这是一本合集，收入了长短不一的关于中国语言、文献、语法、文字起源、词典编撰、方言等方面的论文，以及为编撰一部体例完备的字典所备的材料，这些材料主要依据是此前耶稣会士的著作，巴耶对此并不隐讳。[2]

德经和小德经

傅尔蒙的大弟子是德经。作为皇家学院的叙利亚文教授，德经因为提出了上文已提及的中国人原本是埃及殖民者这一理论所表现出的奇异想象力而闻名于世。[3] 今日看

---

[1] Lundbæk, *T. S. Bayer*, p. 1.
[2] 龙伯格对此作了深入分析，参见 Lundbæk, *T. S. Bayer*, pp. 39–140。
[3] *Mémoire dans lequel on preuve, que les Chinois sont une colonie Egyptienne*. 薛爱华对此有所概述，参见 Schafer, *What and How is Sinology*, p. 6。

来，他唯一对汉学研究仍有价值的著作是 1758 年在巴黎出版的五卷本《匈奴、突厥、蒙古以及其他西鞑靼人通史》(*Histoire générale des Huns, des Turcs, des Mongols et des autres Tartares occidentaux*)，这本书表明了他的研究特长，可无论其视野有多么宽阔，它却是亚洲学而不是汉学。[1] 他的儿子小德经在广州的法国领事馆工作，担任过皇家使节和翻译。他出版了三卷本有关在中国经历的叙事作品。[2] 更重要的是，他受拿破仑之命，编撰叶尊孝留下的字典稿本，其中包含 100 幅绘画、塑像、瓶器以及 500 份手稿，这些都来自梵蒂冈，是战利品［其依据是拿破仑第一次远征胜利后于 1798 年签订的《特伦蒂诺条约》(*Treaty of Telontino*)］。小德经利用傅尔蒙刻好的汉字字模，从 1808 年开始工作，编撰了《汉－法－拉丁文字典》(*Dictionnaire chinois, francais et latin*)，1813 年在巴黎出版，署的是小德经自己的名字。[3]

尽管傅尔蒙和两位德经，以及他的另一位学生德奥特

---

［1］ Cordier, "Le Etudes chinoises sous la révolution et l'empire", p. 64. 德经有 8 篇关于中国历史、文字、天文、历法、宗教方面的未刊稿，以及《春秋》的节译本。其题名可参见 Cordier, p. 86。

［2］ *Voyages à Peking, Manille et l' Ile de France faits dans l' intervalle des années 1784 à 1801*, 3 vols, Paris, 1808.

［3］ 更完整的标题是：《汉－法－拉丁文字典，奉皇帝与大波拿巴国王之命；法兰西驻华代表德经撰》(*Dictionnaire chinois-française et latin, publié d'apres l'ordre de Sa Majesté l'Empereur et Rois Napoleon le grand; par M. de Guignes, résident de France à la chine...*)。考狄曾作过评价，参见 Cordier, "Les Etudes chinoises sous la révolution et l'empire", pp. 93 - 98; Lundbæk, "The Establishment of European Sinology 1801 - 1815", *Cultural Encounters: China, Japan, and the West. Essays Commemorating 25 years of East Asian Studies at the University of Aarhus*, ed. Søren Clausen, et. al. (Aarhus: Aarhus University Press, 1995), pp. 17-18, 34-35。

莱（Michel Le Roux des Hauterayes，1724—1795）都有著作，但正如考狄所描述的那样，这一时期法国汉学研究的状况是每个人都很努力，却目标不明，发展随意，深受理论狂想症的侵害，且也缺少方法论。德奥特莱是法兰西学院的阿拉伯语教授，是傅尔蒙的侄儿。他就生动体现了这个时期法国汉学充满偶然性、没有目标的特点。他的主要著作包括《春秋》译本、佛陀的历史以及讨论中国稻谷的论文，然而看不出这些论文之间有共同线索。法国的中国研究的真正奠基者应是一位能够为整个领域赋予秩序并确立方向的人，他就是伟大的雷慕沙。

让-皮埃尔·阿贝尔·雷慕沙

雷慕沙于1813年荣获医学博士学位，一本研究中国本草的书籍将他吸引到了汉学研究领域。他借助于一部传统的汉语字典《正字通》进行自学，还获得了收藏于皇家图书馆的语法和字典的手稿，尤其是马若瑟的《汉语札记》（*Notitia Linguae Sinicae*，1728），他对这一来源表示了充分的感谢。[1] 据马伯乐说，雷慕沙是欧洲第一位对中国语言具有深刻认识的饱学之士。[2] 23岁时，初出茅庐的雷慕沙就出版了一本被考狄评定为杰出的著作《论中国语言与文献》

---

[1] 据何莫邪看，耶稣会士马若瑟的著作是18世纪最重要的汉语语法著作。由于技术原因，这本书在巴黎没有机会出版。1831年，在马六甲付梓。作为手稿，这部作品对雷慕沙的语法产生了重大影响。何莫邪得出结论："就当时而论，它真是令人吃惊的学术成果，水平比此前要高很多，毫无疑问甚至高于许多更为有名的著作"，这中间就包括雷慕沙的著作。参见 Harbsmeier，"John Webb"，*Europe Studies China*，p. 330。关于马若瑟及其《汉语札记》的长篇介绍，参见 Lundbæk，*Joseph de Prémare*，pp. 64-103。

[2] Maspero，"La Sinologie"，p. 262。

雷慕沙

(Jean-Pierre Abel Rémusat, 1788—1832)

法国汉学家

(*Essai sur la langue et la littérature chinoises*, Paris, 1811)。[1] 1813 年，他又出版了一本以拉丁文写成的著作《中国语言是否真的属于单音节性质？围绕这个论题的文献学争论，汉语语法书仅一带而过》(*Utrum Lingua Sinica sit vere monosyllabica? Disputatio philological, in qua de Grammatica sinica obiter agitur*; autore Abelo de Remusat)。这部书的主题是中国文字的本质，以及古典语言中的单音节性、双音节性、代词等语法问题。[2] 他随后又发表了一系列文章，提升了学术声誉。1814 年 11 月 29 日，雷慕沙担任为他特设的汉学讲座教授。[3] 按傅海波所言，这一年是汉学诞生年。[4] 龙伯格却认为，直到雷慕沙于 1815 年 1 月 16 日发表讲席就职演说，作为学科的汉学才算正式设立。[5] 薛爱华对雷慕沙的职业生涯有如下概括：

除了汉语，雷慕沙还学习过蒙古语、藏语和其他东亚语言。他的著作表现出法国汉学学派的特征，这个特征于 20 世纪初又经伯希和之手得到优化和完善。雷慕

---

[1] 龙伯格对此有所概括，参见 Lundbæk, "The Establishment of European Sinology", pp. 41–43。

[2] *Mines de l'Orient*, 3 (1813), pp. 279–288, rpt. "Sur la nature monosyllabique attribuée communément à la langue chinoise", *Nouveaux mélanges asiatiques*, vol. 2, pp. 47–61.

[3] 与此同时，还正式开设了梵语讲席。

[4] Franke, "In Search of China", p. 13.

[5] Lundbæk, "The Establishment of European Sinology", p. 15. 巴黎的汉学讲席从此正式成立。雷慕沙首先就任，随后有儒莲、德理文、沙畹先后承担。沙畹的继任者马伯乐对这一段历史有过研究，参见 Henri Maspero, "La Chaire de Langues et Littératures chinoises et tartares-mandchoues", *Le Collège de France, Livre jubilaire composé à l'occasion de son quatrième centenaire* (Paris, 1932), pp. 355–366。

沙一生成果杰出，著作颇丰，我只提一本作为例证：《汉文启蒙》[1]（Eléments de la Grammarie Chinoise ou Principes géneraux du Kou-wen ou style antique, et du Kouan-hou, c'est-à-dire, de la langue commune généralement usitée dans l'empire chinois)[2]。这部书出版于1822年。除了这类基础性的研究，他还发表了许多重要的研究报告和翻译，领域涉及文学、哲学、宗教和历史。他是《学者报》（Journal des Savants）的编辑，在这个刊物上，他贡献了多篇关于中国的文章。他还是巴黎亚洲文会（Asiatic Society of Paris）的首任秘书，其会刊就是至今仍具重要影响的《亚洲学报》（Journal Asiatique）。[3]

他在学院开设的课程已经显现出成熟期法国汉学所具有的严格文献学方法的方向；每周三次课，内容分为语法与文本解释两个部分。文本包括《尚书》、《老子》、《（太上）感应篇》、孔子生平（汉语和满语）、景教碑、小说。他的讲课笔记结集为《汉文启蒙》（上文已经提及），这是欧洲人第一次对汉语所作的科学探索，尽管它并非全部是原创。[4] 这本书对威廉·冯·洪堡（Wilhelm von Humboldt, 1767—1835）产生了启发，写作了著名的哲学

---

[1] 此处采用雷慕沙原书上的汉文书名。——译者注
[2] 书名直译为《汉语语法原理，古文与官话（即中华帝国普遍使用的语言）的一般原理》。——译者注
[3] Schafer, *What and How is Sinology?*, p. 7. 当时的知识界兴奋不已，从而为新成立的亚洲协会注入了活力。参见 Schwab, *The Oriental Renaissance*, pp. 80-84。
[4] 他的著作受到马若瑟的启发，龙伯格对此有所分析。参见 Lundbæk, *Joseph de Prémare*, pp. 176-182。

书信《关于普遍语法形式的本质，特别是关于汉语的特性致雷慕沙的信》(Lettre à M. Able Rémusat sur la nature des forms grammaticales en general, et sur le genie de la langue chinoise en particulier, 1827)。在整个 19 世纪，该书一直是法国汉学家的标准入门读物，马伯乐不吝褒辞，描述了这本著作的特点：

> 马士曼和马礼逊各自出版了新的语法书，第一本刊于 1814 年，第二本刊于 1815 年。然而本书是第一本既研究书面语又研究口语的著作，每个主题都占一部分。毕竟，这是第一部将语法单独划分出来并思考中国语言特殊性的著作，而并非将所有欧洲语言的语法形式连同它们的变格变位都强加于每个独立要素之上的翻译训练。[1]

这部著作为雷慕沙有体系、有方法地挖掘中国文献丰富宝藏的事业奠定了基础。在更早些时候（1820 年），雷慕沙出版了一本类似的著作，其对象是亚洲"鞑靼人"的语言，即汉语以外的蒙古语、满语以及东突厥语等等，这本书就是《鞑靼语言研究》(Recherches sur les langues tartares)，是第一部尝试对这些语言进行分类的著作。[2]

作为一位曾经翻译过《佛国记》一类最艰深著作的译者，雷慕沙也成为 18 世纪不良风气的俘虏：不是照字面翻

---

[1] Maspero, "La Chaire de Langues et Littératures chinoises et tartares-mandchoues", pp. 357-358.
[2] Maspero, "La Sinologie", p. 262.

译,而是逐段意译。假如他明白了大意,他会归因于个人天才的直觉,而不是归因于正确的分析。可是,马伯乐接着说,这一特定译作"在当时可谓令人惊叹",因为那个时代中亚和印度的历史地理知识的确非常贫乏。[1]

因为受命去编皇家图书馆中文文献的目录,为使目录学建立在牢固的基础之上,雷慕沙制订了翻译马端临《文献通考》目录部分的计划。可是只完成了第 1 卷"经部",还没有付诸刊印,他就死于霍乱。雷慕沙有好几位学生,例如儒莲(Stanislas Julien, 1797—1873)、费涅尔(Fresnel)和鲍蒂埃(Jean-Pierre-Guillaume Pauthier, 1801—1873),儒莲被选作他的接班人。

儒莲

儒莲因为家贫,很晚才走上学术道路;可是一旦获得机会,他就全力以赴,努力追赶。他在学术上最终大器晚成,成为那个时代欧洲除传教士"汉学行家"理雅各以外最重要的汉学家。直到沙畹出道之前,没有汉学家可与儒莲相提并论。儒莲的遗产被用来设置了一个年度奖项,以他的名义奖励对汉学作出杰出贡献的学者。戴密微指出,遗憾的是他的人品令人讨厌。[2] [我们无法知道,巴维

---

[1] Maspero, "La Sinologie", p. 263.
[2] Demiéville, "Aperçu historique des études sinologiques en France", p. 154. 另参见第458页:"他的人品非常糟糕,其高度如同其学术一样高,你简直不知道如何指责为好。他爱嫉妒,脾气大,喜爱争吵,招惹来许多攻击,但总能全部躲开。"在谈及儒莲发表的几种见解粗俗、基本等同于对法国汉学家进行人身攻击的小册子时,戴密微断言说:"这些令人忍俊不禁的标题表明,自从礼仪之争以及在 18 世纪发生于弗雷列与傅尔蒙之间那场具有时代意义的争论以来,法国汉学在风格上并没有变得温和起来。"

儒莲

(Stanilas Jullien, 1797—1873)

法国汉学家

(Victor Pavie)给儒莲写了毫不客气的墓志碑,是否与其人品有关。他称儒莲为"文献学动物",在文中使用的是复数形式"话多的野兽们"(bestiae linguaces),因为还包括同处学术动物园之中的弗朗西斯科·米歇尔(Francisque Michel)这样的博雅之士]。[1]

在奥尔良学院学习过后,儒莲转学至法兰西学院,全身心投入希腊语的学习,还兼学阿拉伯语、希伯来语、波斯语和梵语。1824年,在与雷慕沙会面之后6个月,他开始用拉丁语翻译《孟子》,由于其语言弹药库中刚刚增加了满语,因此他也部分参照了两个满语译本。翻译花费了4个月工夫,还起了冗长的标题——《中国哲学家孟子,他的才华、学说、名誉与光荣与孔子相差不远;附有拉丁文与汉语官话解释,根据汉语进行整理编排,由儒莲加以阐释》(*Meng Tseu vel Mencium inter Sinenses philosophos, ingenio, doctrina, nominisque claritate Confucio proximum, edidit, Latina interpretatione, ad interpretationem Tartaricam utramque recensita, instruixit, et perpetuo commentario, e Sinicis deprompto, illustravit Stansilasu Julien*)(两卷本,巴黎,1824—1829)。儒莲的老师热情洋溢地表扬了本书,并详细揭示了他的方法论。[2] 例如:

> 首先,儒莲先生对《孟子》文本进行了全面解读;他研究了作者的风格,尤其是他对汉语所能提供的一

---

[1] Schwab, *The Oriental Renaissance*, p. 335.
[2] *Nouveaux mélanges asiatiques*, vol. 2, pp. 298-310.

切细节都进行深入研究。反复比较包含有同一位作者写作疑难短语的所有段落,对那些通过其他语言理解汉语的人来说,这足以提供一把重要的钥匙。[1]

儒莲参考了 10 个不同的汉语版本,以当时的条件为背景,这可比丹尼斯·拉宾(Denys Lambin,1520—1572)参考了 10 个拉丁文版本来编撰贺拉斯(Quintus Horatius Flaccus, B. C. 65—B. C. 8)的著作更为令人惊叹。儒莲对《道德经》的翻译(巴黎,1842 年)表现出同样的考量:在着手进行理解以前,先得厘清版本传承问题。他参考了所有已知的版本(七种)。据马伯乐讲,作为一名汉学家,儒莲超人一等的优势建立在其译文可靠的基础之上,这始于《孟子》。[2]

在儒莲的教学中,他舍弃了抽象讲述语法的讲座,而代之以引导学生广泛地阅读文本:《三字经》《千字文》《尚书》《论语》《左传》和《礼记》。儒莲坚持认为,句法是阅读的钥匙,编写了一本《汉语新句法》(Syntax nouvelle de la langue chinoise,1869)。在这本书中,他既捍卫自己的方法,回击他人特别是鲍蒂埃对他的贬损;[3] 同

---

[1] *Nouveaux mélanges asiatiques*, vol. 2, p. 302.
[2] Maspero, "La Sinologie", p. 267.
[3] 鲍蒂埃最初是一名诗人,最终却以印度学家的身份,成为东方文化的传播者。儒莲与鲍蒂埃之间旷日持久的对峙,很少被人正眼相看并称其为辨论。这些资料可参见 Henri Coridier, *Bibliotheca sinica*: *Dictionnaire bibliographique des ouvrages relatifs à l'empire chinois*, 5 vols. (rpt. Taipei: Ch'eng-wen, 1966), vol. 3, pp. 1731-1734; Schwab, *The Oriental Renaissance*, pp. 326-328。

时也要讲授这门具有关键意义的学科。[1] 书中引述了非常晚近的中国文献学著作,例如,在第 151—231 页中,它就吸收了王引之《经传释词》(1798 年)对于虚词的研究。

儒莲为学生翻译了大部分的儒家经典,以及许多史学及文学著作,但均认为不够成熟而没有付印。在 18 世纪 30 年代,即其职业生涯的前半段里,儒莲对通俗文学脉络更感兴趣:他对元杂剧与明清小说的翻译颇具大师风范。一部分是由于他想研究民众的社会生活,通常认为,如果没有第一手的观察资料,将无法进行这种研究(正如对酸腐的精英主义颇有微词的马伯乐对此所辩护的那样,"他们平庸陈腐的构建几乎不能抵消译者所作的努力")。[2] 儒莲擅长于对语言进行巧妙构思,这使得他既能够应付小说的叙事体散文,又能够应付散布在文本中的众多韵文。的确,这些文本将古典与俗语结合在一起,从而在本质上是既新奇又有难度,对儒莲的兴趣与好奇心提出了挑战。儒莲在迎接双重挑战方面取得的成功表明,要真正掌握中国文学,有必要既懂文言又懂白话。[3]

在后期,儒莲的兴趣有所扩展,他将中国置于整个亚

---

[1] 儒莲最早是在阅读马士曼的《中国言法》(*Clavis sinica*)时有所感,其中模模糊糊地提到了句法。马士曼本人也受到万济国《华语官话语法》(*Arte de la Lengua Mandarina*)的启发,但只有儒莲的著作才清晰描述了这个原则。

[2] Maspero, "La Sinologie", p. 264.

[3] 霍克斯(David Hawkes)再次重申了这种必要性,参见 David Hawkes, "Classical, Modern, and Humane", *Classical, Modern and Humane*: *Essays in Chinese Literature* (Hong Kong: Chinese University of Hong Kong Press, 1989), pp. 3-23。

洲背景之中。1851年，他翻译了玄奘的生平；1856年，与该书相辅的译本《大唐西域记》（*Mémoires sur les contrées occidentales*）问世。伴随着《大慈恩寺三藏法师传》（*Histoire de la vie de Hiouen-Thsang*）这部译作，儒莲成为超越本土注释家，创作出具有独立判断力作品的第一位汉学家；这部著作本身构成了汉学发展史上的里程碑。该译本连同对梵文字母的转写，都为印度学家的研究打下坚实的基础。

在方法论上具有指导意义的小书《解读和转写中文书籍中梵文名词的方法》（*Méthode pour déchiffrer et transcrire les noms sanscrits qui se rencontrent dans les livres chinois*, 1861）源自儒莲对于玄奘的研究。必须承认，这本书的结论是有瑕疵的，因为儒莲过于依赖梵语与汉语的现代形式，而忽略了比较研究中所面临的年代学困难。然而，这本书为比较转写提供了一个有条不紊的实证模型，有助于之后的学者清除研究中极端的胡思乱想，从而为汉学领域的佛教研究提供了指南。[1]

《西突厥史料》（*Documents sur les Tou-kiue*）于1864—1867年问世。儒莲在《亚洲学报》（*Journal Asiatique*）发表了一系列有关印度的目录学、史学与地理学的文章，它们结集为《中印亚洲地理学与文献学散论》（*Mélanges de géographie asiatique et philology Sino-indienne*, 1864）。

在公共事务部的敦促下，儒莲还探讨了中国技术史，

---

[1] Maspero, "La Sinologie", p. 267. 参见 Edwin G. Pulleyblank, "European Studies on Chinese Phonology: The First Phase", *Europe Studies China*, p. 340。

撰写了有关丝绸和陶瓷的著作《古今中华帝国的工业》(*Les Industries anciennes et modernes de l'empire chinois*, 1869),[1] 这是一部琐谈的合集,内容涉及蔬菜、矿物颜料、金属、雕刻与茶等等。这些研究跟上了同时代在华传教士特别是伟烈亚力等人开创的中国技术史研究步伐。

总而言之,现代法国汉学要归功于儒莲:他坚持要完全掌握汉语原始资料;以亚洲为背景,拓宽了研究中国的视野。雷慕沙开启的法国学派在儒莲那里达到了顶峰,之后一直到沙畹时代才又重新达到这个水平。

儒莲1873年去世时,他那些功成名就的学生大多数已经先于他辞世,其中包括:《周礼》的译者毕欧(Edouard Biot, 1803—1850)[2];巴赞(Antoine Bazin, 1799—1862),他既是两部语法书《汉语口语基本原理》(*Mémoire sur les principes généraux du chinois vulgaire*, 1854)、《官话语法》(*Grammaire mandarine*, 1856)的作者,又是成立于1841年的东方语言学院(l'Ecole des

---

[1] *Histoire et fabrication de la porcelaine chinoise* (1856),这其实是对一部原始资料《景德镇陶录》的翻译。
[2] 劳费尔这样评价毕欧的译文:"一座令人惊叹的史诗般的博学丰碑,他将所有注释都译了出来,在迄今为止中国文献所有语种的翻译之中,这是独一无二的杰作。"参见 Laufer, *Jade: A Study in Chinese Archaeology and Religion* (1912; rpt. New York: Karus, 1967), p.15。毕欧还翻译了《竹书纪年》(*Tchou chou ki nien*, 1841);编撰了几种有关中国天文学的书目:《与流星相关的书目》(*Catalogue des étoiles filantes*, 1841)、《中国的彗星观测》(*Comètes obervées en Chine*, 1846)。

langues orientales)[1] 的第一任现代汉语讲席教授[2]；还有一位神职人员梅蒂维埃（Méthivier）。其中学术成就最小的学生仍然在世，继承了汉语、蒙古语和满语的讲席。

德理文

德理文（Marquis d'Hervey de Saint-Denys，1823—1892）跟随巴赞在东方语言学院学习中文，后又追随儒莲。在儒莲的指导下，德理文翻译了毕欧因去世未完成的《周礼》的最后几章。尽管他在经典文献方面有所著述，也掌握了近代汉语，但德理文被认为是中国诗歌翻译的先驱，在这一领域还没有成为时髦学说之前，他做了普及性的工作。德理文的主要著作是《唐代诗歌》（*Poésies de l'époque des T'ang*，1862）和《离骚》（*Li sao*，1870）。对于前者，薛爱华断言："我可以负责地说，一个多世纪前的这些译本与今天美国文学家翻译的许多唐诗的译本相比，毫不逊色，甚至更胜一筹。"[3] 戴密微却认为，德理文《离骚》的翻译就不太成功，因为无论是以文献学技巧为标准，还是以法语的典雅为标准，它都不够杰出。然而，在第二帝国的文学沙龙中，它却获得了耀眼的第二次生命。[4] 在文学领域之外，德理文的优秀研究成果有《中国

---

[1] 东方语言学院、巴黎东方语言学院、国立东方语言学院、国立现代东方语言学院等均为巴黎东方语言文化学院的称谓。巴黎东方语言文化学院，简称Inalco，自1795年成立，历经多次改革和更名。本书保留不同时期的法文翻译而来的中文名称。——译者注
[2] 戴密微追溯过这个讲席的历史，参见 Paul Demiéville, *Choix d'études sinologiques* (1921-1970), pp. 152-161。
[3] Schafer, *What and How is Sinology?*, p. 8.
[4] Demiéville, "Aperçu historique des études sinologiques en France", p. 459.

境内异族民族志》（*Ethnographie des peoples étrangers à la Chine*，1876—1883），这是《文献通考》中关于外国事务两部分文字的翻译。在这部著作中，德理文回归了其学术本源——雷慕沙最早利用了马端临的著作，而儒莲则率先开拓了这一领域。也许，德理文回避了在经典方面做更多研究，因其缺乏他的前任所具备的文献学才能。

马伯乐更具批评意味，他哀叹道，当理雅各的《中国经典》（*Chinese Classics*）于1861—1872年初次付梓时，法国汉学界却没有相应跟进，以便从中获益。这里的所指就包含德理文：

> 在他从1874到1892年占据讲席的20年里，对于法兰西科学的贡献可谓微乎其微。这个时期，就这样被同时代的英国人伟烈亚力、理雅各、沃特斯（Thomas Watters，1840—1901）、梅辉立（William Frederick Mayers，1831—1878）和艾约瑟（Joseph Edkins，1823—1905），以及美国人卫三畏组成的耀眼星团一点点地遮蔽了光芒。德理文的译文既缺少儒莲译文的可靠性，也少有批评意识。[1]

马伯乐这一令人吃惊的评论使得沙畹在下一个时代的成就显得更为突出。

从雷慕沙、儒莲到德理文，传承下来的不仅仅是古典汉语讲席，也包括他们个人藏书中许多资料。例如，有一

---

[1] Maspero, "La Sinologie", p.269.

份西班牙文写成的未署名的字典手稿:"它曾经属于……德理文……他去世后两年,其藏书被卖,在他之前,儒莲……也购买了其法兰西学院前任雷慕沙的藏书。"[1] 更为重要的是,研究方法与研究领域也被继承和发展,并传承给了下一代。

从东方主义到文化平行狂热

考狄认为,最早期的法国"书斋汉学家"的作品没有目标,随机性强,而且被理论狂想症所害,缺乏方法论。此说言之有理。虽然雷慕沙及其追随者在这个领域建立了秩序,但理论狂想症和无意识偏见仍然困扰着身处于中西之间的西方汉学家。毕竟,学者也生活在时代的知识氛围之中,汉学家也不例外。对西方汉学家来说,18、19世纪的总体思想框架就是东方主义。

"汉学东方主义"是吉瑞德和费乐仁在他们即将出版论述理雅各的著作中所采纳的术语,用于刻画19世纪的中国研究。[2] 作为同时代东方主义心态的一部分,与印度学家和阿拉伯学家一样,汉学家接纳了同样的研究思路,也成为同一心理假设和文化眼盲的俘虏。

东方主义开始于定义一个发现:在欧洲文化的精神视

---

[1] Piet van der Loon, "The Manila Incunabula and Early Hokkien Studies", p. 97.
[2] 这两部书早已问世了:Girardot, *The Victorian Translation of China: James Legge's Oriental and Oxonian Pilgrimage* (Berkeley and London: University of California Press, 2002); Pfister, *In Pursuit of the Whole Duty of Man: James Legge and the Sino-Scottish Encounter in 19th Century China* (Frankfurt: Peter Lang, 2004)。——译者注。吉瑞德与费乐仁提出的理论思路以及所掌握的丰富书目,提高了本书后续讨论的水平。

野之外,还存在一个世界,自从希腊人故意忽略了亚洲的存在,这个视野就被牢牢固定了下来。[1] 在这个视野之外,存在着一种超越古典语言(希伯来语、希腊语和拉丁语三种语言),以及存在着超越犹太—基督教的神圣规范和道德规则的宗教和哲学。正如上文所述,被称作"东方文艺复兴"的文献学运动就包含有咄咄逼人的对东方语言文化的研究,施瓦布(Raymond Schwab)既怀有同情心,又富有洞见,为这项事业编制了编年史。[2] 梵文是这场运动的中心点。作为与希腊拉丁同源的语言——梵语,吸引了威廉·琼斯(William Jones,1746—1794)以及其他19世纪的比较语言学家,如勒南(Ernest Renan,1823—1892)和马克斯·缪勒(Max Müller,1823—1900)等人从考据学角度对其加以关注,最终将原本导源于对神圣亚当的普世语言问题的学术争论,转向了对于印欧祖先所遗失文明的探寻。[3] 大争论不再使用宗教术语,因为它已经超越了《圣经》释义学,并且通过同化过程而发生了转变。关怀是对于文化根源的世俗性、学术性的复原。结果产生了雅利安主义(Aryanism),并在我们生活的世纪里,很可悲地为种族政治和大屠杀提供了理论辩护。

---

[1] 参见 Arnaldo Momigliano, "The Fault of the Greeks", *Essays in Ancient and Modern Historiography* (Middletown, Conn.: Wesleyan University Press, 1982), pp. 9–23。

[2] Schwab, *The Oriental Renaissance*.

[3] Maurice Olender, "Europe, or How to Escape Babel", *History and Theory* 33 (1994), pp. 5–25. 该文讨论了两个传统之间的相互交往,以及引发了这一转型的语言学发展。更进一步的讨论可参见 *The Languages of Paradise: Race, Religion, and Philology in the Nineteenth Century* (Cambridge, Mass.: Harvard University Press, 1992)。

关于东方主义的研究机构与主要人物，施瓦布均有所描述。但是，这个术语还包括更多的含义，萨义德在《东方学》(Orientalism)一书中做过有力的推演。[1] 事实上，它是如此之复杂，以至于萨义德从未尝试做过定性表述，而是在不同的场合以不同的方式对其进行讨论。首先，东方主义就是东方学家所做的事情。其次，它是一种"思想风格"，在认识论上将东方和西方对立起来。最后，它是一种"与东方打交道的团体机制"，对其原始材料实现垄断性控制，接着又将其转化为概念，并且以西方术语（相等于"神话的""刻板的"）表达出来。[2] 萨义德的论辩几乎完全建立在他对西方与中东关系的分析之上。与此截然不同的是，中国、日本和东南亚，似乎在面对鼓动了攻击性知识帝国主义的东方主义时，感受到的痛苦似乎要轻一些。[3] 至少就中国而论，这主要是由于如下事实：汉学家的研究是在中国文人传统内部展开的，他们共享有同一套文本观、文献学方法论和经典研究论题。他们在功能上更像是中国文化的辩护者而非其文献宝藏的帝国主义掠夺者。[4]

即使19世纪的汉学家没有像他们的东方学者同胞一样

---

[1] Edward W. Said, *Orientalism* (New York: Vintage, 1979).
[2] James Clifford, review of Said, *Orientalism*, in *History and Theory* 19 (1980), pp. 204-223. 这篇文章讨论了《东方学》的哲学与政治内涵；第209-210页对萨义德在定义方面的困难有较好的论述。
[3] Robert Kapp, Michael Dalby, David Knopf, Richard H. Minear, "Review symposium on Said's Orientalism", *JAS* 39 (1980), pp. 481-517.
[4] Arthur Wright, "The Study of Chinese Civilization", *Journal of the History of Ideas* 21 (1960), pp. 233-255. 文中讨论了那些位于中国文明框架之内，而不是身处框架之外并持有公正客观心态的汉学家在研究中存在的问题。我对芮沃寿所提论点的回应要留到本书结语部分。

参与知识殖民活动，他们也仍然拥有同一套潜意识生成的、激活其时代学术话语的假设。如上所说，假如学术论辩已经从宗教转向世俗领域，那么，汉学家也会跟着转型。因此，当关注领域最终从普世语言让位于揭示印欧古代语言根源时，那么，汉学家很自然地充满激情地参与到新的语言学游戏之中。从方法论角度看，对抽象概念层次上"中文之钥"糊里糊涂的关注，就会让位于具有明显操作意义的句法工具，正如在理论层次上，赫尔默斯主义（Hermeticism）要让位给雅利安主义。

东方主义最糟糕的过度运用，在吉瑞德欢快的行文中，被巧妙地描述成为"文化平行狂热"（cultural parallelomania）。从鲍蒂埃的《中国—埃及学》（Sinico-AEgyptiaca，1842），到德经的《中国是埃及人的殖民地》（Momoire dans lequel on preuve, que les Chinois sont une colonie Egyptienne，1759），再到拉克伯里（Terrien de Lacouperie）的《早期中国文明（公元前2300年到公元200年）的西方起源》（The Western Origin of the early Chinese Civilization form 2300 BC to 200 AD，1884），其宗旨是要揭示中国文明的雅利安根源。在19世纪最活跃的雅利安主义者之中，就包含有汉学家艾约瑟和薛力赫。1871年，艾约瑟在伦敦出版了《中国在文献学中的地位：一个提示欧亚语言具有共同起源的尝试》（China's Place in Philology: An Attempt to

Show that the Languages of Europe and Asia have a Common Origin),[1] 艾约瑟最引人注意的比较研究可能就是《论〈道德经〉中的三个字"夷希微"》(*On the three words 'I Hi Wei' in the Tau Te King*)。[2] 在这篇短文中,艾约瑟将赫尔默斯主义者发现语源踪迹的尝试与论述中国语言文化和雅利安人有所关联的尝试结合到了一起;这三个汉字,变成三位一体的名字!

在新成立的"上海文理学会"(Shanghai Literary and Scientific Society)的会长就职演讲中,裨治文以赞赏的口吻总结了这一观点的精华:

> 正如大多数现代史学家和哲学家坚持认为的那样,假如古代中国人被任何一个同时代的西方异教徒国家(埃及、腓尼基、希腊、罗马)所超越的话,那么毫无疑问,只是因为那些西方人享受到了源自人类大家庭那些早期族长的微弱光芒。进而言之,当我们触及最古老年代的中国人时,很有可能的是某种知识源自远古的同一地点。在那里,人们在大洪水之后,建立了祭祀唯一真神的第一个祭坛——朝向东方,在东亚的广阔区域上四射。最终,在这个非常遥远的国度中

---

[1] 关于艾约瑟的更多相关例证,可以参见 Edkins, "Sino-Babylonian" comparisons include "Early Connections of Babylon with China", *China Review* 16 (1887–1888), p. 371; "The Foreign Origin of Taoism", *China Review* 19 (1891), pp. 397–399; *Ancient Symbolism* (London, 1889); "Primeval Revelation", *China Review* 21 (1891), pp. 22–23. *The Early Spread of Religious Ideas* (London, 1893)。以上大多选自吉瑞德的手稿:Girardot, *The Victorian Translation of China*。

[2] *China Review* 17 (1886), pp. 306–309.

（其结果是它们在启示性异象中就被称作"中国之地"），点亮了文明的火种。如果承认事实的确如此，那么，这个帝国的创建者就只能是西方早期王国的建立者中被逐去的为数甚少的几代人，他们肯定在某种程度上共同享有大洪水之后留存下来的某种文学与科学知识。[1]

格局更大的著作有传教士湛约翰的《中国人的起源：将中国与西方关联起来的民族溯源尝试》(*The Origin of the Chinese: An Attempt to Trace the Connection of the Chinese with Western Nations*, 1844)，薛力赫的《中国—雅利安学》(*Sino-Aryaca*, 1872) 则是另一部至少从比较语言学研究角度讲是杰出的范本。即便是新教的传教先驱马礼逊、理雅各也都不加论辩地认为，中国人的文化思考来源于西方。[2]

中国沿海的汉学家和社会学

学术的主流是雅利安主义，大多数人很难摆脱这种几乎是无法遏制的文化平行狂热的控制。尽管如此，在1870

---

[1] Bridgman, "Inaugural Address", *Journal of the Shanghai Literary and Scientific Society* 1 (1858), p. 2.

[2] Robert Morrison, *A Dictionary of the Chinese Language in Three Parts* (Macao: East India Company's Press, 1815-1823). 该书在第12-16页提到了尧时代的洪水。James Legge, *The Religions of China* (London: Hodder and Stoughton, 1880). 该书第221页提到对艾约瑟的理论最初的接受过程，理雅各将这个过程回溯到钱德明（Amiot）、蒙突奇（Montucci）和雷慕沙。直到儒莲发表了《道德经》译文，理雅各才反对这个观点。

年代，社会学性质的汉学在中国诞生了。据莫里斯·弗里德曼（Maurice Freedman，1920—1975）说，中国沿海的汉学家似乎是第一批研究中国民众生活与思想的学者。与老派汉学行家眼中的中国——"古典中国以及规范化的文化经典"不同，这里发展出了一批西方人论述中国的文献，并非总是由精通汉语的人撰写，它们试图传达当时中国人的生活及其大众元素。[1] 这一类著作中的杰出榜样包括卢公明（Justus Doolittle，1824—1880）《中国的社会生活》（Social Life of the Chinese，1865）、但尼士（Nicholas Belfield Dennys）《中国的民俗及其与雅利安族与闪米特族的亲属关联》（The Folklore of China, and its Affinities with that of the Aryan and Semitic Races，1876）。新兴的社会人类学、民族志、方言学，以及第一批通过田野工作而不是文献中搜集资料的尝试，都是由中国沿海的汉学家所作出的。[2] 很不幸的是他们太超前了，直到葛学溥（D. H. Kulp，1888—1980）才将工作接续下来；1913年，他开始在上海讲授社会学。事实上，在最有发展前景的先驱者当中，高延从对民众和当代的研究中退了回去，其后期研究的对象是古典与古代。[3] 直到沙畹这样的领航型人物出现，才开始将枯坐在图书馆的文献

---

[1] Maurice Freedman, "Sinology and the Social Sciences", *Ethnos* 40 (1975), pp. 198-199.
[2] 对格里戈里·古尔丁（Gregory Guldin）来说，社会学直到20世纪初才登上历史舞台。参见 Gregory Guldin, *The Saga of Anthropology in China: From Malinowski to Moscow to Mao* (Armonk, N. Y: M. E. Sharpe, 1994), pp. 23-49。
[3] 他带有社会学趋向的两部代表作为：*Les fetes annuellement célébrées a Emoui* (1886); *The Religious System of China* (1892-1910)。

学研究，与不属于传统资料来源的第一手田野调查结合起来。他具有普遍意义的学术成果是通过拓展领域从而将对非精英文化和社会阶层的关怀结合起来的一个典范。

第一章
法国汉学与三位巨擘

"莱茵黄金！莱茵黄金！纯粹的黄金！
你在最黯淡的地方也仍熠熠生光！
只有在深渊才惬意且忠实：
在那水面上沾沾自喜的，只会是错谬和怯懦！"
——瓦格纳歌剧《尼伯龙根的指环》
第一部《莱茵的黄金》(Das Rheinggold)
第一幕，第四场

如果将文献学的价值比照莱茵黄金的宝藏，那么最好的守护毫无疑问来自三位学者型的水仙子[1]（"莱茵少女"）：沙畹和他的学生伯希和、马伯乐，直到第二次世界大战后其光芒才略有减退。与梳理德国、英国和美国的汉学学派需要调查相当数量学者所不同的是，本章将集中在三个人的著述上，他们是三位汉学巨擘。

---

[1] 水仙子，《尼伯龙根的指环》中守护莱茵黄金的三位少女。——译者注

沙畹

(Édouard Chavannes, 1865—1918)

法国汉学家

第一节 沙畹：文献学之父

我打开一本字典如同召唤灵魂，
在这页面他被无声的符号所迷惑，
我试图使他形象化，爱人，
在我必亡的命运中获得些许慰藉。
——切斯瓦夫·米沃什（Czeslaw Milosz）[1]
《外省·文献学》(*Provinces*, "Philology")

沙畹是法国汉学现代阶段的第一位代表性人物。尽管法国耶稣会士此时仍活跃在中国，撰写了令人惊叹的大量著作[2]，但舞台已不可逆转地移交给了专业汉学家。自儒

---

[1] 美籍波兰诗人、散文家、文学史家，1980 年曾获诺贝尔文学奖。——译者注
[2] 19 世纪耶稣会士的汉学学术成就可以简述为两个人物。第一位是顾赛芬（Séraphin Couvreur, 1835-1919），因其几部代表作享誉学界，包括《中国古文词典》(*Dictionnaire classique de la langue chinoise*, 1890)、《诗经》法-拉译本 (*Cheu king*, 1896)、《书经》法-拉译本 (*Chou king*, 1897)、"四书" 法-拉译本 (*Les Quatres Livres*, 1910)、《礼记》法-拉译本 (*Mémoires sur les bienséances et les cérémonies*, 1913)、《春秋》和《左传》(*Tc'owen Ts'iouet Tso Tchouan*, 1914) 法-拉译本。顾赛芬获得过四次儒莲奖。第二位是戴遂良（Léon Wieger, 1856-1933），他是宗教和历史领域多产的翻译家。在他的作品中，有主要来源于《通鉴纲目》的《历史文献》(*Texts historiques*, 1903-1905)、《哲学文献》(*Texts philosophiques*, 1906)、《中国佛教》(*Bouddhisme chinois*, 1910-1913)。在那个时代比这两位略逊一筹的还有晁德莅（Angelo Zottoli, 1826-1902)。他的《中国文学教程》(*Cursus Litteraturae Sinicae*, 1878-1882, 5 卷本) 是翻译成西方语言最多的一部中国古代文选。无论在欧洲还是中国，关于 19 世纪的西方汉学的整体概况，可参阅 Frèches, *La Sinologie*, pp. 34-61。特别是法国学派，包括耶稣会士的介绍，可参阅 Jean Pierre Dubosc, *Deux siècles de sinologies française* (Peking: Centre franco-chinois d'études sinologiques, 1943)。

莲[1]之后,沙畹很快就赢得了欧洲汉学界的广泛赞誉。他不仅通过全面掌握广泛的基础资料来对专门文献进行充分的分析,还结合了收藏田野考古学调查所得的一手资料来构建基础文献的来源,这种熟练的学术传统由他开创而成为范例。不过,沙畹的学术成就也是以悠久而卓越的法国汉学传统为基础的,正如我们所见,深受其第一位老师亨利·考狄的直接影响。

沙畹的老师:亨利·考狄

亨利·考狄出生于新奥尔良,父亲是法国人,母亲是有着法国血统的亚拉巴马女孩。考狄在法国长大。[2] 尽管他本来很想学习地图学,但他的父亲已经为他预设了一条从事经商的职业生涯。考狄被送到了上海,加入了一个美国公司。两年后,成为皇家亚洲文会北华支会图书馆的名誉馆长。考狄于1876年离开上海返回法国,这期间应中国政府之请负责照顾在欧留学的一批中国学生。他注定不可

---

[1] 可参阅马伯乐的观点:"La sinology française au XIXe siècle est dominée par les noms de deux savants, Stanislas Julien et Édouard Chavannes…C'est à eux que la science française doit la maîtrise incontestée don't elle jouit dans le domaine de la sinologie", *La Sinologie*, p. 283。谢和耐对此也有同样的论述: "Henri Maspero and Paul Demiéville: Two Great Masters of French Sinology", *Europe Studies China*, p. 45。

[2] 关于考狄的生平和著作,参见 Paul Pelliot, "Henri Cordier(1849-1925)", *TP* 24 (1926), pp. 1-15; L. Aurousseau, "Henri Cordier", *BEFEO* 25 (1925), pp. 279-286; W. Perceval Yetts, *BSOAS* 3 (1925), pp. 854-855; Zoe Zwecker, "Henri Cordier and the Meeting of East and West", *Asia and the West: Encounters and Exchanges from the Age of Exploration*, ed; Cyriac K. Pullapilly and Edwin J. Van Kley (Notre Dame: Cross Culture Publications, 1986), pp. 309-329。考狄于1924年在巴黎也发表过一篇自传: *Bibliographie des oeuvres de Henri Cordier*。

能再回到中国了。在考狄履行其中国任务的职责期间，他与法国巴黎东方语言学院院长、著名的近东学家舍费尔（Charles Schefer, 1820—1898）相识。考狄关于中国的广博知识给舍费尔留下了深刻印象，因此力邀他在巴黎东方语言学院教授远东历史、地理和法律。从1888年到任，考狄一直在此担任教职直到逝世。

正如现代专家茨威科（Zoe Zwecker）指出的那样，考狄几乎没有资格被称为汉学家，因为他关于中文本身的知识非常浅薄，也不能将其用于研究。[1] 尽管如此，如果超越将汉学定义为文献学的参数，那么作为一位历史学家，特别是目录学家，考狄就如同导师一样深刻地影响了这一领域。

考狄因其代表作《西人论中国书目》（Bibliotheca Sinica）享誉学界。《西人论中国书目》四卷本，囊括了到1924年为止欧洲语言有关中国、朝鲜、满洲、西藏和蒙古出版物目录。考狄也收录了有关中亚的文章，不过伯希和认为这一部分是最不全面的。《西人论中国书目》最早在1878年和1885年出版了两卷本，第二版扩充到了四卷，于1904—1908年间出版。第五卷补编于1924年出版。[2] 编纂《西人论中国书目》的设想最初来源于考狄为皇家亚洲文会北华支会图书馆编写目录，很多书目都基于该图书馆目录和伟烈亚力的私人藏书。[3] 该书目的第一版获得了

---

[1] Zwecker, "Henri Cordier and the Meeting of East and West", p. 309.
[2] *Bibliotheca Sinica*: *Dictionnaire bibliographique des ouvrages relatifs à l'empire chinois*, 5 vols (rpt. Taipei: Ch'eng-wen, 1966).
[3] Cordier, "The Life and Labors of Alexander Wylie", in Alexander Wylie, *Chinese Researches* (1897; rpt. Taipei: Ch'eng-wen, 1966), pp. 7–18, especially pp. 7–8; and *Bibliotheca Sinica*, vol. 1, pp. xiii-iv.

儒莲奖。考狄再次重复了这样惊人的收集整理编目的伟大工程，完成了四卷本有关印度的《印度支那书目》（*Bibliotheca Indosinica*），以及一卷本的《日本书目》（*Bibliotheca Japonica*）。[1]因此，考狄打下了关于远东研究二手资料文献书目的基础[2]，并以其个人的学术成就对这一领域贡献卓著。他自己的学术产出就超过了1000篇，主要集中在东西方商业和外交关系方面。

考狄在汉学方面的其他主要贡献在历史地理学、中西关系和汉学史研究。[3]他对亨利·裕尔（Henri Yule，1820—1889）的《马可·波罗之书》（*The Book of Ser Marco Polo*）所进行的修订与补注，因其在文化、地理和历史方面的大量注释，至今仍是不可或缺的重要资料。[4]之后在1921年出版的四卷本《中国通史》（*Histoire générale de la Chine*）展示了他综合材料的能力。在马伯乐看来，这是第一部中国历史的博览，而非简单的翻译或是对中文文献的分析。[5]事实上，由于这种在西文的东方学书目领域的权威性，以及基于大陆背景的中国研究的独特才能，使得考狄成为现代汉学创始人的导师。

---

[1] 不知疲倦的考狄在这方面的其他作品还包括有关阿兰-勒内·勒萨日（Alain-René Lesage）、博马舍（Beaumarchais）、加斯东·马斯伯乐（Gaston Maspero, 1846-1916）和司汤达（Stendhal）的著作参考目录。
[2] 关于考狄的目录学研究，参见 Zoe Zwecker, "Henri Cordier and the Meeting of East and West", pp. 314-316。
[3] Ibid., pp. 316-322.
[4] Henry Yule, *The Book of Ser Marco Polo*, 2 vols. Third edition (London, 1903). 考狄对裕尔的书进行了修订，参见 *Cathay and the Way Hither*, 4 vols (London, 1913-1916)。
[5] Maspero, "La Sinologie", p. 272.

沙畹所受的教育

1865年10月5日,沙畹出生于里昂,先在巴黎高等师范学校(Ecole Normale Supérieure)学习哲学[1];后在学校导师的建议下,他转向了汉学研究。本来沙畹的研究重心在中国哲学,但被重新定位到历史领域了,考狄建议他翻译一个王朝的历史,其实他最终也是会这么做的。

在国立东方语言学院(L'Ecole Nationale des Langues Orientales Vivantes),考狄教沙畹现代汉语;在法兰西学院,德理文教他古典汉语。在很好地掌握这些知识之后,1889年沙畹被派到北京工作,隶属于法国公使馆。

他的工作质量和价值很早就得到了认可。1893年,继他的老师德理文之后,只学习了五年汉语的沙畹就被任命为法兰西学院的汉学教授。除教学之外,他全身心投入到参与汉学界的社会活动——参加会议,宣读论文,在编辑部和儒莲奖评审委员会工作——同时也活跃在更为广泛的法国学术界圈子里。他是法国科学院的会员,许多国外学会的通讯或荣誉会员,从1904年到1916年期间担任《通报》(T'oung Pao)的联合主编。1915年,他成为金石与美文学院(The Academy of Inscriptions and Belles-Lettres)院长。

---

[1] 关于沙畹的生平资料,请参阅考狄在《通报》中的讣告:TP 18 (1917), pp. 114-147; Journal Asiatique, 11th ser. 40.2 (March-April 1918), pp. 197-248; Louis de la Vallée Poussin, BSOAS 1 (1918), pp. 147-151; Paul Pelliot, Bulletin Arch. Musée Guimet 1 (1921), pp. 11-15; Berthold Laufer, JAOS 21 (1922), pp. 202-205。从中国角度对沙畹及其部分卓越成就进行介绍的论著可以参阅李璜《法国汉学论集》(香港:珠海学院,1975),第19-45页。

《史记》与翻译风格

在沙畹第一次居留中国期间，在 1889 年到 1891 年，他决定翻译司马迁的《史记》。译本有五卷本，包括导言、译文、注释和附录，于 1895 年到 1905 年期间出版。[1] 在劳费尔[2]看来，这部伟大作品的价值在于"将历史研究放置于一个全新和牢固的基石上"，学术界正式承认这一点是在该书的第二卷获得了儒莲奖之后。不久之后，马伯乐称这部译作是继理雅各翻译的"中国经典"系列后最重要的汉学作品。[3] 1891 年短暂回法结婚后，沙畹再次返回中国，继续他里程碑式的翻译司马迁作品的工程。经过十年完成五卷之后，他本已译注了 130 篇中的 47 篇，然而另外一些研究兴趣最终挤占了他的剩余时间和对《史记》的热情。这有点令人惊讶，因为沙畹一直以来就同时在进行很多不同的研究课题，并且都完成得十分缜密，具有很高水平。[4] 然而持续了十年的努力之后，他永久性地放弃了这项"无穷无尽的工作"[5]。尽管如此，沙畹的翻译至今仍

---

[1] Les Mémoires historiques de Se-ma Ts'ien, 5 vols (Paris: E. Leroux, 1895 – 1905); vol. 6 (Paris: Adrien Maisonneuve, 1969).
[2] JAOS 21 (1922), p. 203.
[3] Maspero, "La Sinologie", p. 273.
[4] 可参阅 "Pei Yuan Lou: Récit d'un voyage dans le nord", TP 5 (1904), pp. 163–193。
[5] 沙畹在北京显然已完成了 130 篇的翻译。参阅 William H. Nienhauser, ed., The Grand Scribe's Records, vol. 1: The Basic Annals of Pre-Han China (Bloomington: Indiana University Press, 1994), p. xv, n. 64; p. xix, n. 77. Nienhauser, "A Note on Édouard Chavannes' Unpublished Translations of the Shih-chi", unpublished manuscript, Madison, Wisconsin, 1997。此文分析了仍然保存在吉美博物馆的现有未刊的译文，包括第 23 章到 30 章，以及第 40 章到 130 章所处的成稿不同阶段。

不可或缺，被劳费尔称赞为"法国学者所创作的最夺目也最为持久的纪念碑之一"[1]。倪豪士所主持的一个当代《史记》翻译团队也认为沙畹的翻译"从很多方面来看仍是最佳的"[2]。

在沙畹翻译《史记》期间，他还分出精力完成了唐代僧人义净的游记《大唐西域求法高僧传》的翻译，并因此获得了 1894 年的儒莲奖。[3] 在"放弃"了司马迁之后，沙畹翻译出版了另外一部游记，成为值得我们作为深入考察其研究方法论的一个例证。[4] 他译注了杨衒之的《洛阳伽蓝记》，其中描述了宋云和惠生穿越中亚西行取经的行纪。除到访过地区的宝贵资料外，这些旅行者还带回了重要的宗教手稿，对扩大佛教知识和兴趣颇有帮助；手稿中还包括准确的佛塔测量和模型，这使得中国工匠可以忠实地复原和重建它们。沙畹为这部行纪所做的学术贡献是

---

[1] Laufer, *Chinese Pottery of the Han Dynasty* (1909; 2nd ed. Rutland, VT: Charles E. Tuttle, 1962), p. 214.

[2] *The Grand Scribe's Records*, vol. 1, p. xv.

[3] *Voyages des pelerins bouddhistes: Les Religieux éminents qui allerent chercher la loi dans les pays d'occident, mémoire composé à l'époque de la grande dynastie T'ang par I-tsing, traduit en française* (Paris: Ernest Leroux, 1894). 沙畹的同事，印度学家列维（Sylvain Lévi, 1863-1935）曾建议沙畹翻译这些中文文本，对从鲜为人知的梵文材料所获得的印度历史知识贡献颇多。这有助于解释沙畹早期对佛教文献的兴趣，特别是对游记的兴趣。列维设立了佛教奖学金，做了 18 世纪那些希伯来的诠释学者为《圣经》研究所作的工作。他搜集所有版本的佛经，无论是梵文、中文、巴利文还是藏文，试图通过整理明确的版本来确立文本。马伯乐将这种努力和尝试归功于一种新的方法论。"La Sinologie", p. 278. 关于这位伟大的印度学家的生平和著作，请参阅 Louis Renou: *Mémorial Sylvain Lévi* (Paris: P. Hartmann, 1937), pp. xll-il. 另有一个简短的学术评价请参阅 J. W. de Jong, *A Brief History of Buddhist Studies in Europe and America* (New Delhi: Bharat-Bharati, 1976), pp. 40-43。

[4] *BEFEO* 3 (1903), pp. 379-441.

"为了澄清某些仍然模糊不清的观点"。[1]

不仅此贡献,沙畹的译注在细节性、全面性和准确性方面堪称典范。他查阅了这部文本所有可用的版本,并指出了不同之处。这对于确定专有名词特别有用。沙畹的广博知识面促使其对地理名称从汉到唐的演变做了注释,并通过比较其他的资料对地理数据加以验证或修订。他还提供了文本中所提及之人的传记或著作的书目背景。译文后面附了一个11页的附录,包括"唐代之前中国出版的有关印度的多种作品的笔记"。

如果把沙畹的翻译风格与当代的英文版做一个对比,我们可以看出沙畹更加忠实反映了中文的句法和文辞。[2] 他在注释中所广泛使用的一手资料和二手资料不仅阐释或澄清了眼前的问题、观点,还将读者指引到了其他资源上。正如在他所有作品中的情况一样,尊重文本的完整性,确立其意义及独立程度,使得读者毫不怀疑文本的首要地位、重要性及其传达出来的信息。因此这种方式为其他学者的继续研究打下了一个坚实的基础。

沙畹研究的广泛性是无与伦比的。无论主题如何,他的出版物都表现出同样的细致、详尽、全面和富有想象力。这些相关的一系列主题包括:历史文献,特别是关于游牧民族的[3];宗教文本,包括佛教、道教、儒家和景教的文

---

[1] *BEFEO* 3 (1903), p.379.
[2] W. J. F. Jenner, *Memories of Lo-yang* (Oxford: Oxford University Press, 1981).
[3] *Documents sur les Tou-kiu (Turks) occidentaux* (St. Petersberg, 1903).

献，以及流行的宗教祭典[1]；地理论文[2]，传记[3]，书评和对中国现代政治的评论[4]。

创建一个新学科：金石学[5]

沙畹大部分工作的一个主要特点是发现新的或是被忽略的资料。举个例子，在翻译那些他通常亲自收集于田野的铭文时，他创建了一个新学科[6]；他的学术"开创了全面的考古研究"[7]。他肯定抱有类似伊拉斯谟那样的立场："我们必须坚守古代的知识，不仅仅拣选自古时的作家，也要拣选自那些古旧的硬币、铭文和石头。"[8]

---

[1] 在沙畹很多其他宗教的研究中，参阅 "Le Nestorianisme et l'inscription de Kara-balgassoun", *JA* 9th ser. (Jan.-Feb, 1897), pp. 43-85; *Cinq cents contes et apologues extraits du Tripitaka chinois et traduits en français*, 3 vols. (Paris: Ernest Leroux, 1910-1911); "Une version chinois de conte bouddhique de Kalyanamkara et Papamkara", *TP* 15 (1914), pp. 469-500; 另外他和伯希和一起写作的关于摩尼教的论文将在后面第二章介绍。

[2] "Les Pays d'occident d'après le *Wei Lio*", *TP* 6 (1905), pp. 519-571; "Les Pays d'occident d'après le *Heou Han Chou*", *TP* 7 (1907), pp. 149-234.

[3] "Trois généraux chinois de la dynastie des Han Orientaux", *TP* 7 (1906), pp. 210-269; "Seng-Houei +280 B. C.", *TP* 10 (1909), pp. 199-212.

[4] 考狄列出了他的很多书评，*TP* 18 (1917), pp. 134-143; 关于现代中国政治评论，参阅第 131-147 页。

[5] 作者韩大伟教授此处所言"金石学"应是指以沙畹为开创者通过对中国古代碑铭金石的解读所进行的汉学研究。——译者注

[6] 参阅 La Vallée Poussin, *BSOS* 1 (1918), p. 150. 他在碑文学、考古学和艺术研究方面最重要的成果有：*La Sculpture sur pierre en Chine au temps des deux dynasties Han* (Paris: Ernest Leroux, 1893); *Mission archéologique dans la Chine Septentrional*, tome I. *Premier partie: La Sculpture à l'époque des Han*; *Deuxieme partie: La Sculpture bouddhique* (Paris Ernest Leroux, 1913-1915); *Ars asiatica: Etudes et documents publiés sous la direction de Victor Goloubew*, I: *La Peinture chinoise au Musée Cernuschi Avril-Juin 1912*; II: *Six monuments de la sculpture chinoise* (Bruselles and Paris: G. van Oest, 1914)。

[7] Laufer, *JAOS* 22 (1922), p. 203.

[8] Erasmus, "De ratione studii,", p. 674.

铭文保存着值得信赖的文本——考虑到通常是纪念碑和墓碑的铭文颂词——因为它们都具有同时代的出处，以及文本传承中的不易传讹。以历史学家苏埃托尼乌斯（Seutonius Gaius Suetonius Tranquillus，约69或75—约130）[1]和他对尼禄（Nero Claudius Drusus Germanicus，37—68）皇帝统治时期的记录为例，尼尔森（Narka Nelson，1974年死亡）指出："在帝国时期，碑铭的证据是丰盛的，在其纯正明了、毫无讹误的见解中，可以检验塔西佗（Publius Cornelius Tacitus，约55—约120）[2]和苏埃托尼乌斯的记录。"尼尔森接着从他的目的出发总结了铭文证据的价值："不可否认，能被辨认出的铭文所保留下来的证据是可信赖的，而且也是同时代的。这是冰冷的事实，而且这种坚硬而冷酷的事实正是我们所需要的，用以检测苏埃托尼乌斯的正确性，因为历史正确性并非其美德之一。"[3]尼尔森总结认为："当通过金石学的调查和阐释的检测后，发现苏埃托尼乌斯关于尼禄记录的正确性是对的。"[4]

尽管自15世纪以来以手稿形式来收集铭文的做法延续至今，然而却是那位伟大的零散手稿收藏家波焦·布拉乔利尼（Poggio Bracciolini，1380—1459）的时代才真正将其与金石学和考古学的材料并举。弗拉维奥·比昂多（Flavio

---

[1] 苏埃托尼乌斯，罗马帝国早期著名的传记体历史学家。——译者注
[2] 塔西佗，古代罗马最伟大的历史学家，继承并发展了李维的历史传统和成就。——译者注
[3] Narka Nelson, "The Value of Epigraphic Evidence in the Interpretation of Latin Historical Literature", *The Classical Journal* 37 (1942), p. 282.
[4] Ibid., p. 290.

Biondo, 1392—1463）[1] 在他的著作《凯旋的罗马》（*Roma Triumphans*, 1456—1460）中对古物做了一个四部分的分类系统：公共、私人、宗教和军事。他的其他作品如《复原的罗马》（*Roma Instaurate*, 1440—1443）、《复原的意大利》（*Italia Instaurata*, 1456—1460），也调查了古代的纪念碑和地形地貌。荷兰学者雅努斯·格鲁特（Janus Gruter, 1560—1627）的著作《古代铭文大全》（*Corpus inscriptionum antiquarum*, 1602）是关于中世纪最重要的铭文汇编，该书的声誉为作者赢得了海德堡图书馆员的位置。斯卡利杰提供了大部分的材料，以及 24 个方法的索引。在钱币学和气象学领域，纪尧姆·比代于 1530 年促成创建皇家学院（后来成为法兰西学院）；写作了《论阿斯和度量》（*De Asse eiusque partibus*）一书，该书很快成为研究古罗马硬币和金属品的必备之书，极为畅销，在此后二十年间再版十次。奥古斯特·博克赫（August Boeckh, 1785—1867）[2] 编撰了四卷本的《希腊铭文大全》（*Corpus Inscriptionum Graecarum*）及《索引》（*Index*）（柏林，1828—1877），最终被维拉莫威兹促成问世的十卷本《希腊铭文》（*Inscriptiones Graecæ*）（柏林，1907—1972；第三版，1981—1993）所取代，该书是一本新编排和新校订的

---

[1] 弗拉维奥·比昂多，意大利人文主义者、历史学家和考古学家。从 1433 年开始，供职于罗马教廷任教皇秘书。他精于鉴定古物，力图把考古学发展成为一门学科；首倡"中世纪"概念，认为它是古典文化与文艺复兴之间，即公元 5 世纪至 10 世纪之间的历史时期，后世许多历史学家沿袭此说。——译者注

[2] 博克赫，德国柏林大学著名古典语言学家。——译者注

合集。最终，特奥多尔·蒙森（Theodor Mommsen，1817—1903）[1]将历史研究几乎转变成了文献学的出版，因为他将生命的大部分时间都用于编纂十七卷本的《拉丁铭文大全》（*Corpus Inscriptionum Latinarum*，柏林，1863—）。现在，对古典学家来说，在历史研究和语言研究方面，很多神学介绍、文献目录、抄本汇编以及铭文的照片等都是可利用的。[2]

中国宋朝先于欧洲几百年开始首次积极考察和收集考古遗迹，尤其是石碑和青铜铭文。夏含夷这样评注：

> 根据现代制表，在北宋的一百七十年间，出土了五百多件商周青铜器。这与那段时间热衷对古物知识分类的潮流是一致的。在三十多部不同的出版物中收集了这批器物上的铭文。其中第一本是刘敞的《先秦古器记》（1019—1068）……尽管该书已经佚失，刘敞的书仍是已知的第一部收录了器物图像的作品，并对后世产生了重要的影响，如欧阳修的《集古录跋尾》

---

[1] 特奥多尔·蒙森，德国古典学者、法学家、历史学家、政治家、考古学家、作家，1902 年诺贝尔文学奖获得者。——译者注
[2] 古典金石学的文献当然是相当丰富的，只需要列举一些标题就足以对资料类型的来源有些许了解。关于希腊铭文，可参阅 A. G. Woodhead, *The Study of Greek Inscriptions* (Cambridge, 1959); W. Larfeld, *Griechische Epigraphik* (3rd ed. Munich, 1914)。关于拉丁铭文，可参阅 J. E. Sandys, *Latin Epigraphy*: *An Introduction to the Study of Latin Inscriptions*, 2 nd ed., ed. S. G. Campell (Cambridge, 1927); A. E. Gordon, *Illustrated Introduction to Latin Epigraphy* (Berkeley and Los Angeles: University of California Press, 1983)。关于不同的条目，可参阅 *The Oxford Classical Dictionary*, 3rd ed., ed. Simon Hornblower and Antony Spawforth (Oxford: Oxford University Press, 1996), pp. 539-546。

第一章　法国汉学与三位巨擘

（1069），这是现存最早论青铜铭文的金石学专著。[1]

在十卷的《集古录跋尾》中，欧阳修说自己多年来保存了超过四百篇古书的跋尾，从金石拓本而来，集录在一部未刊刻的著作中，有一千卷。[2]《四库全书》编者指出该书的价值之一就是通过与不变的石刻铭文之对勘来帮助确认文献的文本，揭示其中的篡改和删节。[3]

对于当代的学生而言，比跋尾更有用的是这些铭文本身的文本。对于石刻碑文，最早的集录为《金石录》，由赵明诚（1081—1129）和李清照（1084—1147）编撰，大约出版于1119年到1125年间。[4] 该书集录了超过2000份铭文，其中有702份进行了详细的描述。

作为清代考据运动的一部分，金石学和考古学发挥了重要的作用。举个例子，早期的一位金石学家顾炎武认同欧阳修所开创的这一新领域的重要性。"当我读欧阳修的《集古录跋尾》时，我意识到很多记载在这些铭文中的事件都被史书所证实，故它们对于修正和补充历史很实用，

---

[1] Edward L. Shaughnessy, *Sources of Western Zhou History: Inscribed Bronze Vessels* (Berkeley and Los Angeles: University of California Press, 1991), pp. 8-9. 关于中国金石学的概述，可以参阅 Dieter Kuhn, *Annotated Bibliography to the Shike shiliao xinbian*《石刻史料新编》(*New Edition of Historical Materials Carved on Stone*) (Heidelberg: Edition Forum, 1991)。

[2] 关于这部著作，参阅竺沙雅章（Chikusa Masaaki）的书目：*A Sung Bibliography*, ed. Etienne Balazs and Yves Hervouet (Hong Kong: Chinese University of Hong Kong Press, 1978), p. 199。

[3] 收入 Ni Ssu, *Pan-Ma i-t'ung*［倪思（1147—1220），《班马异同》］，"t'i-yao", p. 1b-2a。

[4] 参阅竺沙雅章的书目, *A Sung Bibliography*, pp. 201-202。

绝非那些所谓的夸张文辞所能相比。"[1] 阮元的经学丛书《十三经注疏》,就大量采用了从汉代到宋代的碑石铭文资料。[2] 总而言之,著名的历史学家钱大昕评价过金石学研究的重要性,他论述了这些材料的特殊用途和价值,如下所示:

> 绝大部分在竹简和丝帛上的记录随着时间的推移而遭损毁,文本最初的面貌也湮灭在手工传抄的过程中。只有那些在青铜和石碑上的铭文得以在千百年间幸存。通过它们,我们能够看到古代的真实样子。这类记录和记录中的事件是值得信赖并且可以验证的。因此它们非常珍贵。[3]
>
> 盖以竹帛之文,久而易坏,手钞版刻,展转失真;独金石铭勒,出于千百载以前,犹见古人真面目,其文其事,信而有徵,故可宝也。[4]

沙畹格外重视利用他从泰山收集的铭文(下文将讨论)。他在中亚的田野调查工作收集了极有价值的铭文,里面对二十四史补充了信息。特别重要的是沙畹 1907 年穿越

---

[1] 摘自 Benjamin A. Elman, *From Philosophy to Philology: Intellectual and Social Aspects of Change in Late Imperial China* (Cambridge, Mass.: Council on East Asian Studies, Harvard University, 1990), p.190。

[2] Ibid., p.191。

[3] Ibid., pp.190-191。 *此段为从原书英文文段直接翻译的中文。——译者注

[4] 引自钱大昕:《关中金石记序》《嘉定钱大昕全集》第9册,南京:江苏古籍出版社,1997年,第396页。此段为从英文回译为钱大昕原文。——译者注

中国北部去收集拓片的旅行。[1] 在对他人收集的拓片进行整理工作时，沙畹也获得了非常珍贵的有用信息。比如，公元137年敦煌太守裴岑击退匈奴呼衍单于的胜利之战，就只出现在沙畹展示出来的碑文材料中。[2] 不过，他总是开发利用新的资源，无论是从道藏还是三藏中发现的[3]，还是从斯坦因（Aurel Stein，1862—1943）在敦煌最新发现的残卷中。[4] 尽管沙畹采用他学生伯希和的研究路数所发表的书目方面作品不多，但他的研究通过文本传统和正在翻译的作品版本谱系得以付诸实践。[5]

有关《泰山》的论文

除沙畹具有里程碑式的《史记》译作外，他还有一篇令人印象深刻的专题论文：《泰山——中国祭礼专论》（Le

---

[1] 参阅 William H. Nienhauser, Jr., "Travels with Édouard-V. M. Alekseev's Account of the Chavannes Mission of 1907 as a Biographical Source", *Asian Culture* 22 (Winter 1994), pp. 81-95。
[2] 参阅 Chavannes, *Dix inscriptions chinoises de l' Asie Centrale d' après les estampages de M. Ch. -E. Bonin* (Paris, 1902), pp. 17-24, no. 1。
[3] "Le Jet des dragons", *Mémoires concernant l' Asie Orientale* 3 (1919), pp. 53-220. 举个例子，《投龙简》这篇文章发表于沙畹逝世后，是第一篇由欧洲汉学家直接译自道教经典的文本。该文利用了整个道藏的丰富内容，翻译和注解了众多的铭文，以及刻印在洞穴、石窟里关于仪式的文学记载。祈祷者在石头或金属的护身符上装饰龙的图形，负责传递祈祷的内容。参阅 T. H. Barrett to Henri Maspero, *Taoism and Chinese Religion*, trans. Frank a. Kierman, Jr. (Amherst: University of Massachusetts Press, 1981), p. xii, Kristopher Schipper, "The History of Taoist Studies in the West", in *Europe Studies China*, pp. 476-477。
[4] *Les Documents chinois découverts par Aurel Stein dans les sables du Turkestan oriental, publiés et annotated* (Oxford: Oxford Unversity Press, 1913)。
[5] 参阅 "Le Royaume de Wu et de Yue 吴越", *TP* 17 (1916), pp. 129-264。在这篇文章的第133-142页，列举了大量沙畹关于这些中世纪国家的相关研究成果目录。

Tai chan: Essai de monographie d'un culte chinois，巴黎，1910）。该文也许最能代表其研究风格——伴随着大量评注的注解式翻译——他最主要的主题是将历史事件与宗教仪式相结合，其影响激发了之后法国汉学家模仿这样的研究方法。[1]

对沙畹来说，这部作品有两个目标：一是试图从总体上详述山岳在中国宗教里的重要性，包括从国家祭拜仪式和民间信仰两个层面进行定义；二是希望阐明这些山岳之中的至高无上者：泰山及其特征。沙畹的前言介绍了山岳在中国整体的作用、泰山祭礼以及民间信仰，这部巨著中这三方面只占了一小部分。该书大部分内容包括关于泰山的历史文献、封禅文和碑铭的译注。由于提供了如此广泛而众多的一手资料，使得整部作品能够超越许多阐释性论文的基本限制，即仅仅引用特定作者观点的选定段落。沙畹通过翻译完整的章节和全部的祷文与碑铭，加上在散文式的叙述里亦把汉字放入段落翻译中，这样避免了一些危险，即在陈述中出现任何无意识的主张或者无心之举。当然，除了泰山和山岳崇拜，他在书中也为其他很多研究领域提供了不少便利资料，包括文本的翻译、注释和整个的上下文。

沙畹开篇全面介绍山岳在中国的神圣作用。它们不仅仅是神灵之家，它们自己就是神灵。神圣山神的模糊个性

---

[1] 如下所示：Rolf Stein, "Jardins en miniature d'Extrême-Orient", *BEFEO* 42 (1942), pp. 1–104; 英译本参阅 *The World in Miniature: Container Gardens and Dwellings in Far Eastern Religious Thought*, trans. Phyllis Brooks (Stanford: Stanford University Press, 1990), p. 1–119; Michel Soymié, "Le Lo-feou chan: étude de géographie religieuse", *BEFEO* 48 (1954), pp. 1–139.

包括以下这些一般属性：因其庞大的体积和重量，它们通过稳定地区和规范自然秩序使其免于遭受地震；它们也形成了雨云，可以在干旱或洪灾时祈愿。泰山分享了这些属性，并且在精神等级中，它拥有了类似政治系统中相当于"公卿"的地位。作为"天"的下属，它常常充当"天子"及其神圣父母之间的中间人。这就解释了为什么传递给天神的封禅铭文没有被烧毁，而是被埋起来，为的是期待通过山岳向天神传递请求。

沙畹随后进一步详尽阐述了泰山的特性。作为统辖东方的山岳，泰山被视作所有生命之主、之源泉、之终极目的地。因此，它被认为是一个人员配备齐全的管理机构，负责生育和死亡。之后，得益于佛教的影响，泰山被视为凡人行为的道德仲裁者，肩负有扬善罚恶的职责。最后，沙畹还详细介绍了泰山的传说。碧霞元君是泰山神的女儿，主司生育，孕妇求嗣而信仰之。

为了展现自然的发展和这一神山的力量，沙畹从早期的、中世纪和近代的典籍中翻译了相当多的文段。除利用标准的历史文献和经典外，他还从唐代、宋代和明代的杂记中选取了相关的记录，朱熹与顾炎武所汇编的杂文，包括评论和段落。有关泰山的祈祷文本也以标准的百科全书为来源。这项研究的主要资料源于沙畹自己收集的碑铭拓片，均取自泰山或附近的寺庙。他从数以百计的相关拓片中进行选择，翻译了其中最主要的11种。

这些从汉代到清代的铭文资料经过精心的翻译和注释，形成了三个关于王朝历史的译文选粹并用来作为《泰山》第三章的内容。之后的翻译是关于汉代、唐代和宋代举行封禅大典的历史记录。这 10 页的补充材料阐释了在泰山山顶和山脚举行的封禅大典的情况。这些内容连同沙畹的翻译，都以对早期中文文本的广泛熟悉为基础；同时由于沙畹在中国早期国家仪式方面的具体研究而特别强化了这一点，因为他最早发表的译文正是司马迁关于封禅大典的章节。此外，因沙畹业已完成其里程碑式的作品《史记》的翻译，他对有关泰山研究的大量资料的理解非常全面，对材料的运用也极为熟练。

在沙畹的泰山之旅中，他游览并观察了山上的每一座建筑和值得一去的景点。因此，他的《泰山》第二章有 113 页，详细描述了 252 处庙宇、楼阁、宫殿、庵堂、神社、宝塔、牌坊、石碑、桥梁、山峰、怪石等等这些神圣的人工或天然景点。沙畹认为两张中国本地的地图刻得不尽如人意，而且有时也不太清楚，他觉得应放入自己手绘的地图，其清楚地显示了地形轮廓，以及 252 处标注了中文名称的景点。

在关于民间泰山信仰这部分，首先沙畹收集了很多展示普通人对待泰山态度的附录资料；其次，如果不是因为他对不同时期的中国文献非常熟悉，那么在全面的目录索引出现之前的时代，这部分就不可能如此成功。他个人在泰山的游历，使他获得了很多关于民间信仰的资料。这些资料来自泰山仙人镜、泰山印鉴的拓本以及对道教《五岳真形图》的翻译和注释。关于这些和此前提到的碑铭拓片，沙畹都对原件进行了拍照。

有 100 页的神灵名录附在后面。因种种原因，它在很多方面包括家族、省份、国家和皇家神灵的阐释是很深入的。在第 438 页的一个注解里，提到了"中留""覆"

"穴",这超前的讨论甚至可以说启发了之后移民到法国的斯坦因的一篇论文。[1] 总而言之,这部作品是"田野力量"的一次开创性尝试,留下了杰出的方法论范例,以及即使在今天来看仍是关于这一主题最好的知识宝库。

沙畹非常活跃,正如他对中国、蒙古的探险,以收集书法证据和研究碑刻所表明的那样;而他的研究也同样精力充沛。唉,这项艰苦的工作,加之第一次世界大战的创伤,加速了他的英年早逝!沙畹于1918年1月29日逝世,享年53岁。一个月前同盟国和苏俄签订停战协议,法国遭受了情感上的蹂躏和打击,这也是逼死他的原因之一。沙畹被一致盛赞为是他那个时代最伟大的汉学家,我们不由得为他严谨谦逊的性格以及英年早逝对汉学界的损失一叹啊!

他的学术生涯、他的方法论及学术影响也许可从其师长考狄发表在《通报》上长达33页的讣告中得到最好的评价:

"很多汉学家成为他们自身专业的囚徒,缺乏足够的文化背景,缺乏科学的好奇心,缺乏比较视野,因为他们限制了自己研究的广度。沙畹,他依赖自身的学术训练和经典教育的力量,这对于尝试任何严肃的科学研究是不可或缺的。因他曾经住在中国,这种经验为其研究提供所需的广博知识源泉,而他在这个领域是没有竞争对手的。除语言学外,沙畹还培育了这个领域的所有分支,但最重要的是在历史学和考古学方面留下了深深的烙印。沙畹的声誉

---

[1] "L'habitate, le mond et le corps humain en extrême-orient et en haute Asie", *JA* 245 (1957), pp. 37-74. 英文翻译参阅 *The World in Miniature*, pp. 121-174。

享誉法国和世界,并将随着时间的推移进一步增加,留下他作为他那个时代汉学泰斗的持久美誉。"[1]

第二节 伯希和:"精神上的马可·波罗"

如果你想让自己的思想更加深遂,就应该潜心研究一位大师或探究一个体系,直到掌握其最隐秘的运作方式。

——涂尔干(Emile Durkheim,1858—1917)[2]

汉学意味着对文本的掌握既是一种奇妙的手段也是一个软弱的目的。

——列文森(Joseph R. Levenson,1920—1969)[3]

伯希和很有可能是现代西方汉学家中最伟大的文献学家。因为他对文字和文本的问题具有非凡才能——这是汉学领域的研究核心——他几乎处于所有传统领域的前沿。目录学、语言学、文本校勘、古文字学、考古学、历史研究——包括艺术史、地理学、宗教学和物质文化——他都

---

[1] *TP* 18 (1917), p.131.
[2] 引自 Dominick La Capra, *Emile Durkheim: Sociologist and Philosopher* (Ithaca: Cornell University Press, 1972), p.1. *涂尔干,法国社会学家,社会学的学科奠基人之一。——译者注
[3] Joseph R. Levenson, "The Humanistic Disciplines: Will Sinology Do?" *JAS* 23 (1964), p.507. *列文森,美国著名汉学家,美国中国近代思想史的开拓者和领导者,美国20世纪五六十年代中国学研究领域最主要的学术代表之一。——译者注

第一章 法国汉学与三位巨擘

伯希和

(Paul Pelliot, 1878—1945)

法国汉学家

是无可争议的个中翘楚。将这种令人惊讶的博学增加三四倍,以包括他对中亚和亚洲腹地的民族的语言、历史、艺术和考古学方面的同等精通,可以衡量他学识的广度(如果不是深度)。[1] 在第一个题词中提到的"思想"和"体系",被伯希和所应用,不是一个知识框架,而是一个方法论:文献学学科。很多弟子称他为导师,尝试跟随他的道路,有些人认为这是一种语文实证主义。然而,正如后一个题词预示的那样,他的文献学方法代表了一些在战前的汉学研究中被视为知识上的狭隘和方法论上受限制的东西。

伯希和1878年5月28日出生在巴黎,从小抱有当外交官的梦想。[2] 为此,他在索邦大学完成了二外英文的学习后,又去国立现代东方语言学院学习汉语。他进步神速,仅用了两年就完成了三年的课程,引起了沙畹和列维[3]的注意。他们指导他步入一个更加学术的未来。1900年,伯希和抵达河内,作为法国远东学院的一名研究学者。当年2月,他被派到北京为学院购书。在义和团围攻北京公使馆的过程中(7月15日至8月15日),停战间隙伯希和表现出色,以一种勇敢却冲动的个人行为突围到了义和团总部。他流利的汉语同他的无畏精神一样想必都给人以深刻印象,因为他劝

---

[1] Cf. Franke, *Sinologie*, p. 21:"伯希和在汉学领域学识渊博,凭借汉学知识作为基础,其对亚洲文献学所涉及的几乎所有的领域也都十分熟悉"。
[2] 关于他的生平和著述,参阅 Paul Demiéville, "La Carrière scientific de Paul Pelliot, son oeuvre relative à l'Extrême-Orient", in *Paul Pelliot* (Paris: Société Asiatique, 1946), pp. 29-54; J. J. L. Duyvendak, *TP* 38 (1947), pp. 1-15; Robert des Rotours, *Mélanges chinois et boudhiques* 8 (1946-1947), pp. 227-234; Serge Elisséef, "Paul Pelliot 1878-1945", *Archives of the Chinese Art Society of America* 1 (1945-1946), pp. 11-13; Li Huang, *Fa-kuo Han-hsüeh lun-chi*, pp. 47-72.
[3] 列维,法国著名的东方学家、印度学家。——译者注

说围攻者为他的同事们提供了新鲜的水果,他手上拿着这些物品回归。[1] 1901 年伯希和返回河内后,因为在围攻期间的表现被授予了荣誉军团勋章(the Cross of the Legion of Honor)——不是刚刚提到的"恶作剧"行为而是在混战中缴获了敌人的旗帜。他被法国远东学院聘为教授,尽管年仅23岁;之后几年一面在中国收集图书,一面在河内研究与教学。

早期著述:书评、目录学和历史地理学

与此同时,他开始发表成果。他呈现的第一个学术成果发表在《法国远东学院学报》上的书评。这些书评具有批判和不妥协的精神,谴责作者缺乏科学方法,具有随意性或是漫不经心。除批评之外,他也会总结那些他认为是正确的观点,经常是长篇大论。他往往以一个著述附录来结束书评,附录包括一手和二手的材料,应该可以让书评涉及的作者进行查阅。由于他的书评具有权威性的特点,因此常常被认为比书评的原著更加有价值。[2] 甚至是他的一些代表作品也源于这样的认识。比如《12 和 14 世纪蒙

---

[1] 这次围攻的一个目击者是翟理斯的儿子翟林奈(Lionel Giles, 1875-1958),在他的日记中记录了伯希和的行为,如下:"一个叫伯希和的法国人,走到了中国人在使馆街(北京东交民巷——译者注)设立的工事处,与士兵们喝了点茶。中国人叫他穿过他们的街垒,去见他们的一个姓马的上校。他这么做了……他同几位蓝扣官员交谈,他们给他食品,试图从他那里'抽取'我们的防御状态和供应数量。他看起来撒了一个很漂亮的谎言,让我们全都用一种光荣的方式出去了。" Giles, *The Siege of the Peking Legations: A Diary*, ed. L. R. Marchant (Nedlands, Australia: University of Western Australia Press, 1970), p. 157.

[2] 就书评本身比原著更加具有指导性和重要性的例子,可以参阅 "Michael Boym", *TP* 31 (1934), pp. 95-151。在伯希和具有代表性的书评中附录甚于原著的如:"A Propos du 'Chinese Biographical Dictionary' de M. H. Giles", *AM* 4 (1927), pp. 377-389; "Notes sur le 'Turkestan' de M. W. Barthold", *TP* 27 (1930), pp. 12-56。

古语中以 h（今已不发音）为首的词》（Les mots à h intial, aujourd'hui amuie, dans le mongol des xiie et xive siècles）这篇文章就是从评论四个独立作品的角度出发。[1]

伯希和最初的几部原创性出版物所涉及的领域均为其后主宰了他整个人生的研究：中国目录学、中国及亚洲各国文化、宗教和艺术史的文献资料。这些作品都表现出了很成熟的伯希和式的学者特质：对所有来源的全面掌握，详细的注释，清晰而富有想象力的评论。

年轻的伯希和（24 岁）最早的原创性学术贡献是一篇带注释的译文[2]和一篇文章，代表着他对中国文献学的全面掌握：《汉语文献笔录》（Notes de bibliographie chinoise）[3]。在后期一系列的新作中，伯希和描述了许多珍贵的中国古

---

[1] JA 206（1925），pp. 193 - 263. "A propos Des Comans", JA ser. 11, 15（1920），pp. 125 - 185, 这篇文章是这类的另一个范例。

[2] "Mémoires sur les coutumes du Cambodge, par Tcheou Ta-kouan", BEFEO 2（1902），pp. 123 - 177; posthumous rev. ed. Mémoires sur les coutumes du Cambodge de Tcheou Ta-Kouan（Paris：Librairie d'Amérique et d'Orient, 1951). * 即周达观《真腊风土记》伯希和法文译注本。——译者注

[3] BEFEO 2.4（1902），pp. 315 - 340. 在伯希和对中国文献学的多个贡献中，一定要提及的包括如下论文："Les documents chinois trouvés par la mission Kozlov à Khara-Khoto", JA ser. 11, 3（1914），pp. 503 - 518; "Trois manuscrits de l'époque des T'ang récemment publiés au Japan", TP 13（1912），pp. 482 - 507; "Manuscrits chinois au Japan", TP 23（1924），pp. 15 - 30; "Les publications du Tōyō Bunko", TP 26（1928 - 1929），pp. 357 - 566; "Notes sur quelques livres ou documents conservés en Espange", TP 26（1928 - 1929），pp. 43 - 50; "Sur quelques manuscrits sinologiques conservés en Russie", TP 29（1932），pp. 104 - 109. 另外还有一篇完成于 1922 年但没有发表的手稿： "Inventaire sommaire des manuscrits et imprimés chinois de la Bibliothèque Vaticane". 还有两篇至今仍是不可或缺的作品："Quelques remarques sur le Chouo Fou", TP 26（1924），pp. 163 - 220; "L'édition collective des oeuvres de Wang Kouo-wei", TP 26（1929），pp. 113 - 182。伯希和受到了他认为是卡特著作未曾涉猎的内容的启发，收集了关于早期摇篮本和印刷术发展的不同笔记：Les Débuts de l'imprimérie en Chine, ed. Robert des Rotours, with additional notes and appendix by Paul Demiéville（Paris, 1953）。

籍，在中国已经散佚，却在日本以不同形式保存了下来。这篇论文的架构围绕着对《古逸丛书》内容的研究展开，这套丛书是关于在中国已经佚失的古代手稿抄本、摇篮本和刻印本的合集，由杨守敬（1839—1915）和黎庶昌（1837—1897）两位驻日的中国外交官在19世纪晚期汇编而成。[1]

伯希和在其研究中通过对每一个条目的分析与评价，展示了这套丛书的价值。首先，他翻译了每个书名，这是迄今也很少见的尝试。接下来是对该书的研究，具体阐释了相关的很多方面，包括作者、卷数、写作时间和刻印地点、评注家的身份、散佚前的传承历史，以及在中国书目中出现的跟该文本相关的参考资料，等等。最后，伯希和批判性地评价了每一本著作，以求建立其与当代汉学的价值联系，他通过如下方式来确立文本：（1）唯一的现存版本；（2）最好的或是最早的版本；（3）一个具有重要价值的可以推翻已有传本的版本；（4）具有参考价值的版本；（5）除了用来跟已有版本进行勘误外没有其他实际功用的版本。伯希和最终举出了实用的例子来说明这些典籍是如何改变或修正已确立的观点，或是如何为那些比较小众的理论提供支撑的。

伯希和广博的学识至少使这些笔记所覆盖的目录增加了一倍，因他对《古逸丛书》条目的扩展性评注有时与该

---

[1] 关于黎庶昌，参阅 Arthur W. Hummel, ed. *Eminent Chinese of the Ch'ing Period (1644-1912)*, 2 vols. (Washington: United States Government Printing Office, 1943), vol. 1, pp. 483-484. 关于杨守敬及对《古逸丛书》更为深入的研究，参阅 Wendy Larson, "Yang Shou-ching: His Life and Work", *Phi Theta Papers* 14 (1977), pp. 60-69.

书原有的评注一样广泛。举个例子,《古逸丛书》所收之《尔雅》,因被《十三经注疏》收入已凸显其突出价值,伯希和就扼要地描述了这套丛书中另外三个不同的版本。对那些对书目细节不够尊重的学者来说,这种类型的题外话不太可能被认为是有价值的,或者有时如果工作繁重,题外话也会不那么准确到位。这些读者也不会理解,当引用一个特定目录来说明《古逸丛书》中的某本古籍时,伯希和在脚注中用了相当篇幅来描述目录的情况。总而言之,伯希和是第一个像中国或日本学者那样将中国传统目录学应用得如此广泛而普遍的西方汉学家;他也是第一个采用文本校勘方法论,通过持续而有说服力的例子来展示关于中国传统文献的知识来源。[1]

伯希和关于中国边界研究的历史论文代表作是《交广印度两道考》(*Deux itinéraires de Chine en Inde à la fin de vii siècle*)[2]。正如戴闻达所言,这是伯希和最早、最长也最为著名的文章之一[3],这篇长文研究了跟东南亚历史地理相关的问题,是一部全面而富有想象力的作品典范。他的

---

[1] 在第二章谈到薛力赫的学术生涯时,会详细介绍文本校勘学。

[2] *BEFEO* 4 (1904), pp.131-413. 在伯希和的学术生涯中,他有时会回归历史路线的主题,以原创性的作品或长篇书评的形式,在关于马可·波罗的巨著中到达了顶峰。他的原创性作品,可以参阅 "Note sur les anciens itinéraries chinois dans l'orient romain", *JA* ser. 11, 17 (1921), pp.139-145;以及他关于郑和航海的系列研究:*TP* 30 (1932), pp.237-452,*TP* 31 (1935), pp.274-314,*TP* 32 (1936), pp.210-222。他的书评作品,可以参阅他对费琅(Gabriel Ferrand)著作的书评:"Voyage du marchand arabe Sulaymán en Inde et en Chine", *TP* 21 (1922), pp.399-413;以及对阿瑟·韦利作品的书评:"The Travels of an Alchemist", *TP* 28 (1931), pp.413-428;以及对夏德和柔克义的书评:*Chau Ju-kua: His Work on the Chinese and Arab Trade in the Twelfth and Thirteenth Centuries*, *TP* 13 (1912), pp.446-481。

[3] *TP* 38 (1947), p.6.

焦点集中于留存在《新唐书》中贾耽所记录的两条从中国到印度的不同路线上,一为陆路安南通天竺道;一为水路广州通海夷道。尽管这些路线在历史上很重要,但从未从准确性和缜密性上予以论证,因此可见伯希和研究之价值。然而除考证沿路的地名外,他最主要的贡献在于提供众多的附录解决了很多重要的问题。其中包括"支那"这一名字的来源,"南诏国"的民族认同,南亚某些小国和国家的民族认同,以及占城首都的位置。

伯希和的方法论值得详述,不仅仅建立在利用大量中文和其他语种的文献基础上,而且常常借助于使用语音转写重建的新方法来准确地翻译这些文本。

从结构上来说,伯希和首先回顾了之前的作品,批评其中那些不堪一击的假设。对于这些脆弱的理论,他最主要的处理方法是运用简单的逻辑:再次检查证据和来源来验证一个假设在历史上是不是似是而非的。比如,有些人以为"支那"(China)这个名称是从一个港口"日南"而得来,因为这个地方被认为是罗马皇帝马尔库斯·奥列利乌斯(Marcus Aurelius,121—180)派出的使节团登陆之处。然而伯希和通过对文献资料的阅读证实使节团只穿越了中国的边界。此外,现今红河沿岸的港口在当时显然更为重要。因此,关于这个不起眼的小港口的假设闹得沸沸扬扬,但从历史的角度来看,它被附会成这样一个中央帝国的代表已被证明是非常站不住脚的。进一步来说,从语言学的研究来看,即第二种处理错误或脆弱假设的方法,亦指出"支那"一词不可能从"日南"而来。[1]尽管语音学的重构在当时是一种新的工具[2]，伯希和不仅在处理外文名词的中文转写时经常使用，而且还常通过比较波斯语和阿拉伯语对同一个本土名称和概念的转写来寻求重构的准确性。

伯希和的另一个方法是对文献的仔细利用。他知道地理名称有时会发生转变，因此对《诸蕃志》或是正史书中记载的不同路线进行比较成为必须的参照点。出于同样的考虑，这次将其适用于图形所代表的单词，使他能识别其他语言中的中文借词，比如缅甸语中的"udi"（汉语"武帝"）。

综上所述，伯希和学术生涯早年间的这篇作品代表他最佳的研究成果：从极为广泛的文献来源中，对所拣选和确认的史实进行细致的观察和复审；所有的材料都要做精确的分析和巧妙的勾连，以回答具体的历史疑问。

敦煌与"拣选之地"

尽管伯希和早期的出版物涉猎广泛，但其研究领域会因即将发生的事件而获得极大的拓展。1904年，他返回故土，准备代表法国远东学院参加1905年在阿尔及尔举行的国际东方学会第14届年会。在巴黎期间，他被选中主持一项在中国新疆地区开展的考古任务。经过了一年的准备，

---

[1] 1912年，伯希和再次研究"支那"的名称，并支持他自己之前关于该名称来源于"秦"的说法，反对劳费尔的观点。参阅"L'origine du nom de 'China'"，*TP* 13 (1912), pp. 727-742。
[2] 历史语言学的理论将在第二章详细介绍。

第一章　法国汉学与三位巨擘

伯希和同一个自然历史地理学家和一个摄影师一起于1906年6月15日离开巴黎。尽管这支队伍在很多地方开展卓有成效的考古工作，然而这次任务却是因1908年4月在王道士处购得敦煌藏经洞所发现的大量中世纪手稿而最为出名。斯坦因一年前到访过这个隐蔽的图书馆，并已大肆购买；不过他不懂汉语，因此无法有所拣选。另一方面，伯希和在洞窟中蛰伏了三周，以令人难以置信的速度飞快地检查每一份手稿，挑选那些他认为是百里挑一的臻品。[1]

伯希和另一项非凡的天赋在这次任务中被证明是极为宝贵的，即他惊人的记忆力。他利用掌握的目录学和亚洲宗教的全部知识，从数以千计的手稿中选出最重要的文献。一封写自敦煌的重要信件详细描述了选择者来自记忆中的一些发现，包括确切的日期、书目和文本的资料，甚至文本的谱系关系，真是一个惊人的学术壮举！那些尚未认识到伯希和记忆力之力量的人们，当随后在《法国远东学院学报》上读到这封信件时，只能通过声称他伪造手稿，借藏书丰富的图书馆参考资料撰写报告来解释信中那些细节内容。[2] 不少这样的诽谤者也正是同样攻击法国远东学院

---

[1] 在其他探险家的映衬下，这篇文章为普通读者打开了进入伯希和不合常规的敦煌之旅的大门：Peter Hopkirk, *Foreign Devils on the Silk Road* (London: John Murray, 1982), pp. 177-189。关于伯希和对敦煌学研究的重大贡献，参阅 Jean-Pierre Drège, "Tun-huang Studies in Europe", *Europe Studies China*, pp. 513-532。

[2] 部分发表的文章如："Une bibliothèque médiévale retrouvée au Kan-su", *BEFEO* 8 (1908), pp. 501-529。当他撰写另外一篇文章时，也展示了类似的"壮举"，参阅 "Le Chou king en charactères anciens et le *Chang chou che wen*", *Mémoire concernant l'asie Orientale* 2 (Paris, 1916), pp. 123-177。写这篇文章时，他正处在一个比较而言的"学术孤岛"，仅靠着沙畹寄给他的几本书籍的帮助。

的公正以及沙畹能力的人士。因此，当返回法国时，伯希和只能从某种程度上说受到了如同英雄般的欢迎，亦成为不少人带有嫉妒心之诘难的中心人物。这样的攻击从来没有消停过，直到斯坦因公布了自己的探险记录，证实了伯希和对于敦煌藏经洞的记录，并且盛赞了他足以担当学者的资格。

这趟中亚之旅，这个他称为是他的"拣选之地"，引领伯希和进入了中亚语言和文化的研究；而就在不久之前，他自己的一手文献收藏中增加了关于蒙文、突厥文、阿拉伯文、波斯文、藏文、梵文及其他语言的材料。[1] 他当然精通所有重要的第二语言，包括俄文。伯希和对日文的掌握程度尚不太清楚。他的学生兼同事戴密微声称他看不懂日文，但老一辈的日本汉学家记得伯希和私下承认过将他们的学术成果据为己有。按照榎一雄（Enoki Kazuo, 1913—1989）[2] 所言，伯希和只是假装不懂日文。[3] 不管他如何获得日文文献上的资料，他不仅挖掘了中西亚问题研究中所需的所有日文以及其他语言资源，而且在这些语言的文本诠释或语音重建方面做出了原创性的贡献。[4]

---

[1] 伯希和在中亚和阿尔泰地区的研究成果，参阅 J. Deny, "Paul Pelliot et les études altaiques", in *Paul Pelliot*, pp. 54–68; L. Hambis, "Paul Pelliot et le études mongoles", in *Paul Pelliot*, pp. 69–77。

[2] 榎一雄，日本东洋史学家、汉学家。——译者注

[3] Yoshikawa Kojirō, *Tōyōgaku no sōshisha-tachi* (Tokyo: Kōdansha, 1976), pp. 40–41, 253. 这份资料是由魏世德（Timothy Wixted）教授友情提供的。

[4] 这些研究成果可参阅 "Autour d'une traduction sanscrite du Tao Tö King", *TP* 13 (1912), pp. 351–430; "Quelques transcriptions chinois de noms tibétains", *TP* 16 (1915), pp. 1–26; "Les Mots mongols dans le Korye Sa", *JA* 217 (1930), pp. 253–266; "Sur le légende d'Uγuz-khan en écriture Ouigoure", *TP* 27 (1930), pp. 247–358; "Les Formes turques et mongoles dans la nomenclature zoologique du *Nuzhantu-'l-kulub*", *BSOS* 6 (1930), pp. 555–580; "A propos de 'tokharien'", *TP* 32 (1936), pp. 259–284。

伯希和独树一帜的学问，是名副其实的"精神上的马可·波罗"[1]；这种认可体现在他33岁的时候，法兰西学院为他创立了一个特殊的教席：中亚语言、历史和考古学教授。就像亚历山大大帝一样，伯希和的学术帝国在他死后却未能传承下来——他创造了这个帝国，但他是唯一的君主。

在敦煌石窟中最有价值的发现是一份相当长的宗教手稿，以一种佛经的形式呈现。当这部经书公布在《敦煌石室遗书》（北京，1909）中时，那位中国的编纂者罗振玉，因经书名已缺失，并在手稿内容里也没有出现过，不知其经书为何类。伯希和与他以前的老师沙畹在一篇长论文《摩尼教流行中国考》（Un traité manichéen retrouvé en Chine)[2]里面确认了这份文献是摩尼教经文（在伯希和首次发现它时已暂时进行了确认）[3]，并且译注了这份文献[4]。不过，在合作标题所暗示的简单范围之外，他俩还翻译了另外53份跟摩尼教相关或提到过摩尼教的文献或段落，这些材料都是从众多的中国文献资料中精心挑选来的，也包括对《化胡经》、两份摩尼教经典《二宗经》和《三际经》的讨论。

这份文献的翻译为摩尼教的研究做出了重要贡献，至

---

[1] 这一提法由戴闻达概括，参阅 TP 38（1947），p. 11。
[2] Part one, JA ser. 10, 18（1911）, pp. 499 – 617; Part Two, JA ser. 11, 1 (1913), pp. 99-199, 261-394.
[3] "Une bibliotheque médiévale retrouvée au Kan-su", p. 518.
[4] 关于这个文献的学术研究史，在伯希和的目录里标注为3884号。关于这篇文章在摩尼教文集中的地位，可以参阅 Gunner B. Mikkelsen, "Skilfully (sic) Planting the Trees of Light: The Chinese Manichaica, Their Central Asian Counterparts, and Some Observations on the Translation of Manichaeism into Chinese", in Cultural Encounters: China, Japan, and the West, Søren Clausen, et al. eds. (Aarhus, Denmark: Aarhus University Press, 1995), pp. 83-108。

今未被超越；或是从技术上讲，是令人印象深刻的"一记重拳"。首先，伯希和与沙畹不得不确定那些模棱两可的图解的特殊含义。比如，他们常常把"相"译成"想"，该翻译基于这样一个事实：它似乎指明了一种精神的运作，这是在比较基督教和穆斯林的资源中发现的意识。此外，在这个文献里"相"也经常等同于"思""念""心""意"。而且，他们对平行和节奏的敏感度也使得在翻译时能准确地呈现复合词，例如选用"光明"一词，而非一个不恰当（在此文献中）的烦冗语句"光线和明亮"。他们也在短语中展示宗教意识，如"五分明身"这一短语，用"分"修正"身"；在参考了平行的段落得出结论，并将其与中国景教文献中一个类似的短语进行比较。

伯希和与沙畹在佛教方面的专门知识和道教的专业术语对在摩尼教中的用法进行比较也很有帮助。不过，他们会很快指出其中的差别或是晦涩的片段。所有的这些专业知识都来自对中国宗教典籍的全面掌握，特别是中国摩尼教和反摩尼教的资料来源，包括相关的希腊语、拉丁语、波斯语和粟特语的文本。在解决棘手的文本以及文献问题时也需要很多想象力。不过，他们通常都在正确的道路上，在这份研究的第二部分他们使用了最新公布的文献来强化或确定第一部分里那些似是而非但仍属于假设的解决方案。总而言之，这篇论著受到劳费尔的盛赞是当之无愧的："也许这是当代汉学最耀眼的成就。"[1]

---

[1] *JAOS* 22 (1922), p. 204.

评注的传统

伯希和发表了大量难以计数的成果，但他从没有写过一本传统意义上的专著。尽管他撰写的很多论著都有一本书的分量，比如《明史中的火者与写亦虎仙考》（*Le Hoja et le Sayyid Husain de l' Histoire des Ming*）[1]，对《蒙古秘史》（*Secret History of the Mongols*）的知识重构[2]，或是对《金帐史》（*Golden Horde*）的评注札记[3]，然而他通常关注一个具体的历史问题，或是对主要文本的翻译与阐释。他的方法通常涉及利用多语言的众多文献资料，包括建立文本的谱系关系和最佳的版本。戴闻达对伯希和的准确评价是：他擅长分析，而不是综合。[4] 他也喜欢解决一些与手边的研究主题紧密相关或松散联系的问题，这使得他的出版物成为多样化的矿藏，充满了有价值的信息。[5] 在他自己的贡献中，伯希和经常分发新信息，或是在迄今为止忽略了但应被考察的领域或来源提出富有成效的建议来推

---

[1] *TP* 38 (1947), pp. 81-292.

[2] *Histoire secrete des Mongols: Restitution du texte mongol et traduction française des chapitres I-VI* (Paris, 1949). 因为这篇论著是未完稿（手稿在他去世后才发表），鲍培（Nicholas Poppe）认为该文跟海尼士（E. Haenisch）的转写和翻译比起来"略逊一筹"。参阅 Poppe, *Introduction to Altaic Linguistics* (Wiesbaden: Otto Harrassowitz, 1965), p. 90。

[3] *Notes sur l' histoire de la Horde d' Or* (Paris, 1950).

[4] 参阅以下的表述："与综合相比，伯希和的心智很可能更倾向于分析；与创作相比，更倾向于批判，而且在他能收集的众多资料中，没法综合成一种固定的文本。" *TP* 38 (1947), p. 13.

[5] 参阅 "Neuf notes sur des questions d' Asie Centrale", *TP* 26 (1929), pp. 201-265。

动汉学的发展；[1]考虑到相同的目标，他也发表了很多简短的注解、评论，或是质疑。这种出版方式让人联想起了中世纪的人文主义者，以及他们那种"笔记本"式的文本注释法。它充分体现在学术诠释者的评论传统中，揭示并阐释了在经典中找到的真理。

关于《荷马史诗》（*Homer*）的口头注释，比如亚历山大图书馆的第一任馆长泽诺多托斯（Zenodotus，公元前3世纪）[2]的注释，早在它被记录前就已经存在了。从传统上讲，第一份书面注释归功于阿里斯塔克斯（Aristarchus, B.C. 217—B.C. 145）。公元前180年出版了他的《荷马史诗》的校订版，第一次将《伊利亚特》和《奥德赛》的文本分为24个单独的卷，成为现代版本之基础。[3]不过公元前4世纪，在贝尔格莱德西部的戴尔维尼（Derveni）出土的纸草卷本中就发现了关于早期俄耳甫斯（Orphic）赞美诗的注释。因此，注释学要早于亚历山大的语法学家。鲁道夫·普法伊费尔坚持认为早期的叙事诗在口头创作时产生了一种注释的形式，当"针对不明确的表达或专有术语时添加了半行或一行说明性的单词"[4]。普法伊费尔再

---

[1] 这方面的一个著名例子是伯希和的研究："Notes sur l'histoire de la Horde d'Or"。塞诺对该文的评价是："这是一部当时应常放在案头之作，因为它不仅仅涵盖了较少或较多被关注之主题的精准信息，还提供了一条新的研究路径。" Sinor, *Introduction à l'étude de l'Euraise Centrale* (Wiesbaden: Otto Harrassowitz, 1963), p. 312.

[2] 泽诺多托斯，古希腊文学家，荷马学者。亚历山大图书馆第一任馆长。《伊利亚特》和《奥德赛》的第一个校注者，并将其编为24卷。——译者注

[3] Pfeiffer, *History of Classical Scholarship*, vol. 2, p. 54.

[4] Ibid., vol. 1, p. 4. 这种自我注释的传统在早期中国的典籍中也能看到。比如《史记》第84卷，司马迁录入了一个简短的内部注解，解释"离骚"这个标题的含义；或者在《老子》，第十三章文本用一种推论的方式进行自我注释。

次提出,5世纪的诡辩学者也解释了这部史诗,"他们阐释史诗和古老的诗歌,将诠释与语言观察、定义和分类相结合,这些都是以前的哲学家所提出来的"[1]。亚历山大语法学家日以继夜地工作,以阐明在他们著名的图书馆中所藏的那些文本遗产。一位拥有哲学头脑的诗人将他们称为忙碌的涂鸦者,他建议他的朋友们忽略荷马的"最新的正确版本",而去咨询那些"旧的抄本"[2]。与别迦摩图书馆(Library of Pergamum)馆员的竞争强烈地激励着他们。据卢西恩·坎弗拉(Luciano Canfora)的介绍,对别迦摩人来说:

> 他们所感兴趣的是"隐藏"的含义,那些"藏在"经典特别是荷马式文本背后的含义——他们称之为"寓言",隐藏在这些诗歌中。对比而言,亚历山大人极有耐心地逐字逐句去寻求阐释,在不清楚的地方就停下来。[3]

关于最佳手稿的竞争非常激烈,这直接导致了亚历山大人切断了埃及纸莎草向别迦摩的流传。别迦摩人被迫依靠自己的资源,他们反过来改进了将动物的皮革处理成羊皮纸的技术,这个词正是别迦摩的衍生物〔通过中世纪的拉丁语词汇 pergamena 得来的。这导致了古抄本的发明,一

---

[1] Pfeiffer, *History of Classical Scholarship*, vol. 1, p. 16.
[2] Luciano Canfora, *The Vanished Library: A Wonder of the Ancient World*, trans. Martin Ryle (Berkeley and Los Angeles: University of California Press, 1989), p. 37.
[3] Luciano Canfora, *The Vanished Library: A Wonder of the Ancient World*, trans. Martin Ryle (Berkeley and Los Angeles: University of California Press, 1989), p. 49.

种双面翻页的书（Codex）替代了滚动的手稿］。

  一般来说，寓言式的评论和文献学的评论都是作为独立作品来写作的。诸如疑问记号（obelos）、双横线（diple）、双虚线（dotted diple）、星号（asteri skos）、反S形（antisigma）等关键性标记用于将某些段落标注为值得怀疑的、值得注意的、衍文的等等，并将读者带入到单独注释的合适位置。只有在10世纪，评论才被纳入文本中隔行的书写或是单独的注释。这些页边注与中世纪的手稿相关，之后被称为训诂（scholia），是跟中世纪抄本有关的。[1]

  尽管在文本阐释方面取得了这些尝试性的进展，但直到15世纪经典研究的兴起，我们才能最清楚地看到综合评论策略发展中的三个主要阶段。第一，富有的王子和主教们开始收集手稿，邀请人文学者细读。第二，印刷术的发明使得人文主义学者争相编辑和出版这些手稿，这让文本研究的精确性达到了一个新高度。然后，他们提供了绝大多数经典文本的统一抄本，加上了传统的评注。这些印刷的文本形成了校勘整理的标准，而标准化的文本又将分散在各地的人文主义者的注意力吸引到相同的文本问题上。第三，如此密切地关注文本，重新定位了从语法和修辞到文本本身问题的学术研究方向。由于拉丁语相对容易掌握，拉丁语法和修辞带来的挑战使得人文主义学者对这项研究的兴趣有所减少。因此，新一代的学者出现了，他们担任

----

[1] 关于评论的传统以及技术配置，参阅 L. D. Reynolds and N. G. Wilson, *Scribes and Scholars: A Guide to the Transmission of Greek and Latin Literature*, 3rd edition (Oxford: Clarendon Press, 1991), pp. 9–16。

印刷文本的编辑者。这些版本引发了以逐行章句式评论作为主流文学的形式。这种形式的不利之处在于它迫使评论家处理每一个问题,因此无法发挥其创造力,因为原创性被掩盖在"大量微不足道的星辉中"——这个说法让人联想到对伯希和的某些密集笔记的批评。此外,没有标准有助于在相互竞争的训诂中进行选择,这些训诂是在毫无偏好的状态下呈现出来的。因此,在1470年代中期以后,一些人文主义学者将评论从文学的一种形式脱离出来,最突出的是波利齐亚诺(Angelo Poliziano, 1454—1494)[1]。他的《杂集》(Miscellanea, 1489)是两种新型学术的代表,一种是关于感兴趣的段落注释的集合,一种是不同主题的短小章节的集合,有时用于人身攻击。他的工作还为决定文本的嬗变和善本提供了技术标准。这一突破使得一流的专业文献学家获得发展。[2]

在中国,约翰·亨德森(John Henderson)认为关于评论传统的兴起可以追溯到预兆、神谕以及梦想。他断言:"占卜之间的关联最为明显的是《易经》。"[3] 行间出现的爻辞与陈述大意的十翼是早期的评论,已经被纳入经典本身。因此是占卜者,[4] 而不是像古代希腊的诗人,声称阐

---

[1] 波利齐亚诺,意大利杰出诗人,原名安杰洛·安布罗吉尼。1480年起,任佛罗伦萨大学古典文学教授。他用拉丁文、意大利文和希腊文创作田园诗和世俗诗剧等。——译者注
[2] 这个扼要的概要源于这篇作品,参阅 Grafton, *Joseph Scaliger*, vol. 1, pp. 14-90。
[3] John B. Henderson, *Scripture, Canon, and Commentary: A Comparison of Confucian and Western Exegesis* (Princeton: Princeton University Press, 1991), p. 67.
[4] 参阅本书作者《孔子之口授注经三则考辨》,《国际汉学》第19辑,2010年,第85—96页。——译者注

释文献的关键。然而，中国古代的经典理所当然地被认为是圣人智慧的神圣宝库，而不仅仅是纯文学作品。因此，孔子的使命是保存和传递经典的智慧，而不是自己创作任何原创的东西。[1]事实上，根据戴震（1724—1777）的说法，孔子的使命是评论家：澄清经典的教学——"由于孔子没有获得统治者的地位，无法传承他们的制度、礼仪和音乐，他承担起正本清源的工作，以便千秋万代的后世还可以了解和平和战乱的原因，以及知道遵循或改变某些制度和规则是否合适……"[2]

许多早期的评论成为其阐释的经典的一部分。例如，自从《诗经》的"小序"出现，直到宋代还通常被认为是源于孔门弟子子夏所传授的孔子的教学，被视为经典本身的一部分。因其有多个版本，《四库》的编撰者还在他们庞大的目录中专门列出一个条目：诗序。在朱熹将其从《诗经》开篇摘出之后，就出现在各种不同的注疏里。因此，一些学者认为它是对《诗经》的一种阐释作品，而不是《诗经》本身的一个组成部分。[3]

如果由一位圣人写作一部经典，那么至少也需要一位德行与学识并重的贤能的学者来撰写一部评论。因此，如果说西方的进步是源于吟游诗人（rhapsode）、诡辩家、语法学家、人文主义学者和古典主义学者，那么在中国则是

---

[1] 参阅本作者《孔子"述而不作"新论》，《中国经学》第五辑，2009年，第109-118页。——译者注
[2] Ann-ping Chin and Mansfield Freeman, *Tai Chen on Mencius* (New Haven: Yale University Press, 1990), p. 65.
[3] 参见莫友芝撰：《邵亭知见传本书目》（上海，1918年）；邵懿辰撰：《增订四库简明目录标注》（上海，1979），第56页。

占卜者、圣人、贤人、训诂学家和经学家。在东汉,孔子的"五经"被正典化了后,注疏评论就开始单独流传。直到汉代晚期才开始在经典文本的行间印制评注,即差不多在西方开始将评论与文本印在一起约800年以前。

这里再次引用亨德森的话,构成评论背后的主要原动力在于"解决经典中的难点或是疑点,以充分体现古代圣人的意义。这种对于含混之处的澄清是必需的,不完全是因为这些圣人的教化本就不甚清楚或是不太完整,而是由于历史的发展,包括词汇的变化,文本片段的散失,书面文字形式的转变,以及文化和制度的改变"[1]。六朝时期,在评论中撰写评论的惯例,或是注释性的作品如"疏",成为展示名家博学知识的载体。在之后的朝代,中国的注释式书籍(札记、录、杂记等)与人文主义学者的杂记相似,譬如有针对性的个人日记,拓展特定的阐释学派,或是发表人身攻击。例如,阎若璩(1636—1704)的《潜邱札记》;钱大昕(1728—1832)的《十驾斋养新录》;王念孙(1744—1832)的《读书杂记》;以及可能是最早也是最佳的作品,顾炎武(1613—1682)的《日知录》。

作为文本评论者的伯希和

伯希和始终是一位文献学家,通常是特定文本或文本问题的阐释者。戴密微概括他的出版物为"粗粝的珠宝":"伯希和一直被他的文献学研究恶魔所附身,同时也感受到了普世记忆的紧迫感。伯希和为我们创作了他的学术作品,

---

[1] Henderson, *Scripture, Canon, and Commentary*, p.75.

就像随处乱扔的粗糙珠宝。"[1]"普世记忆的紧迫感"这样的说法应该让我们暂停一下，这似乎暗示了阻碍伯希和发展其得出临时性历史结论能力的唯一因素是过目不忘的记忆力，也让我们想起了英国古典主义学者理查德·波森"异乎寻常，甚至是可怕的记忆力"[2]。正如我们所看到的那样，伯希和的记忆被用于很多好的目的，但仍缺少了合成工作所必需的程序，即无情地丢弃那些非本质的东西。波尔森可以作为另一个与伯希和相提并论的人："这位将全身心奉献给学术的人缺乏另一种必要的品质，即对想要留下自己印迹的学者而言；我的意思是能够充分地划定一个广泛的主题以获得合适的结论。"[3]伯希和，当然留下了自己的印迹，并在汉学的诸多领域如此成就斐然，然而他的天赋更加自然地服务于文献学领域而不是历史学。

除了他的出版物为我们提供工作实例，很多方面亦可清楚地阐明伯希和的方法论。在他学术生涯的早期，他评论过自己所用方法的其中一个方面，指出在回顾对扶南的研究中[4]，沙畹通过翻译与手头问题有关的所有文本和段落，认可他的评注方法是"一种对科学研究所必需的条件"[5]。除了对大量相关资料进行全面处理，每一项材料还都予以同等彻底的单独分析。在伯希和学术生涯的晚期，

---

[1] Demiéville, " La Carrière scientific de Paul Pelliot, son oeuvre relative à l' Extrême-Orient ", in *Paul Pelliot*, pp. 29-30.
[2] 对于这种记忆，以及在情感和智力上给波尔森带来的困难，参阅 Brink, *English Classical Scholarship*, pp. 108-109。
[3] Ibid., pp. 131-132.
[4] *BEFEO* (1903), pp. 248-303.
[5] "Deux itineraires", p. 363.

他总结了进行大量注释的必要性和对翻译的辅助性，因为"如果我们或多或少地采用传统形式简单翻译文本，将不会得到什么结果。因此，有必要从基础做起，用正确的注释去追溯每个句子的来源，我们才能继续前进"[1]。伯希和的巨著《马可·波罗行纪译注》，在其去世后出版，为他卓越的学术生命加冕，成为其通过注释彻底阐明文本的研究方法之缩影。[2]

下面引用两位近代历史学家的相反观点来对伯希和之译注方式的重要性予以说明。毕汉思（Hans Bielenstein，1920—2015）承认一个好的历史学家研究的第一阶段必须立足于材料："他第一步要处理材料，然后他越是往前追溯，任务就越艰巨。必要时，他必须尝试以原始形式重建文本，比较不同的版本，辨别传抄讹误及后期的增补。简而言之，他必须进行文本精校。"[3] 专业的文献学家以伯希和式译注方法为模板，提供了类似的第一级基础研究。傅海波详细评论了展示翻译文本的有用性：

> 无论我们怎么看待备受诟病的"评论传统"，不可否认的是，即使在今天对基础中文文本的批评性译注也并不代表对中国文明和历史的过时方法。翻译仍然

---

[1] "Orientalists in France During the War", address delivered at a meeting of the Chinese Art Society of America, January 25, 1945, *Archives of the Chinese Art Society of America* 1 (1945-1948); quote on 24. David B. Honey, "The Sinologist and Chinese Sources on Asia", *Phi Theta Papers* 17 (1987), pp. 21-27. 该文试图将翻译或注释方法的重要性与局限性放在汉学研究目标的一般背景下进行考量。

[2] *Notes on Marco Polo*, 3 vols (Paris: Imprimérie National, 1959-1973).

[3] Bielenstein, "Chinese Historiography in Europe", in *Europe Studies China*, p. 240.

有或应当有其优势。为了说明一些假设而使用前现代的中文文本,特别是那些用文言文写作的,将其仅作为一个采石场,开采的概率和结果当然是诱人的;因为它允许我们文饰那些西方学者不完全理解的段落。[1]

毕汉思继续做出了毫无根据的结论,即由于历史学家能够完成他们的文献学工作,诸如沙畹式的《史记》译注或德效骞的《汉书》翻译"现在已经过时了,原因很简单,因为每个新生代的学生对古典汉语的知识都在提高"。他总结道:"我们不再需要来自沙畹或德效骞的帮助了,因为我们已经有足够能力自己阅读文本。"[2] 他显然忘记了,其他那些非历史学家的学者也许会对文本要表达的内容感兴趣,也许并未具备足够的文献学天赋来获得他们想要获取的资料。在其自身的文本传统背景下,以自己的方式展现文本的任务——大多数学者不愿意这样做,无论他们有多么称职——本身就是一项光荣的工作。海尼士(Erich Haenisch, 1880—1966)甚至把注释的翻译(他称之为"全面翻译")视为毕业进入专业汉学家队伍的必要条

---

[1] Franke, "In Search of China", p. 18. 也请参阅 Franke, "Sinologie im 19. Jahrhundert", in *August Pfizmaier (1808 - 1887) und seine Bedeutung für die Ostasienwissenschaften*, ed. Otto Ladstatter and Sepp Linhart (Vienna, 1990), p. 40。

[2] Bielenstein, "Chinese Historiography in Europe", in *Europe Studies China*, p. 241. 华兹生(Burton Watson)在其文章中也表达了同样的观点:"Chinese History", in *An Encyclopaedia of Translation: Chinese-English, English-Chinese*, ed. Chan Sin-wai and David E. Pollard (Hong kong: Chinese University of Hong Kong Press, 1995), p. 349。

件。[1] 这种方法因伯希和而闻名，即使长期以来在历史学科中已被取代，在单独的文献学学科中仍然是有效和必要的。

主编、戴闻达与《通报》（*T'oung Pao*）

作为一个学者、教授，特别是《通报》自 1920 年到 1942 年的主编，伯希和几乎是在一致同意的情况下担任着汉学和中亚问题这一领地的最终仲裁者。[2] 这是他为自己开发的一个职位，因为刊物早期的编辑无法像伯希和那样有足够自信来掌控对整个汉学领域的探查，尽管有人曾尝试过却未获成功。

《通报》是考狄创办的。他曾经创办过《远东杂志》（*Revue de l'Extrême-Orient*），但该刊由于无法印刷汉字而被证明是不能令人满意的。他搜寻了一下，发现莱顿的博睿（E. J. Brill）出版社有汉字字模，并且可以出版一本献给远东期刊。[3] 1875 年至 1903 年在莱顿大学担任汉学教授的薛力赫与考狄一起创办了这份新杂志。[4] 刊物创刊于 1890 年，一年出版五卷。十年后，第二集创刊；这一系列

---

[1] Franke, "In Search of China", p. 19.
[2] 伯希和以前的学生魏鲁南（James Ware）在他去世的时候表达了一种强烈的情感："在文献学研究领域，一个人很少有机会和特权成为名副其实的中流砥柱和避难处。伯希和恰是这样的人。" *HJAS* 9 (1946), p. 187.
[3] 博睿出版社的字模由莱顿大学的日本学教授霍夫曼（Johann Joseph Hoffmann, b. 1805）于 1860 年摹画和刻制。参阅 Duyvendak, *Holland's Contribution to Chinese Studies*, p. 22.
[4] 关于薛力赫的资料，参阅 Duyvendak, *Holland's Contribution to Chinese Studies*, pp. 22 -23; Wilt L. Idema, "Dutch Sinology: Past, Present, and Future", *Europe Studies China*, pp. 89 -91; Henri Cordier, "Nécrologie: Le Dr. Gustave Schlegel", *TP* 4 (1903), pp. 407 -415。

每年发行直到现在,除了在第二次世界大战期间有一个短暂的空档期外,之后接着还是每年出版五卷(不过印刷为1—2卷和3—5卷)。

从一开始,该刊的范围就旨在涵盖整个远东——从封面的副标题上可见一斑:用于研究东亚(中国、日本、韩国、印度支那、中亚和马来西亚)的历史、语言、地理和民族学的档案。最初几卷发表了不少英国、德国、法国、荷兰和亚洲的杰出汉学家的研究成果。按此传统延续,看起来《通报》的成功应是毫无疑问的;然而却并非如此。"薛力赫在某种程度上是一个争强好胜的人。"戴闻达(J. J. L. Duyvendak, 1889—1954)用一种豁达的态度轻描淡写地说:"他非同寻常地在较早时就掌握了汉学知识,这使得其深信自己比其他任何人都更了解汉语这门语言。"[1]对考狄而言,薛力赫的这种"攻击性"和"专断式"的性格"使得所有的合作者都疏远了《通报》。数月间我们不停劳心劳力,由于艰苦奋斗坚持不懈,终于克服了第一阶段的困难"。[2]

自1890年到1903年履职刊物的共同主编之后,又逢薛力赫逝世,考狄独自继续担任主编一职,直到一年以后沙畹接替薛力赫的工作。在薛力赫曾尖锐攻击过沙畹后,沙畹仍然表示愿意接任,考狄认为沙畹此举深具雅量(沙畹出版了一些来自中亚的抄本,显然给予薛力赫一记重击,因为这也正是薛力赫在一直努力耕耘的领域)。在考狄和沙

---

[1] Duyvendak, *Holland's Contribution to Chinese Studies*, p. 22.
[2] *TP* 18 (1917), p. 125.

畹的主编工作推动下,《通报》真正发展成为一个优秀的学术平台;与《法国远东学院学报》一起成为最重要的机构,以文章、书评、札记、短评、领域新闻和远东书目的形式来传播资讯。

沙畹在去世前两年,于1916年从主编职位退休。忍受了持续两年时间的另一段独自编辑阶段,考狄于1920年邀请伯希和担任共同主编。他们共事四年后,考狄逝世;伯希和独立支撑直到1932年,一位来自莱顿的教授戴闻达加入跟他合作编辑。

戴闻达出生于哈林根(Harlingen),1908年进入莱顿大学学习荷兰文献学;之后他开始师从高延学习汉语。[1] 1910年至1911年他在巴黎跟随沙畹与考狄学习。1912年至1918年他作为外交译员为国家服务。1919年,戴闻达开始其职业生涯,在莱顿大学担任汉学讲师;1930年,获得汉学教授职位,填补了高延1912年去柏林后在中国语言与文学教席所留下的空白。在同一年,他通过庚子赔款的间接资金支持建立了莱顿的汉学研究所。两年后,戴闻达加入了《通报》的编辑部,与伯希和一起工作。

戴闻达看来是伯希和的最佳搭档,因为他也像伯希和

---

[1] Paul Demiéville, "J. J. L. Duyvendak (1889-1954)", *TP* 43 (1955), pp. 1-22, 第22至33页有戴闻达的一个完整传记。龙彼得, "In Memoriam J. J. L. Duyvendak 1889-1954", *AM* n. s. 5 (1955), pp. 1-4; Wilt L. Idema, "Dutch Sinology: Past, Present, and Future", pp. 92-95; Harriet T. Zurndorfer, "Sociology, Social Science, and Sinology in the Heek", *Revue européenne des sciences sociales* 27 (1989), pp. 19-32。这篇论著有一个非常有意思的部分,标题是:"A Brief History of Chinese Studies in the Netherlands",见第27-31页。该部分以记述戴闻达的学术生涯为其高潮,同时梳理了荷兰汉学如何成为一种"文献学化的研究"的历程。

一样对懒散随意的工作持有无情的批判态度，虽然他的批评表达得更为适度节制。戴闻达对他的学生们也有严格要求，包括卜德（Derk Bodde）、许理和、何四维（A. F. P. Hulsewé，1910—1993）、龙彼得。他期望他们同样严肃关注文献学分析的细节，仔细考量文本的传统。对龙彼得而言，"'回归经典文本'是他（戴闻达）指导学生的一个口号，给他们留下了深刻的印象，他们需要去努力理解那些即便是显而易见却又微不足道的段落；在轻率地概括说出那句傲慢的'证明完毕'（Q. E. D.）的话之前，要直面所有可用的证据"[1]。戴闻达最重要的作品包括1928年莱顿出版的《商君书》（*The Book of Lord Shang*）翻译及研究、《道德经》译注（荷兰语译本出版于1950年，随后法译本和英译本分别于1953年、1954年出版）；还有不少关于当代中国历史、政治、文学的荷兰语作品。此外，有关哲学、中国海上贸易、荷兰早期汉学以及中国文学的多篇论文、书评为戴闻达持续保有着作为20世纪前半叶汉学领军人物之一的巨大声誉。戴闻达的出现为莱顿建立了一个古典中国文献学研究中心，并成为巴黎的竞争对手；吸引了不少美国汉学家跟他一起开展翻译工作，至少亦是远程的合作，其中包括德效骞及其《汉书》翻译，韦慕庭（C. Martin Wilbur，1908—1997）的汉代奴隶研究，以及恒慕义对顾颉刚《古史辨》自序的翻译。

伯希和继续与戴闻达共同编辑《通报》直到1942年，后由于第二次世界大战关闭了刊物的运营。他于

---

[1] Piet van der Loon, "In Memoriam J. J. L. Duyvendak", p. 4.

1947 年复刊前逝世。

在伯希和任内,《通报》影响攀至巅峰。他的学识与声望使得这份刊物几乎如同他的个体季刊,成为亚洲学术研究标准的实际仲裁者。他自己有大量作品,有时甚至达到一年七篇之多,不仅在领域内卓有建树,他的书评也同样详尽而严格。他甚至对学报的内容进行评论,特别是德文、中文,还有日文的文章(也许是二手资料)。自 1931 年开始,伯希和甚至会简要总结一下学报内容,并在刊物收到的一长串书单中加上一本或两本。

尽管作为一名编辑非常谨慎和严格,伯希和也会发表一些他不太同意的作品,[1]但他拒绝考虑任何不具有建设性的事物。为此,他忍受了很多来自查赫(Erwin von Zach,1872—1942)笔下尖酸刻薄的个人攻击,后者试图纠正伯希和及其他人的错误——很多通常都是想象中的错误。然而,当查赫腐蚀性的评论变成不过是来自侧翼无休止的扫射时,伯希和最终不得不扮演独裁的编辑角色,彻底将查赫与杂志分开。尽管这个无所畏惧,有时还不如外交评论家的二流学者与在义和团运动中的伯希和是一样的大胆而傲慢。无论如何,伯希和这次完全站得住脚。[2]

也许在某些方面伯希和确实批评过度,因从方法论上

---

[1] 比如顾立雅关于表意文字的论述,后面第三章会提及。
[2] 伯希和在一篇短文里谈及查赫的言行举止及研究方法,他这样表述:"作为学者,查赫先生因其愚行而声名扫地。作为常人,查赫先生因其无礼而丧失信誉。《通报》绝不会再提及查赫先生。" *TP* 26(1928-1929), pp. 378. 这是一个强有力且必要的举措。《泰东》(*Asia Major*)的编辑海尼士也对其有所抨击,回忆了《关于查赫评论通常的极端表现形式》(oft masslose Formesiener [von Zach's] Kritik)这篇文章的影响对《泰东》学报发展之阻碍。*Oriens Extremus* 12(1965), p. 9.

来说，他很少去赞同那些不符合自己崇高标准的东西。因此，艾伯华认为伯希和阻碍了法国汉学的发展，忽视了很多文艺复兴时期人文主义学者的开明先例，原因在于他未能公平地对待其欧洲同人，特别是对那些蒙古学家，没有与他们分享自己所拥有的珍贵手稿。[1]然而，伯希和的批评源于其知识分子的信念与超乎寻常的博学，并非像查赫那样天生具有好争斗的倾向。他为了让学生达到自己的标准所做之努力，这一点无论被认为是阻碍了法国汉学学术的水平，还是维持着这一水平，又或者通过培养更多严谨的学者最终提高了这一水平；毫无疑问，伯希和所具有之开创性的、详尽的，几乎是无与伦比的学识为一代志同道合的文献学家制定了学术标准，并被他们视为导师。他的专业职位使其能施加的影响更加制度化。在伯希和43岁时，他被接纳为法国金石与美文学院最年轻的成员；在列维去世时，他旋即成为在巴黎的亚洲文会会长。因而按照格鲁塞（R. Grousset，1885—1952）[2]的说法，在四分之一个世纪里，"伯希和指引着法国东方学研究，以其个性为法国带来巨大声誉"[3]。

作为第二次世界大战前一位汉学研究的实在仲裁者，伯希和享有着与柏林爱乐乐团首席指挥威尔海尔姆·富尔特文格勒（Wilhelm Furtwängler，1886—1954）[4]相媲美的卓越地位和权威性。自然而然——如同富尔特文格勒——在

---

[1] 私人通信；12 March, 1983。
[2] 格鲁塞，法国著名历史学家，亚洲史研究界泰斗，以研究中亚和远东著称，代表作有《成吉思汗》《草原帝国》等。——译者注
[3] Elisséef, *Archives of the Chinese Art Society of America*, 1 (1945-1946), p. 13.
[4] 威尔海尔姆·富尔特文格勒，德国著名指挥家。——译者注

战后汉学界重振旗鼓的进程中，伯希和成为广泛学术争论的焦点。这一争议关注的不仅是受到伤害的自我，还有针对个人非理性的反感。对所谓的"传统汉学"的文献学方法和研究路径而言，受到了来自正在崛起的一代社会学和经济学历史学者的攻击。从理性上来说，他们不承认伯希和的权威，他们更多的是通过学科，以及对现代中国的喜好而非对古典中国的掌握来定义自己。[1]

文献学的边缘化

本章开头列文森的题词所包含的社会历史学家对文献学方法的直接批评，可能正是白乐日态度之集中体现，他本人就是一位令人仰慕的文献学家：

> 尽管他对法国重要的中国研究学者充满敬仰——如葛兰言、伯希和、马伯乐，以及他的朋友戴密微——但他仍然尖锐地批评传统汉学的诸多方面：关注古物和经典；缺乏对社会史和文化史基本问题的思考；对旁注的偏爱，这一点被白乐日描述为"针对语言碎片的讨论，在神秘省份的昂贵旅行，以及对还原

---

[1] 针对传统汉学的批评包括对近代中国的特别关注，对其文学与人文研究的聚焦，特别是针对"知识积累而非学科发展"的训诂文献学方法。Jerome Ch'en, *China and the West: Society and Culture 1815-1937* (London: Hutchinson, 1979), p. 121. Arthur Wright, "The Study of Chinese Civilization", *Journal of the History of Ideas* 21 (1960), pp. 233-255. 这篇文章提出了反对传统汉学的最明确的也最具理论基础的案例。作者的观点将在本书的"结束语：汉学中的传统与寻真"中予以说明。

未知的人名和其他过时的有趣职业之争论。"[1]

从一个角度来说，战后对伯希和及其所代表群体的反感是可以理解的，那就是学界渴望探索迄今为止被忽略的中国文化和社会领域之愿景。比方说，下层社会史、经济和制度史或者是民间宗教等，这些领域都不太适用于翻译和注释（训诂）的研究方法，因为很少有传统的中文资料专门讨论这些话题。当然，一些细碎的主题及其技术性的展示看起来已经与现实和当代世界的相关性脱节了。在历史上，文献学有其自身的极端时期，就像19世纪早期古怪的东方学家所有的那种夸张的浪漫气息（在亚洲文会里被他们的对手称为"花匠"）[2]。这种风格如机械般枯燥，又过度专业化，跟同一世纪末德国古典学术一般毫无

---

[1] Arthur Wright, in Etienne Balazs, *Chinese Civilization and Bureaucracy*, trans. H. M. Wright, ed. Arthur F. Wight (New Haven: Yale University Press, 1964), p. xiii. 施坚雅（G. William Skinner）比较了"当代中国研究"的大胆进步，对汉学研究进行了自己的讽刺，包括一些共同的狭隘之处。参阅 G. William Skinner, "What the Study of China Can Do for Social Science", *JAS* 23 (1964), p. 517. 费正清的观点是最简洁的："汉学本身是极为动人的，但在与其他任何方面的联系方面却具有相当破坏性。" Paul M. Evans, *John Fairbank and the American Understanding of Modern China* (New York: Basil Blackwell, 1988), p. 38.
[2] 文献学家自有其专业化的嫉妒心，看看当时儒莲和波蒂耶之间的竞争。针对这些刻板又古怪的汉学家，一个当代俏皮话说的是："这两位博学的对手以两个重要的发现丰富了彼此的知识——儒莲，这位著名的汉学家，发现波蒂耶不懂中文；波蒂耶，这位伟大的印度学家，发现儒莲不懂梵文。" Schwab, *The Oriental Renaissance*, p. 326.

生机。[1] 或者说，这是文献学与帝国主义态度及殖民地议题之间的一种妥协与和解，即很多前学者和官员所表现出的典型特征。[2] 然而，社会学家或历史学家的方法或范式的成功应用，至少在一个层面上是对文本的灵活处理。[3] 当然，问题不在于一个学科高于另一个学科的优越性，而是手头上任务的时机和适当性。

作为汉学蒙古学研究的泰斗级人物，傅海波曾经感叹过汉学研究中对文献学研究不合理的偏见：

> 现代对这种支持综合与阐释方法的文献学研究有一定的轻视，当然这是很片面的。战后，我辅修了欧洲中世纪和现代历史的博士学位，尝试了解拉丁语的文献（我发展了对中世纪拉丁文的热爱，包括诗歌）。任何历史学家，无论他属于哪一学派，都要倚仗《德意志历史文献》（*Monumenta Germaniae Historica*）以及其他文献耐心细致的编纂工作。他们针对文献和文本校勘学的深入研究是不可或缺，也是

---

[1] 就像那时的古典文献学家尼采（Nietzsche）指出，这种失败是德国历史主义的一种自然产物。尼采的批评被年轻的维拉莫威兹巧妙地反驳，他建议文献学家尼采应该全身心投入哲学。相关讨论参阅 Hugh Lloyd-Jones, *Blood for the Ghosts: Classical Influences in the Nineteenth and Twentieth Centuries* (Baltimore: Johns Hopkins University Press, 1982), pp. 172-178. 那些对于德国和英国古典文献学最糟糕特征之批评，尽管简洁，但在我看来却过于尖刻，请参阅 Gilbert Highet, *The Classical Tradition: Greek and Roman Influences on Western Literature* (1949; rpt. Oxford: Oxford University Press, 1985), pp. 498-500.
[2] Edward W. Said, *Orientalism* (New York: Vintage Books, 1979).
[3] 请参阅后文关于薛爱华和结束语中的讨论，了解更多文献学方法在中国研究中所起的基础性作用。

毋庸置疑的。那么为什么对待中文文献要有所差异呢？[1]

然而，除直接针对文献学研究路径的反感之外，同样令人不安的还有针对伯希和的攻击，这一根本错误违背了历史学研究之目的以及要实现的目标。在与伯希和同时代的法国学者努力下，他们把现代史学研究从叙事构成、一般调查、对具体问题的综合考察以及共时性问题中分离出来，这些学者包括吕西安·费弗尔（Lucien Febvre，1878—1956）、马克·布洛赫（Marc Bloch，1886—1944）[2]以及他们的"年鉴学派（Annals）"——弗雷德里克·J.梯加特（Frederick J. Taggart，1870—1946）不费吹灰之力就预料到了这一点。[3]这一运动使得新的历史范式的繁荣成为可能，包括很多历史类型，如经济史、技术史、社会史等等，无论是从功能上还是结构上均有发展；产生了不同的考察方法来回答新提出

---

[1] 私人通信：28 February，1987。关于更多反文献学的观点，参阅研讨会的许多相关发表："Symposium on Chinese Studies and Their Disciplines"，*JAS* 23 (1964)；Denis Twitchett，"A Lone Cheer for Sinology"，*JAS* 24 (1964)，pp. 109-112。这篇文章从文献学训练对任何中国研究方法之重要性的角度进行了论述。
[2] 马克·布洛赫，法国历史学家，年鉴学派创始人之一，代表作有《法国农村史》《封建社会》。——译者注
[3] 参阅 *Prolegomena to History* (Berkeley：University of California Press，1916)，pp. 14-15；*Rome and China：A Study of Correlation in Historical Events* (Berkley：University of California Press，1939)，p. vi.

的问题。[1]尽管伯希和从未尝试将他的研究成果整合为一个彼此关联哪怕只是暂时的综合性研究,但他的工作之精神却是非常现代的:涉及解决特定的问题,无论是文本问题、语言问题,还是历史问题。[2]事实上,他选择解决的问题似乎对那些具有前瞻性的历史学家而言是不可逆转的一种反向后退,但这与他的学术研究方法有效性并无关联。

在当下,如果汉学被认为是一种科学,而不是一种印象派的美学实践,那么伯希和通过考察研究,以及从资料来源中筛选数据来最终确立文本的文献学研究仍然是最佳的范例。法兰西学院专门为伯希和设立了"西域语言、历史和考古学讲座"教席,他得到了塞诺当之无愧的称赞。作为他的得意门生和研究助理,塞诺目前是国际中亚研究的翘楚。塞诺将伯希和视为"也许是在这一领域耕耘的最

---

[1] 关于法国年鉴学派历史学家,参阅 Peter Burke, ed. *A New Kind of History*: *From the Writings of Febvre*, trans. K. Folca (London: Kegan Paul, 1973); Marc Bloch, T*he Historian's Craft*, trans. Peter Putman (New York: Vintage Books, 1953); Peter Burke, *The French Historical Revolution*: *The Annales School 1929-1989* (Cambridge: Cambridge University Press, 1990); Traian Strianovich, *French Historical Method*: *"Annales" Paradigm* (Ithaca: Cornell University Press, 1976)。关于以解决问题为导向的现代史学和这种取向的研究方法,参阅 William Todd, *History as Applied Science*: *A philosophical Study* (Detroit: Wayne State University Press, 1972); Theodore K. Robb and Robert I. Rotberg, eds., *The New History*: *Studies in Interdisciplinary History* (Princeton: Princeton University Press, 1982)。

[2] 正如叶理绥(Serge Elisséef)在伯希和的讣告中总结的那样:"伯希和的兴趣不仅仅是直接出版跟中国主题相关的一般性论著,而是全面彻底考察一个特定的问题。" Serge Elisséef, "Paul Pelliot 1878-1945", p.13.

伟大的学者"。[1]

第三节　马伯乐：研究古代中国的奇才

  历史学家深得我心：他们风趣随和。一般来说，我在史书中了解的人物比在其他任何地方都更为生动完整：史书详略得当地呈现出人物内在的复杂与真实、多样的个人能力及阻碍其发挥的事件。

——蒙田（Montaigne，1533—1592）
《随笔集·卷二·第十章》（*Essais*, II. 10）

  马伯乐去世后被其同事伯希和冠以"中国古代史奇才"的称号。尽管马伯乐具有杰出的文献学才能，语言能力驾轻就熟，就如同小提琴家以一曲"再来一首"结束独奏会一样不费吹灰之力，但他本质上仍是位历史学家。今天作为当代汉学的奠基人物，他所享有的尊重主要来自对道藏的开创性探索及对道教在宗教和社会层面的历史洞见。除了道教和中国古代史领域，在如下领域的研究，他也做出了宝贵的贡献：诸如古印度支那、中国佛教、语言学、文

---

[1] "Central Eurasia", in *Orientalism and History*, ed. Denis Sinor（1954；rpt. Bloomington：Indiana University Press, 1970）, p. 118. 塞诺还有一篇文章追忆他与伯希和早年间的交往，参阅 "Remembering Paul Pelliot, 1878-1945", *JAOS* 119（1999）, pp. 467-472。

学、法律、天文学、经济学、哲学、民间宗教。[1]

马伯乐于 1883 年 12 月 15 日生于法国巴黎，起初学习历史和文学，服兵役一年后加入到其父加斯东·马斯伯乐——一位杰出的埃及学家在埃及的工作中。他的第一部作品——《托勒密王朝时期埃及的财富》(Les Finances de l'Egypt sous les Lagides, 1905)使其获得历史学和地理学高等文凭，也展示了他的许多学术素养，这些潜质后来成为他汉学作品的特色。1907 年，他回到巴黎并获得法律执业资格，这为其后来从事中国法律体系的研究提供了便利。同年，马伯乐开始学习汉语并从东方语言学院毕业，其老师是沙畹和印度学家烈维。

1908 年马伯乐去了河内（Hanoi），一来他的同父异母哥哥乔治·马斯伯乐（Georges Maspero, 1872—1942）[2] 也在那里工作，二来源于法国远东学院提供的机会。该机构于 1898 年由印度学家 A. 巴特（August Barth, 1834—1916）、布莱尔（Michel Breal, 1832—1915）和一位研究

---

[1] 由金石与美文学院、法兰西学院、亚洲学院和法国远东学院在巴黎共同主办的纪念马伯乐诞辰一百周年大会上，马氏的许多学术贡献得以梳理并以专著的形式公开发表，参阅 Hommage à Henri Maspero 1883-1945（Paris: Fondation Singer-Polignac, 1983）。更多详情可参阅 Jacques Gernet, "La vie et l'oeuvre", Hommage à Henri Maspero, pp. 15-24; Robert des Rotours, "Henri Maspero（15 décembre 1883 – 17 mars 1945）", Mélanges chinois et bouddhiques 8（1946-1947）, pp. 235-240; Paul Demiéville, "Nécrologie: Henri Maspero（1883-1945）", JA 234（1943-1945, 1947）, pp. 245-280。该文内附完整参考书目。Li Huang, Fa-kuo Han-hsüeh lun-chi, pp. 73-93. Jacques Gernet, "Henri Maspero and Paul Demiéville: Two Great Masters of French Sinology", Europe Studies China, pp. 45-47.
[2] 乔治·马斯伯乐，马伯乐的哥哥，东方学家，河内法国远东学院的创始人之一，曾做过法属印度支那总督。——译者注

东南亚的专家塞纳（Emile Senart，1847—1928）[1]共同组建。第一任院长菲诺（Louis Finot，1864—1935）[2]，在法属印度支那政府的资助下到达西贡（Saigon）。在法属印度支那总督和金石与美文学院的共同支持下，法国远东学院旨在以考古调查和文献学的文本研究方式加强对包括印度、中国在内的区域研究。《法国远东学院学报》就是这一双重目标的反映。1901年的创刊号就宣布将以文献学的方式加强对中印的比较研究；涉及的特定领域包括政治史、制度史、宗教、文学、考古、语言学、人种志。该机构于1902年搬到河内，1956年又迁至法国。[3] 该机构杰出人士的代表除年轻的伯希和以外，还有休伯（Eduard Huber，1879—1914）。1900年，休伯21岁时来到法国远东学院，一直到14年后英年早逝。他首先是汉学家和印度学家，此外，还掌握阿拉伯语、波斯语、土耳其语、占族语、高棉语、暹罗语（泰语）、苗族语、缅甸语、爪哇语、安南语、马来语。其性格平和，受人喜爱。[4]

马伯乐起初是这个著名机构的研究人员，后来在1911年升为教授。他陶醉于学习汉语和印度支那语的氛围中，一直持续到1920年。在东方的12年里，尽管体质羸弱，他还是做了几次长途旅行。第一次是在到河内的八个月后，

---

[1] 塞纳，曾任"中亚与远东历史、考古、语言及人种学考察国际协会"法国分会会长。——译者注
[2] 菲诺，法国印度学家、考古学家，法兰西学院院士、梵文教授，也是法国远东学院首任院长。——译者注
[3] 关于该机构的早期历史和公告，可参阅"L'Ecole française d'Extrême-Orient depuis son origine jusque'en 1920"，*BEFEO* 21（1921）。
[4] Casimir Schnyder, *Eduard Huber, ein schweizerischer Sprachengelehrter, sinolog und Indochinaforscher* (Zurich: Art. Institure Orell Füssli, 1920).

马伯乐被派往北京，在那里待了约一年时间，后又在1914年去浙江从事考古探险，同年考察报告出炉。[1]他还在法属印度支那地区到处旅行，搜集宝贵的一手资料，涉及语言、风俗、民歌、历史、宗教及各个族群的神话，并且记录了大量有用的地理信息。对印度支那鲜活传统的了解为马伯乐观察古代中国社会提供了极有价值的视角，他认为古代中国社会同样也是文化荟萃之所。

1918年沙畹去世，马伯乐被提名为法兰西学院汉学教授以接替沙畹的位置。遗憾的是，离开河内终结了他多产的印度支那研究。在这一广阔的领域，他对东南亚语言展开了开创性的研究，成果极具科学性，摘其要者有《对泰语语音系统研究的贡献》(Contribution à l'étude du systeme phonétique des langues Thai)以及《安纳米特语的历史语音研究》(Etudes sur le phonetique historique de la langue annamite)。[2]另外，他对这一不为人所知地区的历史、社会和文化也做出了重要贡献。[3]

作为法兰西学院的教授，马伯乐承担满负荷的教学任务，但由于这些课程的设计与其研究主题相关，所以教学工作非但没有分散其研究精力反而还提升了他当时的研究

---

[1] "Rapport sommaire sur une mission archéologique au Tchö-kiang", *BEFEO* 14 (1914), pp. 1-75. 该文附图35份；玛德琳·戴维（Madeleine David）对本文所采用的方法进行了称赞，并对书目作了更新。参阅"Note d'archéologie a la mémoire d'Henri Maspero", *Hommage à Henri Maspero*, pp. 31-35。

[2] *BEFEO* 11 (1911), pp. 153-169; 12 (1912), pp. 1-127。

[3] 关于他在该领域的学术研究，可参阅 Pierre-Bernard Lafont, "Henri Maspero et les études indochinoises", *Hommage à Henri Maspero*, pp. 25-30。

兴趣,[1] 最后成就了他的一部重要著作《古代中国》(*La Chine antique*)。[2] 由于没有用到小屯或马王堆的考古发现,可以想见这部先汉中国史著作的价值在诸多方面会受到削弱。王安国（Jeffrey Riegel)[3] 在 1978 年对英译本的书评中指出,由于缺乏文献学工具的使用（当时文献学正方兴未艾),马伯乐研究商代和西周时,甲骨文献与铭文文献都有不足,[4] 所以该书某些部分稍显陈旧。该书第五章"古代文学和哲学"的后三节更为过时,以至于为此书作序的崔瑞德也坦承:该书最后一部分最为陈旧,因为在许多情况下,"诸多分析研究和翻译彻底改变了我们对文本本身的理解"[5]。不管怎样,不能因后来文献学手段及研究的进展来质疑马伯乐当时处理问题的方式,《古代中国》以其宏大的政治和文化视角,依旧是对古代的中国最为有用的介绍。[6]

葛兰言：一个原始中国的人

我们稍后再回到马伯乐和他的著作,现在不妨考虑一

---

[1] 他于 1920—1944 年间在法兰西学院、卢浮宫学院（Ecole de Louvre)、巴黎高等研究实践学院（Ecole Pratique des Hautes Etudes) 等院校开设的课程清单,可参阅 *Hommage à Henri Maspero*, pp. 275-279。
[2] (Paris: P. U. F., 1927). 英译本是以戴密微 1955 年出版的修订本为基础,并包括了马伯乐的页边注。*China in Antiquity*, trans. Frank. A. Kierman, Jr. (Amherst: University of Masschusetts Press, 1978).
[3] 王安国教授现任澳大利亚悉尼大学语言与文化学院院长。——译者注
[4] Riegel, *JAS* 39 (1980), pp. 789-792.
[5] Denis Twitchett, *China in Antiquity*, p. xxv.
[6] Denis Twitchett, "Introduction", *China in Antiquity*, pp. ix-xxx. 在导言中,崔瑞德将马伯乐对古代中国研究的贡献置于当时该领域的语境及目前的研究现状之下进行了考察。

下他的同胞密友葛兰言。葛兰言的研究也强调古代中国，很少涉足帝国时代，但其研究范围要狭窄得多。[1] 他受训于巴黎高等师范学院，主修历史学，也跟随涂尔干学习过。涂尔干是现代社会制度研究的先驱，也是《社会学年鉴》(*L'Anée sociologique*) 的创始编辑。1908 年，在梯也尔基金会 (the Fondation Thiers)，葛兰言曾与马克·布洛赫同窗。葛兰言在国立东方语言学院跟随沙畹学习汉语，其两个主要治学学科——汉学和社会学分别是他的两位导师沙畹与涂尔干的研究领域。[2] 葛兰言针对《诗经》的著名研究：《古代中国的节庆与歌谣》(*Fêtes et chansons*, 1919) 正是题献给两位导师的。[3]

---

[1] 例如，葛兰言的著述包括：Marcel Granet, *La Civilisation chinoise; La Vie publique et la vie privée* (Paris: La Renaissance du Livre, 1929; rpt. 1994). English version *Chinese Civilization: A Political, Social, and Religious History of Ancient China*, ed. Kathleen E. Inners and Michael R. Brailsford (London: Kegan Paul, 1930)。该书的三分之二讨论古代中国社会，而讨论历史的部分仅占三分之一。关于葛兰言的生平和作品，可以参阅 Maurice Freedman, "Marcel Granet, 1884-1940, Sociologist", Granet, *The Religion of the Chinese People*, trans. Maurice Freedman (New York: Harper and Row, 1875), pp. 1-29。引用来源在第 7 页第 14 条注释，完整的参考书目在第 178-181 页。Rémi Mathieu, "postface", *La Civilisation chinoise* (1929; Paris: Albin Michel, 1994), pp. 522-571。雷米·马修在这篇后记中对葛兰言的学术贡献作了评价，并且补充更新了该作品的参考书目。其他相关论述，可参阅 Rolf A. Stein, "In Memory of Marcel Granet, 1884-1940", *The World in Miniature*, pp. 1-3; Li Huang, *Fa-kuo Han-hsüeh lun-chi*, pp. 94-100; M. A. thesis of Yves Goudineau, "Introduction à la sociologie de Marcel Granet", Université de Paris X, 1982。

[2] 雷米·马修更愿意强调说马伯乐的史学修养帮助他形成了自己的学术研究方法，即融历史学家、社会学家和汉学家三重思路为一体。参阅 Rémi Mathieu, "postface", *La Civilisation chinoise*, p. 525。

[3] *Fêtes et Chanson anciennes de la Chine* (Paris: Leroux, 1919). English translation by E. D. Edwards, *Festivals and Songs of Ancient China* (London: Routledge, 1932).

1911 年到 1913 年葛兰言在北京学习了两年，之后创作了《中国古代婚俗考》（Coutumes matrimoniales de la Chine antique）。这部重要作品既预告了《古代中国的节庆与歌谣》中的观点，也可作为其后来封笔之作的参考。[1] 回国之后，葛兰言先在中学里教了几个月的历史，随后接替沙畹担任巴黎高等研究实践学院（Ecole Pratique des Haute Etude）"远东宗教"讲座教授。1914 年到 1918 年应召服役；后赴西伯利亚做一位将军的幕僚，又到了中国。1919 年回国结婚，1920 年通过博士答辩。之后葛兰言继续在巴黎高等研究实践学院任教，1920 年至 1926 年还在索邦神学院待过一段时间，并于 1926 年任巴黎国立东方语言学院"远东史地"讲座教授。

葛兰言通读大量包括汉代在内的古代中国传统典籍，这些文献典籍构成其后续研究的资料库。例如，在《中国文明》（Chinese Civilization）的序言里，他清楚地表明了文献对其理念的支撑作用："这部著作所讲的一切直接来自文献的分析。"[2] 葛兰言许多引人注目的出版物都探讨了这些丰富的文献资源，对其反映的古代社会、宗法关系、封建制度，他也都提出了洞见。

涂尔干之舞：《祭日与歌谣》（Fêtes et chansons）

石泰安（Rolf Stein，1911—1999）[3]，这位跟随葛兰

---

[1] *TP* 13 (1912), pp. 516-558. 他的最后一部作品是《古代中国的婚姻类别与亲缘关系》（Catégories matrimoniales et relations de proximité dans la Chine ancienne）（Paris: Alcan, 1939）。

[2] *Chinese Civilization*, p. 7.

[3] 石泰安，法国著名汉学家、藏学家，代表作有《西藏文明史》。——译者注

第一章　法国汉学与三位巨擘

言八年的学生曾如此总结其师的汉学方法论：

> 只有在整个文明的情况下，该文明的某一细节才能够得到理解和解释，正如拼图游戏，只有把一块拼图放在整个图片里，其所代表的含义才能看出来，任何基于先验原则的外部阐释都会立即遭到拒绝。[1]

然而葛兰言的第一部主要作品《古代中国的节庆与歌谣》是对《诗经》全集的全新阐释，这部作品正因其采用先验的方式阐释《诗经》而在当下受到批评。例如，瑞典汉学家高本汉做了以下评判：

> 葛兰言翻译《诗经》的指导原则是以他的成见为标准。他认为，《诗经》里的诗歌都是大众流行诗歌，他们来自农民而不是贵族阶层，反映的是在美好的季节少男少女们即兴创作的对唱场面。葛兰言的唯一支撑证据来自现代某个民族（傣族）风俗的相似性。所以，他整个煞费苦心构建的框架完全是一座空中楼阁。[2]

高本汉批评葛兰言虚无缥缈的理论基础显然源于涂尔

---

[1] Stein, *The world Miniature*, p. 2.
[2] Bernhard Karlgren, *Glosses on the Book of Odes* (Stockholm：Museum of Far Eastern Antiquities, 1964), p.75. Mathieu, "Postface", 532 ff. 马修所撰"后记"处理了葛兰言作品中抽象理论和文本来源之间的矛盾。

干的社会学，这一学说假定宗教是文明的摇篮。[1] 人类基本的宗教本能深刻体现在人们的团体生活中，这一宗教社会学理论是葛兰言的全部解释框架，如关于黑傣族（Black Thai）的情况就只能阐释这种框架而不是产生它。葛兰言在《中国人的宗教》（The Religion of the Chinese People）一书的前言中讲道："为了预测崇拜和信仰的未来及说明二者与形成宗教生活根基的社会组织关系，他们的主要形式将是研究的对象。"他进一步解释道："城市背景下的宗教仪式和信仰，更准确地说，诸如各地城邦设立的宫廷崇拜和信仰尤为重要。"[2]

葛兰言写《古代中国的节庆与歌谣》的目的是想通过对大约 70 首诗歌的文学阐释进而重构其象征意义以揭示其原意，采用了贯穿古代中国社会学和宗教的独特方式。[3] 这些诗歌按主题分成"乡村主题""爱在村野"及"林间漫步"。通过这些主题，葛兰言把古代中国的春、秋节日分割开来，他所关注的四个当地节日是郑国的春季节日、鲁国的春季节日、陈国的春季节日与春天的皇家节日。

---

[1] Dominick LaCapra, *Emile Durkheim: Sociologist and Philosopher* (Ithaca: Cornell University Press, 1972), p. 246. 关于涂尔干的作品《宗教生活的基本形式》(*The Elementary Forms of the Religious Life*, 1912) 以及他的宗教社会学思想体系，可参阅 LaCapra, *Emile Durkheim*, pp. 245-291。下文可以快速了解涂尔干之思想：Ian Hamnett, "Durkheim and the Study of Religion", Steve Fenton et al., *Durkheim and Modern Sociology* (Cambridge: Cambridge University Press, 1984), pp. 202-218。下面这部作品可观涂尔干思想之全貌：W. S. F. Pickering, *Durkhiem's Sociology of Religion* (London and Boson: Routledge and Kegan Paul, 1984)。其中，该书就葛兰言对涂尔干思想和术语的采用及其自身关切贯穿全书。

[2] *The Religion of the Chinese People*, p. 34.

[3] *Fêtes et chansons*, p. 18.

在一长篇书评回顾中，马伯乐针对葛兰言重建这些特定节日或把这些诗歌源头归结为农民即席创作的做法并没有进行反驳。[1] 他所关注的是，葛兰言试图把有性意味的每首诗歌与婚姻联系在一起。但在马伯乐看来，婚姻的所指来自后来儒家注释者的道德化阐释。马伯乐先前曾在《法国远东学院学报》发表过一首有关黑傣族的诗歌译文，其中就表明了这一看法。此外，在国家崇拜中，没有文本证据能赋予葛兰言所分离出来的跟郑、鲁、陈等的节日有关的诗歌以显著的地位，而被其忽视的诗歌则无足轻重。最后，马伯乐更愿意从整个地域背景下的固有人口来看待古代中国社会，既包括现代的傣族人，也包括土著居民。所以，马伯乐强调重建古代中国社会与其依靠从文本中搜集原始社会资料的社会学模式倒不如采用比较人类学的方法。[2] 然而，正如葛兰言后来的作品《中国古代之舞蹈与传说》(*Danses et légends*) 所证明的那样，[3] 葛兰言有关古代中国农民及文化的社会学和宗教学洞见有助于了解中国信仰体系下的习俗和制度。

葛兰言与文本社会学

尽管葛兰言的学生有力地提倡他的事业[4]，他对中国

---

[1] *BEFEO* 19 (1919), pp. 65–75.
[2] 关于葛兰言为什么迟迟不使用现代民族志实地考察的方法，可参阅 Freedman, "Marcel Granet, Sociologist", pp. 24–27。
[3] *Danses et légends de la Chine ancienne*, 2 vols (Paris: Alcan, 1926). Reprinted by the Press Universitaires de France in 1994.
[4] 比如石泰安和雷米欧 (Rémieu)。后者认为"《中国思想》(*La Pensée chinoise*) 和《中国文明》(*La Civilisation chinoise*) 毋庸置疑是 20 世纪最著名的法国汉学著作"。参阅 "Postface", *La Civilisation chinoise*, p. 522。

古代文明、宗教、哲学[1]的考察也引人注目，但和"中国古代史的奇才"马伯乐相比不足以声名远扬。因为其著作集中在两个多维度的主题——国家礼仪、封建制度以及亲属关系、婚姻习俗，由此导致其读者分裂为两个阵营——社会学和汉学阵营。[2] 他的考察倾向于社会学的关键主题，即使没有忽略也会时而降低文化、历史、政治方面的因素。他没有像伯希和与马伯乐那样从文献学角度处理文学、历史文本，使它们值得受到专业的研读或者读者的欣赏。相反，葛兰言小心挖掘这些文本以寻求社会学或宗教学的资料。

斯坦因强调葛兰言处理每个文本都一丝不苟，翻译时对每个单词或短语都格外留意以免产生外部联想。有时由于葛兰言老想着词汇的最初来源及其用法史，导致其译文就像过时的词典一样成为平淡无奇的概况。所以，石泰安说"思想单纯的灵魂被葛兰言的翻译所误读了"，甚至认为"他不大了解中文"。[3] 相反，伯希和关于"准确表达"的主张倒是在葛兰言身上表现得淋漓尽致。虽说葛兰言在文献学方面反应敏捷，也使用文献学的方法，但弗里德曼认为，葛兰言的处理方式总的来说是文本社会学。[4]

---

[1] Language Religion des chinoise (Paris: Gauthier-Villars, 1922). Trans. By Freedman. *La Pensée chinoise*, and *La Civilisation chinoise* (Paris: La Renaissance du Livre, 1994).
[2] 这些研究的例子包括以下文章: *La Polygynie sororale et les sororat dans la Chine féodale: Etude sur les forms anciennes de la polygamie chinois* (Paris: Leroux, 1920); "Le Dépot de L'enfant sur le sol: Rites anciens et ordalies mythiques", *Revue Archéologique* 14 (1922), pp. 305-361, 以及 *Catégories matrimoniales*。
[3] Stein, *The World in Miniature*, p. 3.
[4] Freedman, "Marcel Granet, Sociologist", p. 24.

与其说葛兰言为汉学家同事倒不如说为社会学同事写作。
"我对中国一无所知,我对人有兴趣。"[1] 弗里德曼对葛兰言的总体看法是:

> 毫无疑问,兼具汉学与社会学双重角色的葛兰言后继无人,部分原因在于他的教学性质以及没有向汉学读者解释清楚其社会学前提和推理的本质。现在法国汉学的社会学特色比其在世时更少,法国社会学界对他的工作价值一知半解。[2]

令人伤心的是,上面最后提到的观点在最近一本致力于研究中国社会学发展的书中得到证实,该书对葛兰言关注不足,并认为葛兰言的贡献只是涂尔干思想的具体延伸。[3] 戴密微认为在把结构主义引入到社会学领域过程中,葛兰言斡旋于19世纪历史主义趋向和过分强调文献学之间。[4]

对葛兰言最后的评价属于"古代中国的人",马伯乐曾这样总结葛兰言的原创性学术成就:"为准确解释古代中国的观念和风俗,使社会学方法和渊博的汉学知识愉快联姻的标志。"[5] 对马伯乐而言,葛兰言是"一个原始中国的人"。

---

[1] Freedman, "Marcel Granet, Sociologist", p. 29.
[2] Ibid., p. 3. 其主要论文重印时所用的标题也很有启发性: *Etudes sociologiques sur la Chine* (Paris: Presse Universitares de France, 1953)。
[3] 参阅 Georges-Marie Schmutz, *La Sociologie de la Chine: Matériaux pour une histoire 1748-1989* (Berne: Peter Lang, 1993), pp. 8-9。
[4] Paul Demiéville, "Aperçu historique des études sinologiques en France", p. 106.
[5] Maspero, " La Sinologie ", p. 279.

马伯乐：文本谱系与古代中国神话

马伯乐不像葛兰言那样标榜自己为社会学家，他可以自由转换研究领域、学科和主题。在时代研究方面（包括帝国时代）也超越了葛兰言，尤其是在上面提到的道教研究，他是领军的开拓者：到目前为止，他是系统、广泛探究被一度忽略的道藏第一人。他把道教一些鲜为人知的方面介绍给学者和门外汉，并为所有汉学专业的学生进行文本阐释树立了典范。马伯乐的道教研究揭开了古代中国道教的最早起源及其在整个中世纪的广泛影响，不仅使道教成为汉学领域令人接受的研究主题，而且为其研究奠定了坚实的历史学、文献学和方法论的根基。[1] 正因如此，马伯乐使道教研究几乎成为法国汉学独有的保留地。

马伯乐宽广的学术研究视阈令人印象深刻，使其能够在语料库的语境中对待每个文本。尤其是他的第一篇文章《汉明帝感梦遣使求法考证》（Le Songe et l'ambassade de l'empereur Ming），就是一篇处理文本谱系的范例。[2]

虔诚的传统把佛教传入中国归结为上天的介入，即汉代明帝（28-75）梦到一尊金神，灵验天师默示为佛，随后明帝派使者到大月氏，在那里获得《四十二章经》并带回多座佛像用来建庙和传播信息。

关于这个传统说法，十三部早期作品有所记载。为了

---

[1] 参阅 Max Kaltenmark, "Henri Maspero et les études taoistes", *Hommage à Henri Maspero*, pp. 45-48; Kristopher Schipper, "The History of Taoist Studies in the West", *Europe Studies China*, pp. 479-481; T. H. Barrett, "Introduction" to Maspero, *Taoism and Chinese Religion*, pp. vii-xxiii.
[2] *BEFEO* 10 (1910), pp. 95-130.

评估这一传说的历史真实性，马伯乐批判性地审视了每部作品，因此，这篇文章的副标题为"批判性研究资料"。经过仔细比较，马伯乐发现其中九篇是最早两篇作品的复制品，也就是说，这九部作品不能用来证实上述传统说法。剩下的两部作品，即《四十二章经》和《牟子理惑论》的来源各具独立性，因为二者文字表述各异，但所用概念和术语的相关性提醒马伯乐注意二者可能有一定的关联性。他认为，《牟子理惑论》的相关段落来自《四十二章经》的前言，只不过对相同段落做了润色。不过，出处较早的《四十二章经》并不必然确立传统说法的真实性。因为马伯乐通过文本内的证据表明该前言不可能早于2世纪末，远在明帝在位之后。所以，他的结论是：佛教传入中国的传统说法完全建立在流行于公元2世纪末的传说之上。

除了详考出处、分辨源流，马伯乐还提出了富有想象力的推理研究模式。在探究文本源流时，他常用这样的模式去解决其中的矛盾因素，该研究模式有助于解构预设的文本源流关系。比如，关于明帝托梦的日期，多种版本各有不同，在他看来，其中原因之一就是某些作者有意把佛教的传入与"六十一甲子"的循环纪年相调和。[1]

马伯乐的标志性方法论在一部重要的作品中体现得较

---

[1] 马伯乐在一篇短文的脚注中概述了一些观点，该文刊登在同期《法国远东学院学报》上，名为"Communautés et moines bouddhistes chinois au IIe et IIIe siècles", BEFEO (1924), pp. 222-232。同样有趣的是他的一篇评论，见 Otto Franke, *Zur Frage der Einführung des Buddhismus in China*, pp. 629-636。关于人们如何评价他在佛教研究领域的贡献，可参阅 Paul Magnin, "L'Apport de Maspero à l'histoire du Bouddhisme chinois", *Hommage à Henri Maspero*, pp. 49-53。

为明显，这就是 1924 年发表的《书经中的神话》(*Légendes mythologiques dans le Chou King*)，使用了诸如文本研究、比较人类学、文献学、笔迹学、金石学、重构历史音韵学等研究方法。[1] 令人印象深刻的是，该书中所提出的六种现已是当下标准的研究方法论，其中的四种要么是首次使用，具有开拓性；要么就是深受马伯乐的影响。下面让我们对这部先驱之作一窥究竟。

在这篇作品中，马伯乐试图还原现已失存的中国神话；紧随其后，薛力赫亦有一篇相类似的专题论文[2]。中国人通常以为他们历史中的传奇和神话都是基于真实的事件，即所谓欧赫墨罗斯（Euhemerization）：古代洪水神话只是黄河过去泛滥的回忆；黄帝和蚩尤之间的激烈战斗只是黄帝的一位臣子对主子的反叛；等等。中国人这种神话即历史地对待遗产方式，使他们误读、误建、误传其神话文本证据。传抄者、历史学家甚至早期《书经·尧典》的编纂者都偏好于把不可知者以历史化而不是虔诚地视为神话来接受，这倒和西方 3 世纪之后的古典学者相类似，他们头脑清晰，具有理性和无神论的倾向。[3] 然而，由于宫廷抄录员手段有限，只好利用神话来编造早期历史，所以这种"历史"保存有大量古代神话，只是形式有所调整。主要

---

[1] *JA* Ser. 11, 204 (1924), pp. 1-100.
[2] "Die Rekonstruktion der chinesischen Urgeschichte durch die Chinesen", *Japaisch-deutsche Zeitschrift für Wissenschaft und Technik* 3 (Berlin, 1925), pp. 243-270.
[3] 试比较塞内克（Jean Seznec）在《异教神的生存》(*The Survival of the Pagan Gods*)（Princeton：Princeton University Press, 1953, p. 12）的结论："这篇秉持神话即历史论调的论文暂时消除了一种担忧，即传统神话总能启发受过教育的人，虽然并非真的相信这些神话，但是他们还是不肯把荷马亲自担保的那些历史悠久的故事当作一堆彻头彻尾的谎言而加以驳斥。"

文化英雄和历史名人的神话本色由于层积式的历史化遮蔽而鲜为人知，马伯乐的目标就是以他们为中心展开研究，从历史化事实的伪装下恢复神话的本来面目："我们已知的所有古代神话的正面信息，均与人物、神明或英雄的崇拜有关，他们的信仰拥有相对确定的核心。"[1] 尽管该研究包含了许多主要的原始材料，但主要是围绕《书经》及其所含的神话记载展开，以下通过"羲和"的例证加以说明。

马伯乐首先考察了羲和的传说，根据《书经》的传统说法，二者在大禹手下负责气象工作。然而，马伯乐仔细研究后发现，她们最初只是一个人物，即太阳的母亲。通过对含有羲和的大量文本分析，关于她的本质和角色变得清晰起来。马伯乐对《书经》相关段落的译注表明：与羲和相关的不只是观察气象，更多的是想象的职责。他认为，首先要从语法和语言学的角度弄明白文本的含义，然后再作试探性解释。[2] 在翻译相关原始文献的文本和铭文时，沙畹会采用文献学方法作为基本的辅助手段，马伯乐也会从诸如《归藏》《山海经》《尸子》《淮南子》《离骚》《天问》中引用许多有关羲和的段落助译《书经》。

马伯乐另一个要说明的高级方法论是文献学。在查阅

---

[1] "Légendes mythologiques dans le *Chou King*", p. 81.
[2] 高本汉在一篇文章中简单地阐述了这一原则，即"一个重要论据的获得完全取决于正确解读《汉书》的一个段落——该段落不能有任何模糊的图表、含混的文本或篡改的成分。唯一要做的就是准确地给文章断句，并按照语法规则来阅读文本"。高本汉是这样做的，但福兰阁却没有采用这一方式。参见"On the Authenticity and Nature of the Tso Chuan", *Göteborgs Högskolas Arsskrift* 32.3 (1926), p. 17。

文本版本时，他会十分关注文献学方法的使用。例如，《山海经》里有关羲和的段落，后来抄录到中世纪的百科全书《初学记》和《太平御览》中，其中摘录的有关羲和的信息多于现存《山海经》中的原有信息。显然，这段摘录出自一个比现存版本更高级的版本。还有一个例子涉及《山海经》里的一段内容，这次是较准确地保存于7世纪的百科全书《北堂书钞》中。在引用相关文段时，马伯乐依靠的是唐代百科全书，因为在后唐版的《淮南子》中，羲和的名字已被删除，取而代之的是"他女儿（其女）"的字眼。如果马伯乐只满足于手边的版本，他将会失去有关羲和的重要段落。

由于这个传说（羲和）在历史记录中已被清除，后来的文献也交代不清，于是马伯乐采用好几种不同类型的早期文献，包括《书经》里诸如"旭""东""杲"的笔迹学证据，以及穿插于其中的文本证据及保存于《周礼》中的礼仪。为了阐释说明他的发现，马伯乐吸收了好几个傣族部落和几个华南民族的传统来证明羲和与太阳的神话是该地区众多初民文化遗产的一部分。

在研究与大禹、"T'ai-t'ai"[1]、女娲、共工、蚩尤相关的洪水神话时，马伯乐继续采用同样的方式。与在中国的西方人尤其是那些想急切找到神秘关联的传教士看法相反，马伯乐证明中国的大洪水神话不是《圣经》里的大洪水，也不是历史上黄河的泛滥，而是创造出来的神话。在

---

[1] 这一姓名的注音回译经与作者韩大伟教授沟通，尚不清楚马伯乐原文中指称的是哪一个中国古代人物。特此说明。——译者注

神话里，人们把水排干以显露出适宜人类居住的土地。文章的结尾致力于研究钟黎神话，他受神派遣绝天地通。

通过对这些神话的研究，马伯乐意在表明：其中许多神话如何来源于当地神话或传奇，并随着在各地的传播而嬗变。他不但揭示了对待英雄的传统态度，也揭开了这些英雄作为神话人物的真实伪装。最后，他还暗示，这些文化英雄的神话历史化在编写构成《书经》的短篇章节之前就已开始。

在这篇重要论文中，马伯乐最后娴熟地运用了重构音韵学的方法，该方法是他特别感兴趣的。

历史音韵学

历史音韵学在西方的专门研究可追溯到德国的约翰内斯·罗伊希林（Johannes Reuchlin，1455—1522）[1]。罗伊希林是一名希腊语教师，师从巴黎的希腊移民学习希腊语，再向自己的学生讲授希腊语的现代发音。1528 年，罗伊希林的朋友及仰慕者伊拉斯谟在一本名为《在拉丁文和希腊文中的正确发音》（*De recta Latini et Graeci sermonis pronuntiatione*）的出版物上对此提出了异议，以下为普法伊费尔对此所做的概述：

对比过拉丁语在现代各民族语中的错误发音后，

---

[1] 约翰内斯·罗伊希林，中世纪后期德意志人文主义学者。曾任希腊文和希伯来文教授，从宗教语言学研究中，力图证明基督教道德对全人类的意义。主要著作有《拉丁文字典》《犹太教的神秘学》《希伯来语的发音和缀语》等。——译者注

他（伊拉斯谟）指出，现代希腊语的元音简化系统并非原创。因为早在古代，拉丁语就已适应了希腊语的元音和辅音发音系统，进而证实了诸如 η、ι、ν 等元音的根本差异。伊拉斯谟一向不喜欢把自己的看法写成干巴巴的文章，他转而借用狮熊对话诙谐地向人们解释，幼狮应该从荷兰人、苏格兰人、德国人或者法国人错误而滑稽的发音中汲取教训，学会如何正确地拼读希腊语……西欧国家普遍采用的是所谓"伊拉斯谟式"发音，而在德国的新教区、天主教区和意大利，直到德国新人文主义的出现，则一直都是罗伊希林的做法大行其道。[1]

希伯来《圣经》学者借鉴了文艺复兴时期人文主义者应用于希腊语和拉丁语经典的分析与批判语言学，将其作为训诂和论辩工作的一部分。斯宾诺莎（Baruch de Spinoza，1632—1677）所著《希伯来简明语法》（*Short Treatise on Hebrew Grammar*）（收录于斯氏殁后1677年出版的文集中）称希伯来语元音是辅音字母的"灵魂"，从而把争论的焦点引向音韵学领域。莫里斯·奥兰德（Maurice Olender）认为，"要借助元音去理解《希伯来圣经》，因为标记了变音符的元音字母使得整个文本都灵动起来，进而赋予文本声音和意义"[2]。作为现代释经学（exegesis）创始人之一的理查德·西蒙（Richard Simon，1638—1712）

---

[1] Pfeiffer, *History of Classical Scholarship*, vol. 2, pp. 88-89.
[2] Olender, *The Language of Paradise*, p. 24.

则撇开其他文本操作，转而去考察元音的标记符号，从而否定了早期基督教神父以为犹太人故意曲解文本以表明救世主没有降临的主张。[1] 然而，西蒙的杰作《〈旧约〉的正典史》(Critical History of the Old Testament, 1678) 在其出版的当年即遭到国王议会的封杀，原因是该书有离经叛道之嫌。尽管如此，这部杰作还是激发了释经活动的批判精神——绕开犹太教传统。按犹太教传统，元音是用来重获希伯来语圣音进而弥补文本传统且作为释经工具的。两个最明显的例子是罗伯特·洛斯 (Robert Lowth, 1707—1787)[2] 的《希伯来人圣诗讲座》(Lectures on the Sacred Poetry of the Hebrews, 1753) 和约翰·哥特弗雷德·赫尔德 (Johann Gotfried Herder, 1744—1803)[3] 的《论语言的起源》(Treatise on the Origin of Language)。[4]

19世纪威廉·琼斯和其他比较语言学家在从事梵语研究时，开创性地把《圣经》中的伊甸园替换为雅利安人的至福圣地。换言之，争论的焦点从寻找一种通用语而转向对失落的印欧文明研究。[5] 弗里德里希·冯·施莱格尔

---

[1] Olender, The Language of Paradise, pp. 22-23.
[2] 洛斯，18世纪中叶英国牛津大学教授兼主教，发现了希伯来诗歌的格律。——译者注
[3] 赫尔德，德国哲学家，路德派神学家，诗人。其代表作《论语言的起源》称为狂飙运动的基础。——译者注
[4] Olender, The Language of Paradise, pp. 28-36. 施瓦布提供了一个关于语言学起源更为宽泛的知识背景。参阅 The Oriental Renaissance, pp. 168-189。
[5] Maurice Olender, "Europe, or How to Escape Babel", History and Theory 33 (1994), pp. 5-25.

(Friedrich von Schlegel, 1772—1829)[1] 的《印度人的语言与智慧》(*Essay on the Language and Wisdom of the Indians*, 1808) 和弗朗茨·葆朴 (Franz Bopp, 1791—1867)[2] 的《比较语法》(*Comparative Grammar*, 1833—1849) 对黑格尔 (Georg Wilhelm Friedrich Hegel, 1770—1831) 和洪堡等理论学家均产生了影响。[3]

在中国, 历史语言学学科可以追溯至许慎和他的词源学巨著《说文解字》(即"简单字形和复杂汉字的解释与分析")。该书分 530 类别部首讨论了共计 9353 个汉字。王念孙认为:"说文之为书, 以文字而兼声音训诂者也。"[4] 距许慎 1000 多年后的宋代学者则显得过于偏执, 他们只讨论汉字的书写, 却无视其语音。清代学者, 自顾炎武至钱大昕, 尤其是段玉裁恢复了假借的原则来理解历史词源及其现代用法的传统。现代西方汉学家和汉语门外汉们以讹传讹, 认为汉字是一种可以无须借用语音手段即可表达意义的表意文字, 其实是直接因袭了宋代古文字学家王安石及其《字说》中的观点。王氏通过辨析汉字字形探究汉字词源, 其随意的推论比之恩内斯特·费诺罗萨、埃兹拉·庞德和弗洛伦斯·艾思柯 (Florence Aiscough,

---

[1] 施莱格尔, 德国早期浪漫派重要理论家, 德国梵文研究的奠基人, 其比较语言学的代表作《印度人的语言与智慧》是印度日耳曼语言科学的第一部经典著作。——译者注
[2] 葆朴, 19 世纪初德国著名的语言学家和梵语学家, 历史比较语言学的奠基人之一。——译者注
[3] Maurice Olender, "Europe, or How to Escape Babel", *History and Theory* 33 (1994), pp. 6-11.
[4]《说文解字注》(台北, 1983), 序。

1878—1942)[1]的轻率推测有过之而无不及。然而,汉字古音的发音要素在《诗经》的韵部和许慎归纳的形声字中已有体现。

汉字表意的另一要素是声调。南朝永明时期(483—493),沈约受梵文唱经法的启发,决定整理汉语韵律的规律,以便把汉语四声考虑在内并且就其在诗歌中的平仄做出具体规定,人称"四声八病"。数世纪以来,这些格律规则比希腊语的重读和音步的划分更让诗人们头疼不已。在敦煌,学者们在复原唐人陆德明和颜师古的早期手稿时,清晰地发现前者的《经典释文》和后者的《匡谬正俗》均对音韵学极为关注。他们通常用红色笔迹表示声调的不同,时而在一个汉字的中间,时而在一个汉字的四角,具体情况依照使用的注音系统而定。[2]另一位唐代著名的《史记》注释学家张守节探讨了如何使用不同声调表示不常见的语法形式和外来词。《史记》中有利用声调使一个汉字表示多个词语的现象,张氏共列举出39个。他说:"古文中的汉字数量很少,于是就使用假借字。每一个汉字都可能包括几个声调,据我观察,汉字的意思和声调符号均取决于四种调值:平声、上声、去声和入声。"[3]

撇开汉字的书写形式而侧重其声、调分离,这是假借

---

[1] 艾思柯,美国汉学家、意象派女诗人,对中国文学研究颇深,与艾米·洛厄尔(Amy Lowell)合译《松花笺》(*Fir Flower Tablets*),是英国皇家亚洲文会北华支会(The North China Branch of the Royal Asiatic Society)第一位女性荣誉会员。——译者注
[2] Ishizuka Harumichi, "The Origins of the *Ssu-sheng* Marks", *Acta Asiatica*: *Bulletin of the Institute of Eastern Culture*, 65 (1993), pp. 30-50.
[3] Ishizuka Harumichi, "The Origins of the *Ssu-sheng* Marks", *Acta Asiatica*: *Bulletin of the Institute of Eastern Culture*, 65 (1993), pp. 30-50.

字"字形后的词语"（the word behind the graph）读法的关键，该法是清代小学家留给后世的一大遗产。清代小学家当中最有成就者当数王念孙（1744—1832），他指出："假如学生能做到据音辨义，并且能意识到使用恰当的汉字表示假借字，那么他的学习困难就会自行消弭。然而，假如他一味地拘泥于外来词的字面意思，那他就很难认识外来词的涵义。"[1]

汉学和历史音韵学

了解一个词语在不同历史时期的读音无疑是历史音韵学研究之目的。瑞典学者高本汉是第一位通过历史语言学方法系统研究汉语历史音韵学的西方汉学家，该方法当时在欧洲颇为流行。[2] 蒲立本（E. G. Pulleyblank，1922—2013）[3] 认为："高本汉是从事汉语历史音韵史现代科学研究的先驱。他为该研究提出了空前绝后般的严格要求。"[4] 蒲氏甚至建议将汉语历史音韵学研究分为两个时期，即"前高本汉时期和后高本汉时期"[5]。但是，我们

---

[1] 《广雅书证》(Kuang-ya shu-cheng), ed. D. C. Lau (Hong Kong: Chinese University of Hong Kong Press, 1978), vol.1, p. 4. 在语言学研究中，需要关注语音的一个现代例证就是 N. G. D. Malmqvist, *Han Phonology and Textual Criticism* (Canberra, 1963).

[2] 关于其生平和作品，参阅 Søren Egerod, "Bernhard Karlgren", *Annual Newsletter of the Scandinavian Institute of Asian Studies* 13 (1979), pp. 3-24; Elsie Glahn, "A List of Works by Bernhard Karlgren", *BMFEA* 28 (1956); Göran Malmqvist, "On the History of Swedish Sinology", *Europe Studies China*, pp. 167-174。

[3] 蒲立本，加拿大著名汉学家、语言学家，加拿大皇家学会会员。——译者注

[4] E. G. Pulleyblank, *Middle Chinese: A Study in Historical Phonology* (Vancouver: University of British Columbia Press, 1984), p. 1.

[5] Pulleyblank, "European Studies on Chinese Phonology: The First Phase", *Europe Studies China*, p. 339.

接下来会发现,马伯乐实际上走在了高本汉的前面。

　　清代小学家把历史音韵学研究限定在经典著作尤其是《诗经》的韵部研究方面。[1] 因此,至高本汉时期,可供使用的文献资料不仅包括一个基本概念框架,还有大量的前期学术成果。然而,在西方,高本汉的前辈们却毫无救药地走上了一条错误的轨道,他们试图通过比较闪族语系或印欧语系的同族语言来阐释古代汉语。[2]

　　艾约瑟(Joseph Edkins,1823—1905)在其1853年出版的语法书中专辟一章讨论汉语语音史,并且还撰写了"古音"专论,载于卫三畏1874年出版的《汉英韵府》(*Syllabic Dictionary of the Chinese Language*)一书中。[3] 关于历史音韵学研究的原始资料,他似乎一切尽在掌握,而没有冒昧地自行构建。1871年,艾约瑟发表了《中国在语

---

[1] Benjamin Elman, "From Value to Fact: The Emergence of Phonology as a Precise Discipline in Late Imperial China", *JAOS* 102 (1982), pp. 493-500. William H. Baxter, *A Handbook of Old Chinese Phonology* (Berlin: Mouton de Gruyter, 1922), pp. 139-174.

[2] 高本汉对其前辈的论述可参阅 Karlgren, *Etudes sur la phonologie chinoise* (Leiden, 1915—1926), pp. 5-9。下面的讨论都是基于高本汉的这本著作,以及蒲立本的这部作品,文中的探讨更为细致:"European Studies on Chinese Phonology: The First Phase", *Europe Studies China*, pp. 340-346。

[3] 艾约瑟是伦敦会(London Missionary Society)的一名福音传道者,出生于格罗斯特郡(Glouchestershire),旅居中国57年。退休后,供职北京海关25年,直至逝世。生前笔耕不辍,最为著名的作品有《汉语口语语法》(*A Grammar of the Chinese Colloquial Language Dialect*) (Shanghai: London Mission Press, 1857)、《上海方言语法》(*A Grammar of the Shanghai Dialect*) (Shanghai: Presbyterian Mission Press, 1868), 以及《中国的佛教》(*Chinese Buddhism: A Volume of Sketches, Historical, Descriptive, Critical*) (London: Kegan Paul, n. d., published around 1880)。伟烈亚力提供了部分参考文献,详见 *Memorials of Protestant Missionaries to the Chinese* (1867; rpt. Taipei: Ch'eng-wen, 1967), pp. 187-191。关于艾约瑟有一篇简短的传记,参阅 *The Blackwell Dictionary of Evangelical Biography 1730 - 1860*, 2 vols., ed. Donald M. Lewis (Oxford: Blackwell, 1995), vol. 1, p. 343。下面第三章将讨论卫三畏。

言学上的地位》(China's Place in Philology),他认为从比较语言学视角来看,中国应是印欧语系的发源地。[1]一年后,薛力赫发表《中国与雅利安》(Sino-Aryaca),其观点和艾约瑟在上述著述中的观点一样经不起推敲。

武尔被齐(Eugenio Zanoni Volpicelli, 1856—1936)[2]在其专著《汉语音韵学》(Chinese Phonology, 1896年于上海出版)中认为,无论如何有必要通过现代方言来研究古代汉语。因此,他既参考了艾约瑟的早期著作,也参考了庄延龄(E. H. Parker, 1849—1926)为翟理斯的《英华字典》提供的方言史料。1890年,瞿乃德(Franz Kühnert, 1852—1918)[3]发表文章,讨论《康熙字典》的等韵图,提出了许多有益的建议,后被高本汉采纳。[4]商克(S. H. Schaank, 1861—1935)[5]也在《通报》上发表了关于"古代汉语音韵学"的系列文章,分析了《康熙字典》的

---

[1] China's Place in Philology: An Attempt to Show that the Languages of Europe and Asia Have a Common Origin (1871; rpt. Taipei: Ch'eng-wen, 1971). 一篇欧洲比较语言学中与汉学有关的工作简报(《阿卡德语和梵文流行,希伯来语过时了》)参阅 Edkins, "Present Aspects of Chinese Philology", China Review 3 (1874), pp. 125-127。
[2] 弗拉基米尔(Vladimir)是其笔名。1881年入中国海关供职,1899年辞职,1905年任意大利驻广州及香港总领事,1920年退休后在上海居住,1936年卒于日本长崎。长期研究中国问题。——译者注
[3] 瞿乃德,又译为屈乃特,19世纪末奥地利汉学家,以研究南京话而著名,曾担任维也纳大学汉学教授。——译者注
[4] Franz Kühnert, "Zur Kenntniss der alteren Lautwerthe des Chinesischen", Sitzungsberichte der Kaiserl. Akademie der Wissenschaften in Wien, phil.-hist. Klasse 122 (1990).
[5] 商克,荷兰汉学家,本是荷属东印度公司(Dutch East Indies)职员。1882年被派往苏门答腊(Sumatra),向住在那儿的大量客家移民学习汉语。回到荷兰后,在汉学家莱顿大学教授薛力赫指导下研究汉语。其代表作为发表在《通报》上的《古代汉语音韵学》。——译者注

等韵图问题,为早期汉语的首次重建提出假设。商克的研究对伯希和与马伯乐,以及通过二人对高本汉,都产生了影响。[1]

然而,高本汉之前的所有方言学研究当中,唯有马伯乐的《安纳密特语的历史语音研究》(*Études sur le phonétique historique de la langue annamite*)抓住了方言之间的本质差异,且提出了"严格的研究方法"。同时,马伯乐还临时重构了宋朝时期的汉语等韵图,并将其等同于"切韵"。伯希和于1911—1914年间发表的系列文章也曾提出过这个系统。[2] 因此可以说,高本汉从事的研究正是对马氏和伯氏的呼应。

高本汉和学科的完善

1915年,高本汉发表了他在乌普萨拉大学(University of Upsala)撰写的博士论文《汉语音韵学研究》(*Etudes sur la phonologie chinoise*)的第一部分,[3] 并于次年获得儒莲奖。高氏分几个地方总结他重建汉语历史音韵学的研究方法与主要的文献资源,即《上古、古代语音汇编》(*Compendium of Phonetics in Ancient and Archaic Chinese*)。[4] 高本汉一以贯之地把语言划分为他称之为"古式"(archaic)

---

[1] *TP* 8 (1890), pp. 361–367, 457–486; 9 (1891), pp. 28–57; n. s. 3 (1902), p. 106.

[2] Karlgren, "The Reconstruction of Ancient Chinese", *TP* 21 (1922), p. 1.

[3] 参阅马伯乐的一篇书评:*BEFEO* 16 (1916), pp. 61–73。

[4] *BMEFA* 26 (1954), pp. 211–367. 司礼义(Paul Serruys, 1912—1999)对该方法进行综述且提出新的研究路径,详见 *The Chinese Dialects of Han Time According to the Fang Yen* (Berkeley: University of California Press, 1959), "Part One: The Problem of Reconstruction", pp. 3–70。

汉语［现常称"上古汉语"（Old Chinese）］的诗经韵部和以切韵及宋代等韵图为主的"古代"（ancient）汉语［现称"中古汉语"（Middle Chinese）］。

1920年，马伯乐细致研究了《切韵》，随后发表了《唐代长安方言》(Le Dialecte de Tch'ang-an sous les T'ang)一文，呼应高本汉的《汉语音韵学研究》，从而回归到中古汉语音韵学的研究中来。[1] 1922年，高本汉刊文《中古汉语构拟》(The Reconstruction of Ancient Chinese)，依次吸收了马伯乐的一些建议，同时也驳斥了其他人的观点。[2] 在文后，高本汉这样总结马伯乐对他的影响："因此，我于1919年在《汉语音韵学》（Ⅲ）中提出的重构系统除三个要点之外，现在仍然是有效的，而此三点马伯乐已经提出或者提示过如何进行有价值的修订。"[3] 高本汉的中古汉语重构系统，除偶尔有人指出应在某些地方做少

---

[1] *BEFEO* 20 (1920), pp. 1-124. 该文于1921年获金石与美文学院常规奖项。其后有关语言学的作品包括："Préfixes et dérivation en Chinois archaique", *MSLP* 23 (1930), pp. 313-327; "La langue chinoise", Conférences de l'Institute de Linguistique de l'Université de paris, année 1933 (Paris, 1934), pp. 33-70。

[2] *TP* 21 (1922), pp. 1-42.

[3] "The Reconstruction of Ancient Chinese", p. 38. 在《语言学和古代中国》(*Philology and Ancient China*, Oslo, 1926) 这部作品中，高本汉将更多的功劳归于马伯乐。蒲立本补充说，虽然在这场争论中，高本汉是明显的赢家，然而他仍以超出合理范围的激烈言辞拒绝了马伯乐的一些建议。但最近语言学家们重新提起马氏的建议，认为可以从这些建议中获益。参阅 Pulleyblank, "European Studies on Chinese Phonology: The First Phase", p. 347。蒲立本的其他研究大都是关于重估高本汉的音韵系统，再有就是详述马伯乐对该领域的现代观点的贡献。汉学家易家乐（Søren Egerod）在他的《论高本汉》(*Bernhard Karlgren*) 一文里，论及了高本汉与马伯乐在数十年里不仅仅局限于历史音韵学领域的多次交锋。

许修订之外，的确是最完善的，它独领风骚多年，[1] 直到蒲立本建议使用一种全新的研究方法为止。[2] 由于西门华德抢先一步于 1927—1928 年间提出过相关论点，[3] 又加之白一平（William H. Baxter）[4] 出版了《古汉语音韵学手册》（A Handbook of Old Chinese Phonology），从而将清代小学家取而代之，并且提出新的《诗经》韵部，所以高本汉的古汉语语音重构系统本身已然过时了。[5]

高本汉的两部最重要作品被卜弼德（Peter A. Boodberg）

---

[1] 在音韵特征方面，可参阅 Yuen Ren Chao, "Distinctions Within Ancient Chinese", *HJAS* 5 (1940-1941), pp. 203-233; Lo Ch'ang-p'ei, "Evidence for Amending B. Karlgren's Ancient Chinese j- to γj-", *HJAS* 14 (1951), pp. 285-290。在拼写法方面，可参阅 Peter A. Boodberg, "Ancient and Archaic Chinese in the Grammatonomic Perspective", *Studia Serica Bernhard Karlgren Dedicata*, ed. Søren Egerod and Else Glahn (Copenhagen: Ejnar Munksgaard, 1959), pp. 212-222。下面这篇文章中列出了推荐的其他一些对高本汉体系进行修订或更改的出版物：Egerod, "Bernhard Karlgren", pp. 14-17。

[2] *Middle Chinese: A Study in Historical Phonology*. 蒲立本认为高本汉的音韵系统有致命的瑕疵，因为它没有区分"切韵、广韵"和宋代等韵图，而后者在蒲氏看来是语言发展的后一阶段。因此，他提出了早期中古汉语和晚期中古汉语的单独划分。针对高氏古汉语重构的详尽批评还可参阅 Baxter, *A Handbook of Old Chinese Phonlogy*, pp. 27-30; Pulleyblank, "European Studies on Chinese Phonology: The First Phase"。

[3] Simon, "Zur Rekonstruktion der altchinesischen Endlonsonanten", *Mitteilungen des Instituts für Orientforschung* 30 (1927), 31 (1928). 该文作为定期刊物的附录发表。马伯乐似乎在 1920 年就已对上古汉语的重构有了自己的设计，却因缺乏足够的引证材料而未予发表。然而，他于 1930 年发表的文章《古代汉语的前缀和派生》（*Préfixation et dérivation en chinoise archaique*）弥补了这个遗憾。

[4] 白一平，美国著名汉学家，密歇根大学汉学教授。白氏对上古汉语最新的重建系统参看沙加尔（Laurent Sagart），《上古汉语：新的重建系统》（*Old Chinese: A New Reconstruction*）（Oxford: Oxford University Press, 2014）。——译者注

[5] 关于该领域的最新动态，即从"新高本汉模式"或"高本汉/蒲立本模式"的重构抽象音韵系统到中国不同历史时期的活语言，可参阅 Jerry Norman and W. South Coblin, "A New Approach to Chinese Historical Linguistics", *JAOS* 115 (1995), pp. 576-584。

称为"学术成就的丰碑"[1],其同行乔治·肯尼迪(George A. Kennedy)做过如下概述:

> 高本汉教授《中日汉字分析字典》(Analytic Dictionary of Chinese and Sino-Japanese, 1923)[2]的出版是一个大事件,对于那些因为汉语概略(如《广韵》)的复杂性而忙得不可开交的汉学家来说,它不失为一种阅读特定时期汉语书写符号的便捷指南。1940年出版的《古汉语字典》(Grammatica Serica)更是丰富了这一知识领域。[3]

《中日汉字分析字典》是为纪念沙畹而作,旨在通过字形和语音简化"汉字(大约6000个汉字)……的系统研究"。因此,虽然高本汉时常把青铜器上的象形文字考虑在内,但他更多的时候是两个方法兼顾,既考虑字形相关的字列(即部首相同的字),又照顾到相同的语音复合字列(即"谐声字")。由于高本汉的词源研究对象不仅仅是字词,而且包含整个词族(后来的《古汉语字典》研究更为全面),因此,西门华德充分意识到这部字典对于汉藏语言学研究的实用价值,故称之为"比较语言学学者的研究工

---

[1] Boodberg, "Ancient and Archaic Chinese in the Grammatonomic Perspective", p. 213.

[2] *Analytic Dictionary of Chinese and Sino-Japanese* (Paris: Paul Geuthner. 1923).

[3] "A Note on Ode 220", *Studia Serica Bernhard Karlgren Dedicata* (Copenhagen, 1959), pp. 190–198; rpt. in *Selected Works of George A. Kennedy*, ed. Li Tien-yi (New Haven: Far Eastern Publications, 1964), pp. 463–476; quote on 463.

具"。[1]因此，该字典条目不是按照传统的《康熙字典》的部首系统排列，而是按照高本汉重建的中古汉语语音系统音值排列的。

《古汉语字典》按照上古汉语语音序列排列，以《诗经》韵部为根本，旨在"证实字母表中一个语音序列内部语音变异的可能性，譬如发生在中古时期、以中古语音为基础的变异"[2]。事实上，该书索引也确实是以每个字符的语音元素来键入的。1957 年出版的《古汉语字典》（修订版）（*Grammatica Serica Recensa*）[3]随之又给出新的释义，参照了高本汉对《诗经》和《尚书》的研究以及最优秀的清代学术研究成果。

作为汉学语言学家的高本汉

当然，高本汉绝不只是一个历史语音学家。他做出的各种开创性贡献令人惊叹，包括几卷翻译以及对《诗经》和《尚书》所作的文献学注疏、《左传》和《老子》研究，还有对铜镜、铭文和其他工艺品以及各种语法著作、铭文和辞书所作的分析，这些研究成果大多发表在《远东文物博物馆院刊》（*Bulletin of the Museum of Far Eastern Antiquities*）上。[4]尤其是他通过对语法虚词的分布进行统计分析来确

---

[1] 参阅西门华德的书评：*Deutsche Literaturzeitung* 1924，cols. 1905-1910。
[2] *Grammatica Serica*（1940；rpt. Taipei：Ch'eng-Wen Publishing House，1966），p. 11.
[3] *BMFEA* 29 (1957).
[4] 易家乐把高本汉在青铜铭文方面的研究视为其第二专长。高本汉在此及其他领域的最重要贡献在易家乐的这篇文章中均有介绍和评价，参见 Egerod,"Bernhard Karlgren"。

定作者身份，可谓是一大创举。[1] 其另一创举是将古文本划分为两个类别："系统化"（systematizing）和"非系统化"（non-systematizing）。前者刻意关注古代习俗的文本（因而常常是"系统化"的，但它们可能是过时的，为了符合某种规范的，至少是理想化的）；后者则显得漫不经心，几乎是率性而为。[2] 再有，高本汉汇编假借字的工作重要性亦不能忽略。[3] 然而，高氏对汉学所做的全部贡献仍以对上古汉语、中古汉语各个阶段的重新构拟为重，他甚至喜欢称呼自己是"汉学语言学者"。[4] 所以，汇编历史音韵学研究的早期成果理所当然应归功于高本汉。然而，他汇编的字典和小册子同样意义非凡，它们使得缺乏语言学知识背景和兴趣的汉学家拥有了一个关键的工具，该领域的研究也因之而得以在 20 世纪开创，并随后由马伯乐适

---

[1] "On the Authenticity and Nature of the Tso Chuan", *Göteborgs Högskolas Arsskrift* 32（1926）."The Authenticity of Ancient Chinese Texts", *BMFEA* 1（1929）.当然，高本汉是以规范的早期文本作为依据进行分析的。单周尧（Sin Chow-yin）博士已经注意到，汉代以前的经典作品是用不同于高本汉使用的标准版本的底本写成的，这一点在新发现的手稿中得到证实。这一事实完全改变了支撑高本汉研究结论的资料库。参阅 *Journal of Oriental Studies* 29（1991），pp. 207-236。然而高本汉的创新方法在于语音，即使现在需要分析新的资料库。

[2] "Legends and Cults in Ancient China", *BMFEA* 18（1946）."Some Sacrifices in Chou China", *BMFEA* 40（1968）.

[3] "Loan Characteres in Pre-Han Texts", Ⅰ-Ⅳ, *BMFEA* 35（1963）；36（1964）；37（1965）；38（1966）.

[4] *BMFEA* 35（1963），p.7.

当完善。[1]

马伯乐，年代学和口头语言

马伯乐的另一篇文章《古代中国文学中的历史小说》(*Le Roman historique dans la littérature chinoise de l'antique*)，对于如何保持年代顺序的准确性而言，是一篇既有意思又有示范方法论价值的文章。[2] 但它证明了一点，那就是，为保证年代标注的准确性，即便表面上看来既无必要而且烦琐的精细阅读和文本对比，其实也是有价值的。马伯乐在该文中讨论的年代标注表明，一个特定的文本应该被视为文学作品而非历史事实的记载。

《苏子》以一种非常普通的文学体裁为司马迁提供了创作素材，从而勾勒了战国时期著名的"合纵抗秦"谋略的提出者苏秦的生平故事。马伯乐第一个意识到苏秦的英勇

---

[1] 高本汉在《文献学与古代中国》(*Philology and Ancient China*)中介绍了历史音韵学在汉学研究中的一般应用。更专业的介绍可参阅 Paul Serruys, "Philologie et linguistique dans les études sinologiques", *MS* 8（1943）, pp. 167-219。司礼义的目标有四个：第一，描绘包括历史音韵学在内的历史语言学现状；第二，揭示该学派的局限性；第三，提出新的语言学研究方法（地理语言学，也称为语言地理学）；第四，论证该方法。罗杰瑞（Jerry Norman）的这篇文章追溯了历史音韵学的发展历程，参阅 Jerry Norman, *Chinese*, pp. 23-57; Pulleyblank, "How Do We Reconstruct Old Chinese?" *JAOS* 112（1992）, pp. 365-382。蒲立本这篇文章中总结了理论的最新进展并且指出了新的研究方向。另见：Pulleyblank, "*Qieyun and Yunjing*: The Essential Foundation for Chinese Historical Linguistics", *JAOS* 118（1998）, pp. 200-216。
[2] *Mélanges Posthumes*, vol. 3 (Paris, 1950), pp. 53-62. Pelliot, "Le Chou King en caractères anciens et le *Chang Chou Che Wen*", p. 134. 伯希和这篇文章中有一段也提供了相同的方法示例。加德纳讨论了中国考据学的年代错误和衍文问题，这些问题通过马伯乐的作品得到了很好的阐释。Charles S. Gardner, *Chinese Traditional Historiography* (1938; rpt. Cambridge, Mass.: Harvard University Press, 1970), p. 25.

事迹可能源于虚构，因为《史记》所记载历史事件的年代顺序和保存在其他文献中的年代顺序不相吻合。文章表明，苏秦的许多生平事迹不仅年代误植，而且相互矛盾，因为书中提到的几任国君甚至都不是同时代的人。

为了解决各种各样的类似问题，马伯乐将《史记》中的年表和一个可信度较高的年表《竹书纪年》进行比较。比较其他历史作品中相同或相关事件的描述是一个艰难的步骤。这样，由沙畹、马伯乐本人和一群日本学者共同构建的年表就为史实标注了正确的年代顺序。

新近发现的有关帛书证实了苏秦确是一个历史人物，[1] 但这并不能推翻马氏关于"司马迁的叙述是文学虚构而非严肃的历史记载"的论断。[2] 人们发现，马伯乐在其另一部作品《古代中国》（*La Chine antique*）里关于年表的研究同样令人印象深刻、无可挑剔。马氏在书中讨论了改变孔子传统编年法的可能性。王安国如此评价马氏这一观点的合理性：

> 他关于"让传统年表后置二十五年的做法并非难以克服之困难"的结论仍然证据确凿，意义重大，因为它解决了许多涉及孔门弟子和子孙的时代上的问题。其后的学术研究，包括钱穆编制的宏大的《诸子系年》，也不能使之增色，遑论推而翻之。[3]

---

[1] Riegel, *JAS* 39 (1980), p. 791.
[2] 参阅 Stephen Durrant, *The Cloudy Mirror: Tension and Conflict in the Writings of Sima Qian* (Albany: State University of New York Press, 1995), p. 187, n. 25。
[3] Riegel, *JAS* 39 (1980), p. 791.

发表于 1914 年的文章《关于汉语白话的几篇古代文章》(Sur quelques textes anciens de chinois parle)，展示了一种研究古代口头语言的不同方法。[1] 20 世纪初的中国文学改良运动使书面语言"粗俗化"了，而此前，它和口语大相径庭。历史上那些伟大的古典主义者开创了硬朗却不失庄重的风格，数世纪以来，它一点点地变化，但变化之细微几乎让人觉察不到。始建于元代的纪念碑，用方言记录了一些官方声明和口语化戏剧，证实了古代汉语口语和书面语之间巨大的差异。宋代文本非常接近方言，但不比元代的可靠。不管怎么样，在马伯乐发表此文——尤其在敦煌发现白话文字材料之前，能将古代汉语口语语法、风格和词汇勾勒出大致轮廓的汉学研究，最早可以上溯至 12 世纪。

僧侣们虔诚记载的禅宗大师教诲信徒所作的演说、训诫和简短对话，连同新近在日本京都（Kyoto）出版的《三藏经补编》，业已为汉学家所用。马伯乐发表于 1914 年的一篇文章就利用了其中五种最古老的资料，它们全部是 9 世纪时期的文献，并且包括白话文字材料。[2]

马伯乐尽其所能为这些著作的文本历史提供详细说明，包括编纂日期、流播情况、印刷版次、章回卷帙等等。所

---

[1] *BEFEO* 14 (1914), pp.1-36.
[2] 柯迂儒（James Crump）是最早赏识马伯乐白话研究的学者之一。他列举了中世纪白话的五个来源，即敦煌文献、佛教语录、早期有插图的评话、五代时期的评话和元杂剧。参阅 James Crump, "On Chinese Medieval Vernacular", *Wennti* 5 (1953), pp.65-74。杜德桥（Glen Dudbridge）巧妙而简洁地将白话和白话文化的重要性作了论述，参阅 Glen Dudbridge, *China's Vernacular Cultures: An Inaugural Lecture Delivered before the University of Oxford on 1 June 1995* (Oxford: Clarendon Press, 1996)。

有这些著述目录的基础工作，对于确保作品中的白话资料的完整性而言，是必不可少的。因为此类文献中夹杂的一些粗俗内容被后来的编者重新加工，摇身一变成为典雅的文言文了。马伯乐如此这般地细致入微，就是要搞清楚，文本是否已经过变动和修改。然而，由于文献显示每一位禅宗大师都来自不同的地方，所以马伯乐需要确保记录下的口语不是某种地方方言，也不是某位大师的母语，而是文人们习得的通用语，即"官话"。如此，该文就为阐明公元9世纪上半叶的官场白话口语作了一个尝试。

马伯乐从这些文本中撷取的单词、复合词和例释用法均归统于特定的语法类目之下，其中包括名词、数量名词、数词、指示词、动词（含连系动词，被动结构和能性结构以及助动词）、动词宾语、小品词、句尾语气词和疑问代词。每一个语法类目之下的引例都和现代用法密切关联，有时甚至完全吻合。马氏指出，这种情况表明古白话和现代白话之间有紧密的相似关系，从而否定了通过词源学和音韵学的证据来驳斥虚假的相似性。

该文的另一个贡献是，它列举了如此众多无可争议的白话实例，即便它们存在于文学文本中，语言学家也可以识别出来，从而为他们在语义阐释以及更艰难的语调和语气甄别时提供帮助。例如，马伯乐把"是"标记为白话连系动词，这比卜弼德提早了一步，后者认为，杜甫为了增加诗歌的口语风味而特意使用"是"。[1] 再如，"是这个言

---

[1] 参阅 Peter A. Boodberg, "On Colloquialisms in Tu Fu's Poetry", *Selected Works of Peter A. Boodberg*, complied by Alvin P. Cohen (Berkeley: University of California Press, 1979), pp. 194-195。

语"和"是这个眼目"。这些例子佐证了卜弼德后来的观点,即:"是"源自古文中的指示词"这",后演变为白话连系动词"[这]是"。由于马氏的兴趣是辨识古代口语,所以他避免将自己的研究成果用于解决语调语气等风格问题。相反,他聚精会神地把白话从严格意义的文学语境中剥离出来。因而他从六朝文学作品如《子夜歌》、早期佛教作品,以及唐代小说中选取若干实例来进一步说明,诸如颜师古等著名注释学者难以解释的一些词语,其实往往只是一些普通口语形式而已。

1936年,马伯乐成为金石与美文学院的成员。1942年,他在法兰西学院授课之余,开始在法国国立海外学校(L'Ecole Nationale de la France d'Outre-mer)讲授远东史。与此同时,他还从索邦大学中国高等研究院(L'Institut des Hautes Etudes chinoise at the Sorbonne)的葛兰言那里接任了汉学教授一职。马伯乐如此辛劳不说,1942年4月还被德国人关禁闭一周。之后的两年里,马氏主要从事古代中国的经济史研究。1944年7月28日,他再度被德国人逮捕,原因是他19岁的儿子让(Jean)参与了秘密活动。他在布痕瓦尔德集中营(Buchenwald)忍受着非人折磨几近一年之久,尽管如此,有时还和一些同行文人轮流主持研讨。遗憾的是,一直体弱多病的马伯乐于1945年3月17日溘然长逝。不到一个月后,美国军人解放了布痕瓦尔德集中营。

回顾马伯乐和葛兰言

马伯乐的许多著作是在他逝世后首次出版的,然而马氏本人之于当今汉学研究的重要意义远远超出其作品的实际贡献。[1] 他对道教和经济学的研究开拓了新的研究领域。他的研究方法，尤其是他对礼制、宗教或神话蕴意深刻而又不偏不倚的见解，为当代人重新审视传统经典提供了重要的灵感来源，因为一些传统的释义只涉及其中的官僚上或道德上的隐喻。

然而，他对前秦时期中国的研究还是需要广泛修订的。那种基于个别资料的历史构建随着知识的不断发展已经过时了。正如一位古典学者所言，"大学生们总是很诧异地发现古代史的起始章节往往要频繁重写"。纳卡·纳尔逊（Narka Nelson）也说：

> 伯里（John Bagnell Bury，1861—1927）[2] 在《希腊史》（History of Greece）第二版前言中惊人地发现修订是势所必然的，因为特洛伊战争在第一版中只被视为神话，但根据现今的考古调查，它必然要在历史的篇章中占有一席之地。[3]

随着考古学的发展，中国古代史的史料来源变化极大，超过历史上任何一个时期。一些新发现的文献资料如甲骨

---

[1] Paul Demiéville, "Complements à la bibliographie des oeuvres d'Henri Maspero", Hommage à Henri Maspero, p.69. 戴密微的这篇文章中列举了马伯乐逝世后的出版物中的大部分作品。
[2] 伯里，英国著名历史学家、古典学家和文献学家，1902年任剑桥大学钦定近代史讲座教授。涉足多个领域研究，包括古代希腊、古代罗马、19世纪教皇史、西方思想史，以晚期罗马帝国史和拜占庭史见长。——译者注
[3] Narka Nelson, The Classical Journal 37 (1942), p.281.

文、金文、简牍、帛文以及大量的历史遗迹，尤其是随葬品等等，都使得用以撰写古代中国史的资料库发生了改变。同时，传统的文献资源仍不断地从不同角度被翻译和重新阐释。因此，马伯乐早期的研究未能像葛兰言那样经受住时间的考验也就不足为奇了，因为葛兰言的研究领域要狭窄得多。譬如，戴密微重印马伯乐于第二次世界大战前撰写的有关古代中国和秦汉时期的习俗制度手稿时，发现必须大量使用括号加注的方式对其进行校正和补遗。戴密微认为，毕竟"汉学有了长足的快速发展。由于语言学家和考古学家的研究，较之十五、二十年前，中国历史现在更加广为人知"[1]。葛兰言在很大程度上回避了从事历史构建的工作，却忙于研究那些更多地依赖关系结构的比较理解模式，比如复杂的礼制体系、社会制度、封建等级制度等等。那么今天看来，他对长期社会进程的描绘大体来说正如发表之初一样，仍然令人信服，尽管在某些圈子里，对此尚有争议。[2]

就这一点而言，马伯乐的研究如同高本汉的历史音韵学研究一样：开创性地运用了新的研究方法，利用了新的资源，整合了当时学科领域的全部知识，并且目前均需要进行广泛修订。但是，在其他许多领域，特别是道教领域，马伯乐的研究既没有随时间的流逝也没有因为学科的发展而被人超越。假如说马伯乐关于古代中国的研究随着考古

---

[1] Henri Maspero et Etienne Balazs, *Histoire et institutions de la Chine antique des origins au XIe siècle après J.-C.*, ed. Paul Demiéville (Paris: Presses Universitaires de France, 1967), p. vi.
[2] 当然，当葛兰言专注于中国原始和古代历史而非社会学时，其说服力远不及马伯乐，但这是另一个问题。

学的发展已经过时,那么他仍然是——至少在研究方法上是——研究古代中国的文献学家。他曾向世人描绘了那个时代最令人信服、最富于人性、最全面的历史,更重要的是,他仍是引领道教研究的精神宗师。

第二章
德国汉学：古典文献学和历史编撰学[1]

到如今，唉！我已对哲学，
法学以及医学方面，
并且遗憾，还对神学
都花过苦功，彻底钻研。
我这可怜的傻子，如今
依然像从前一样聪明，
称为硕士，甚至称为博士，
牵着我学生们的鼻子，
上上下下，纵横驰骋，
已经有了十年光景——
我知道，我们无法弄清。

——歌德《浮士德》[2]

---

[1] 本章部分内容的原始版本曾发表过，参见 "The Foundation of Modern German Sinology", *Phi Theta Papers* 16 (1984), pp. 82-101。
[2] Johann Wolfgang von Goethe, *Faust: Der Tragödie erster und zweiter Teil* (Berlin: Verlag Neues Leben, 1966), p. 27.

第一节 创立者们：古典学与人文教育

如果歌德（Johann Wolfgang von Goethe，1749—1832）——通过浮士德——在毕生努力之后对学习任何新东西都感到绝望，那么，这与其说是方法论问题，不如说是他本人生命的可朽性使然。他无法指责他的庞大文化遗产。其原因在于，意大利人文主义者开启首次学术复兴——这促使法国人在16世纪将其转变为学术行动——之后，第二次复兴恰恰是由德国人自己迎来的。每次学术复兴都推动了不同的文献学议程，首先是拉丁文本，之后是希腊经典。在作为新科学的古典学的推动下，德国人自17世纪晚期起即开始执西方学术界之牛耳，这一局面一直延续至1914年开始的第一次世界大战。

在美术领域，德国新希腊风影响甚巨。17世纪，据普法伊费尔的描述，作为"人文革命的时代"（和前一个世纪的科学革命有所对比），"古典文学的杰作再次对精神产生了奇迹般的刺激"。普法伊费尔继续说道：

> 这一新的人文研究方法——首先为希腊诗歌的研究所鼓舞，继而被应用于艺术——再次在文学研究上成就斐然……在德国，而不是在其他地方，成长起来一类福音派人道主义（evangelistic humanism），它在之后数代人中既被热情拥护也被激烈抨击。这是一场强有力的运动，它由温克尔曼（Johann Joachim

Winckelmann, 1717—1768)[1] 领导，在从康德到黑格尔的重要哲学家体系之侧占据一席之地；正是这股力量更新了德国古典学术。[2]

具体而言，如普法伊费尔所写，温克尔曼将公众的艺术口味从巴洛克和洛可可重新导向了古典理念：通过对古典戏剧的研究和自己的创作，莱辛（Gotthold Ephraim Lessing, 1729—1781）[3] 打破了法国人对戏剧理论的垄断；歌德将德国美学与异教文化、神话学以及把诸神视为自然力量的古典观念融合；瓦格纳（Wilhelm Richard Wagner, 1813—1883）蔚为壮观的音乐剧则给予了希腊悲剧新生。

在学术领域，威廉·冯·洪堡通过在高级中学里把职业训练和人文教育分开，重新组织了高等教育并创办了柏林大学——后者迅速成为欧洲大学的标杆。历史学家约翰·哥特弗雷德·赫尔德和兰克（Leopold von Ranke, 1795—1886）[4] 同时发展了批判的方法和客观（即使有些理想主义的色彩）历史学的民族学派。马克思（Karl Heinrich Marx, 1818—1883）则创立了经济理论学派——尽管他早先撰写了关于伊壁鸠鲁（Epicurus, B.C. 341-B.

---

[1] 温克尔曼，德国18世纪考古学家、艺术史家，德国启蒙运动的代表人物之一。——译者注
[2] Pfeiffer, *History of Classical Scholarship*, vol. 2, p. 171.
[3] 莱辛，德国18世纪戏剧家、文艺批评家和美学家。——译者注
[4] 兰克，19世纪德国和欧洲最著名的历史学家，兰克学派的创始人，近代客观主义历史学派之父。——译者注

郭实腊

(Karl Friedrich Gützlaff, 1803—1851)

德国传教士

C. 270）[1]的博士论文。最后，伟大的社会学家马克斯·韦伯（Max Weber, 1864—1920）则是特奥多尔·蒙森的学生，后者是他所在时代声名最为显赫的古代史研究者。新的调查技巧和表现模式——批判性分析、文本校勘学、研讨班、作为对"为学术做出原创性贡献"的博士论文之认可而授予的博士学位，等等——在18、19世纪的德国学术中被开拓、被体制化和典范化。此外，也许不甚相关却颇为有趣的是，沃尔夫（Friedrich August Wolf, 1759—1824）作为第一个郑重提出"古典文献学学者"（studiosus philologiae）（在他1777年4月8日注册进入哥廷根大学时）这一概念的现代人[2]，同样也是德国人。这一艺术、知识和学术成就所达至的高度，是给德国汉学家们的遗产——他们的工作更多建立在上述兼具创造性和学术的光荣传统而非在中国漫长的传教活动之上。

柯恒儒、郭实腊和硕特

柯恒儒（Julius Klaproth, 1783—1835）[3]很可能是最早出现的德国东方学家，他不再停留在仅仅对中文稍有涉

---

[1] 伊壁鸠鲁，古希腊哲学家，唯物主义者和无神论者，"伊壁鸠鲁学派"创始人。——译者注
[2] 过去，埃拉托色尼（Eratosthenēs）被视为自称文献学家的第一人；他创造了这一头衔，即所谓"熟悉知识的各个领域甚至逻各斯（logos）的整体的人"。我还得痛苦地承认，该书还讨论了这一术语最早的用法——在柏拉图那里，该词意味着"在宽泛的甚或模糊、反讽的意义上，一个热爱谈话、争论和辩证法的人"。当然，柏拉图也从未学会欣赏诗人。参见 Pfeiffer, *History of Classical Scholarship*, vol. 2, p. 101; vol. 1, pp. 156-159.
[3] 又有音译名克拉普罗特。——译者注

猎的水准[1]。当然，缪勒通过在其未完成的《中文之钥》中提出的假设所产生的影响，也在当时的知识界扮演着重要的角色。他甚至在莱布尼茨（Gottfried Wilhelm Leibniz, 1646—1716）的提议下与他通信——后者是比较语言学的奠基人之一，同时也是《论中国的自然神学》（*Discourse on the Natural Theology of the Chinese*, 1716）的作者[2]。然而，缪勒对于中文语法并不了解，所识的汉字也相当有限，仅能够辨认单独的短语和标题，其中文程度远远不足以翻

---

[1] Henri Cordier, "Un Orientaliste allemand: Jules Klaproth", *Comptes rendus de l'Académie des Inscriptions et Belles-Lettres* (1917), pp. 297-308; Samuel Couling, *The Encyclopaedia Sinica* (Shanghai: Kelly and Walsh, 1917), pp. 275-276. 对于德国汉学最初的探索，可参阅 Otto Franke, "Die sinologischen Studien in Deutschland", *Ostasiatische Neubildungen* (Hamburg, 1911), pp. 357-377; Herbert Franke, *Sinology at German Universities* (Wiesbaden: Franz Steiner Verlag, 1968), pp. 4-9; Rainer Schwartz, "Heinrich Heines, 'chinesische Prinzessin' und seine beiden 'chinesischen Gelehrten' sowie deren Bedeutung für die Anfäng der deutschen Sinologie", *Nachritchten der Gesellschaft für natur-und Völkerkunde ostasiens/Hamburg 144* (1988), pp. 71-94; 以及最近马汉茂（Helmut Martin）、汉雅娜（Christiane Hammer）主编的《德国汉学：历史、发展、人物与视角》一书，参见 Helmut Martin and Christiane Hammer, eds., *Chinawissenschaften: Deutschsprachige Entwicklungen-Geschichte, Personen, Perspektiven* (Hamburg: Institute für Asienkunde, 1998)。

[2] 参见 David E. Mungello, *Leibniz and Confucianism: The Search for Accord*, p. 6。关于他们的通信，可以参阅 Donald F. Lach, "The Chinese Studies of Andreas Müller", *JAOS* 60 (1940), pp. 564-575. 对于莱布尼茨众多有关中国的作品，包括他著名的那篇《论中国的自然神学》，其相关论述可参见 Julia Ching and Willard G. Oxtoby, *Moral Enlightenment: Leibniz and Wolff on China* (Sankt Augustin: Institure Monumenta Serica, 1992), pp. 63-141。

译整篇文章。[1] 这就将德国汉学这一领域的初创者的地位留给了柯恒儒。

在巴耶的《中国博览》、门采尔（Christian Menzel, 1622—1701）[2] 关于汉语词汇的著作及迪亚兹（Francisco Diaz, 1602—1699）中文-西班牙文对照词典的帮助下，出生于柏林的柯恒儒开始了汉语的学习。他在哈勒（Halle）和德累斯顿（Dresden）学习，并在19岁时（1802年）出版了两卷本《亚洲杂志》（Asiatisches Magasin）。在1804年，他被派往俄国为沙皇服务，并于1805年作为翻译陪同戈洛夫金（Golovkin）[3] 出使中国。由此，他开始在各地旅行并在学习蒙古文、满文的同时进一步精进中文。回到欧洲后，他加入了圣彼得堡学院并被派往柏林指导一部中文和满文相关书籍目录的印刷。[4] 此后，他在巴黎成为一名独立的东方语言教授。事情是这样的——在抵达巴黎一年后，应洪堡之请，普鲁士皇帝在1816年授予柯恒儒亚洲

---

[1] David E. Mungello, *Curious Land: Jesuit Accommodation and the Origins of Sinology*, pp. 209-236. 关于他的汉语能力，可以参见 Eva S. Kraft, "Frühe chinesische Studien in Berlin", *Medizinhistorisches Journal* 11 (1976), pp. 92-128; Lach, "The Chinese Studeies of Andreas Müller", *JAOS* 60 (1940), pp. 564-575. 孟德卫的书里用到了这两份资料。何莫邪更注重之后的一把"中文之钥"，即马士曼（J. Marshman）经过"更为系统和全面考察"所撰的那本《中国言法》（*Elements of Chinese Grammar: Clavis Sinica*, 1814）。另见 Harbsmeier, "John Webb and the Early History of the Study of the Classical Language in the West", *Europe Studies China*, p. 331.
[2] 又译作闵采尔、门泽尔，德国早期的中国研究者之一，曾担任过勃兰登堡选帝侯威廉·腓特烈的御医，后来被任命为柏林皇家图书馆的第二任中文图书管理员。——译者注
[3] 1806年，俄罗斯派往中国的使团团长。——译者注
[4] Julius Klaproth, *Katalog der chinesischen und mandjurischen Bücher: der Bibliothek der Akademie der Wissenschaften in St. Petersburg*, ed. Harmut Walravens (Berlin: C. Bell Verlag, 1988).

语言与文学教授头衔，给予其优厚薪酬的同时，还专门提供资金帮助他出版自己的研究成果。尽管柯恒儒并不隶属于任何机构，但他在亚洲协会"令人无法忍受的行为举止"仍然可说"辜负了他在巴黎得到的热情款待"[1]。除1834 年短暂回到柏林外，柯恒儒一直在巴黎生活，直到1835 年 8 月 27 日去世。他最重要的作品有《神禹碑正义》(*Inscription de Yu*, Paris, 1811)、《叶尊孝〈汉字西译〉补编》(*Supplement au dictionaire chinois du Basile de Glemona*, Paris, 1819) 和《满文古典名著选》(*Chrestomathie mandchou*, Paris, 1828)。

不幸的是，和缪勒一样，柯恒儒也有自己的缺点——尽管这些缺点更多是在道德而非智力层面。尽管他在东方语言上有着广博的知识，但他的声名更多地还是由他所得到的文献及取得它们的方式所决定。据龙彼得说："早在年轻时，柯恒儒就开始觊觎别人的词典，之后，他因为从公共馆藏中盗取手稿而变得臭名昭著。"[2] 由于他在巴黎执掌教席，德国汉学界可能更愿意找其他的学科奠基者，尽管作为自命的"文献寻获者"，柯恒儒凭借他为柏林皇家

---

[1] Schwab, *The Oriental Renaissance*, p. 184.
[2] Piet van der Loon, *AM* 2nd ser., 13 (1968), p. 107. 这是一个特定文本的典范，由殷铎泽抄写的一份有 200 年历史的中文文献，名为《海篇》。参见 Mungello, *Curious Land*, pp. 217-218。

第二章 德国汉学：古典文献学和历史编撰学

图书馆奠定的文献基础而仍然受到尊敬。[1]

和英国、美国一样，德国在中国也有早期传教士。不过，郭实腊（Karl Friedrich Gützlaff，1803—1851）似乎是世纪之交唯一在回国后仍对中国抱有强烈兴趣的著名德国传教士——这一兴趣之后在卫礼贤那里再次被激发。[2] 在到达中国之前，郭实腊曾在巴达维亚和新加坡学习过中文。他来中国后成功地掌握了地道的中文，并在除遥远的甘肃之外的各省建立了基督教组织——尽管他的根据地在香港。凭借高超的中文水准，郭实腊接替了马礼逊担任在广东的英国外交使团中文秘书，也参与协助了《南京条约》的谈

---

[1] 关于柏林中文文献收藏的开端及发展可参阅 Abel Rémusat, *Mélanges Asiatiques*, vol. 2, pp. 352 - 371; Martin Gimm, "Zu Klaproths erstem Katalog chinesischer Bücher, Weimar 1804", *Das andere China: Festschrift für Wolfgang Bauer zum 65. Geburtstag*, ed. Helwig Schmidt-Glintzer (Wiesbaden: Harrassowitz, 1995), pp. 560-599; *Catalogue des livres imprimés, des manuscrits et des ouvrages chinois, tartares, japonais, etc., composant la bibliothèque de feu M. Klaproth* (Paris, 1839)."文献寻获者"和"资源定位者"的头衔则来自甲柏连孜，参见"Zu Klaproths erstem Katalog chinesischer Bücher", p. 561。

[2] 作为在德国出生的巴色会（The Basel-Missionary Society）传教士，艾德（Ernest John Eitel, 1838—1908）确实在香港工作多年并出版了一系列关于佛教和广东话的作品。但很快，他开始更多地认同英国而非德国在香港的利益。艾德在1865年脱离了巴色会并转入伦敦会，同时还在香港娶了一位英文教师并志愿作为学校代理督察为香港政府工作。1880年，他归化为英国公民。艾德主要的出版物都用英文发表，主要有《中国佛教学习手册》（*Handbook for the Student of Chinese Buddhism*, 1870; 2nd ed., revised and enlarged, Tokyo: Sanshuha, 1904)、《风水：古代中国神圣地形的科学》（*Fengshui: The Science of Sacred Landscape in Old China*, London: Trubner and Co., 1873)、《广东方言汉英词典》（*A Chinese-English Dictionary in the Cantonese Dialect*, revised and enlarged by Immanuel Gottlieb Genahr, Hong Kong: Kelly and Walsh, 1910）。关于艾德对传教、汉学的贡献及他在香港的公共服务情况，可参阅 Wong Man-kong, "Christian Missions, Chinese Culture, and Colonial Administration: A Study of the Activities of James Legge and Ernest John Eitel in Nineteenth Century Hong Kong", Ph. D. diss., Chinese University of Hong Kong Press, 1996, pp. 199-212, 217-228。

判。他关于中国的报道在德国国内激起相当兴趣,并促成了名为《中国之夜的曙光》(Morgenrot in China's Nacht)月刊的创办。[1] 然而,由于德国第一批以中国为研究对象的专业学者的出现和德国传教士在华活动大体在同一时期,德国汉学的建立过程可以说带有强烈的世俗(但并非外行)色彩。

硕特(Wilhelm Schott,1807—1889),曾经是一位神学家,在柏林大学教授汉语长达50年(始于1838年)。除大量关于中国的著述外,他还是首个《论语》德译本的译者。不过考狄再次提醒我们,硕特著作的成就与其说在其于质量,不如说是以数量取胜。[2]

柏林(一):甲柏连孜

德国人对于中文真正科学和系统——且事后未遭法国

---

[1] 关于郭实腊的生平事迹,可参见 J. G. Lutz, "Karl F. A. Gützlaff: Missionary Entrepreneur", *Christianity in China*, ed. Suzanne W. B. Barnett and J. K. Fairbank (Cambridge, Mass.: Harvard University Press, 1985), pp. 61-88; Lutz, *The Blackwell Dictionary of Evangelical Biography*, 1730-1860, 2 vols, ed. Donald M. Lewis (Oxford: Blackwell Publishers, 1995), vol. 1, pp. 495-496;Herman Schlyter, *Karl Gützlaff als Missionar in China* (Lund: Gleerup, 1946) and *Der China Missionar Karl Gützlaff und seine Heimathasis* (Sweden: WK Gleerup, 1976)。关于郭实腊个人品质(包括一些可疑的特征)的更多信息可参阅 Arthur Waley, "Gutzlaff and his Traitors: Mamo", *The Opium War Through Chinese Eyes* (1958; rpt. Stanford: Stanford University Press, 1968), pp. 222-244。

[2] TP 9 supplement, p. 46. Franke, *Sinology at German Universities*, pp. 9-10. 硕特严格意义上的汉学出版物中最值得注意的是《中国文献概述提纲》(*Entwurf einer Beschreibung der chinesischen Literatur*, 1854)、《汉语教学》(*Chinesische Sprachlehre*, 1857)、《Si-Liao 帝国》(*Das Reich Karachitai oder Si-Liao*, 1849)。

人诟病——的研究开始于甲柏连孜。[1] 作为著名满学学者之子，甲柏连孜在阿尔滕堡（Altenburg）念中学时就已自学荷兰语、意大利语和汉语。根据父亲的期望，他前往莱比锡（Leipzig）学习语言，并将精力集中在东方语言上，尤其是汉语、日语和满语。1876年，他凭借翻译《太极图》在德累斯顿（Dresden）获得博士学位。1878年，他被任命为莱比锡大学普通语言学（文献学）讲席教授。1889年，他接替了硕特在柏林大学的教职。

时至今日，他凭借其巨著《汉文经纬》（*Chinesische Grammatik*，莱比锡，1881）闻名于世。一位当代汉学家这样评论道：

> 直到今天，他的《汉文经纬》仍然很可能被视作关于汉语最好的系统语法研究。相当有趣的是，那些不同意这一说法的学者，并不认为新出的汉语语法超越了该书，他们只不过倾向于儒莲可能更适合于这一评价，尽管作为语言学家，儒莲并不如甲柏连孜一样伟大。[2]

1960年该书再版，并由叶乃度（Eduard Erkes，

---

[1] Gustav Schlegel, "Hans Georg Conon von der Gabelentz", *TP* 5 (1894), pp. 75-78.
[2] Christoph Harbsmeier, "John Webb and the Early History of the Study of the Classical Language in the West", *Europe Studies China*, p. 333.

1891—1958)[1]撰写导言,使其更加通俗易懂[2]。在甲柏连孜其他众多的学术著作中,值得关注的是他对《庄子》中复杂语法现象的开创性分析[3],该研究是对语言学(即文献学)[4]研究方法及原则的一个导论,是一部关于汉语语法的历史——也是同类著作中的第一本。[5]

在1893年去世时,甲柏连孜的位置并没有由一个受老式学院训练的传统汉学家接替。当时有很多能够胜任这一教授席位的人选,比如夏德和甲柏连孜自己在柏林大学的助手葛禄博。

但是,自从效法巴黎现代东方语言学院,柏林设立东方语言研讨班(Seminar für orientalistische Sprachen)之后,柏林大学的重心就从古典研究转向了为外交事务服务的现代语言训练。因此,在该研讨班上新近设立的现代中文教

---

[1] 叶乃度,又译为何可思,德国汉学家,东德莱比锡学派的创始人。——译者注
[2] 《汉文经纬》,哈勒:马克斯迈耶尔出版社,1960年。导论下标明的日期为1953年。1956年,有了叶乃度的增补,Chinesische Grammatik: Nachtrag zur Chinesischen von G. v. d. Gabelentz (Berlin: VEB Deutscher Verlag der Wissenschaften, 1956),这一研究借鉴了孔好古、葛禄博、高本汉、西门华德、翁格(Unger)、查赫及叶乃度本人的语法研究。
[3] "Beiträge zur Chinesischen Grammatik: Die Sprache des Cuang-tsï", Abhand. d. Phil-Hist. Cl. D. Königl. Sächsischen Ges. d. Wissen.... Bd. 10 (1888), pp. 579-638.
[4] Die Sprachwissenschaft, ihre Aufgaben, Methoden und bisherigen Ergebnisse (Leibzig: Weigel, 1891).
[5] "Beitrag zur Geschichte der Chinesischen Grammatiken und zur Lehre von der grammatischen Behandlung der chinesischen Sprachen", ZDMG 32, pp. 601-664.

席由德国驻北京公使团前首席翻译[1]阿恩德（Carl Arendt）执掌。相较而言，真正地——并非正式地——继承甲柏连孜事业的是葛禄博。

柏林（二）：葛禄博

葛禄博，出生于圣彼得堡，并在那里开始其东方语言的学习。[2] 他在甲柏连孜的指导下于莱比锡大学接受了高水平的教育，并于 1881 年获得了博士学位。1883 年，他被任命为柏林民俗博物馆的助理，同时在柏林大学中担任讲师。1892 年，葛禄博升任助理副教授，凭借这一职位，他继续教授先前甲柏连孜教授的课程。1897 年至 1899 年，他和妻子在中国生活，并搜集了大量的文物带回了博物馆。由于在中国生活所获得的广泛的一手经验，葛禄博成了德国第一位在研究古汉语的同时也兼通现代汉语的学者。

葛禄博在诸多领域都做出了宝贵的贡献。考狄曾盛赞他的《中国文学史》（*Geschichte der chinesischen Literatur*，莱比锡，1902）；[3] 高本汉提议将此书译为英文。[4] 沙畹也承认自己从葛禄博的《中国的宗教与文化》（*Religion und Kultur der Chinesischen*，莱比锡，1910）中受益颇多，

---

[1] 阿恩德对现代汉语有着透彻的掌握，并且根据考狄的说法"撰写了一部非同凡响的语法著作"，即他的《华北口语手册》。（*Handbuch der Nordchinesischen Umgangsprache mit Einschluss der Angangsgründe des Neuchinesischen Officielden un Briefstils*，Berlin，1891）。

[2] Édouard Chavannes, "Le Professor Wilhelm Grube", *TP* 9 (1908), pp. 593-594; Nicholas Poppe, *Introdution to Altaic Linguistics* (Wiesbaden: Otto Harrassowitz, 1965), p. 96.

[3] 考狄评论此书"是去年最优秀的作品之一"。*TP* 124 (1903), p. 327.

[4] "On the Authenticity and Nature of the Tso Chuan", p. 33.

并对其没有出版更多关于中国宗教的著作感到遗憾。[1] 葛禄博还翻译了《封神演义》中的一部分内容，并发表了一些有关中国"自然哲学"、《礼记》以及朱熹理学哲学的文章。

上文提到的两部作品展现了葛禄博对原始中文材料的广泛探索，并预示了福兰阁的天才——后者在综合概括方面极具天赋。但葛禄博本人在语言学的研究和重构方面同样具有天赋。他的《汉语在语言史上的地位》（*Die sprachgeschichtliche Stellung der Chinesischen*，莱比锡，1884）展现了一种对古代汉语本质令人惊叹的深刻洞见。这本简短的小册子阐明了诸多当时尚未被意识到的古老语言的特点：比如最初的辅音丛，词首辅音和词尾辅音的衰变，单音节及二名式表达的作用，词族以及其他诸多语言特点。

尽管葛禄博在汉学领域有诸多有价值的贡献，但如今对他评价最高的却是阿尔泰语研究者。同样值得一提的是他关于通古斯语的研究工作，他编写的那乃语词汇表尤其重要，这一词汇表以 1855 年至 1860 年间马克西诺维茨（Carl Johann Maximovich，1827—1891）及其他人在阿穆尔地区搜集的材料为基础；葛禄博的《女真语言文字考》（*Die Sprache und Schrift der Jucen*，莱比锡，1896；1941 年天津再版）迄今为止仍是"关于女真族最基本的原始材料"[2]。

作为一名学者，葛禄博可谓才华横溢，除此以外，他

---

[1] *TP* 12 (1911), pp. 747-748.
[2] Poppe, *Introduction to Altaic Linguistics*, p. 96.

还以其"高尚的品格"及"崇高的精神"（沙畹语）为自己赢得了荣誉。葛禄博53岁便英年早逝，而更令人遗憾的是，他绝大多数的重要作品都是在40岁以后完成的。因此，他的创作生涯悲剧性地极为短暂。

逃避柏林的服务：夏德

自1887年开始，法国巴黎东方语言学院的研讨班为来自法律及其他专业的学生提供了各种亚洲语言的训练。但甲柏连孜去世后，柏林大学一直缺少古典汉学研究者，科研也处于滞后的状态。而当吐鲁番探险家阿尔伯特·格伦威德尔（Albert Grüenwedel, 1856—1935）[1]和阿尔伯特·冯·勒柯克（Albert von le Coq, 1860—1930）[2]带着获得的大量艺术珍宝和手稿残卷返回德国时，系统科学地培养亚洲研究专家——包括汉学研究——的需求，就变得十分迫切了。对此，颜复礼（Fritz Jäger, 1886—1957）[3]回忆说："因此1912年决定在柏林大学设立汉学教授职位，而德国最重要的汉学家夏德当时正在纽约哥伦比亚大学任教，因而只得聘请一个外国人，即荷兰人高延来就任此职位。"[4]

夏德无法在这个新职位中发挥其应有的作用，这也使

---
[1] 格伦威德尔，曾任柏林人类学博物馆馆长，1902—1914年曾在中国新疆丝绸之路北线进行过四次考察。代表作有《印度佛教艺术》。——译者注
[2] 勒柯克，德国探险家，以其对于新疆壁画的切割而闻名，他不顾格伦威德尔的一再反对，第一个采用狐尾锯对吐鲁番柏孜克里克千佛洞内的佛教和摩尼教壁画进行了大规模切割。——译者注
[3] 颜复礼，德国汉学家，曾任职于汉堡大学。——译者注
[4] Fritz Jäger, "The Present State of Sinological Studies in Germany", *Research and Progress* 3 (1937), p. 96.

我们近距离地观察到了当时德国汉学界的政治情况。夏德1845年出生于图林根（Thüringen）的格拉夫通纳（Gräfentonna）。[1] 他从一名古典文化研究者转而成为一名汉学家，并且在中国艺术这一领域发表文章，内容涉及绘画、青铜器、铜镜以及中西贸易交通史等多个方面。他最主要的贡献是在中西贸易交通史领域，包括其极具开创性的《中国与东罗马》（China and the Roman Orient，上海，1885）和一部同样重要的作品《赵汝适：他关于十二和十三世纪中国与阿拉伯贸易的著作——〈诸蕃志〉》（Chau Ju-kua: His Work on the Chinese and Arab Trade in the Twelfth and Thirteenth Centuries, entitled Chu-fan-chi，圣彼得堡，1911），该书由他和柔克义合作翻译完成。[2] 虽然夏德的作品涉及的范围广泛，但他恪守自己的方法论原则，只关注中文文献，对其他语言的材料未予理会，因而其研究也呈现出某种程度的偏狭性。[3]

从1870年到1895年，夏德在不同的职位上任职，包括广州、厦门、台湾、上海及重庆各处的海关督察。在每

---

[1] Friedrich Hirth, "Biographisches nach eigenen Aufzeichnungen", *Asia Major* 1 (1922), pp. ix-xxxxviii; Eduard Erkes, "Friedrich Hirth", *Artibus Asiae* 2 (1927), pp. 218-221; Bruno Schindler and F. Hommel, "List of Books and Papers of Friedrich Hirth", *AM* 1 (1922), pp. xxxxix-lvii; Henri Cordier, "Les Etudes chinoises (1895-1898)", *TP* 9 supplement (1908), pp. 98-101.

[2] 这一研究很有价值，尽管由于对历史语言学的理解不够充分导致许多论证不够可靠。比如后来有一个例子可以说明，参见 Paul Wheatley, "Geographical Notes on Some Commodities Involved in Sung maritime Trade", *Journal of the Malayan Branch of the Royal Asiatic Society* 32 (1959), p. 13。

[3] 福兰阁坚持认为，真正的汉学家至少要学习梵文、蒙古语以及满语才有资格在完整的语境下进行中国研究，也就是所谓的地理学上的特格特方法。关于夏德和福兰阁的争论等，参见 *TP* 6 (1895), pp. 364-368；*TP* 7 (1896), pp. 241-250, 397-407。

一个地方,夏德都会与当地的学者会面,与他们一起探讨。除了海关的官方头衔,夏德还在德国获得了一个教授荣衔。这要归功于他在学术上的卓越贡献,这不仅体现在他出版的一系列著作中,而且和他搜集了大量文献并于1890年将其运往柏林有关。[在这些藏书中有《华夷译录》(Hua-I-i-lu),葛禄博日后利用该书进行女真研究] 1897年,夏德被选为巴伐利亚科学研究院外围成员,1901年转正,[1] 被视为德国汉学家中的泰斗。

夏德在德国获得大学教席的第一个机会是接替甲柏连孜。但由于夏德还远远无法教授中文或是普遍语言学课程,他不是一个很合适的继任者。然而,当掌权者考虑专门为汉学设立一个教授席位时,夏德却因为直言不讳地反对当时广受欢迎的地质地理学家李希霍芬(Baron Ferdinand de Richthofen,1833—1905)而使自己的公共声誉受到了损害——夏德认为,后者对汉学相当外行,却总是在这一领域高谈阔论,指手画脚。[2] 考狄在总结这一问题的症结时感叹道:"李希霍芬对当今在德国蓬勃发展的汉学研究之影响,在数年内无疑阻碍了夏德等有识之士的雄心壮志"[3]。通过这一令人痛惜的感慨,考狄指出了问题的关键所在。故夏德在圣彼得堡活跃了短暂的一段时间后,就接受了哥伦比亚大学教授职位的邀请,并在那里一直留任至1917

---

[1] 1897年的原始公文现保存在傅海波处,傅海波从海尼士处获得了这份原始材料,上面还工整地镌刻着精致的纪念夏德的文字:"Boica皇家文学科学院因你在中国人之文学及历史方面的卓越成就,于7月14日决议提名你为名誉成员。"

[2] Eduard Erkes, *Artibus Asia* 2 (1927), p. 220.

[3] Cordier, *TP* 6 (1905), p. 646.

年。同年，夏德从学院退休返回德国，再未积极从事研究工作。因此，这位德高望重的德国汉学家没有直接对德国汉学的发展做出贡献——除了他留下的一个鼓舞人心的奖学金制度及为柏林大学图书馆购置的书籍。

柏林（三）：作为德国人的荷兰人：高延

第一个获得1912年创立的柏林大学汉学新教职的是荷兰人高延（1909年，汉堡大学的汉学教席已获首个德国汉学教席的殊荣）。[1] 由于他以前被派往远东地区当外交官，高延因此被任命为莱顿大学的荷兰东印度群岛民族学教授。就任此职位时，高延先是跟着薛力赫开展研究工作，薛力赫去世后，高延于1904年接任其中国语言文学的教席。不幸的是，德国汉学在这位由外交官转为学者的指导下停滞不前。[2] 因此，尽管高延对中文有足够的了解，却未能完全掌握批判性学术工作的全部方法。[3] 尤其令人尴尬的是，高延曾攻击过（其他同行开展的）关于汉语音韵学的系统研究。[4] 不过他的声誉，至少是一部分的声誉，被海尼士保住了。永远保持绅士风度的海尼士解释说，第一次世界大战阻碍了高延研究工作的进展，在战争结束前夕，高延的身心遭到了极大的摧残。[5] 尽管如此，高延在学术

---

[1] 关于高延生平，参见 Wilt L. Idema, "Dutch Sinology: Past, Present and Future", *Europe Studies China*, pp. 91 – 92; J. J. L. Duyvendak, *Holland's Contribution to Chinese Studies*, p. 24。

[2] Paul Pelliot, *TP* 24 (1928–1929), p. 130.

[3] Piet van der Loon, *AM* n.s. 5 (1955), p. 1.

[4] 关于高延这一疏忽造成的后果的一个例子可参看 Karlgren, *TP* 21 (1922), pp. 41–42。

[5] *OE* 12 (1965), p. 7.

界最突出的贡献——六卷本的《中国宗教体系》（*The Religious System of China*，莱顿，博睿出版社，1892—1910），还是得到了施舟人（Kristofer Schipper）的称赞，后者认为这部著作开创了运用社会学方法来进行中国宗教研究。[1]

1923年，接任高延职位的是20世纪上半叶德国最重要的汉学家福兰阁，由于在下面的章节中我们会详细介绍福兰阁，现在先介绍他的继任者。

海尼士

海尼士（1880—1966）于1932年接替了声名显赫的福兰阁教授的职位。[2]海尼士出生于柏林，师从葛禄博学习东亚语言，并凭借对萨囊彻辰（Saghang Sechen）的蒙古编年史《蒙古源流》（*Erdeni-yin tobči*）的中文编校论文获得了学位。海尼士回德国在高延和福兰阁手下教授中文之前，曾在中国旅居并教书。他还在郝爱礼（Eric Hauer，1878—1936）[3]的指导下教授蒙古语和满语。1925年至1932年，他接替了孔好古在莱比锡大学的教职。他接替福兰阁在柏林大学开展研究工作，但很快便受到了他所蔑视的纳粹政权的阻碍。战争结束后，海尼士于1946年在慕尼

---

[1] Schipper, "The History of Taoist Studies in Europe", *Europe Studies China*, p. 472.
[2] Oscar Benl, et al., "Eric Haenisch in memoriam", *OE* 15 (1968), pp. 121-122. Herbert Franke, "Erich Haenisch zum 80. Geburtstag", *Studia Sino-Altaic: Festschrift für Erich Haenisch zum 80. Geburtstag* (Wiesbaden, 1961), pp. 1-3.
[3] 郝爱礼，德国驻华外交官，汉学家，满蒙文教授，代表作有《满德辞典》。——译者注

黑大学创办了一个新的研讨班，并在此工作直至退休。

海尼士大多数关于中国的学术研究都围绕周代和汉代的传记展开，但有一篇关于《清史稿》（1930）的导论性文章也至少值得一提。而更为人所知的，则是海尼士对中国古代语言的介绍，比如三卷本的《书面汉语教程》（*Lehrgang der chinesischen Schriftsprache*，莱比锡，1929—1933）。他坚信汉学家应该具备文献学家的能力，面对文本时必须能够得心应手，正是出于这样的信念，写作了这部著作。在海尼士看来，伯希和的研究模式，即通过带有详尽注释的翻译最好地展示了这项能力。傅海波说过："他把完整的带有注释的翻译能力（充分翻译）视为具备汉学家资格的前提，并且一直强调文本经验（广泛阅读的经验）。"[1] 与对中国文明的满腔热情相比，海尼士的研究技巧对其方法论思想的启发要更小一些。海尼士先前的学生傅吾康（Wolfgang Franke，1912—2007）回忆："对海尼士来说，中国是一种彻彻底底的古典文化，就和古代希腊和罗马一样，汉学纯粹是对古代文化的文献学研究，与现代毫无关联。"[2]

海尼士对阿尔泰语及满语的研究也有贡献。但为他赢得当之无愧的学术声誉的还要数其开创的蒙学研究。他不仅是《蒙古源流》研究第一人，也是《蒙古秘史》学术研究的开创者：他发表了这一文本的首个完整转写本，在鲍

---

[1] Herbert Franke, "In Search of China", *Europe Studies China*, p. 19.
[2] Wolfgang Franke, *Im Banne Chinas: Autobiographie eines Sinologen 1912–1950* (Dortmund: Projekt Verlag, 1995), p. 39. 傅吾康在此补充了一个敏锐的观察，他认为，因为海尼士这样的态度，当时的纳粹政府比较容易利用其学术名誉来达到他们自己的目的。

培（Nicholas Poppe, 1897—1991）[1]看来，这个版本优于伯希和的版本；[2]而他的首个完整译本（1935；第二版1948），据柯立夫的判断，整体而言，也较伯希和的翻译更为准确；[3]文中有词汇表，还有对语法的初步研究。[4]由于上述及其他的重要研究，如对《华夷译语》以及八思巴文本的研究，海尼士在去世时被尊为蒙古研究的明锐先驱。

莱比锡：孔好古和叶乃度

当柏林大学的汉学研究在高延任内停滞不前时，莱比锡大学的汉学研究却在才华横溢的孔好古的带领下一片繁荣。[5]孔好古出生于威斯巴登州（Wiesbaden），学习古典学及印度文献学。他先从梵文转向藏文，又最终转向了中文。1891年孔好古成为莱比锡大学的讲师，1897年升任助理副教授，并最终于1920年成为教授。

孔好古的全部作品都以观点独特著称，有时，他的思想太过前卫以至于很难得到认同和欣赏。他在语言学的重构方面尤其具有天赋。他将"语音"元素发挥的双重作用——同时承载词的读音和意思——作为一般规律呈现。[6]他的著作《印支语系（汉藏语系）中使动名谓式之构词法

---

[1] 鲍培，德裔俄籍阿尔泰学与蒙古学著名学者。——译者注
[2] Poppe, *Introduction to Altaic Linguistics*, p. 89.
[3] 在柯立夫对海尼士第二版的详细评论中，充满了对海尼士和伯希和版本的比较；柯立夫文章的开头就是海尼士至1948年关于《蒙古秘史》研究的全部文献的目录，参见 *HJAS* 12 (1949), pp. 497-534。
[4] Poppe, *Mongolian Society Bulletin* 5 (1966), p. 7.
[5] Pelliot, "Auguste Conrady", *TP* 24 (1928-1929), pp. 130-132.
[6] Pelliot, *TP* 22 (1923), p. 359.

及其与声调别义之关系》[*Eine indo-chinesiche* (i. e., Sino-Tibetan) *Causativ-Denominativ-Bildung und ihr Zusammenhang mit den Tonaccenten*,莱比锡,1896]假设古汉语中浊音首字母是存在的。此外,他还揭示了首字母清音浊音和语调之间的关系。作为其理论的一部分,孔好古证实了同一组合中首字母清浊音的变换是古老的前缀存在造成的,这一理论后来被马伯乐接受。伯希和曾遗憾地表示,当时汉学家们的语言学知识太过落后,以至于他们无法运用孔好古的理论进行研究或是对他的具体研究成果提出合理的质疑。[1]

孔好古在北京大学生活了一年时间,这也帮助他进入了对中国社会及民族风俗的研究。他对古代中国的研究从第一手材料中受益颇多。伯希和夸赞孔好古坚持对早期的文本进行研究,因为他没有局限于对传统注释的转述,而是在精准的翻译中加入了来自社会学和宗教的充满原创性的洞见。在这些研究中,只有25部作品付诸印刷,因为孔好古的高标准不允许其著作被草率出版——在他去世时,人们发现了390部手稿,涉及范围极广,包括语言学、语法、文学、古文字学、宗教、艺术、历史及文化等各个方面。据一位专家的看法,这些手稿中几乎有一半已完全具备出版的条件。[2]

1925年孔好古去世之后,海尼士接任了他的教席。尽管甲柏连孜于1878年至1879年曾在莱比锡大学任教,

---

[1] *TP* 24 (1928-1929), p. 130.
[2] Bruno Schindler, "Der wissenschaftliche Nachlass August Conradys," *AM* 3 (1926), pp. 104-115.

海尼士也于 1925 年至 1932 年间在此教书,但莱比锡大学的汉学学派却是凭借孔好古的研究方法和个性才得以逐步形成并闻名于世的。他在这里培养了众多弟子,如霍古达、奥托·曼森－黑尔芬(Otto Maenchen-Helfen, 1894—1969)[1]、林语堂、申得乐(Bruno Schindler, 1882—1964)[2] 和叶乃度。

叶乃度是孔好古的侄子,出生于日内瓦,[3] 在莱比锡大学跟随孔好古学习中文,并且凭借对宋玉《招魂》的翻译获得了学位。和劳费尔一样,叶乃度也在博物馆工作。他从 1913 年开始在莱比锡民族学博物馆工作,并最终成为主任,直到 1947 年退休。但和劳费尔不同,他还兼任讲师,后来在大学里担任中文教授。

叶乃度发表的作品范围广博,涉及古代历史、文学、宗教、考古学及自然史。前文已经提到的有其对甲柏连孜语法的介绍。或许如今看来,他的绝大多数重要著作都是关于某些相关主题的系列文章,比如中国各种动物的历史——马、鸟、狗、羊、猪、蜜蜂,绝大多数这类文章都发表在《通报》上。由于不如劳费尔那般精通研究方法的技巧,也没有薛爱华一般的人文主义视角,这些研究多是

---

[1] 黑尔芬,奥地利裔学者,通晓多种欧亚语言,从事欧亚大陆考古学和艺术史研究,后来担任美国加州大学伯克利分校教授。其杰作为《匈人的世界:历史与文化的研究》(*The World of the Huns: Studies in Their History and Culture*, Berkeley: University of California Press, 1973)。——译者注

[2] 申得乐,德籍犹太裔汉学家,曾任《泰东》(*Asia Major*)杂志主编。——译者注

[3] Kate Finsterbusch, "In Memoriam Eduard Erkes 23. Juli 1891-2 April 1958", *AA* 21 (1936), pp. 167-170; J. Schubert, ed. *Eduard Erkes In Memoriam 1891-1958* (Leipzig, 1962). 后者更像是根据回忆写成的纪念文集,但至少叶乃度长达 5 页的双栏排版的私人目录被作为附录收录其中。

一些对其研究对象详尽而综合的再现。叶乃度对河上公《老子》注释的翻译则是基于其在中国期间对道家"坐忘"冥想的亲身观察。

汉堡：佛尔克和颜复礼

以1909年底聘任福兰阁担任东亚语言历史教授为标志，汉堡大学（the University of Hamburg）（即前汉堡大学殖民地研究所：the Hamburg Colonial Institute）也开始开展汉学研究。福兰阁于1923年受邀前往柏林大学后，其教席被广受尊敬的中国哲学专家佛尔克（Alfred Forke，1867—1944）接替。[1] 佛尔克出生于不伦瑞克（Braunschwieg）的巴特舍宁根（Bad Schöningen）。他在柏林大学的研讨班学习梵文、阿拉伯文和中文，并于1890至1903年间先后在北京德国驻华使馆及上海德国总领馆担任翻译。此后，他又在柏林大学任教，直至1913年受邀前往加州大学伯克利分校担任阿加西（Agassiz）讲席教授，并于1914年起在那里工作，一直到1917年。福兰阁1923年离开汉堡大学后，佛尔克接替他就任教授，后于1935年退休。

虽然佛尔克在汉学领域出版的作品范围广泛，包括比较语言学、诗歌等，不过一旦和他声名远扬的中国哲学译介工作相比，其他方面的学术成就则不免黯然失色了。佛

---

[1] Eduard Erkes, "Alfred Forke", *AM* 9 (1946), pp. 148-149; Erich Haenisch, "Alfred Forke", *ZDMG* 99 (1945-1949), pp. 4-6; Fritz Jäger and Erwin Rousselle, "Herrn Professor Dr. Jur. et Phil. h. c. Alfred Forke zu seinem 70. Geburtstag gewidmet", *Sinica* 12 (1937), pp. 1-14.

尔克关于杨朱、王充、墨翟、孟子、晏婴、孔子、商鞅和其他人物的研究及翻译在其里程碑式的三部著作《古代中国哲学史》(Geschichte der alten chinesischen Philosophie, 汉堡, 1927)、《中古中国哲学史》(Geschichte der mittelalterlichen chinesischen Philosophie, 汉堡, 1934)、《近代中国哲学史》(Geschichte der neuen chinesischen Philosophie, 汉堡, 1938)中可谓登峰造极。当代也许最为著名的中国古代哲学著作翻译家葛瑞汉(Angus Charles Graham, 1919—1991)称赞佛尔克的作品与冯友兰的《中国哲学史》(History of Chinese Philosophy)相比更为综合全面。在1964年佛尔克系列再版之时，葛瑞汉评论说："无论是对于正统派还是异端思想家来说，佛尔克撰写的哲学史都是迄今为止各种同类著作中最为综合全面的，即使一个当代的读者，也仍然经常需要参考其便捷的摘要以及简明但精选的中文引文。"[1]

接替佛尔克汉堡大学职位的是土生土长的本地人——颜复礼，出生于慕尼黑，他和夏德一样，进入汉学研究领域之前就拥有深厚的古典学背景。[2]他在汉堡大学开始师从福兰阁学习中文，接着成为助教，并于1925年成为讲师。在中国居留两年后，他又回到汉堡。1935年，他接替了佛尔克的教席，此后便一直在那里任教，直至1957年去世。

颜复礼的所有著作中，有很多关于《史记》的有趣研究以及一篇题为《裴矩的生平及其著作：中国殖民史的一章》

---

[1] AM 12 (1966), p.120.
[2] Wolfgang Franke, "Fritz Jäger in memoriam", OE 4 (1957), pp.1-4.

(*Leben und Werke des P'ei Kü：Ein Kapitel aus der chinesischen kolonialgeschichte*）的重要文章。[1]

卫礼贤

1924年，卫礼贤来到法兰克福大学并创立中国学社，法兰克福大学由此开始提供中文教学。[2] 卫礼贤出生于斯图加特，大学时学习艺术、哲学、音乐（小提琴）和神学等专业。1899年至1924年，卫礼贤在中国生活，并以传教士、德国使馆学术顾问及北京大学德国文学教授的身份在中国工作。在中国期间，他完成了大量十分重要的翻译工作（与中国学者合作），包括《论语》（1910）、《老子》（1911）、《孟子》（1914），而最重要的则要数《易经》（1924）。牟复礼认为，卫礼贤最终回国也是出于其传教精神——这次是作为中德文明交流的大使（或者如其传记标题所说，是精神的中介）：卫礼贤决定终止其在山东的德国教会的德语教学工作，并在第一次世界大战结束后和家人一起回到德国，以便推进欧洲的中国研究。[3] 他关于中国方方面面的翻译和研究成果基本都发表在中国学社的期刊《中国学刊》（*Sinica*）（1925年至1942年发行）上，这些内容使德国人开始对中国文化感兴趣，并很快使相关的研

---

[1] *Ostasiatischen Zeitschrift* 9 (1920-1922).

[2] Salome Wilhelm, *Richard Wilhelm, der geistige Mittler zwischen China und Europa* (Düsseldorf, 1956); W. F. Otto, "Richard Wilhelm: Ein Bild seiner personalischkeit", *Sinica* 5 (1930), pp. 49 – 57; Wilhelm Schüler, "Richard Wilhelms wissenschaftliche Arbeit", *Sinica* 5 (1930), pp. 57 – 71; Anonymous, "Umschau: Übersicht über die Schriften Richard Wilhelms", *Sinica* 5 (1930), pp. 100-111.

[3] Mote, *MS* 29 (1970-1971), p. iii.

究变得热门起来。从这一点看,他可以说是德国的阿瑟·韦利,尽管他的研究领域是中国哲学而非文学。

第二节 资深汉学家:福兰阁

只有文献学家才能翻译得了希腊诗歌……如我们这般乏味的文献学家,整日纠缠于文字,分析语法的细枝末节,但我们也碰巧足够任性,以至于可以热爱这我们为之付出全部身心的理想。我们确实是仆人,但服务的却是借我们必朽之口发声的不朽精神——我们的这位主人比我们更强大,这难道很令人震惊吗?[1]

——维拉莫威兹:《什么是翻译?》(*Was ist Übersetzen?*)

福兰阁是德国 20 世纪上半叶的资深汉学家。他的众多著作,尤其是著名的《中华帝国史》(*Geschichte des chinesischen Reiches*),仍然很有价值,并在某些情况下直到

---

[1] Trans. By Andre Lefevere, *Translating Literature: The German Tradition from Luther to Rosenzweig* (Amsterdam: Van Gorcum, 1977), p. 103.

今天也不可替代。他在柏林大学的研讨班培养了20世纪[1]20年代和30年代里大部分重要的德国汉学家，包括艾伯华、福华德（W. Fuchs, 1902—1979）[2]和西门华德（Walter Simon, 1893—1981），还有美国人金守拙。福兰阁不像伯希和或霍古达那样有着高超的文本技艺，他的天才在于对历史的综合性把握：他毫无保留地谦卑奉行的"不朽之精神"是历史女神克里奥（Clio），而非文艺女神缪斯。而且他的学术研究和教学对于现代汉学的发展和成熟有着巨大贡献。

福兰阁于1863年9月27日出生在盖恩罗德（今哈勒地区，曾属东德）。他从弗莱堡大学（Freiburg University）毕业后上了柏林的大学，并在那里对历史和比较语言学产生了兴趣。约翰内斯·施密特（Johannes Schmidt, 1843—1901）[3]的讲座使他认识到梵文对比较语言学的重要性。在服完一年兵役后，福兰阁于1884年在哥廷根大学开始了梵文的学习，并通过翻译和注释一部语音学的简短著作获得了学位。福兰阁最初报名参加维拉莫威兹希腊文献学的初级研讨课，但后来却改了主意，因为希腊文献学批

---

[1] Otto Franke, *Erinnerungen aus zwei Welten: Randglossen zur eigenen Lebensgeschichte* (Berlin: Walter de Gruyter, 1954); Wolfgang Franke, "Otto Franke und sein Sinologisches Werk", *Sinologica* 1 (1948), pp. 352-354; Fritz Jäger, "Otto Franke (1863-1946)", *ZDMG* 100 (1950), pp. 19-36; Bruno Schindler, "Otto Franke", *AM* 9 (1933), pp. 1-20（这个作品中包含部分由颜复礼所撰截至1933年的文献目录）; Beatus Theunissen, O. F. M., "Otto Franke in Memoriam", *MS* 12 (1947), pp. 277-281。他同为汉学家的儿子傅吾康的自传中有涉及他父亲的简短评论，详见 *Im Banne Chinas: Autobiographie eines Sinologen 1950-1998*。

[2] 福华德，德国汉学家，曾任北平中德学会会长。——译者注

[3] 施密特，德国语言学家，提出过著名的"波浪理论"。——译者注

评——尤其是悲剧的批评——和他研究历史的长期目标相去甚远。相反，他选择了去研究宗教改革前的德国历史。也因此，他错过了在世纪之交最伟大的古典文献学家指导下学习的机会。[1]

在一些驻外使领友人的建议下，福兰阁申请了一份翻译的工作。在被聘为德国驻华大使馆译员之前，他还学习了法律和中文。他于1888年到达中国，比沙畹早到一年。在中国，他边工作边旅行，并前往蒙古、西伯利亚、满洲、高丽和日本等地考察，直到1901年。在此期间，福兰阁掌握了满文，并在学习和亲身实践中成为中国事务的专家。因此，在回德后的1902到1907年间，他能够以为《殖民地报》（*Kolnischen Zeitung*）撰文评论东亚的政治文化事件来谋生。同时期，他还作为一名顾问为柏林的中国驻德大使馆效力。

福兰阁的学术生涯开始于1910年，那年他被提名为汉堡大学新设立的中国语言文化讲席教授。1923年他接替柏林大学的高延，并成为普鲁士科学院的成员。1931年，他被准予名誉退休，但此后仍然继续工作，直到1946年8月5日去世。

作为文献学家的历史学家

福兰阁学术研究的特点是，奇妙地对历史进行了精辟的综合，偶有一些细节上的文献学疏失。通过梵文的学习，他在文献学研究的细节和方法上受到了良好的训练。那时

---

[1] Franke, *Erinnerungen aus zwei Welten*, p.30.

正当盛名——也许某种程度上在多年占据主流后已经有些刻板和技术化倾向——的德国文献学，是从印度学、古典学（尤其是古希腊）和德语方言学这三座高塔中发展而来的。正是孔好古和葛禄博这对杰出的学者将汉学加入了德国人文学术的宝库。但遗憾的是，对福兰阁来说，他不得不把他的工作转移到没有受过深入训练的古汉语上。他于1920年写成的《儒家信条及国家宗教的历史研究：〈春秋〉及董仲舒〈春秋繁露〉的问题》(*Studien zur Geschichte des konfuzianischen Dogmas und der chinesischen Staatsreligion: Das Problem des Tsch'un-ts'iu und Tung Tschung-sch'us Tsch'un-ts'iu fan lu*) 就是一个很好的例子。高本汉称赞福兰阁说，他作为一名历史学家，详尽而平衡地展示了一个问题的所有方面——这里是关于"春秋"的本质——并且给出了清晰、谨慎的意见。他也欣赏福兰阁能够恰当地总结各个推理及论证本质的才能。但正如之前提到的，在考察福兰阁自己对某一重要文献的译本时，高本汉指出，一个正确的译本本来可以让福兰阁解决这个问题，而不仅仅是总结它[1]。这并不意味着福兰阁没有能力使用一套标准的文献学工具；他只是仅仅对把它们运用到历史研究——而不是文学研究——感兴趣。对于发展出新的方法论，或是改善现存的研究方法，他都没有做出贡献。福兰阁曾表述过他对文献学和历史学的相对重要性的看法。他说，尽管自己的研究在中国语言文化这一领域开展，并建筑在文献学的基础之上，但其知识架构将会建立在"更高"的文

---

[1] Karlgren, "On the Authenticity and Nature of Tso Chuan", pp. 7–18.

化（即历史学的）研究领域。[1]

民族主义历史学：《中华帝国史》

福兰阁对汉学最持久的贡献也是在这后一领域。在他的五卷本著作《中华帝国史：对直至近代的中国之诞生、本质及发展的描述》（Geschichte des chinesischen Reiches: Eine Darstellung seiner Entstehung, seines Wesens und seiner Entwicklung bis zur neuesten Zeit）中，福兰阁尝试处理的不是中华民族或是帝国的历史，而是中国作为一个国家的历史。他对"普世思想"（Universalist Idea）及其在政府体制中的体现的坚持，导致其更专注于军事斗争、宫廷阴谋和叛乱等中国历史的表象而忽视了诸如宗教和经济、文学或艺术等社会和文化的外部特征。在这一点上，福兰阁只是在一系列无意识的假设中工作，这些假设指导了自抵抗拿破仑的民族解放战争以来德国历史学的古典民族传统。他主要遵循的知识典范是历史学家洪堡和兰克，而非古典学者维拉莫威兹和弗兰克尔（Hermann Frankel, 1888—1997）[2]，这使他在文献学上的一些疏失变得很好理解；同样地，他对非政治因素的彻底忽略，也因此是完全在意料之中的。"历史，至少到梅尼克（Friedrich Meinecke,

---

[1] Franke, *Erinnerungen aus zwei Welten*, p. 131; Franke, "Die sinologischen Studien in Deutschland", *Ostasiatische Neubildungen*（Hamburg, 1911）, p. 363. 在后一篇文中，福兰阁进一步暴露了他的知识偏好，作为历史学家的秩序感让他在面对汉学界"过时和不宽容的文献学"时怒火中烧。

[2] 弗兰克尔，德国古典学家，维拉莫威兹的弟子。——译者注

1862—1954）[1]，"伊格斯（George Iggers，1926—2017）[2]断言，"德国方法……主要是狭义政治意义上的历史，涉及政治家、将军和外交官的行为，几乎完全不考虑做出这些决定所依据的制度和物质框架。"[3]不过，作为描述中国政治活动的历史，《中华帝国史》仍是同类作品中最好的。

施珀伦克尔（Otto Van der Sprenkel，1906—1978）在以下概述中总结了这部著作的长处：

> 在他自己对政治——多少有些狭隘——的解释范围内……成功地制造了关于永恒价值的某种政治叙事；对中国历史表层现象谨慎、细致而准确的描述使得该书长期成为西方学生了解这一领域的必读之作……质疑或拒绝他对中国历史潮流所作的概括性解释是完全可以的，但同时，我们也应满怀感激地接受他付出艰辛为建立自己的历史叙事之成果。[4]

当我们将这部著作置于欧洲对待中国历史态度的传统情景下予以考察时，它将显得更为伟大。因为，根据施珀伦克尔的说法，福兰阁将中国描绘为"一个发展体，一部

---

[1] 梅尼克，德国历史学家，也被称为是当代西方最负盛名的历史学家之一。——译者注
[2] 伊格斯，美国著名思想史家、史学史家，原籍德国。——译者注
[3] George C. Iggers, *The German Conception of History: The National Tradition of Historical Thought from Herder to the Present* (Middletown, Conn.: Wesleyan University Press, 1983), p. 15.
[4] O. Berkelbach Van der Sprenkel, "Franke's Geschichte des chinesischen Reiches", *BSOAS* 18 (1956), pp. 312-321；摘引自第 321 页。

逐渐展开的戏剧"，并由此将中国从那些徒劳无益的刻板教条中解放出来——这些教条认为，中国没有历史（因为它从未改变），因而中国发生的事情对于理解通史的本质和动因是无足轻重的。巴斯蒂夫人（Marianne Bastid-Bruguière）[1]则将该书描述为"一项意义深远的工作"，"欧洲中国历史研究的里程碑"。这是因为，她声称"这部著作传递了某种足以和描述古代世界和中世纪欧洲历史的那些伟大著作相比肩的崇高感、意义感和尊严感"。就本质而言，它是西方汉学中第一部找到了某种介于解释性翻译和普遍性描述之间可能性的历史著作，因而"为进一步的研究设定了新的标准和方向"[2]。和巴斯蒂夫人慷慨的肯定相对的，则是毕汉思的消极评价。他将该书称为一个"高尚的失败"，并且为福兰阁耗费了生命中的数十年写作该书感到痛惜："他的这部著作可以和詹姆斯·乔治·弗雷泽（James George Frazer, 1854—1941）[3]的《金枝》（The Golden Bough）相比，两者涉及的事实基本都是正确的，但结论却基本都是错误的。"[4]（毕汉思甚至对当下一切通史研究也都不抱有肯定态度，因为他觉得所知的材料仍然不足以支持这样的论述。）

这部著作的另一个贡献是它对一手材料的广泛使用。

---

[1] 巴斯蒂夫人，法国著名汉学家，法兰西学院院士。——译者注
[2] Marianne Bastid-Bruguière, "Some Themes of 19th and 20th Century Historiography on China", in Europe Studies China, p. 235.
[3] 弗雷泽，英国著名的人类学家、宗教历史学家、民俗学家，认为"巫术先于宗教的第一人"。——译者注
[4] 参见 Bielenstein, "Chinese Historiography in Europe", in Europe Studies China, p. 242。

福兰阁批评此前的中国通史类著作都受限于朱熹的《通鉴纲目》及其"随意的文本阐释和傲慢的不宽容"。他的《中华帝国通史》则是打破这一狭隘史料来源而大规模地利用正史及其他各种史料的首部大型历史著作（考狄的《中国通史》在规模上要小得多）。尽管马伯乐认为，福兰阁利用其他史料仅仅证实而非补充了《纲目》："虽有这一值得称赞的努力，朱熹的标准始终被保留着。"[1]

福兰阁还对中国哲学和史学研究做出了若干重要贡献。其中有先前提及的《儒家信条及国家宗教的历史研究〈春秋〉及董仲舒〈春秋繁露〉的问题》、《中国历史书写的起源》（Der Ursprung der chinesischen Geschichtschreibung, 1928）、《〈资治通鉴〉和〈通鉴纲目〉的本质、彼此关系及其史料价值》（Das Tse tschi t'ung kien und das T'ung kien kang-mu: ihr Wesen, ihr Verhältnis zueinander und ihr Quellenwert, 1930）及《汉代到隋代的儒家思想》（Der konfuzianismus zwischen Han-und Sui-Zeit, 1934）。两个关于法律的研究也在德国开了这一领域的先河：《中国不动产法律关系》（Die Rechtsverhältnisse am Grundeigentum in China, 1930）及《论中国治外法权的历史》（Zur Geschichte der Extraterritorialität in China, 1935）。

作为文献学理论家的历史学家

尽管偶尔会出现文献学上的错误，但福兰阁的理论知

---

[1] Orientalistische Literaturzeitung 1942, no. 5/6, column 261. 福兰阁在另一篇文章中回应了马伯乐的批评，参见 ZDMG (1942), pp. 495–506。

识还是非常广博的。他甚至撰写过两篇关于方法论的极有价值的文章,仅这些文章就足以解释为何他在一项针对文献学家的研究中能受到相当的重视。

其中一篇文章撰于 1934 年,题为《论汉语中域外国家及民族名称的转写》 (*Wiedergabe fremder Länder-und Völkernamen im Chinesischen*)[1],文章中讨论了域外国家和民族名称在汉语中的转写问题。黑尔芬将这篇文章作为必读篇目推荐给当时一些语言学家,否则,这些语言学家可能会因为盲目坚持严格的语言重建而忽视了文化和语境因素。[2]

另一篇文章则是一篇在当时显得相当复杂的陈述,题为《中国及比较文献学》(*China and Comparative Philology*)[3]。在文中,福兰阁试图遏制当时在华商务人员及外交领事人员中的一股风潮,即热衷于将汉语与能想到的每种语言进行比较。例如,一些人将汉语和凯尔特语联系起来,或声称希腊语的重音系统与汉语的声调有关。为了消除这种无知且外行的猜测,福兰阁阐述了印欧语系比较语言学的一些基本原则。他讨论了重建语言的最古老形式并只在这些形式间进行比较的必要性,建立词族和使用方言[预示了贺登崧(W. A. Grootaers, 1911—1999)[4] 和司礼义[5]的

---

[1] *SBAW* 15 (1934).
[2] 参见 Maenchen-Helfen, "History in Linguistics", *JAOS* 68 (1948), p. 123。
[3] *The China Review* 20 (1892-1893), pp. 310-327.
[4] 贺登崧,比利时传教士、汉学家、语言学家,著有《汉语方言地理学》。——译者注
[5] 司礼义,比利时裔美国籍,天主教圣母圣心会传教士、语言学家,专研中国古代语法和声韵。——译者注

"语言地理学"]的必要性以及超越表面相似性的必要性。他介绍了古代汉语的一些特征，如辅音丛、音节首尾辅音的衰变及单音节词的作用。最后，对所有使用"全球化方法"来研究中国，并在汉语之外还研究其他语源的学者，他阐明了以下原则：

> 我认为，这些例子足以表明，在我们着手将一种语言与另一种语言进行比较之前，首先了解这一种语言有多么重要。我在国内学习比较文献学时，我们的学术导师坚持，必须有能力理解印欧语系每种主要语言的书面文本，而其中的梵文和希腊文无疑总是重中之重。[1]

当然，卜弼德和黑尔芬对这一观点的支持也是众所周知的：他们都反对那种不从文本活生生的语境出发，而拿词典中的词语进行死板比较的研究。

除大量的出版物[2]外，福兰阁还通过教导和培养整整一代的汉学家为汉学的发展做出了贡献。他的门生包括白乐日、石泰安（在他去巴黎之前）、卡尔·宾格尔（Karl Bünger，1903—1997）[3]、艾伯华、福华德、葛玛丽（A. von Gabain，1901—1993）[4]（后成为突厥语言文学专

---

[1] "China and Comparative Philology", p. 323.
[2] 他的大量关于当代中国政治的文章都值得郑重提及，L. Arrousseau 对这些文章做出过正面积极的评论，*BEFEO* 11 (1911), pp. 436-439。
[3] 宾格尔，德国汉学家，专职中国法律研究。——译者注
[4] 葛玛丽，德国汉学家，突厥文献学大师，被誉为"全面研究中亚各民族语言、宗教、文学、历史以及文化的当代最高权威"。——译者注

第二章　德国汉学：古典文献学和历史编撰学　　187

家)、常安尔（E. H. von Tscharner, 1901—1962）[1]、西门华德，金守拙也可能是其中一员。这位汉学家、历史学家和教师，相当程度上促成了现代德国汉学的成熟，而通过他的一些学生及交换学生的努力，他也同样促进了英美汉学的发展。

国家理想的终结

像许多爱国的德国知识分子和艺术家一样，福兰阁没能在战争的创伤中幸存下来[2]。一直强调德国史学的民族理想主义，导致了这个国家最后的耻辱和传统价值观的破灭，所有这一切对具有强烈历史意识的福兰阁来说，显得尤为痛切。

福兰阁生命的结局，正如雷兴（Ferdinand Lessing, 1882—1961）[3] 所概括的那样，为我们对这位资深汉学家的讨论画上了一个恰当而冷静的句号：

> 不难想见，作为一个本能地深爱着自己的国家并为之骄傲的男人，福兰阁在他生命的最后几年始终被

---

[1] 常安尔，瑞士苏黎世大学东亚研究院汉学系的开创者。——译者注
[2] 类似的悲剧也发生在著名作家、剧作家和诗人斯蒂芬·茨威格（Stefan Zweig, 1881-1942）身上，他是施特劳斯（Richard Strauss, 1864-1949）后期声乐作品的合作者。虽然在1935年离开了德国，但他却无法忍受在流亡中写作和战争暴行带来的双重情绪冲击，于1942年在巴西自杀。他关于那个永远失落之德国的回忆录《昨日世界》（*The World of Yesterday*, New York, 1943），至少重现了福兰阁"两个世界"中的一个世界里那些较为幸福的时刻。
[3] 雷兴，德裔美国汉学家，蒙古史学家，是大型词典《蒙古语-英语词典》的主编。——译者注

痛苦所折磨，这种痛苦最终成为绝望。如果他接受了1934年加利福尼亚大学发出的邀请，出任东方语言阿加西教席，他或许可能会过得轻松些。他这一生，充满了交织着重大历史事件背景的种种幸福和悲伤的经历，当那场封锁了他心爱祖国的命运悲剧最后一幕落下之时，他的生命也迈向了终结。[1]

第三节　侨民[2]

在西方文明发展历史中，流亡者被人尊敬。但丁（Dante Alighieri, 1265—1321）、胡果·格劳秀斯（Hugo Grotius, 1583—1645）[3]、比埃尔·培尔（Pierre Bayle, 1647—1706）[4]，还有海涅（Heinrich Heine, 1797—1856）和马克思，都是在被迫流亡他国期间创作了他们最伟大的著作，回望曾将他们弃之不顾的祖国，他们既厌恶却又充满渴望。[5] 在尚未表达出离别德国时的深沉悔恨之前，我无法结束这封信。只有音乐生活之外的变化才能使我停止对自己放弃德

---

[1] Ferdinand Lessing, review of *Erinnerungen aus zwei Welten*, *FEQ* 14 (1955), p. 577.
[2] 这一部分的初稿可以在这篇文章中看到，参见 "The Foundation of Modern German Sinology", *Phi Theta Papers* 16 (1984), pp. 82-101。
[3] 格劳秀斯，荷兰法学家，世界近代国际法学的奠基人，也是近代折中法学派的创始人之一。——译者注
[4] 培尔，17世纪下半叶最有影响的怀疑论者，18世纪法国资产阶级启蒙思想家的先驱。——译者注
[5] Peter Gay, *Weimar Culture: The Outsider as Insider* (New York: Harper and Row, 1968), p. xiii.

国的灵魂拷问,我也才会稍感安慰。

——小提琴家胡贝尔曼(Bronislaw Hubermann,
1882—1947)[1] 致富特文格勒(Wilhelm
Furtwängler, 1886—1954)[2] 的信
写于1933年8月31日[3]

英国古典学者休·劳埃德-琼斯曾在1976年诙谐又富含深意地谈道:"希特勒对这个国家古典学研究的贡献要超过大部分的学术领域。"[4] 同时,中国学研究也得益于大量专业学者离开纳粹政权。像著名的吉尔伯特·默里(Gilbert Murray, 1866—1957)所形容的一样,他们是"有学问的难民"。还有许多的汉学家、古典学家、历史学家,以及音乐家、艺术家和作家,他们逃亡国外是想为专业才智寻找庇护和出口。但是,在他们的祖国,这些人之于学术的贡献常常被忽视,甚至得不到承认。许多优秀的德国人都属于流亡汉学家群体,这一群体的研究成果继承并彰显了德国古典学的伟大传统,但因他们不在德国生活

---

[1] 胡尔曼,波兰著名小提琴家。——译者注
[2] 富特文格勒,20世纪最伟大的指挥家之一,德国指挥学派集大成者。——译者注
[3] 转引自 Sam H. Shirakawa, *The Devil's Music Master: The Controversial Life and Career of Wilhelm Furtwängler* (Oxford: Oxford University Press, 1992), p.163。
[4] *Classical Survivals: The Classics in the Modern World* (London: Duckworth, 1982), p.17.

或教学,故对他们祖国汉学的发展未产生直接的影响。[1]在这些汉学家中,有部分是因为宗教或种族清洗而逃亡,他们受到了政治的牵连,比如说艾伯华。且不论他们逃亡的原因,这批流亡汉学家中最著名的有西门华德、葛禄博、白乐日、霍古达、施莱格尔和艾伯华。[2] 当代德国汉学中这些人的学术造诣和他们离去所带来的学术损失,在联系到其他领域的逃亡学者时,才可以凸显出来。其他领域的逃亡学者有指挥家布鲁诺·瓦尔特(Bruno Walter,1876—1962)和奥托·克伦佩勒(Otto Klemperer,1885—1973),作曲家阿诺德·勋伯格(Arnold Schönberg,1874—1951)[3]和保罗·欣德米特(Paul Hindemith,1895—1963),戏剧导演马克思·莱因哈特(Max Reinhardt,1873—1943)、利奥波德·耶斯纳(Leopold Jessner,1878—1945),作家托马斯·曼(Thomas Mann,1875—1955)以及氢弹之父爱德华·泰勒(Edward Teller,1908—2003)。从数量上来说,应该深刻意识到1938年之前,约有2500名作家逃亡,这使得德国文学变得枯竭。[4]

---

[1] 关于德国汉学家、亚洲艺术史学家的逃亡及其带来的对当今世界汉学的影响,可以参看 Martin Kern, "The Emigration of German Sinologists, 1933-1945: Notes on the History and Historiography of Chinese Studies", *JAOS*, 118 (1998), pp. 507-529。
[2] Herbert Franke, *Sinologie an deutschen universitaten* (Wiesbaden, 1968), p. 32. 傅吾康曾介绍过这一批新兴的德国汉学家,其中有许多还逗留在德国,具体可参见 Wolfgang Franke, "The Younger Generation of German Sinologists", *MS* 5 (1940), pp. 437-446。
[3] 勋伯格,美籍奥地利作曲家、音乐教育家和音乐理论家,西方现代主义音乐的代表人物。——译者注
[4] 参见 J. C. Jacmann and C. M. Borden, eds., *The Muses Flee Hitler: Culture Transfer and Adaptation 1930-1945* (Washington, D. C., 1983)。

来自巴达维亚的"煽动者":查赫

流亡汉学家中最引人瞩目的也许不是德国人,而是奥地利人查赫,他与伯希和的关系前已论及。[1] 查赫在现代汉语和文言文上的造诣俱佳。[2] 他著作等身,其中最令人赞赏的是对杜甫和韩愈诗歌的翻译[3],以及对《文选》的节译。[4] 最伟大的《文选》翻译家康达维曾对查赫博士的生平和著述做了以下概括:

> 在1901—1919年间,查赫曾在奥匈帝国领事馆工作,大部分时间都留驻中国。查赫熟谙汉语、满语和藏语。虽然他曾在1897年于莱顿大学跟随薛力赫简短地学习过,但如同阿瑟·韦利一样,他也是自学成才的。
>
> 1919年,奥匈帝国解体,查赫便开始为荷兰领事馆服务,1924年,他决定全身心投入学术研究。一直到1942年,由于乘坐的船被日本的鱼雷击中,他就此逝世。查赫主要致力于中国文学的翻译,几乎翻译了杜甫、韩愈和李白的所有诗歌,直到离世的那一刻,

---

[1] Alfred Hoffman, "Dr. Erwin Ritter von Zach (1872-1942) in memoriam: Verzeichnis seiner Veröffentlichungen," *OE* 10 (1963), pp. 1-60.
[2] 查赫的文字研究可以参阅 *Lexicographische Beiträge*, 4 vols. (Peking, 1902-1906); *Zum Ausbau der gabelentzschen Grammatik* (Peking: Deutschland-Institut, 1944)。
[3] *Tu Fu's Gedichte*, 2 vols. (Cambridge, Mass.: Harvard University Press, 1952); *Han Yü poeticsh Werke*, ed. James R. Hightower (Cambridge, Mass.: Harvard University Press, 1952).
[4] *Die Chinesische Anthologie: Übersetzungen aus dem Wen Hsüan*, 2 vols., ed. Ilse Martin Fang (Cambridge, Mass.: Harvard University Press, 1958).

他还在翻译《文选》。

查赫脾气暴躁，经常批评其他汉学家的作品，最终导致他无法在汉学期刊上发表文章。事实上，他所有的译文都发表在不知名的巴达维亚杂志上。他的《文选》译文大部分发表在《德国站岗》上，该期刊是面向荷属印尼德国人团体的月刊。1933年之后，当《德国站岗》不再刊登其文章，查赫便自费出版了他的系列翻译，名为《汉学贡献》（Sinologische Beiträge）。

查赫自称是一位"科学性"学者，不在意"冗长的理论"。人们称其风格为"平淡且哲理化的"，查赫认为这是对他的赞美，因为他认为自己的翻译如同是学生的译文对照本……尽管力图追求字义的精准性和一致性，但查赫的译文在语言上并不总是准确的……[1]然而瑕不掩瑜，很显然他在工作中遇到的困难很多，而且几乎没有什么资料可供参考……

查赫的汉语水平令人震惊，几乎没有西方学者在身处查赫相同的境况下，可以做得跟他一样好。[2]

虽然查赫的语言能力获得了广泛认同，但在本章专论德国学者时，他被认为是一名闯入者，不仅是因为他的国籍，还因为他闯入了汉学的社会圈子，包括在杂志上的公开论战。如同他的老师薛力赫一样，查赫最后被放逐，这

---

[1] 可以对比韦利关于查赫作为译者的优点描述，参见 BSOAS 22（1959），pp. 383-384。
[2] David R. Knechtges, *Wen xuan, or Selections of Refined Literature*, vol. 1 (Princeton: Princeton University Press, 1982), pp. 66-68.

与奥地利人身份无关,只是其脾气性情使得他的学术生涯无法继续。

奥地利东方学家:费之迈

另外,还有一位早期的奥地利人,他比查赫的学术产出更多,但其学问瞠乎其后。费之迈(August Pfizmaier, 1808—1887),这位东方学家不仅翻译汉语作品,还有日语、阿依努语、俄语等,远超其他汉学家。他自学了法语、意大利语、英语、拉丁语、希腊语、土耳其语、俄语、荷兰语、波斯语、埃及文、汉语、日语、满语,还有各种各样斯堪的纳维亚半岛的语言。[1]

费之迈的中文译作内容丰富且经常使用新材料,比如一些晦涩的道家文本,但他在处理文本时未深入批判亦未添加注释。这可能是因为他野心太广阔,故而其著作是量大于质。考狄曾毫不讳言"费之迈去世后,他的位置很快就会被其他人取代,因为他是凭借著作的数量成名而非学术价值"[2]。不过,至少他购买了一套印刷汉字和日语假名的字型,不幸的是,在奥地利除他以外,这套字型很少被利用。

---

[1] 参见 Richard Walker, "August Pfizmaier's Translations from the Chinese", *JAOS* 69 (1949), pp. 215-223。关于费之迈的个人贡献,可参见 Otto Ladstatter and Sepp Linhart, eds., *August Pfizmaier (1808-1887) und seine Bedeutung für die Ostasienwissenschaften* (Vienna: Austrian Academy of Sciences, 1990)。

[2] *TP* 3 (1892), p. 561; cf. *TP* 6 (1895), p. iii.

雷兴

雷兴是本章谈到的真正意义上的德国侨民汉学家。[1]他师从缪勒（F. W. K. Müller, 1863—1930）[2]，在柏林大学学习法律和东方语言，并在柏林的民族学博物馆工作到25岁。1907年，他前往中国并待了17年。他先后在北京翻译学校（Peking School of Interpreters）、青岛德华大学（German-Chinese College in Tsingtao）[3]、北京大学教学，后来又到沈阳株式会社医学书院（Igaku shoin）工作。他与欧特曼（Wilhelm Othmer, 1882—1934）[4]一起，编纂了汉语入门书籍，在德国读者中广受欢迎。雷兴回到德国后，开始在柏林研讨班里进行教学，并在返回中国前继续他的佛像和藏传佛教的研究。1926年，雷兴获得了柏林弗里德里希·威廉大学（Friedrich-Wilhelms-Universität）的博士学位，论文名称为《汉语口语和书面语中最重要的形式

---

[1] 他的生平和著述，可以参见 Richard Rudolph, "Ferdinand Lessing in memoriam", *OE* 9 (1962), pp. 1–5; Alexander Wayman, "Ferdinand Diederich Lessing, 26 February 1882–31 December 1961", *AA* 25 (1962), pp. 194–197; Hartmut Walravens, "Ergänzungen zum Schriftenverzeichnis von Prof. Ferdinand Lessing", *OE* 22 (1975), pp. 49–58; Walravens, "Ferdinand Lessing (1882–1961)-Vom Museum für Völkerkunde zu Sven Hedin aus den Reiseberichten und dem Briefwechsel", *Jahrbuch Prussischer Kulturbesitz* 1992, pp. 175–198。瓦尔拉文斯（Walravens）博士非常友好地提供给我关于雷兴研究的副本。
[2] 缪勒，德国著名的语言学家、东方学家，回鹘语文（文献）学的创立者。——译者注
[3] 又被称为青岛德华高等专门学堂，是20世纪初德国和中国在青岛合办的一所大学，存在时间为1909年到1914年。——译者注
[4] 欧特曼，德国语言学家、历史学家、汉学家，与雷兴一起编写了当时德语世界最为流行的汉语教材《汉语通释——官话教程》(*Lehrgang der nordchinesischen Umgangssprache*, Tsingtao: Deutsch-Chinesische Druckerei und Verlagsanstalt, 1912)。——译者注

词比较》(Vergleich der wichtigsten Formwörter der chinesischen Umgangssprache und der Schriftsprache)。1930 年至 1933 年间，雷兴参与了斯文·赫定（Sven Hedin，1865—1952）的中国—瑞典远征队。在德国短期停留之后，他于 1935 年受邀前往加州伯克利分校担任东方语言的助理教授。

雷兴最重要的著作包括《雍和宫：北京喇嘛教寺院文化探究》(Yung-Ho-Kung: An Iconography of the Lamaist Cathedral in Peking，简称《雍和宫》)[1]以及独一无二的《蒙—英字典》(Mongolian-English Dictionary)[2]。在这本字典上，雷兴倾注了 19 年的心血；而《雍和宫》一书不仅凝结了他深厚的研究功底，还得益于他曾在五台山体验过喇嘛生活的经历。遗憾的是，该书的第二卷还处于手稿阶段，而原本计划的四卷本将不可能完成了。

西门华德

另外还有一位同样有趣的移民，即西门华德，他对语言学和教育学的影响要超过对佛学和蒙古学的影响。[3]他在柏林大学接受了罗曼语及古典文献学的训练，于 1919 年获得博士学位，其博士论文是关于萨洛尼卡地区的犹太—西班牙语方言的。1920 年，他通过了图书馆高级考试，在

---

[1] 该书于 1942 年在斯德哥尔摩出版。——译者注
[2] 该书于 1961 年在加州大学出版社出版。——译者注
[3] 关于他的生平和著述，可参见 C. R. Bawden, "Ernst Julius Walter Simon", Proceedings of the British Academy 67 (1981), pp. 459-477; B. Schindler, "List of Publications by Professor Simon", AM 10 (1963), pp. 1-8; The Dictionary of National Biography, 1931-1940, ed. I. G. Wickham Legg (1949; rev ed., Oxford: Oxford University Press, 1975), pp. 338-339。

母校图书馆编制书目。在1936年离开柏林之前,西门华德已经是一位知名的图书馆学家,拥有图书馆委员会委员的头衔。从1932年开始,他便跟随福兰阁学习中文,并最终熟练掌握了藏语和满语,蒙古语也可以作为他的工作语言。西门华德曾担任《东方文献学》(*Orientalische Literaturzeitung*)的合作主编,并在1932年成为不带有终身制的副教授,其研究领域包括整个亚洲文献和语言。

1935年,西门华德因其种族身份而被迫离职,次年离开德国。1937年,他受邀前往伦敦的东方语言学院,成为一名兼职讲师,不久便担任讲师(Reader)[1]。1947年,他被推选为中文教授,并于1950年担任远东系代理系主任。1952年他开始主管系部,1960年卸任教授,1981年去世。西门华德曾在1946年收到柏林大学发出的汉学讲席邀请,同时还有机会去剑桥大学继任霍古达的中文教授讲席,但他仍忠诚地坚守在这个曾经收留他的学校,在那里他通过培训中文的译员来服务战争需要。

西门华德的论文主要发表在《泰东》学报上,他曾在1964年至1975年间担任该杂志的主编,并作为编委会成员协助杂志出版。另外,他还在该学报上发表了关于语法和词典学的系列文章。[2] 西门华德总是在晚宴上喋喋不休地谈到"而"这个小品词的问题,他支持"国语罗马字"

---

[1] Reader 即享有研究责任的讲师。——译者注
[2] 西门华德的代表作有:"Bih 比 = Wei 为?", *BSOAS* 12 (1947-1948), pp. 789-802; "Der Erl Jiann 得而见 and Der Jiann 得见 in *Luenyeu* 论语 VII, 25", *AM* 2 (1951), pp. 46-67; "Functions and Meanings of *Erl* 而, 1: *Erl* in Conditional Sentences", *AM* 2 (1951), pp. 179-202; "Functions and Meanings of Erl 而, Part IV", *AM* 4 (1954), pp. 20-35。

拼写系统，将其拼为"erl"，他的朋友们因此也给他起了一个绰号即"Erlkönig"。[1]

他的学生崔瑞德认为西门华德对古汉语的研究仅次于高本汉。[2] 马伯乐对西门华德的研究著作亦称赞有加："西门华德在古汉语研究方面发表了有趣的成果，尽管有些时候他的一般结论不太被人接受，但其学术价值极高。"[3] 马伯乐认为西门华德于 1930 年在柏林莱比锡出版的著作《藏汉语同源词初探》(Tibetische-Chinesische Wortlgleichungen, ein Versuch) 是汉藏语言研究领域内的开拓性著作，尽管其结论尚有遗憾和不成熟之处，但马伯乐在书评最后还是用振奋的言辞对其进行了肯定："就算有人不能接受大部分的结果，但也应该公正对待这篇文章中所展现出来的努力。"[4] 西门华德在满语、藏语和教育学领域所取得的成就得益于他对学术的热情和锲而不舍的精神。[5] 他对英国汉学发展的贡献，不在于发表了数量众多但不成体系的著述，而在于其于战争期间以及战后都坚持在东方语言学院设立汉语项目。西门华德对汉语文本的研究成果和教学资料因为适应彼时教学之需，得到了广泛应用。另外他编纂的《汉英入门字典》(A Beginner's Chinese-English Dictionary) 于 1947 年在伦敦由伦德·休姆夫雷出版公司（Lund

---

[1] The Erl King (Der Erlkönig) 是歌德故事里的主人翁。——译者注
[2] Denis Twitchett, *Land Tenure and the Social Order in T'ang and Sung China* (London: Oxford University Press, 1962), p. 13.
[3] Maspero, *Journal Asiatique* 13th ser. 1 (1933-1942), p. 74.
[4] Maspero, *Journal Asiatique* 13th ser. 1 (1933-1942), p. 79.
[5] 参见 inter alia, *Manchu Books in London: A Union Catalogue* (London: British Museum Publication, 1977) (with Howard G. H. Nelson). *Tibetische-Chinesische Wortlgleichungen: Ein Versuch* (1929), Abt. 1 (Berlin and Leipzig, 1930).

Humphries and Co.）出版，也流行一时。值得称道的是西门华德在任期间，扩大了远东系的研究范围，将韩国、蒙古和中国西藏纳入其中。鲍登（C. R. Bawden）认为："事实上，亚非学院（SOAS）的远东系，在西门华德退休后的20多年后的今天，基本上仍是他的杰作，尽管其形制在细节上有所改动，也遭受了一些无法弥补的损失。"[1]

霍古达

本节最后讨论的一个逃亡英国的德国学者是霍古达。他古典学造诣深厚，并将其研究方法与人文主义进行了完美结合。[2] 他的出生地，当时还属于奥地利，他在维也纳师从罗士恒（Arthur Elder von Rosthorn, 1862—1945）[3]，并在莱比锡跟随孔好古学习。在哈雷（Halle）和哥廷根（Göttingen）执教期间，霍古达成立了一个汉学研讨会，还建立了一个蔚为壮观的图书馆。在移民英国之后，便在剑桥接替了慕阿德（A. C. Moule, 1873—1957）[4] 退休后的汉学教席。

霍古达在中国经典方面造诣深厚，是当时为数不多的几个可以掌握中国金文、中国古文字和历史音韵学的西方汉学家之一，极大推动了对早期文献的翻译研究。他曾在

---

[1] Bowden, "Ernst Julius Walter Simon", p. 471.
[2] 关于霍古达简短的生平，批判性评价及参考书目，可以参见 Herbert Franke, "Gustav Haloun (1898-1951) in Memoriam", *ZDMG* 102 (1952), pp. 1-9; E. B. Ceadel, "Published Works of the Late Professor Gustav Haloun (12 Jan. 1898-24 Dec. 1951)", *AM*, n. s. 11. 1 (1952), pp. 107-108.
[3] 罗士恒，奥地利外交官，汉学家。——译者注
[4] 1933-1938 年间担任剑桥大学汉学教授。——译者注

一本高本汉的《分析字典》(Analytical Dictionary) 中潦草地记满了词源学方面的建议和修正意见，很可惜后来没有出版成为研究汉学的参考资料，如若出版必定能帮助人们理解词源学。[1]

霍古达对传统目录学的研究可与伯希和比肩，而他在校勘方面积累的丰富经验则远超这位法国大师。他对汉学和汉学方法论的最大贡献是将文本校勘置于科学范畴之内。但是西方汉学家对校勘学的长期忽视促使我们现在要深入挖掘文本的历史及其流播过程。[2]

文本校勘学

研究古希腊、古拉丁文的古典学学者在很长一段时间内都十分推崇文本校勘的重要性，他们对不同版本的辛勤校勘成为其他学科进行分析研究的基础。文本校勘可追溯至公元前3世纪，在亚历山大图书馆工作的希腊学者。这些学者对文本展开校勘研究不仅是出于对古文物的兴趣，还因为这可以帮助他们在与帕加马图书馆的激烈竞争中取得胜利。因为据说后者获得了之前已佚文本的最佳版本，而亚历山大学者通过严谨的文本考究，证实了帕加马学者

---

[1] 参见 Pulleyblank, *Studia Serica Bernhard Karlgren Dedicata*, 184, n. 1。这本论文集里面有霍古达所做的另一个类似的例子，证明页边上注释的学术价值，标注在甲柏连孜的语法书抄本上。

[2] 下面的章节是在韩大伟教授原有研究的基础上完成的。——译者注。可参见 David B. Honey, "Philology, Filiation, and Bibliography in the Textual Criticism of the *Huainanzi* (review article)", *Early China* 19 (1994), pp. 161–192.

研究的虚伪性。[1] 在拜占庭，除经典传统外，文本校勘有助于保留神圣文本的真实性，从而抵制篡改内容及外邦人所支持的那些异端邪说。[2]

文本校勘在现代的兴起源于彼特拉克（Franciscus Petrarch，1304—1374）[3]，他核对整理了手稿文献，对不同的文本进行记录，并提出相关的修正意见。[4] 洛伦佐·瓦拉（Lorenzo Valla，1407—1457）[5] 也许是第一个专业的文献学家，波利齐亚诺更像是严格意义上的第一个专业校勘学家。[6] 关于这项工作的一个早期解说是冉·拉·科勒尔克（Jean Le Clerc，1657—1736）[7] 于1697年发表的《批评性的技术》（Ars Critica），他提出了诸多文本校勘的方法，其

---

[1] Canfora, *The Vanished Library: A Wonder of the Ancient World*, pp. 45-50. 这部著作里面的讨论，虽不成系统却十分深入，以普及的图表揭露出文本校勘和寓言式诠释之间的对抗，而这两者在某方面看起来十分相似。在汉代有古今文之争，之后，汉宋两代有学术方法论的争辩。下面这篇文章深入探讨了亚历山大校勘学派的兴起和发展，可参见 Pfeiffer, *History of Classical Scholarship*, vol. I, Part Two, "The Hellenistic Age." 参见韩大伟，《西方经学史概论》（上海：华东师范大学出版社，2012年），第三章。

[2] 参见 N. G. Wilson, *Scholars of Byzantium* (Baltimore: Johns Hopkins University Press, 1983), p. 68.

[3] 彼特拉克，也译作佩脱拉克，意大利诗人、学者，欧洲人文主义运动的主要代表。——译者注

[4] 关于彼特拉克的文本评论，可参阅 Pfeiffer, *History of Classical Scholarship*, vol. 2, pp.3-16. 另请参阅韩大伟，《西方经学史概论》，第100-104页。

[5] 瓦拉，文艺复兴时期意大利修辞学家、教育家和天主教诗人，最大的成就在历史文献学方面，特别是对史料语言和年代的考证，直接影响了伊拉斯谟等人用同样的方法来研究不同文本的《圣经》。请参见韩大伟，《西方经学史概论》，第109-113页。——译者注

[6] Grafton, *Joseph Scaliger*, vol. 1: *Textual Criticism and Exegesis*, pp. 9-44; Pfeiffer 对瓦拉和波利齐亚诺分别进行了研究，参见 *History of Classical Scholarship*, vol. 2, pp. 35-41, 42-46.

[7] 科勒尔克，瑞士学者，以考订、诠释基督教文献著称。——译者注

中最著名的是第 5 条"更难更好更可行"。[1] 随后，英国古典学家理查德·本特利开创了一种文本校勘的新方法；[2] 而本特利学派（Bentleian school）风靡荷兰和德国，为拉赫曼（Karl Lachmannn, 1793—1851）[3] 的理论开辟了道路。拉赫曼通过其例证，定义了"校订"（recension）和"修正"（emendation）这些术语，并极大地推动了系统方法论的成熟，即"谱系学"（stemmatics）。维拉莫威兹肯定了拉赫曼对提图斯·卢克莱修（Titus Lucretius, 约 B. C. 99—约 B. C. 55）[4] 的版本校订，认为"我们可以从这本书中学到校勘的方法，而每位学生也应该仔细考量这一著作"[5]。

在中国，文本校勘的传统诞生于公元前 213 年秦始皇焚书坑儒之后，主要围绕文本的考证、构建及呈现几个方面展开。加德纳（Charles S. Gardner）认为："毫不夸张地说，从公元前 2 世纪到今天，文本校勘都得到了中国最好学者的关注。"[6] 这一校订文本的学科在秦朝达到顶峰，

---

[1] E. J. Kenney, *The Classical Text: Aspects of Editing in the Age of the Printed Book* (Berkeley and Los Angeles: University of California Press, 1974), p. 43.
[2] Brink, *English Classical Scholarship*, pp. 21−83.
[3] 拉赫曼，德国著名的古典文献学家，与沃尔夫一起首先提出了要构建古典学文本的校勘本。——译者注
[4] 卢克莱修，罗马共和国末期的诗人和哲学家。——译者注
[5] Wilamowitz-Moellendorff, *History of Classical Scholarship*, p. 131. 这本著作通过考证中世纪文本校勘的学者和作品来追溯古典文本的源头。下面这部作品高度评价拉赫曼的学术贡献，参见 Harald Weigel, *Carl Lachmann und die Entstehung der wisenschaftlischen Edition* (Freiburg: Verlag Rombach, 1989)。如果要了解更多关于校勘学家对方法论发展的影响，可参见 Grafton, *Joseph Scaliger*, vol. 1: *Textual Criticism and Exegesis*, pp. 9−44。
[6] Gardner, *Chinese Traditional Historiography*, p. 18. 这一优秀著作的第三章全部是在讨论文本校勘。

被称为"校勘学",即是对手稿进行校勘并确定权威性版本。[1]乾隆时期,随着汉学复兴,掀起了一场考证运动,校勘学见证了中国学界评述版本的兴起。

在中国,很早就开始对手稿进行校勘,以汉代刘向及其子刘歆的著作为主要代表。[2]宋代开始,书的末尾跋页常常用来记录在其刊刻过程中对不同版本的考证信息,而不管其是否真实存在。[3]且不论这一校勘传统和南宋大家王应麟的开创性著作,[4]到清代亦逐渐涌现了一批学者,如孙星衍和卢文弨等人,他们利用新的校勘和文本重构,

---

[1] 关于这一学科的最新研究,可参见蒋伯潜,《校雠目录学纂要》(台北:中华书局,1957年);戴南海,《校勘学概论》(西安:陕西人民出版社,1986年)。

[2] 关于刘氏父子的目录学和校勘学活动,可以参看 Jeffrey Riegel and Timoteus Pokora, *The Indiana Companion to Traditional Chinese Literature*, ed. William H. Nienhauser, Jr., et al (Bloomington: Indiana University Press, 1986), pp. 583-586; Piet van der Loon, "On the Transmission of the Kuan-Tzu", *TP* 41 (1952), pp. 358-366。钱穆,"刘向/歆父子年谱",《古史辨》(上海:上海古籍出版社,1982年),第五章,第101-248页。最后一本书曾再版于《两汉经学今古文平议》(台北:三民书局,1971年)。有关刘向、刘歆父子的校勘学研究,参见韩大伟,《中国经学史·秦汉魏晋卷:经与撰》(北京:社会科学文献出版社,2019年),第179-199页。

[3] 参看 Ming-Sun Poon, "The Printer's Colophon in Sung China, 960-1279", *Library Quarterly* 43 (1973), pp.39-52。

[4] 王安国认为王应麟是开创性人物,是因为他的著作为后面清代的文献学家开辟了道路。参见 Jeffrey K. Riegel, "Some Notes on the Ch'ing Reconstruction of Lost Pre-Han Philosophical Works", *Selected in Asian Studies* 1 (Albuquerque, 1976), p.180, n.1。关于王应麟的介绍和关于他的研究,可参见 C. Bradford Langley, *The Indiana Companion to Traditional Chinese Literature*, pp.882-884。更多的研究还可参看 K. T. Wu, "Chinese Printing Under Four Alien Dynasties", *HJAS* 13 (1950), pp.470-471。关于王应麟主要著作的出版史可参见《玉海》和《困学纪闻》。

第二章 德国汉学：古典文献学和历史编撰学

提供最好的文本基础，以推动儒家经典的诠释。[1] 当提到 19 世纪致力于校勘已佚文本的学者时，就一定会提到马国翰和严可均。[2] 当然，其他的学者也在推动文本校勘，他们希望通过认真研读已搜集到的版本，并与其他版本（如一些摇篮本、稀缺手稿等）进行对勘，同时与收录在百科全书或其他汇编丛书中的零散片段进行对比，从而为现存文本构建最好的文献基础。[3]

当代的中日学者就不同的中文文献进行了校勘出版，尤其是哲学文本。这些著作一般会包括一个常规底本，然后辅以"集释"和"解"，如丰富的引证、来源讨论以及文本注释。[4] 其中最著名的便是泷川龟太郎对《史记》的校勘，还有王先谦对《汉书》和《后汉书》的校勘。在哈佛—燕京学社出版的汉学研究系列丛书（1932—1951）中

---

[1] 参见 Benjamin A. Elman, *From Philosophy to Philology: Intellectual and Social Aspects of Change in Late Imperial China* (Cambridge, Mass.: Council on East Asian Studies, Harvard Univ., 1984)。其中第 37-85 页是关于"考证学"的兴起，第 68-70 页是关于文本重建和校勘的。

[2] 关于这些学者和他们的同行对哲学文本的重建研究，可参见 Riegel, "Some Notes on the Ch'ing Reconstruction of Lost Pre-Han Philosophical Works", Arthur Hummel, ed., *Eminent Chinese of the Ch'ing* (Period 1644-1912), 2 vols. (Washington: United States Government Printing Office, 1943), vol. 1, pp. 557-558; vol. 2, pp. 910-912。

[3] 胡适举出过处理这类文本的一个绝佳例子，参见 Hu Shih, "A Note on Ch'üan Tsu-Wang, Chao I-Ch'ing and Tai Chen: A Study of Independent Convergence in Research as Illustrated in Their Works on the *Shui-Ching Chu*", *Eminent Chinese of the Ch'ing Period*, vol. 2, pp. 970-982。加德纳曾介绍过校勘学的历史和处理历史文献的方法，参见 Gardner, "Textual Criticism", *Chinese Traditional Historiography*, pp. 18-63; 张舜徽，《中国古代史籍校读法》（1962 年；上海：上海古籍出版社，1980 年）。

[4] 当代中国文献学框架下的文本诠释方法，可以参看关步勖，"校勘底本杂谈"，《古籍整理研究通讯》10 (1994)，第 18-20 页。

收录了当代中国的最新校勘成果，内容关于历史、文学、哲学、历史地理学、目录学的文章共计64篇，其中23篇使用了新文本，并进行了新的句读和诠释。[1] 在崔瑞德看来，严格意义上的汉学就"体现在按照传统校勘学和文献学对中国文学进行最后的分析……这个学科在培养中国历史研究学者时必不可少"[2]。

然而，除了偶尔的例外，这项事业并没有在仍处于萌芽期的西方汉学传统中流行起来，似乎跳过了学术发展的某一个阶段。谭朴森（Paul Thompson）[3] 曾说："我们总是表现出来反对文献学的态度，但除非我们可以校勘并完善自己的文本，我们才能像欧洲同事他们那样，有这个权利去这样做。任何美学直觉和统计方法都无法使中国古代文献研究走出长期以来的低谷。"[4]

霍古达及其校勘本

霍古达十分娴熟地驾驭校勘学，尽管后人引用他的例子不多，但从坚实的方法论出发，崔瑞德认为霍古达是

---

[1] 由洪业指导的这一系列，可以参看 Susan Chan Egan, *A Latter-day Confucian: Reminiscences of William Hung (1893-1980)* (Cambridge, Mass.: Council on East Asian Studies, Harvard University, 1987), pp. 140-145。
[2] Twitchett, "A Lone Cheer for Sinology", p. 110.
[3] 谭朴森，美国华盛顿大学博士，英国伦敦大学亚非学院教授，精研中国古代典籍。——译者注
[4] Paul Thompson, *The Shen Tzu Fragments* (Oxford: 1979), p. xvii. 关于西方汉学家的文本批评，可参看 Gardner, "Textual Criticism", *Chinese Traditional Historiography*, pp. 18-68; William G. Boltz, "Textual Criticism and the Ma Wang tui Lao tzu (review article)", *HJAS* 44 (1984), pp. 185-224; Boltz, "Textual Criticism More Sinico", *Early China* 20 (1995), pp. 393-405; Harold David Roth, *The Textual History of the "Huai-nan Tzu"* (Ann Arbor: Association for Asian Studies, 1992)。

"最严谨的文本校勘家"。[1] 霍古达在《泰东》中发表的系列文章彰显了他的研究方法以及在重新构建哲学零碎文本方面的努力。他在文章中提出的例子在东西方汉学圈中都极具原创性,并提供了重建文本的异字表(critical apparatus)。[2] 霍古达发展出一种底本模式,即将底本、重建的部分文本、平行片段和校勘方法(包括韵律在内)都放置在同一页,将翻译和注释放在对开页。有时候,为了展现版本的流传状况,他还会附上版本的谱系图,这比卜弼德的中国经典文本对比分析法还要早上6年。不过他只是利用了他的古典学背景,模式原型则来自另一个德国流亡学者的杰作《卡利马科斯》(Callimachus),这位学者就是普法伊费尔,当时在牛津大学工作。[3]

霍古达的遗稿收藏在剑桥大学图书馆。里面最重要的一篇应该是一份19页的手稿,名为《汉语文本校勘》(Chinese Textual Criticism)(参阅附录A,编号6)。这份手稿是一份演讲稿,由字迹小巧的德文写成。由于字很小,且有一套奇怪的罗马字系统,这份手稿十分难辨认,母语者也不例外。通常,他先提出汉语校勘的基本原则,对文

---

[1] Twitchett, *Land Tenure and the Social Order in T'ang and Sung China*, 12. Cf. Herbert Franke, *Sinology at German Universities*, p. 18. "霍古达有关早期儒家文本版本的校勘……有人称这篇文章是西方学者第一次将文献校勘学运用到汉语文本中,证明了文本的精确性。"
[2] "Fragmente des Fu-Tsi und des Ts'in-tsi", *AM* 8 (1932), pp. 437–518; "Das Ti-Tsi-Ts'i: Frühkonfucianische Frangmente II", *AM* 9 (1933), pp. 467–502; "Einige Berichtigungen und Nachträge zum Ti-Tsi-Tsi und zum Fu-Tsi", *AM* 10 (1935), pp. 247–250; "Legalist Fragments, Part I: Kuan-tsi 55 and Related Texts", *AM* n. s. 2 (1951), pp. 85–120.
[3] 卡利马科斯,公元前3世纪的希腊学者和诗人,请参见韩大伟,《西方经学史概论》,上海:华东师范大学出版社,2012年,第41-45页。——译者注

本的敬畏之情，以及系统校勘过程中的基本步骤。最后，在很长的序文之后，霍古达提出在进行汉语文本校勘时，需要注意的九个原则以及具体的操作步骤，包括可疑文字的音韵形式，韵律模式，古代笔迹的变化形式，在手写本中常出现的手写体，以及语法考察和韵律分析等等。

《礼记·儒行》（参阅附录A，编号13）。霍古达所有的文本研究都可以用来帮助读者理解文本，所以在这篇文章中他期望用最精练的方法和翻译来最大程度地向学生展示文本中的信息。在这个教学讲义中包含两个对开页。第一页展示了两个版本的文本，以平行方式列出，一个在上一个在下，从而更清楚地表现其各自不同的异文。在边栏处有对文本不同之处的讨论。对开页则分为三个平行部分：最上面是重构的文本，中间是现代汉语的翻译，最下面是德语的翻译。附录A中的课程讲义都是以这种样式编排的。霍古达在他的班级里也讲授这种处理文本的基本方法。

《史记》第七卷（参阅附录A，编号17），这里是对项羽生平的译介。然而，霍古达却把《汉书》和《史记》在文本中的不同全都标记出来。他一般会解释为什么采用这一文本而不是另一个，比如说他会提到这个文本"看起来是错的"，或者"看起来更好"；这个文本是"对的"，另一个则是"格式上有修正"或是"拼写上有修正"，因此一个文本可以被认为是"多余的"文本。在对比研究了《史记》和《汉书》中对项羽生平的不同记述后，霍古达最后认为《汉书》是最好的版本。他甚至提出了以下这种大胆的言论："所有《史记》加进去的文字或片段是训诂（第五页）。"事实上，在编号49的手稿"张骞生平"中，霍古达提出了合理的建议：即《汉书》中的"西域传"这一部分采用的是《史记》的早期手稿。[1] 编号51的手稿"桓公生平"中，这篇文章表明他进行文本校勘不是为了教学目的，而是为了他的研究兴趣。霍古达总是不厌其烦地对文本进行两个阶段的研究。第一，他把文本平行列出，一个在上，一个在下，然后将所有的差异都标注在右边的边栏中；第二，他对文本进行对勘，即将第一个阶段中的数据进行合并、注释，以重建文本。另外，在出版《汉书》的现代版本过程中，霍古达同样进行了认真的文献学研究。他在研究平行结构的文本时，也会使用文献学研究方法。比如，上面提到的编号49的文稿中，他对《汉书》文本的研究，就是把全文的不同之处都进行了标注，以确定翻译的准确性。

霍古达已出版的著作及其手稿远不足以展现他对文本的校勘工作。他通过解构其他东方学家选定的权威哲学文本，为他们的研究奠定基础，这其中包括韦利、黑尔芬、贝利（Harold Walter Bailey, 1899—1996）[2] 和米诺尔斯基（Minorsky, 1877—1966）[3]。韦利对霍古达的感激之情代表了得到他慷慨帮助的学者们的心声："我对霍古达教授由衷地感激，不仅是因为他提供给我许多收藏在哥廷根大学中文图书馆的资料，那个图书馆就是由他创立及负责的，而且还积极指导了我的研究。"事实上，韦利还把他翻

---

[1] 在研究汉代文献时，我亦偏向将《汉书》置于《史记》之上。参见"Ssu-ma Ch'ien's Hsiung-nu *logos*: A Textcritical Study", *Chinese Literature: Essays, Articles, Reviews* 21 (1999), pp. 67-97。
[2] 贝利，剑桥大学教授，语言学家、东方学家，于阗文大师。——译者注
[3] 米诺尔斯基，英籍俄罗斯学者，东方学家，通晓梵、巴利、波斯、藏、蒙、汉等语言，伊朗学大师。——译者注

译的《诗经》献给了霍古达,并在第二版的序言中充满感激地再次重申:"在第一版的序言中,我表达了对霍古达的由衷感谢,他之后成为剑桥大学汉语教授,并于 1951 年去世。这本书曾经是(现在也是)献给他的礼物。某种意义上,这本书既是我的也是他的。"[1][霍古达跟司各特爵士(Sir Walter Scott, 1771—1832)[2]一样,由于过度劳累而去世,但不是因为写作,而是因为教学。]

植根于深厚的文献学造诣,霍古达那充满人文主义的研究罕见地得到了该领域的官方认可,另外还包括历史学、人类学、宗教学等研究领域。他研究中最重要的部分涵盖了汉语文献中涉及的早期印欧语系[3]、古代部落聚集[4]、摩尼教[5]和后汉历史[6]。他对中国远古部落的研究得到了艾伯华的认可:"霍古达对部落聚集的研究应该是所有类似研究中最具有原创性且是最有前途的,但他在移民英国后,便没有继续这一工作,也鲜有后续研究。"[7] 霍古达 1925

---

[1] Arthur Waley, *The Book of Songs* (1937; rpt. New York: Grove Press, 1960), prefaces. Cf. Franke, "Gustav Haloun", p. 7. 后一篇文章描述了霍古达和其他学者的合作。

[2] 司各特爵士,英国著名历史小说家、诗人。——译者注

[3] *Seit wann Kannten die Chinesen die Tocbarer oder Indogermanen überhaupt* (Leipzig, 1926). Franke, *Sinology at German Universities*, p. 23. 这篇文章断言说该著作的特点是"一份中国古代地理的认识纲要,晦涩难读,但是可以给耐心的读者许多启发和线索"。当然,该著作还是一本文本校勘著作。

[4] "Beiträge zur Siedlungsgeschichte chinesischer Clans, I: Der Clan Feng", *Asia Major* (1923), pp. 165-181. "Contributions to the History of Clan Settlements in Ancient China, I", *AM* 1 (1924), pp. 76-101, 587-623.

[5] "The Compendium of the Doctrines and Styles of the Teaching of Mani, the Buddha of Light", *AM* n. s. 3 (1952), pp. 184-212 (with W. B. Henning).

[6] "The Liang-Chou Rebellion, 184-221. A. D", *AM* n. s. 1 (1950), pp. 119-132.

[7] *JAOS* 95 (1975), p. 522.

年的早期文章《透过古代汉语重建中国早期历史》（*Die Rekonstruktion der chinesischen Urgeschichte durch die Chinesen*）[1]，十分恰当地概括了对文献学分析和历史学研究的结合。他运用语言学方法来研究史学史和民族学，比如说中国人是如何从远古神话、传说、民谣中重构历史的。霍古达如此伟大，成为第一个获得英国教席的专业汉学家，深受当今社会历史学家的尊崇。他证明了所谓旧式过时的语文文献学与所谓新兴投机主义的社会学之间的争论的虚妄性。

通过这两位流亡者的成就，我们得以一窥德国文献学发展的概貌，即从19世纪的蹒跚前行，到魏玛共和国时期的平稳发展，最后是国家社会主义时期的飞跃。希特勒令人不悦的"出现"创造出一批流亡汉学家。难民学者们带来了英国汉学的新生，其中最著名的便是西门华德和霍古达。德国人对英国学术的影响如同早期德国古典学带来的影响。崔瑞德总结道："他们在战争爆发之际来到这里，推动现代汉语和日语的集训项目发展到空前的规模。"[2] 鲍登认为西门华德和霍古达是第一批专业的英国汉学家，并提出以下值得深思的理由：

> 把西门华德和霍古达放入英国当代专业汉学的奠

---

[1] *Japansch-deutsche Zeitschrift für Wissenschaft und Technik* 3（Beilin, 1925），pp. 243–270. Cf. the review by Henri Maspero, *JA* 11th ser. (1927), pp. 142–144.

[2] Twitchett, review of Barret, *Singular Listlessness*, in *Journal of the Royal Asiatic Society series 3*, 5.2 (1995), p. 247. 关于第二次世界大战后英国汉学学派遵循美国区域研究运动学科和机构的发展情况，可以参看 Michael McWilliam, "Knowledge and Power: Reflections on National Interest and the Study of Asia", *Asian Affairs* 26 (1995), pp. 33–46。

基人群体中并不为过。这并不是抹杀三所知名大学（剑桥、牛津和伦敦大学）继任者们的贡献。第二次世界大战期间，广义上的英国汉学是卓越的汉学业余爱好者的聚集地，从业者主要是那些曾在远东服务过的政府公务员和传教士，当他们从自己的巅峰时期及伟大事业退休后，依旧在晚年保持着对异域的研究，但却游离在大学主流之外。英国汉学领域的确有优秀的学者，但鉴于没有学术传统，所以没有出现呈谱系发展的老师和学生。出于这样或那样的原因，还有个人的好恶或缺乏支持，他们没有甚至是无法建立学校，但西门华德却成功了，这正是他的伟大之处。[1]

而关于战前居主导地位的英国汉学是受到何种启发，从而推动西门华德和霍古达建立学派的历史，将在之后两章进行具体讨论。

附录A：霍古达的文章，剑桥大学图书馆编号ADD7575（B）

书盒1：讲稿1—10；讲座课程1—7

1. 讲稿1：《汉语文字》（*Chinese Script*），1944年2月2日在远东陶瓷学会（Oriental Ceramic Society）上的讲座

2. 讲稿2：《中国历史的开端》（*The Beginning of Chinese History*）

---

[1] Bawden, "Ernst Julius Walter Simon", p. 475.

3. 讲稿 3：《中西早期关系小论》(Some Early Relations of China with the West)

　　4. 讲稿 4：《中国古代"感谢上帝"的发展》(Entwicklung Des Gottesdankens im alten China)，19 页

　　5. 讲稿 5：《中国语言》(The Chinese Language)，德文

　　6. 讲稿 6：《汉语文本校勘》(Chinese Textual Criticism)，德文

　　7. 讲稿 7：《东突厥斯坦的人种》(Die Rassen Ostturkestans)，德文，莱比锡民族学研究中心

　　8. 讲稿 8：《月氏人的问题》(Das Tocharerproblem)，德文

　　9. 讲稿 9：《汉语和印欧语系》(Chinese and Indo-Europeans)，德文，哈雷，1927 年

　　10. 讲稿 10：《东亚和西亚的早期关系》(Early Relations Between East and West Asia)，德文

　　11. 课程 1：《汉语语法虚词》(Chinese Grammar Particles)

　　12. 课程 2：《中庸》(Chung-Yung)

　　13. 课程 3：《礼记·儒行》(Li-chi，"Ju-hsing" chapter)

　　14. 课程 4：《荀子》第 23 章 (Hsün-Tzu，chapter 23)

　　15. 课程 5：《庄子》，第 1 章、第 17 章和第 2 章 (Chuang-Tzu，chapter 1，17 and 2)

　　16. 课程 6：《论语》，第 3 卷和第 7 卷 (Lun-Yü，Book III to VII)

　　17. 课程 7：《史记》第 7 卷 (Shih-chi，Book 7)

书盒 2：课程 8—17

18. 课程 8：《孟子》（*Meng-Tzu*，IA，IIIA，VIA and Mics）

19. 课程 9：《墨子》（*Mo-Tzu*，14，15 and 16）

20. 课程 10：《离骚》（*Li-Sao*）

21. 课程 11：《中国宗教》（*Chinese Religion*），德文

22. 课程 12：《中国早期历史》（*Early Chinese History*），德文

23. 课程 13：《中国上古史》（*The Earliest Period in Chinese History*）

24. 课程 14：《中国制度》（*Chinese Institutions*），德文

25. 课程 15：《汉语的历史发展》（*Historical Development of the Chinese Language*）

26. 课程 16：《汉语语法》（*Chinese Grammar*）

27. 课程 17：《杂项笔记》（*Miscellaneous Notes*）（主要是对语法的笔记和批注，这个手稿附在课程 16 手稿后面，有自己的编号）

书盒 3

28. 斯文·赫定文献（Sven Hedin Documents，15，16）

29. 米诺尔斯基教授著作《马尔瓦则》的材料来源（Materials for Prof. Minorsky's Book *Marvazī*）

30. 亨宁（W. B. Henning，1908—1967）[1] 教授《关于粟特古信函的年代》文章的笺注（Notes for Prof. Henning's Article "Date of the Early Sogdian Letter"）

---

[1] 亨宁，英国著名的东方学家，伊朗学大家。——译者注

31. 课程 17：《汉字的形成》（Word Formation in Chinese）（编号为 17，尽管前面已经有一个课程编号是同样的 17）

32. 课程 18：《汉藏语族》（Sino-Tibetan Language Group）

33. 课程 15：《汉语中的重音》（Stress in Chinese）（编号错误）

34. 课程 14：《汉语声调》（Chinese Tones）（编号错误）

35. 课程 21：《汉字语音历史》（History of Chinese Phonetics）

36. 课程 22a：《汉语手册》（Handbooks on Chinese）

37. 课程 22b：《汉语语音系统手册》（Handbooks on Chinese Phonetic System）

38. 课程 23：《汉语文字》（Chinese Script）

书盒 4：文章笔记等

39. 4A：《管子·四十九》（Kuan-Tzu, 49）

40. 4B：《管子·四十九》（Kuan-Tzu, 49）

41. 4C：《管子·四十九》（Kuan-Tzu, 49）

42. 5：法家片段，2 和 3：申不害和慎到

43. 6：《华夷译语》（Hua-I I-Yü）

44. 6（续）：霍古达关于《华夷译语》的书信

45. 卢斯（Gordon H. Luce, 1889—1979）[1] 写于 1945 年 2 月 6 日的信件，信中感谢霍古达提供了一份关于

---

[1] 卢斯，英国学者，以研究缅甸历史和民族著称，被称为现代缅甸研究的奠基人。——译者注

汉语文献中古缅甸的复印资料和一封"有用"的信函。

46.7A：《逸周书》（*I-Chou-Shu*）

47.7B：关于 Yü Yüeh[1] 的笔记

48.8：大禹的神话（洪水神话）

49.9：张骞生平

书盒5：文章，笔记等

50.文章笔记等 II：有金色头发的人（Wu-sun）

51.文章笔记等 10：桓公生平

书盒6

52.关于一份名录副本，包含了83位英国、欧洲、中国、日本和俄罗斯的著名汉学家的名字。其中，只核对了49个名字［相关资料可参见"Zur Üe-tsï-Frage"，*ZDMG* 91（1937）：243-318］。

在另一个装订好的副本中有一个更短的名单［相关资料可参见"Das Ti-Tsi-Ts'ï：Frühkonfucianische Fragemente II"，*AM* 9（1933）：467-502］。

---

[1] 含义不清楚。——译者注

第三章
英语国家汉学家：从中国沿海汉学到中国研究

中国语言研究格外适合某所业已形成最高学术水准的世界顶级大学。只有在此种学府和氛围中，人们才能够真正欣赏像中国这样一个国家的学术文化。如果一所顶级大学不能提供用世界上最伟大文化自身的语言学习该文化的机会，那么这所大学其实是不完整的。此外，中国的学术成果一定要为世界所知。

——德效骞《中国：人文学术之地》
（China: The Land of Humanistic Scholarship）[1]

第一节　英国汉学三巨头：马礼逊、伟烈亚力、翟理斯

两位苏格兰新教传教士推动了19世纪英国汉学的发展。他们就是理雅各和伟烈亚力。两人都生于1815年。他们在精神和学术领域的杰出程度堪与早期的苏格兰重商主

---

[1] China, The Land of Humanistic Scholarship: An Inaugural Lecture Delivered before the University of Oxford on 23 February 1948（Oxford: Clarendon Press, 1949），p. 23.

义的代表相媲美,即威廉·渣甸(William Jardine,1784—1843)[1]和詹姆士·马地臣(James Matheson,1796—1878)[2]。理雅各和伟烈亚力的人品也广受赞誉。马礼逊生于诺森伯兰(Northumberland),父母也是苏格兰人。作为英国新教传教士的先驱,马礼逊为19世纪的汉语词典学打下了坚实的基础。美国汉学也继承了相似的传教士汉学和马礼逊汉语词典学传统,这一点在卫三畏身上表露无遗。[3]但双方均受到驻海外商务和外交组织的影响。这些组织建立了官方联系并且在条约口岸建立了西方据点。在这些相互竞争的利益团体之中,最初只有传教士试图学习中文,以期与中国人交流并引导中国人信教。像翟理斯和柔克义这样既精通中文又有研究取向的外交官是后来才出现的。[4]

早期英国传教士和外交官

中国律法禁止所有中国人教"蛮夷"中文。因此,英国商人从一开始就得依赖那些懂外语的中国人做翻

---

[1] 威廉·渣甸,苏格兰人,外科医生,早年曾从事中英鸦片贸易,后来创办了怡和洋行。——译者注
[2] 詹姆士·马地臣,又名孖地臣,曾任职于东印度公司,怡和洋行的创始人之一。——译者注
[3] 英美两国在中国的传教史入门书,可参见 Comparative Chronology of Protestantism in Asia 1792 – 1945(Tokyo: Institute of Asian Cultural Studies, International Christian University, 1984)。
[4] 关于催生西方汉学研究的19世纪英美在华传教史,可参见 Kenneth Scott Latourette, A History of Christian Missions in China(New York: Macmillan, 1929); Jerome Ch'en, China and the West: Society and Culture 1815 – 1937(London: Hutchinson, 1979)。

译。这个阶层……被称为语言学家。

——埃姆斯（James Bromly Eames）
《英国人在中国》（The English in China）[1]

英国与中国的接触始于 17 世纪。受荷兰在印度商业冒险的鼓舞，伦敦商人向国王请愿，要求取得与印度和东方贸易的垄断权。1600 年 12 月，他们获得 50 年特许状。1609 年，英王詹姆士一世将之更新为永久特许状。这个原名为"伦敦总督与商人在东印度贸易的公司"的商业组织成立于 1612 年，人称"东印度公司"。直至 1833 年，东印度公司一直垄断英国在东方的贸易，至少名义上如此。例如，英国第一次对华贸易是由威廉·柯特内斯爵士（Sir William Courteenes）组织、约翰·韦德尔（John Weddell, ?—1639）[2] 船长率领的，这次行动即东印度公司的竞争对手所为。由 4 艘船只组成的小型舰队于 1636 年 4 月 14 日出发，在 1637 年 6 月 25 日抵达广州附近的大屿山。[3] 幸运的是，船员中有一位彼得·芒迪（Peter Mundy, 1596—1667）先生。他是一位很有眼光和历史感的商人。他的日记成为当时英国与东方接触的珍贵记录。[4] 敌对商人间的幕后政治博弈、英国和中国的内战、

---

[1] James Bromley Eames, *The English in China* (London: Curzon Press, 1909), p. 82.
[2] 韦德尔，英国船长，1637 年率商船队来远东贸易，开启了中英首次官方接触。——译者注
[3] Eames, *The English in China*, pp. 12-13. 有关东印度公司的历史背景参见该书第 1-44 页，以及 Chang I-tung，"The Earliest Contacts Between China and England"，*Chinese Studies in History and Philosophy* 1 (1968), pp. 53-78。
[4] 参见 Sir Richard Carnac Temple, ed., *The Travels of Peter Mundy 1608-1667* (London, 1919)。

荷兰和葡萄牙的敌意将英国与中国贸易关系的建立推迟了数十年。1673年，数艘商船抵达台湾岛并开始了与郑成功的贸易。与郑氏的贸易并不局限于台湾岛，还包括郑氏位于福建省的厦门港。然而，1683年清政府攻灭台湾郑氏政权结束了这一切。1684年，由清政府重新控制的厦门开始贸易。1689年，广州港开放四年后，英国开始向那里派遣商务代表团，并于1699年获得清政府颁发的永久贸易特权。1757年以后，除俄国外，所有中国的对外贸易都仅限于广州，直至1842年条约口岸的建立。[1]

英格兰与中国建立官方关系的最初几次外交努力均以一种疏离的、了无生气的姿态出现：伊丽莎白女王和詹姆士国王都曾致信中国皇帝。如果这些信函真的抵达了中国，那么国王的英文书信和女王的拉丁文公函一样没起到什么作用。[2]

在17、18世纪，对华贸易的语言环境一直维持着同样的错误路线：

> 欧洲国家与中国商业往来的一个最突出的特点就是两个多世纪以来双方都没有书面或口语沟通的合适途径。早期的英国商人得使用葡萄牙语进行沟通，因

---

[1] Eames, *The English in China*, pp. 23-40. 早期英国与中国贸易的大量档案保存在以下资料中，参见 Hosea B. Morse, *The Chronicles of the East India Company Trading to China: 1635-1834*, 5 vols. (London: Oxford University Press, 1924-1929)。又见 Michael Greenberg, *British Trade and Opening of China, 1800-1842* (Cambridge: Cambridge University Press, 1951); William Conrad Costin, *Great Britain and China, 1833-1860* (London: Oxford University Press, 1937)。

[2] Eames, *The English in China*, p. 11; Timothy Barrett, *Singular Listlessness*, pp. 30-32.

为葡萄牙语是中国人略微熟悉的唯一一门外语。[1]

不用中文而依赖拉丁文是英国人一贯的历史态度。的确,当时常在朝廷充当翻译的耶稣会士的书面语言是拉丁文。不妨看一段小插曲,南怀仁曾担任清廷与俄罗斯使团间的翻译,根据《尼布楚条约》的条款,当时所用的官方语言是俄文、满文和拉丁文。[2] 然而,间或使用传教士作为中间人正好体现了英国人对一切外国语言的傲慢态度,对中文尤其如此。英国人从不认为自己有必要学习中文,这种情况一直持续到19世纪中叶。其后就算学习中文,也只是为了外交和偶尔的贸易往来这样狭隘的理由。这种关于外语实用主义的狭隘认识一直持续到20世纪,进而影响到今天英国对中文教学的投入和招生。这种对实用语言能力的态度与历史上英国将拉丁文作为学术语言、将法文作为文化语言的急切形成了鲜明的对比。显然,在上流社会更容易接受以社交为目的文雅地掌握外语。唉,中国却并非这一文化传统的一部分。"如今,中国是世界上最重要的国家之一,而在英国教育系统中,中文被放在如此不重要的位置实在不妥。"巴雷特哀叹,"然而,这种忽视有很深的根源。"[3] 事实

---

[1] Eames, *The English in China*, p. 82. 另一个早期翻译的媒介是马来语,参见 Barrett, *Singular Listlessness*, p. 33。
[2] 关于耶稣会士在该条约中所起的媒介作用和第一手的内部故事,参见 Joseph Sebes, S. J., *The Jesuits and the Sino-Russian Treaty of Nerchinsk (1689): The Diary of Thomas Pereira*, S. J. (Rome: Institutum Historicum S. I., 1961)。
[3] Barrett, *Singular Listlessness*, p. 14. 霍克斯曾说:"当然看起来很奇怪……在牛津大学这样的世界最好的大学之一,只有几十个人在学习世界上近四分之一居民所使用的语言。然而,情况就是如此。"参见 David Hawkes, *Classical, Modern and Humane*, p. 3。

上,这根源如此之深,以至于西方第一个关于中文的大型出版物是由一个不懂中文的英国人撰写的![1] 直到第一批传教士抵达中国,英国才意识到学习中文的必要性。

由于早期商人和外交官对中文学习的忽视,以及以翻译为目的掌握中文与以语言本身为目的学习中文的差异,英美汉学史最好与早期葡萄牙、西班牙及法国汉学史一样,也从传教士先驱的故事和他们的语言研习开始讲起。

马礼逊与苏格兰

1782年1月5日,马礼逊出生在诺森伯兰。[2] 马礼逊的父亲是来自丹弗姆林(Dunfermline)的鞋匠,出生于长老会家庭,后成为苏格兰长老会的长老。马礼逊年轻时经

---

[1] 约翰·韦伯(John Webb, 1611-1672)基于卫匡国、金尼阁这样的欧洲权威的作品编撰了自己的作品:*An historical Essay Endeavoring a Probability That the Language of the Empire of China is the Primitive Language*(London, 1669)。参见 Christoph Harbsmeier, "John Webb," in *Europe Studies China*, pp. 297-338。

[2] 关于马礼逊生平的材料极多。例如:E. Armstrong Morrison, *Memoirs of the Life and Labours of Robert Morrison*(London, 1839);Marshall Broomhill, *Robert Morrison: A Master Builder*(New York: Dolan and Co., 1924);Floyd L. Carr, *Robert Morrison, Protestant Missionary*(New York: Baptist Board of Education, 1925);Lindsay Ride, *Robert Morrison: The Scholar and the Man*(Hong Kong: Hong Kong University Press, 1957);Phyliss Matthewman, *Robert Morrison*(Grand Rapids: Zondervan House Publishers, 1958)。对于马礼逊所做出成就的简要叙述,可参见 Latourette, *A History of Christian Missions in China*, pp. 210-215。Donald W. Treadgold, *The West in Russia and China: Religious and Secular Thought in Modern Times*, vol. 2: *China 1582-1949*(Cambridge: Cambridge University Press, 1973), pp. 38-41.该书既肯定了马礼逊在机构服务方面和翻译领域做出的贡献,也未掩饰其对中国人的厌恶。最新作品包括:Murray A. Rubinstein, *The Origins of the Anglo-American Missionary Enterprise in China, 1807-1840*(Lanham, Maryland: The Scarecrow Press, 1996), Part One; Donald M. Lewis, ed., *The Blackwell Dictionary of Evangelical Biography 1730-1860*, vol. 2, pp. 795-796。目前,香港浸会大学的 Barton Starr 和 Stephanie Chung 两位博士正在编辑马礼逊的文稿。

马礼逊

(Robert Morrison, 1782—1834)

英国传教士

历了一次宗教皈依，并立志成为牧师。因此，在决定走上传教道路以前，他曾在霍克斯顿学院（Hoxton Academy）学习过两年；接着他申请加入传道会（Missionary Society）即伦敦传道会（London Missionary Society）[1]的前身。马礼逊中国之行的明确任务就是编撰字典和翻译《圣经》。为此，他从1805年起在伦敦开始学习中文，当时能倚仗的只有几本字典和一位广东人作为补习老师。1807年9月，马礼逊抵达广州，成为英国新教入华的首位传教士，居住在马六甲和广州。巴雷特将马礼逊抵达广州定义为英国汉学的开端。[2] 1809年，马礼逊成为英国东印度公司的中文秘书和翻译。

1813年，一位苏格兰老乡——米怜（William Milne, 1785—1822）[3]来到马礼逊身边，并很快开始与他合作翻译。米怜生于阿伯丁郡（Aberdeenshire）的亨特利镇（Huntly）附近，与理雅各是同乡。米怜寄回老家的书信和

---

[1] 关于伦敦传道会，参见 Rubinstein, *The Origins of the Anglo-American Missionary Enterprise in China*。
[2] Barrett, *Singular Listlessness*, p. 63. 也有人将乔治·斯当东爵士（Sir George Staunton, 1781—1859）作为英国汉学之父，如崔瑞德就持有这样的看法，参见 Twitchett, *Land Tenure and the Social Order in T'ang and Sung China*, p. 4。两者的比较研究参见 J. L. Cranmer-Byng, "The First English Sinologists, Sir George Staunton and the Reverend Robert Morrison", in *Symposium on Historical Archaeology and Linguistic Studies on Southern China, South-East Asia and The Hong Kong Region*（Hong Kong: Hong Kong University Press, 1967）, pp. 247-260。
[3] 米怜，英国基督教新教传教士。生于阿伯丁郡。1812年，受牧师职。1813年，由伦敦会派遣来澳门与马礼逊一起活动。当时受天主教势力的排挤和英属东印度公司的反对，转到广州；数月后到马来西亚，定居马六甲直至去世。在马六甲和马礼逊共同创立英华学院（该校后迁香港），开办中文月刊《察世俗每月统纪传》和英文刊物《印支搜闻》。曾将《旧约·申命记》《旧约·约伯记》译成中文。——译者注

中文小册子使得年轻的理雅各产生了对中国传教事业的兴趣。[1] 米怜本人在 1804 年皈依,他获得任命时的面试记录展现了与马礼逊一样的对传教事业和翻译工作的巨大热情。当被问到"你将如何在异教徒中进行传教?"时,他答道:

> 为更好理解上帝之言,吾誓将……学以致用,尤重异教徒之语言……若主许吾精通彼之语言,吾必走访能够抵达的每一户、每一村、每一镇、每一乡,誓将福音传与所有不拒主之人。

也许是认识到在一个由书生气十足的儒家官吏所统治的国家,口头传教是不切实际的,米怜后来采取了更加实用的方法。

> 然而,由于《圣经》的翻译和发行是中国传教事业的一大目标,上方如此嘱我,因此我倾尽全力要全面而准确地掌握中文……[2]

米怜撰写的早期中国传教史的一部分突出了上述焦点:第四部分的标题是"口语教学并非中国传教事业的直接目

---

[1] Wong, *James Legge*, pp. 8-9.
[2] *Ordination of the Rev. William Milne, As a Missionary to China, on Thursday, July 16th, 1812. At the Rev. Mr. Griffin's, Portsea* (London, 1812), p. 16.

标"[1]。

1813年7月，米怜抵达澳门，同行的是他年轻的妻子和年幼的儿子。受政府之命，他很快就将前往广州。米怜迅速掌握了中文，马礼逊仅辅导了他短短三个月，他只好独立展开工作。[2] 很快，米怜就能辅助马礼逊翻译《圣经》了。事实上，1819年他们共同完成了第二个《圣经》的中文全译本，但直到1823年才正式出版，当时米怜已经过世了。第一个《圣经》译本是1822年马士曼完成的。[3] 马礼逊翻译了第二个译本的39卷，其余47卷均由米怜完成。至于新约，马礼逊是通过修改一份在大英博物馆发现的现成译稿完成的。经尤思德（Jost Oliver Zetzsche）考证，这份译稿的作者名为白日昇（Jean Basset, 1662—1707）。[4] 米怜称之为"四种福音的对照"[5]。很不幸，由乔治·钱纳利（George Chinnery, 1774—1852）[6] 的

---

[1] William Milne, *A Retrospect of the First Ten Years of the Protestant Mission to China… Accompanied with Miscellaneous Remarks on the Literature, History, and Mythology of China* (Malacca: Anglo-Chinese Mission Press, 1820), p. 50.

[2] Ibid., pp. 105-107. 这一部分详述了马礼逊的教学方法，米怜欣然接受。

[3] 马士曼（1768-1837）是浸礼会传教士，最初在孟加拉学习中文。1822年，马士曼与他的中文老师——来自澳门的拉沙（Joannes Lassar），在塞兰坡共同出版了第一个《圣经》的中文全译本。关于马士曼与拉沙，参见 Barrett, *Singular Listlessness*, pp. 61-62。关于马士曼的生平，参见 Alexander Wylie, *Memorials of Protestant Missionaries to the Chinese* (Shanghai: The Presbyterian Press, 1867), pp. 1-3。

[4] "The Bible in China: History of the *Union Version* or the Culmination of Protestant Missionary Bible Translation in Chinese", Ph. D. diss., University of Hamburg, 1996, pp. 9-10. 这里要感谢尤思德博士为我提供了他的论文。

[5] Milne, *A Retrospect of the First Ten Years of the Protestant Mission to China*, p. 56.

[6] 钱纳利，英国画家，长期居住在澳门，对香港、澳门、广州和珠三角地区的风景、建筑和人物做了大量素描和速写，推动了清代以来中西绘画的交流。——译者注

"马礼逊译经图"开始,后世已经忘记了米怜在合作翻译中所作出的贡献。[1]

米怜的传教生涯虽然短暂,但硕果累累。他出版月刊《印支搜闻》(Indo-Chinese Gleaner),撰写书评,在槟榔屿经营教会刊物,出任马礼逊英华书院的首任校长,并撰写了许多小册子。其中,最重要的一部就是著名的《张远两友相论》,这本小册子的流通量达到一百万册。[2](亨特利镇的理雅各家族图书馆藏有该书,理雅各知道这本书的存在,但大概未读过。)米怜过早离世,马礼逊对他的哀痛之情丝毫不逊于对自己的亡妻。对于马礼逊而言,米怜的离去带走了一种挚友之谊:米怜也在传教中丧妻,并同马礼逊一样满怀热情地学习中文并为传教事业奔忙。[3]

米怜去世后,马礼逊更专注地投入到翻译工作当中。赖廉士爵士(Sir Lindsay Tasman Ride, 1898—1977)[4] 曾

---

[1] 更多的背景知识参见 I-Jin Loh, "Chinese Translations of the Bible", in *An Encyclopedia of Translation*: *Chinese-English*, *English-Chinese*, ed. Chan Sin-wai and David E. Pollard (Hong Kong: Chinese University of Hong Kong Press, 1995), pp. 54-69; Marshall Broomhall, *The Bible in China* (San Francisco: Chinese Materials Center, Inc., 1977); Zetzsche, "The Bible in China", pp. 11-27。

[2] 参见 Daniel H. Bays, "Christian Tracts: The Two Friends", in *Christianity in China: Early Protestant Missionary Writings*, ed. Suzanne W. Barnett and John King Fairbank (Cambridge: Cambridge University Press, 1985), pp. 19-34。

[3] 关于米怜的生平与事业,参见 Robert Morrison, *Memoirs of the Rev. William Milne, D. D.: Late Missionary to China and Principal of the Anglo-Chinese College, Compiled from Documents Written by the Deceased; to Which are Added Occasional Remarks by Robert Morrison, D. D.* (Malacca: Mission Press, 1824)。Wylie, *Memorials of Protestant Missionaries to the Chinese*, pp. 12-25; and *The Blackwell Dictionary of Evangelical Biography*, vol. 2, pp. 774-775。

[4] 赖廉士,来自澳洲的香港生理学家、军人,在太平洋战争期间指挥英军服务团,战后在1949—1964年出任香港大学校长。——译者注

将马礼逊对译者的认识概括为理解与翻译两个部分，其中，理解要做到准确无误并能感同身受，翻译则务求神形兼备和雅俗共赏。马礼逊本人是这样说的：

> 我在翻译时最看重忠实、简明和质朴。我更喜欢选择常用词，而非那些经典但不常用的词；尽量避免使用异教哲学和宗教中的专有名词。我宁愿译文不美，也不愿难以理解。在翻译难度很大的语篇时，我总是采用那些我能找到的最严肃、最虔诚、最通俗的神学家的共识……[1]

中国文献学的婴儿期

马礼逊精通文言文，因此能够编写出一系列开创性的教学法和词典编纂类著作，包括1811年的《通用汉言之法》[2]、1816年的《中文会话及凡例》[3]、《广东省土话字汇》[4] 以及《华英字典》（*A Dictionary of the Chinese Language in Three Parts*，Macao：East India Company's Press，1815—1823）。崔瑞德对《华英字典》的评价为：

---

[1] Ride, *Robert Morrison*, p. 21.
[2] 该书晚些时候正式出版，即 *A Grammar of the Chinese Language*（Serampore：Mission Press，1815）。
[3] *Dialogues and detached sentences in the Chinese language; with free and verbal translation in English; Collected from Various Sources. Designed as an initiatory work for the use of students of Chinese*（Macao：East India Company's Press，1816）.
[4] *Vocabulary of the Canton Dialect*（Macao：East India Company's Press，1828）.

"直至二十世纪末,欧洲无出其右者。"[1] 后来理雅各曾赞扬东印度公司赞助出版马礼逊的两大著作——《通用汉言之法》和《华英字典》,认为这就等于"为中国文献学的萌芽期贡献了一万五千英镑"[2]。

下面这则广告突出了马礼逊《华英字典》的创新之处:

(耶稣会士的)稿本字典收录了一万到一万三千个字,后来出版的法文版收录了一万三千三百一十六个字。这两种字典均未在示例中插入汉字,这一缺失常常使学习中文的人有一种不确定的感觉。现在马礼逊的《华英字典》(纠正了)这一缺陷。[3]

马礼逊还为每个条目都添加了篆书和草书。很显然,《华英字典》以多种资料为基础,包括耶稣会士的未刊稿本:"以《康熙字典》为底本……词义和例子大多来源于此,以及个人在使用中积累的知识、天主教会的稿本字典、中国学者和专门研读的杂书。"[4]《华英字典》出版前,先节选了一本简易手册,名为《中国大观》,又名《从文献学角度看

---

[1] *Land Tenure and Social Order in T'ang and Sung China*, p. 3. 吴景荣曾指出《华英字典》在注音方面的一个严重缺陷,即未区分送气塞音和不送气塞音,参见 Wu, "Chinese-English Dictionaries", in *An Encyclopedia of Translation*, p. 519。

[2] *Inaugural Lecture on the Constituting of a Chinese Chair in the University of Oxford. Delivered in the Sheldonian Theatre, October 27, 1876* (Oxford: James Parker and Co., 1876), p. 4.

[3] 该广告是赖廉士《马礼逊传》第15和16页之间的插页,此处节选自马礼逊《华英字典》序言第10页。

[4] "Preface", p. ix.

中国：包含中国年表、地理、政府、宗教和习俗的概览，专为学习汉语的人士而作》（*A View of China for Philological Purposes: Containing a Sketch of Chinese Chronology, Geography, Government, Religions, and Customs. Designed for the Use of Persons Who Study the Chinese Language*, Macao: East India Company's Press, 1817)。这本手册被认为非常有用，值得单独发行。当时出版了很多此类手册，《中国大观》是第一本，顶峰则是翟理斯的《有关远东问题的参照词汇》（*A Glossary of References on Subjects Connected with the Far East*)。[1]

1816 年，马礼逊赴北京担任无功而返的阿美士德使团的翻译，他的语言技能得以施展。1817 年，马礼逊作为译者和中国问题专家的杰出表现获得认可，格拉斯哥大学授予他神学博士学位。1825 年，他被选为皇家亚洲文会会员和伦敦会董事会董事。1834 年 8 月 1 日，马礼逊在广州逝世。[2]

1818 年，马礼逊在马六甲创立英华书院的目的是培训中国年轻人的英文能力，使他们能够阅读并传播《圣经》。[3] 这一教育项目是马礼逊总体传教理念中的一个重要组成部分，即向中国人传播基督教，以及向英国人讲述

---

[1] 2nd ed. (Hong Kong, Shanghai, and London, 1886).
[2] 马礼逊和妻子玛丽的墓志铭及简短的生平信息，参见 Lindsay and May Ride, *An East India Company Cemetery: Protestant Burials in Macao*, abridged and edited by Bernard Mellor (Hong Kong: Hong Kong University Press, 1996), pp. 229 - 235.
[3] 参见 Brian Harrison, *Waiting for China: The Anglo-Chinese College at Malacca, 1818 - 1843, And Early Nineteenth-Century Missions* (Hong Kong: Hong Kong University Press, 1979)。

中国。[1] 为此，1824 年马礼逊返英时带回了私人藏书中的一万册中文图书。马礼逊想将这些书捐赠给一所大学，附加条件是在该大学设立一个中文教席。很遗憾，他的计划没有成功。同时，他所创立的语言学校（即以研习中文为目的的文献学会）也只持续了数年（1825—1828）。不过，英华书院的新校长理雅各继承了米怜和马礼逊的传教热情和奉献精神，致力于向英语世界介绍中国和中国的语言。

伟烈亚力

下一位重要的英国传教士理雅各的生平和事业，尤其是他对于儒家经典里程碑式的翻译，将会在下一章中单独叙述。我们先来说一说与理雅各同时代的、他的同乡伟烈亚力（1815—1887）。伟烈亚力也翻译了很多儒家经典，但他的译本并未出版。伟烈亚力在文献、历史、数学和天文学等领域均有所建树。

1815 年 4 月 6 日，伟烈亚力出生于伦敦，父母都是苏格兰人。1887 年 2 月 6 日，伟烈亚力逝世。伟烈亚力与理雅各同年出生，但比后者早十年去世。[2] 伟烈亚力先后就读于苏格兰德鲁里西（Drumlithe）和伦敦的学校。毕业后，伟烈亚力跟随一位木匠当学徒。他一直对中国很着迷，利

---

[1] 马礼逊的布道和演讲充分证明了这一点，参见 Morrison, *A parting memorial; consisting of miscellaneous discourses, written and preached in China; at Singapore; on board ship at sea; in the Indian Ocean; at the Cape of Good Hope; and in England. With remarks on missions, Ec. Ec* (N. p., n. d.).

[2] 关于伟烈亚力生平的主要文献参见 Wylie, *Chinese Researches*, and include J. Edkins, "The Value of Mr. Wylie's Chinese Researches" (3 pages); James Thomas, "Biographical Sketch of Alexander Wylie" (6 pages); and Cordier, "The Life and Labours of Alexander Wylie" (12 pages).

用马若瑟的《汉语札记》和新约中译本自修了中文。1846年，伟烈亚力用中文阅读福音的能力立即给返英的理雅各留下了深刻的印象，于是理雅各招募他为伦敦会在上海的印书馆工作。伟烈亚力接受了专门的印刷训练，并随理雅各学习了中文，此后便启程前往上海，于1847年抵达。

伟烈亚力在教会印书馆的工作很顺利。1860年，他返回英国。1863年，伟烈亚力作为大英圣书公会的代理人再次来华，并在中国各地传教。1877年，伟烈亚力因眼疾回到英国。在生命的最后两年，他卧病在床，双目失明，并于1887年逝世。

基于与理雅各类似的原因，伟烈亚力早年曾抱有翻译儒家经典的宏愿。考狄是这样概括的：

> 伟烈亚力深知儒家经典对中国人思想的巨大影响，也明白对传教士而言深入了解每个中国人内心的必要性，他开始独立翻译儒家"五经"。他最终完成了这一伟大的工作。我依然记得放在他书架顶上那六七卷羊皮面装订的手稿。然而，伟烈亚力认为自己的翻译还不成熟，因此这些手稿从未出版。[1]

---

[1] Cordier, "Life and Labours", p. 9.

在学术研究中贯彻利玛窦的文化适应策略

《中国研究》(Chinese Researches)[1] 包括了伟烈亚力大部分的专题研究。该书分为"文献""历史""科学"和"文献学"四部分。第一部分重要的作品为《关于普雷斯特·约翰的演讲》(Lecture on Prester John, pp. 19-43) 和《关于释迦牟尼圣物的演讲》(Buddhist Relics, pp. 44-80)。第二部分最重要的作品是《西安府的景教碑》(The Nestorian Tablet in Si-Ngan-Foo, pp. 24-77)。第三部分则收录了最有价值的篇目,包括不可或缺的《北京的元代天文仪》(The Mongol Astronomical Instruments in Peking, pp. 1-15)、《中国典籍中的日月食记录》(Eclipses Recorded in Chinese Works, pp. 19-105) 和《中国数学科学札记》(Jottings of the Science of Chinese Arithmetic, pp. 159-194) 等作品。伟烈亚力还将八部作品译为中文,当中包括利玛窦与其合作者徐光启(1562—1633)未译的欧几里得《几何原本》的卷七至十五。李约瑟(Joseph Needham, 1900—1995)[2] 认为这些关于中国科学的著作直到今天依

---

[1] 伟烈亚力去世后数年,友人从其遗留的多箱文稿中选出有代表性的 17 篇手稿,准备出版伟烈亚力纪念文集。然而出版并不顺利。后来慕维廉(William Muirhead, 1822-1900)将手稿带回上海,经两家印刷所,终于赶在伟烈亚力逝世 10 周年之际出版了名为《中国研究》的纪念文集。该文集只收录了伟烈亚力未刊手稿的三分之一。参见汪晓勤:《伟烈亚力的学术生涯》,《中国科技史料》第 20 卷,1999 年第 1 期,第 29-30 页。——译者注

[2] 李约瑟,英国生物化学和科学史学家。1922 年、1924 年先后获英国剑桥大学学士、哲学博士学位。作为总设计师、组织者和主要撰稿人,于 1948 年开始编著《中国科学技术史》,拟写 7 卷 34 册,已出 19 册。这部著作表达了他对中国人民和他们的创造才能,以及对世界文明伟大贡献的深刻敬意。——译者注

然很有价值。人们通常将伟烈亚力与艾约瑟、傅兰雅这样的新教传教士一起并列为在中国传播哥白尼天文学的教会学者,然而只有伟烈亚力作品至今仍有价值。在数学领域,李约瑟称伟烈亚力为那个时代独一无二的人物。[1]

伟烈亚力从不认为科学研究与传教工作毫不相干。他认为天文学研究不仅能够启发民智,而且"能够引导人们认识到更加正确、更加高尚的'造物主'形象……"。与理雅各一样,伟烈亚力的所有努力与成就均因其宗教信仰而为。伟烈亚力的《中国研究》无疑追随着利玛窦开创的道路。如上文所述,伟烈亚力还补译了利玛窦所翻译的欧几里得《几何原本》未完整中译本。伟烈亚力在英文序言中说道:

> 真理为一。人们在科学中试图推进真理的发展时,事实上是在为真理向更崇高的认识发展做准备。而作为基督徒和传教士的我们最想看到的就是这种圆满。[2]

如考狄所说,此后伟烈亚力的名字总是与利玛窦联系在一起,尤其是在1865年曾国藩将二人翻译的《几何原本》,在南京一并付梓之后。[3]

---

[1] Joseph Needham and Wang Ling, *Science and Civilisation in China*, vol. 3: *Mathematics and the Sciences of the Heavens and the Earth* (Cambridge: Cambridge University Press, 1959), p. 2. 参见 Wang Ping, "Alexander Wylie's Influence on Chinese Mathematics", in *International Association of Historians of Asia, Second Biennial Conference Proceedings* (Taipei: Taiwan Provincial Museum, 1962), pp. 777-786.
[2] 参见 Cordier, "Life and Labours of Alexander Wylie", p. 12。
[3] 参见 Cordier, "Life and Labours of Alexander Wylie", p. 12。

《中国研究》的第四部分"文献学"收录了很可能是考狄执笔的长文《中国的语言与文学》(Chinese Language and Literature, pp. 195 - 237)和《论满族的起源和满文》(A Discussion of the Origin of the Manchus, and Their Written Character, pp. 239 - 271),后者追溯了满族人及其文字的发展史。

目录学家伟烈亚力

伟烈亚力在目录学领域的贡献同样很大。雷慕沙曾以《文献通考》为底本对中国经典进行考察,[1] 但直到去世尚未出版,未能建立起扎实的古文献目录学。而伟烈亚力出版的《汉籍解题》[2] 到今天还很实用,该书的主体是以《四库全书总目》为底本的。牛津大学博德利图书馆何大伟的研究还表明,除《四库全书总目》外,伟烈亚力在编纂《汉籍解题》时主要参考其个人藏书,因此该书包含了大量《四库全书总目》未涉及的作品。伟烈亚力的私人藏书在中国可排第二名,仅次于外交家威妥玛爵士(Sir Thomas Francis Wade, 1818—1895)。博德利图书馆分两次收购了他的藏书。[3] 1881 年,第一次收购了 429 册,包括 405 册正式出版的图书和 24 册手稿,收购价为 5 英镑;

---

[1] Abel Rémusat, Noudeaux mélanges asiatiques, vol. 2, pp. 373 - 426. 该书的前言为雷慕沙在皇家图书馆所做的中国书籍书目,另含欧洲早期汉学书目综述。
[2] Notes on Chinese Literature: With Introductory Remarks on the Progressive Advancement of the Art and A List of Translations from the Chinese Into Various European Languages (Shanghai, 1867; rpt. New York: Paragon Books, 1964).
[3] 理雅各的女儿海伦认为,是理雅各在牛津大学的教职促使伟烈亚力将自己的私人藏书卖给牛津大学而非大英博物馆。参见 Helen Edith Legge, James Legge (London, 1905), pp. 64-65。

1882年，第二次收购了581册，包括526册正式出版的图书和55册手稿，收购价为110英镑。显然，伟烈亚力无意从售书中牟利，只是按照买入价出售了这些书。何大伟对这些书的描述为："作为欧洲中国目录学研究的先驱之一，伟烈亚力不可避免地在《汉籍解题》中提到一些不那么重要的作品，然而伟烈亚力在购书时的绝佳眼光使得其图书收藏非常均衡，其中包括许多珍本，这些书是今天博德利图书馆中文古籍的重要组成部分。"[1]

伟烈亚力的《汉籍解题》概述了2000多部著作，其中很多条目长达数页。李约瑟在天文学、数学和矿物学方面非常依赖伟烈亚力对中国古代科学作品的评价。该书包含很多在中国传统目录学中非常少见的内容，如刀剑、钱币收藏、墨、香料、茶、酒、日常饮食、食物等，这也不足为奇。[2] 伟烈亚力在该书的序言中综览各种过往及当代欧洲的目录学，以图书目录为主，语种涉及法文、德文、俄文、拉丁文和英文，而《汉籍解题》远超这些西文目录。即便如此，伟烈亚力声明该书远未穷尽中国文献："书中所列文献只是沧海一粟……其中绝大多数著作的提要源自我的亲自阅读，然而还有些非常重要的作品，我并没有原书，所以只能从其他中文出版物里引用了相关材料。"[3] 如果说考狄的《西人论中国书目》是对二手研究进行的文献学研究，那么《汉籍解题》就是对中文原始资料进行的文献

---

[1] David Helliwell, *A Catalogue of the Old Chinese Books in the Bodleian Library*, vol. II: *Alexander Wylie's Books* (Oxford: The Bodleian Library, 1985), p. xiii.
[2] 参见霍华德·S. 列维（Howard S. Levy）在1964年重印本前言中的评介。
[3] *Notes on Chinese Literature*, p. vi.

学研究，两者的重要性不相上下。事实上，考狄曾说过：
"对于那些试图在浩如烟海的中国文献中寻找方向的人而言，《汉籍解题》是最佳指南。"[1]

此外，二手研究领域是伟烈亚力目录学研究的另一个同样重要的向度。事实上，考狄书目的基础正是伟烈亚力私人收藏的中文书和研究中国的书。考狄书目的构想就是在考狄为皇家亚洲文会北华支会图书馆编辑目录时产生的，而该图书馆正是在伟烈亚力私人藏书的基础上建立起来的。考狄曾说："我使用的很多材料来自皇家亚洲文会北华支会图书馆，更多的材料则来自伟烈亚力1860年返欧时所购买的新书。"[2] 考狄认为，1857年伟烈亚力出版的上海伦敦会图书馆早期目录是"其更伟大工程的绝佳序章"[3]。

半传记半目录性质的《基督教新教传教士在华名录：附传教士略传及著述目录》(*Memorials of the Protestant Missionaries to the Chinese*：*Giving a List of Their Publications*, *and Obituary Notices of the Deceased*, *with Copious Indexes*, Shanghai, 1867)[4] 也是此类作品。该书详细记录了所有1807年至19世纪60年代早期在华工作的新教传教士出版的中英文著作。[5] 伟烈亚力还为同时代亚洲学家的研究提供了大量的文献帮助，如戴南爵士（Sir Emerson Tennent,

---

[1] Cordier, *Bibliotheca Sinica*, vol. 1, pp. xiii-iv.
[2] Cordier, "Life and Labours", p. 7. 考狄说皇家亚洲文会北华支会图书馆藏的718卷本西文《皇家亚洲文会北华支会图书馆目录》以及1023卷40种中文书籍都属于伟烈亚力的藏书。
[3] Cordier, "Life and Labours", p. 15.
[4] 该书的中译本已于2013年由天津人民出版社出版。——译者注
[5] Ralph R. Covell, *The Blackwell Dictionary of Evangelical Biography*, *1730-1860*, vol. 2, pp. 1220-1221.

1804—1869)的《锡兰》[1]、亨利·裕尔爵士（Sir Henry Yule, 1820—1889）的《马可·波罗行纪》、郝沃斯爵士（Sir Henry Howorth, 1842—1923）的蒙古研究[2]。此外，伟烈亚力有时帮人校对书稿、编写索引。[3] 伟烈亚力在华工作后期编辑了数本学报，包括《皇家亚洲文会北华支会会刊》(Journal of the North China Branch of the Royal Asiatic Society) 和《教务杂志》(Chinese Recorder)。总之，从方法论的角度来看，伟烈亚力是首位直接利用原始文献进行历史研究的英国汉学家。

翟理斯

汉学家（Sinologue）——精通中国语言、文学等方面的高级学者。词源为拉丁文 Sinæ……近期，有人提出该词并未身着法语外衣，并主张英国人应该使用"Sinologist"以保持一致性。然而这样的变化不大可能被接受。

——翟理斯：《关于远东问题的参考词汇表》[4]

翟理斯是一个过渡性人物，一个晚年转向学术研究的

---

[1] 原名 Ceylon: An Account of the Island, Physical, History, and Topographical。——译者注
[2] 指《从9世纪到19世纪的蒙古史》(H. H. Howorth, History of the Mongols from the 9th to the 19th Century, London, 1876)。——译者注
[3] 如艾约瑟的《中国的佛教》(Chinese Buddhism, London, n. d.)，该书在致谢中盛赞了伟烈亚力的贡献。
[4] Giles, A Glossary of Reference Subjects Connected With the Far East, 2nd ed. (Hong Kong: Lane, Crawford and Co., 1886), p. 222.

第三章　英语国家汉学家：从中国沿海汉学到中国研究

翟理斯

（Herbert Giles，1845—1935）

英国汉学家

中国通。翟理斯先做翻译和领事,后来成为汉学教授。[1] 他的前任上司威妥玛爵士可能是首位精通中文的英国外交官。[2] 当然,比威妥玛更早的乔治·斯当东爵士也精通中文。[3] 威妥玛和翟理斯是剑桥大学汉学教席最早的两位受聘者,更著名的是,他们是"威妥玛-翟理斯"(Wade-Giles)拼音体系的共同创立者,因此他们的名字被永远地连在一起。即便如此,他们似乎互相鄙视对方。

---

[1] 有关翟理斯的生平和著作简介,可参见 Who Was Who, vol. 3, 1929-1940, 2nd ed. (London: A. and C. Block, 1967), pp. 512-513; Ishida Mikinosuke, Ō-Bei ni okeru Shina Kenkyū (Tokyo, 1942), pp. 396-406; The necrologies of A. C. Moule, Journal of the Royal Asiatic Society (1935), pp. 577-579; John Ferguson, Journal of the North China Branch of the Royal Asiatic Society 66 (1935), pp. 134-136。更多信息参见 Charles Aylmer, ed., "The Memoirs of H. A. Giles", East Asian History 13-14 (1997), pp. 1-90。

[2] 威妥玛爵士曾在剑桥大学三一学院学习过。其父认为他不适合从事学术研究,因而为他买了个军队的差事。威妥玛在中国南部做陆军中尉时爱上了中文。1843年出任英军驻香港部队的粤语译员,1846年出任香港最高法院粤语译员。1857年和1859年两次参与额尔金伯爵使团。他的领事生涯结束的原因有二:一是痢疾的困扰;二是自身对学术研究和出版传教士与译员培训教材的渴望,这使得他希望尽早退休。尽管威妥玛未能实现这一理想,但的确改进了新晋译员的培训方法,使之首次成为较为有效并有法可循的培训项目。威妥玛曾任数职,其中,1856年出任英国驻华公使馆汉文正史,64岁荣休时任英国驻华公使(1871-1882)。及至1888年出任剑桥大学新设立的中文教职之时,用寇茨(P. D. Coates)的话来说,威妥玛已经"脑力告罄":"最后的学术时光来得太迟了,他再未有新作出版,也没有学生。"参见 P. D. Coates, The China Consuls: British Consular Officers, 1843-1943 (Hong Kong: Oxford University Press, 1988), p. 85。另,有关威妥玛的生平可参见 Sidney Lee, ed., The Dictionary of National Biography (London: Smith, Elder and Co., 1899), vol. 58, p. 420; J. C. Cooley, T. F. Wade in China: Pioneer in Global Diplomacy 1842-1882 (Leiden, 1981)。

[3] 严格来讲,乔治·斯当东爵士是最早会讲中文的英国外交家,但当他随同父亲来华时只有11岁,其父时任著名的马嘎尔尼使团副使。当时,小斯当东是使团中唯一会讲中文的人。他因翻译《大清律例》(ch'ing Code, London, 1810) 而声名赫赫,但其主要建树在东印度公司而非在外交领域。小斯当东爵士的生平参见 Twitchett, Land Tenure and the Social Order in T'ang and Sung China, pp. 4-6。

第三章　英语国家汉学家：从中国沿海汉学到中国研究

威妥玛和翟理斯之间的时代是汉学研究态度与成就转变的时间点，标志着英国汉学专业化的开端。在翟理斯之前，包括很多与翟理斯同时代的学者，汉学不过是专业人士主业之外的业余爱好而已。崔瑞德对19世纪英国汉学发展状态的概括宽容而充满洞见，他说：

> 19世纪英国汉学家……无一例外基本都是业余学者。他们通常从事着公务员或传教士这样责任重大又耗费时间的工作……他们很少有时间进行研究。他们没什么机会接触一流的中国学者或真正好的藏书。他们的学术生涯通常开始于退休以后，然而一旦退休在大学任教，大学又不能为他们提供必需的研究条件……考虑到他们研究时所面临的困难，毕尔（Rev. Samuel Beal, 1825—1889）[1] 和道格拉斯（Robert Kennaway Douglas, 1838—1913）[2] 与他们同时代的

---

[1] 毕尔，曾任海军牧师，英国佛教研究的先驱，翻译玄奘行记《大唐西域记》(*Buddhist Records of the Western World*, 2 vols, London, 1884)，并为他心目中的英雄创作了一部传记《三藏法师传》(*Life of Hsüan-tsang*, London, 1911)。1877年至1889年，毕尔就任伦敦大学学院中文教席。

[2] 道格拉斯，曾在天津任领事，1865年起在大英博物馆附属图书馆工作，并就任国王学院中文教席，直至1905年退休。在《中国的语言与文学两讲》(*The Language and Literature of China: Two Lectures*, London, Trubner and Co., 1875) 一书的第7到8页，道格拉斯提到当时英国从事汉学研究的经济动力："今天的汉学研究已经完全是那些以语言为研究方向的专业学者的天下了，这当中只有两三位学者是特例，主要包括大英博物馆的波奇博士（Dr. Birch）和翻译过数本中国佛教著作的、博学的翻译家毕尔先生。"

其他学者都做得并不差，至少他们都已竭尽所能。[1]

1886年，威妥玛将自己的中文藏书捐赠给剑桥大学。两年后，威妥玛就任剑桥大学新设立的汉学教席。[2]

翟理斯是约翰·翟理斯（J. A. Giles）牧师的第四子。其父曾出版多部关于历史、典籍和宗教方面的著作（现存放在剑桥大学图书馆的翟理斯私人藏书目录中列出66本其父的著作）。翟林奈是翟理斯的儿子，也是一位汉学家，曾与翟理斯一起在大英博物馆研究敦煌手稿，后被任命为大英博物馆东方写本与手稿部的负责人。[3]

1867年，22岁的翟理斯开始在领馆任职，一干就是25年。翟理斯曾历任数职，如罗星塔岛副领事（1881—1883）、上海副领事（1883—1885）、淡水领事（1885—1891）、宁波领事（1891—1893）。寇兹将翟理斯的职业生涯概括为不断与领馆内外西方同僚斗嘴的过程："翟理斯性

---

[1] 参见 Twitchett, *Land Tenure and the Social Order in T'ang and Sung China*, pp. 10-11。慕阿德（Rev. A. C. Moule）的学术使命是消除英国业余汉学家——"希望我是最后一个！"参见其"British Sinology", *The Asiatic Review* 44 (1948), p. 189。福兰阁更是将"业余汉学家"鄙称为"半瓶醋"，参见 Franke, "Die Sinologischen Studien in Deutschland", *Ostasiatische Neubildungen* (Hamburg, 1911), pp. 357-358, 366-367。

[2] 威妥玛的中文藏书参见 Herbert A. Giles, *A Catalogue of the Wade Collection of Chinese and Manchu Books in the Library of the University of Cambridge* (Cambridge, 1898); *Supplementary Catalogue of the Wade Collection of Chinese and Manchu Books* (Cambridge, 1915)。历史背景参见 Charles Aylmer, "Sir Thomas Wade and the Centenary of Chinese Studies at Cambridge (1888-1988)", *Han-hsüeh yen-chiu* 7 (1989), pp. 405-420; Barrett, *Singular Listlessness*, pp. 77-79。

[3] 翟林奈在大英博物馆数年辛苦工作的成果为《大英博物馆藏敦煌汉文写本注记目录》（*Catalogue of Tun-huang Manuscripts in the British Museum*, London: British Museum, 1957）。参见 J. L. Cranmer-Byng, "Lionel Giles (1875-1958)", *Journal of Oriental Studies* 4 (1957-1958), pp. 249-252。

好争论。他的职业生涯充斥着愚蠢的办公争论,私下里又与自己的三个儿子闹翻了。在厦门,翟理斯依然故我。他与海关总长吵,与美国同僚也吵,威妥玛不得不为他与海军的通信向海军上将托词解释。"[1] 其子翟兰思(Lancelot Giles,1878—1934)也在英国驻华使馆工作,父子不和的种种细节印证了寇茨的判断。[2] 罗伯特·斯科特爵士(Sir Robert Scott)更含蓄一些,只是说翟理斯"太过于自我,因而不适合当公务员,而他的领事事业也并不出色"[3]。1893年,翟理斯辞职回到英国。1897年,当时正住在阿伯丁的翟理斯被推选出任剑桥大学的汉学教授。1932年退休以前,翟理斯一直任此教席。[4] 翟理斯的继任者慕阿德(Rev. A. C. Moule,1873—1957)当时正在剑桥附近的特兰平顿(Trumpington Vicarage)[5] 担任教区牧师。1933年

---

[1] Coates, *The China Consuls*, p. 206.
[2] Lancelot Giles, *The Siege of the Peking Legations*: *A Diary*, ed. L. R. Marchant (Nedlands, Australia: University of Western Australia Press, 1970), pp. xxiv-xxv.
[3] Scott, from his forward to Giles, *The Siege of The Peking Legations*, p. xix.
[4] 崔瑞德认为翟理斯后期已无法正常工作时依然占着教席不放,这迫使剑桥大学设置强制退休年龄,参见 Denis Twitchett, *private conversation*, April 2, 1997, Cambridge, England.
[5] "Vicarage"为教区牧师(vicar)的住处。——译者注

至1938年，慕阿德任此教席。[1] 1938年，霍古达接替慕阿德任此教席，这是英国职业汉学家教授中文的开端。此前的英国汉学家均为自学成才，长期旅居中国，退休后才全职从事学术研究，慕阿德就是最后一批非专业汉学家中的一员。

从外交到汉学

当时，翟理斯从职业外交官转而成为汉学家。在这一过程中，他已经具备了丰富的经验、阅读希腊文和拉丁文经典过程中所形成的敏锐头脑以及广泛阅读所需的充沛精力。理查德·斯科特爵士（Sir Richard Scott, 1825—1913）这样概括翟理斯在剑桥的职业生涯：

> 守时、有条理、勤奋、爱争论，翟理斯开始转变欧洲人对中国的认识……翟理斯初到剑桥之时，校方不拿中文学习当回事，本科生也不爱选中文课。当时

---

[1] 他是传教世家慕氏家族的一员。其父慕稼谷（George Evans Moule, 1812-1912）曾于1880-1908年在中国中部地区传教；其兄慕亨利（Henry Moule）也曾在中国传教，并于1920年向剑桥大学图书馆捐赠250卷图书。慕阿德曾出版著名的《中国基督教史》（Christians in China, rpt. Taipei: Cheng Wen, 1972），并在《皇家亚洲文会会刊》（Journal of the Royal Asiatic Society）上发表数篇文章介绍数位中国不甚著名的传教士。慕阿德曾著《中国皇帝：公元前221年至公元1949年》（The Rulers of China, 221 B. C.-A. D. 1949, London: Routledge and K. Paul, 1957），后附叶慈（W. Perceval Yetts）编写的清朝以前历代皇帝年表，该书至今仍为研究者的案头之作。还有两本研究马可·波罗的著作：其一是《马可·波罗行纪》的英译本（The Travels of Marco Polo, rpt. New York: AMS Press, 1976），名义上与伯希和合著，实际上全为慕阿德之功；其二为《行在考：附〈马可·波罗行纪〉校注补》（Quinsay: with other Notes on Marco Polo, Cambridge: Cambridge University Press, 1957）。慕阿德在任剑桥大学终身教授期间，还兼任三一学院董事。

中文教席的薪俸微薄，教学压力也不大。翟理斯精力充沛、时间充足，并有大学资源任其使用。翟理斯一直致力于向西方展示和阐释中国的事业。[1]

翟理斯编撰了约 30 本关于中国的书，包括《华英字典》(*A Chinese-English Dictionary*)、《古今人名字典》(*Chinese Biographical Dictionary*)、《聊斋志异》选译本(*Strange Stories from a Chinese Studio*)、《古今诗选》(*Chinese Poetry in English Verse*)、《佛国记》重译本(*The Travels of Fahsien*)、《中国诗歌史》(*A History of Chinese Verse*)、《中国绘画史导论》(*An Introduction to the History of Chinese Pictorial Art*)、《中国古代宗教》(*Religions of Ancient China*)，以及各类通史、概述、行纪、手册，当然还有众多中国文学和哲学原著的翻译。然而，即便是自己曾撰写过数部关于中国的总论作品，翟理斯仍然认为"检测一个汉学家学术水平的准确标准就是看他翻译出版的中文原著。要么是首译，要么是以纠正市面上劣质译本为目的的全新译本。仅仅介绍中文书籍的书没什么价值"[2]。

翟理斯短篇作品合集《中国笔记》(*Adversaria Sinica*)[3]的主体就是再版一些杂文和书评，其中数篇为其子翟林奈所著，主要讨论广义的文献学问题："《中国笔记》中的文章并不是普通意义上的书评，而是重在讨论解读中文文本过程中出现的语言学及其他问题。"[4] 例如这些古怪至极

---

[1] Scott, *The Siege of the Peking Legations*, p. xx.
[2] "The Memoirs of H. A. Giles", p. 39.
[3] *Adversaria Sinica* (Shanghai: Kelley and Walsh, 1914).
[4] *Adversaria Sinica*, p. 163.

的篇目:《中国口技》(Ventriloquism in China, pp. 81-82)、《中国的超自然现象》(Psychic Phenomena in China, pp. 145-162)、《骨相学、相面术、手相术》(Phrenology, Physiognomy, and Palmistry, pp. 178-184)。尽管翟理斯大致掌握了古汉语,但《谁是西王母》(Who Was Si Wang Mu? pp. 1-9, pp. 298-299)一文还是暴露了19世纪的思维定式。该文试图将传说中的西王母等同于希腊神话中的天后赫拉。该文虽然有历史语言学的成分,但有明显瑕疵:

> 此外,公元前二世纪时,"西王母"中的"西"的发音很可能更接近"sei(=say)",这可能就是"赫拉"的第一个音节。中国人习惯用单音节来代表全名……不仅如此,《三才图会》(San Ts'ai T'u Hui)中被当作东方父神的古时老人画像很可能是奥林匹斯山朱庇特的某种远方变体。[1]

如果说翟理斯的比较研究方法完全过时了,那么他对文本比较研究的态度却远远领先于同辈,这得力于他精通希腊文和拉丁文这一事实。翟理斯关于"文本校勘学研究"的短论(第 208—214 页)应该列为研究生的必读书目:

---

[1] Giles, *Adversaria Sinica*, p. 18. 翟理斯所做的中国与希腊比较研究的另一例为第四章"中国与古希腊",参见 "China and Ancient Greece", *China and the Chinese: Lecture (1902) on the Dean Lung Foundation in Columbia University* (New York: Columbia University Press, 1902), pp. 109-140。这一系列发表于1902年的讲座碰巧成为哥伦比亚大学一年一度的"丁龙讲座"的开山之作。

即使借助中国学者所做的注释，有些中国经典中的段落依然让人费解，然而译者也并非走投无路，不妨将所有前人的阐释放在一边，代之以自己的阐释……译者也可以采用风险更大的权宜之计——文本修订。但除非所有方法都不起作用，尽量不要采取该法。还要注意的是，一定要严格遵守那些精校希腊罗马经典过程中业已形成的规范。

以翟理斯《论语》中译本第 14 章第 39 节为例，原文为："子曰：'贤者辟世，其次辟地，其次辟色，其次辟言。'"[1] 他将"色"改译为"邑"，"言"改译为"阜"，译文为："子曰：'贤者辟世，其次辟地，其次辟邑，其次辟阜。'"［The master said, Perfectly virtuous men retire from the world; The next (in virtue), from their country; The next, from their district; The next, from their village.］[2] 尽管（对有些人而言）翟理斯的文本修订可能例证了保罗·马斯（Paul Maas）的名言（"错误的推测好于忽略困难"），但在这句话的翻译上，翟理斯对于翻译中所出现难点的处理比伟烈亚力对于公认文本的生硬解读要灵活多了。（阿瑟·韦利的译文为：The master said, Best of all, to withdraw from one's generation; next to withdraw to another land; next to leave because of a look; next best to leave

---

[1] 根据英文回译的原文，出自《论语·宪问》十四。——译者注
[2] *Adversaria Sinica*, p. 213.

because of a word.)[1]

韵诗意译

在翟理斯身上，奇妙地混合了充满自信的学术独立性和卑微可怜的文化依赖性。翟理斯认为，所有的翻译工作均应在中国顾问的帮助下进行，除非译者是非常有经验的、"专注汉语言学研究"的学者。"在中国以外，很难找到优秀的中国学者辅助翻译。这种辅助能将翻译实践从数小时缩短至几分钟。毫无疑问，译者只有经历漫长的实习期，才有可能独立翻译。"[2] 翟理斯就曾在自己的译作中为缺少这样一位专家顾问而致歉。[3] 事实上，翟理斯精通古文，他为劳费尔的《汉代的中国陶器》(Chinese Pottery of the Han Dynasty)所写的评论足可见其功力。在评论中，翟理斯重点关注翻译的疑点，展现了在古诗方面的总体语言才能。[4] 然而，翟理斯不明白古汉语与其他语言一样有自己的语法体系，反而宣称汉语"免于"语法。[5] 在诗歌方面，翟理斯最终栽在他的翻译方法和策略上。他努力将原

---

[1] Arthur Waley, *The Analects of Confucius* (New York: Vintage Books, 1938), p. 190.
[2] *Adversaria Sinica*, p. 304.
[3] "若由居住在中国的学生翻译这本书可能会翻译得更好一些，毕竟他们能够寻求博学的中国学者的帮助，而我没有这个条件。"参见 Ivan Morris, ed., *Madly Singing in the Mountains: An Appreciation and Anthology of Arthur Waley* (New York: Walker, 1970), pp. 300–301, n. 1。
[4] *Adversaria Sinica*, pp. 304–311. 有关翟理斯翻译古诗的才能介绍，可参见 David Pollard, "H. A. Giles and His Translations", in *Europe Studies China*, pp. 492–512。
[5] "The Memoirs of H. A. Giles", p. 14. 翟理斯忽视使动用法的例子参见该文的第24和29页。

文的主旨采用略为松散但同样富有诗意的英文复述出来，并且还要押韵；而弥尔顿（John Milton，1608—1674）[1]将押韵当作"烦人的现代束缚"抛弃了。

翟理斯认为将中国诗译为英文的韵文有三个原因：第一，那些反对使用韵文的人即便想写韵文也写不出来，这才是他们反对的原因；第二，英国读者普遍喜欢韵文；第三，中国诗基本都是押韵的。[2]

《中国笔记》第 205 和 207 页保存的照片展示了 1906 年 5 月 24 日剑桥大学图书馆中文部为迎接一位尊贵的中国客人来访而准备的写在黑板上的两首诗。[3] 这两首诗的译文常被用来攻击翟理斯的韵文翻译。第一首是王粲的名句："荆蛮非吾乡，何为久滞淫。"（《七哀诗》第二首前两句——译者注）翟理斯译为："A lovely land I could not bear, / If not mine own, to linger there." 第二首是薛道衡的"人归落雁后，思发在花前。"（《人日思归》后两句——译者注）翟理斯译为："If home, with the wild geese of autumn we're going, / Our hearts will be off ere the spring flowers are

---

[1] 弥尔顿，史诗人，政论家，英国文学史上伟大的六位诗人之一，代表作有《失乐园》《复乐园》和《力士参孙》。——译者注
[2] "The Memoirs of H. A. Giles", p. 40.
[3] 这位"尊贵的中国客人"指时任出洋考察五大臣之一的载泽（1868—1929）。1906 年 5 月 24 日午前，载泽、尚其亨、公使馆汪大燮、柏锐乘火车抵达剑桥大学校园，市长及大学中文教员相迎。首先由副校长巴特勒陪同参观图书馆，午宴后，剑桥大学授予载泽、尚其亨、汪大燮文科博士，授予柏锐文科学士，随后参观纽汉姆女子学院，下午 4 时半乘火车离开，一个小时后回到伦敦公使馆。按载泽《考察政治日记》，当日剑桥"副校长导观藏书楼，卷轴之富，于英伦居第三。所藏中国书一室，有七经、廿四史、诸子集之属，云为前驻华公使威妥玛所赠。既请午宴毕，入校长室少坐，进博士绯衣，亦赠尚、汪二使以文科博士，柏锐文科学士之号"。——译者注

blowing."相比于前面两句,这两句的翻译更好些,虽然翟理斯对诗意进行了扩充以便押韵。阿瑟·韦利反对使用韵文进行翻译,主要原因是英文的韵脚太少。"(与中文相比)英文的韵脚太少,这样一来,韵文翻译就只能是复述,译者有过于自由的倾向。"[1] 在我看来,理雅各整本《诗经》的翻译正好印证了这一论断;[2] 而近期,文学评论家费乐仁对理雅各《诗经》翻译的推崇让我们得以更好地审视翟理斯译作所体现出的汉学翻译诗意的一面。

首先,我们必须承认一个现实,不论人们如何评价翟理斯翻译的准确性和美学价值,翟理斯对中文作品的翻译的确推动了美国现代文学界庞德—威廉姆斯时代的形成。埃兹拉·庞德和威廉·卡洛斯·威廉姆斯(William Carlos Williams,1883—1963)均深受翟理斯《中国文学史》(*A History of Chinese Literature*)的影响,他们从中为自己的东方化诗歌创作(庞德自 1913 年开始,威廉姆斯则自 1916 年开始)积极地挖掘灵感和素材。[3] 事实上,庞德对中国和日本艺术的兴趣来自时任大英博物馆版画和素描部副主

---

[1] 参见 *Madly Singing in the Mountains*, p. 137。关于韦利对翟理斯翻译方法的批评有具体的个案,参见 "Notes on the 'Lute-Girl's Song'",*Madly Singing in the Mountains*,pp. 297-302。有关霍克斯对韦利所关注之处的拓展阐述,可参见 "Chinese Poetry and the English Reader",*The Legacy of China* ed. Raymond Dawson (Oxford: Oxford University Press,1971),pp. 98-101。
[2] 见本书第三章。
[3] 参见 Zhaoming Qian,*Orientalism and Modernism: The Legacy of China in Pound and Williams* (Durham: Duke University Press,1995)。

任的劳伦斯·宾扬（Laurence Binyon, 1869—1943）[1]所做的系列演讲。这导致之后庞德接受美国东方学家恩内斯特·费诺罗萨的遗孀玛丽·费诺罗萨（Mary Fenollosa）的委托，编辑费诺罗萨关于中国诗歌和日本能剧的遗稿。[2]后来，在大英博物馆宾扬的指导下，阿瑟·韦利青年时代的翻译作品进一步刺激了庞德的创作。正如钱兆明总结的那样："庞德和威廉姆斯这样的现代主义文学家正是通过费诺罗萨、翟理斯和韦利而建立起与伟大的中国诗歌之对话。"[3]

翟理斯的《中国文学史》为庞德等人提供了可供引用的中国诗歌宝库。[4]然而，真正影响了现代主义文学家的并非翟理斯的韵文翻译策略，而是他所使用的那些罕见的、充满异国情调的意象。目前我们关注的是翟理斯以韵文翻

---

[1] 宾扬出生于兰卡斯特，曾就读于牛津大学三一学院，主修经典文学并从事诗歌创作。1893 年进入大英博物馆刻本部工作，两年后，调至版画和素描部，1909 年升任该部副主任。宾扬喜欢在其展览中将艺术的视觉展示与诗歌的声音效果结合在一起。1913 年，大英图书馆特别增设东方版画与素描部，也归宾扬管理。相比于同时代的其他学者，宾扬的著作如 1908 年的《远东绘画》（*Painting in the Far East*），以及讲座（如 1933-1934 年在哈佛大学举办的题为"亚洲艺术中的人类精神"的系列讲座）更加广泛地普及了包括中国、日本、波斯和印度的东方艺术。后来对阿瑟·韦利产生的双重影响，既包括他对东方诗歌的学术兴趣和艺术方面的学术兴趣，还包括在诗歌创作中对于杰拉尔德·曼利·霍普金斯（Gerard Manley Hopkins）的诗中自然重音词的创造性使用。宾扬的生平参见 John Hatcher, *Laurence Binyon: Poet, Scholar of East and West* (Oxford: Clarendon Press, 1996); *Dictionary of National Biography, 1941 - 1950*, ed. L. G. Wickham Legg and E. T. William (Oxford: Oxford University Press, 1959), pp. 79-81。

[2] 有关费诺罗萨的材料，可参见 Lawrence W. Chisolm, *Fenollosa, The Far East and American Culture* (New Haven: Yale University Press, 1963)。

[3] Zhaoming Qian, *Orientalism and Modernism*, p. 1.

[4] *A History of Chinese Literature* (New York: D. Appleton, 1901).

译中国诗的做法,他这样做是为了捕捉原作的诗意。正如翟理斯在一本诗歌翻译选集[1]充满诗意的序言中所做的维多利亚式解释那样,其目的是呈现"诗魂":

恕吾,中华!
恕吾自中华熠熠生辉之诗歌宝库中
取数篇译为英文供成书之用。
吾之译文实不属西方文类。
中华诗歌之瑰宝在华夏大地光芒纯正,
非品味高雅者不得窥其光华;
唯极具耐心之中文学者,
能觅语言迷宫之径,
方得领略其绝代风华。
然目标各异之众人,
虽只得二手文献,
亦可欣然感受,
来自华夏大地之
些许诗魂之微颤。[2]

Dear Land of Flowers, forgive me! —that I took
These snatches from thy glittering wealth of song,
And Twisted to the use of a book,
Strains that to alien harps can

---

[1] 指《古今诗选》。——译者注
[2] *Chinese Poetry in English Verse* (n.p., n.d.), Preface Cambridge, October 1898.

ne'er belong.
Thy gems shine purer in their native bed
Concealed beyond the pry of
vulgar eyes;
And there, through labyrinths of language led,
The patient student grasps the
glowing prize.
Yet many, in their race toward other goals,
May joy to feel, albeit at second-
hand,
Some far faint heart-throb of poetic souls,
Whose berath make incense in
the Flowery Land.

翟理斯"译为英文供成书之用"的一个例子是他翻译的《将仲子》[1]，翟理斯取名《致青年》（ To A Young Gentleman）：

Don't come in, sir, please!
Don't break my willow-trees!
Not that *that* would very much grieve me;
But alack-a-day! What would my parents say?

---

[1] 此处指《诗经·国风·郑风》第二篇《将仲子》："将仲子兮，无逾我里，无折我树杞。岂敢爱之，畏我父母。仲可怀也，父母之言，亦可畏也。将仲子兮，无逾我墙，无折我树桑。岂敢爱之，畏我诸兄。仲可怀也，诸兄之言，亦可畏也。将仲子兮，无逾我园，无折我树檀。岂敢爱之，畏人之多言。仲可怀也，人之多言，亦可畏也。"——译者注

And love you as I may,
I cannot bear to think what that would be.

Don't cross my wall, sir, please!
Don't spoil my mulberry-trees!
Not that *that* would very much grieve me;
But alack-a-day! What would my brother say?
And love you as I may,
I cannot bear to think what that would be.

Keep outside, sir, please!
Don't spoil my sandal-trees!
Not that *that* would very much grieve me;
But alack-a-day! What would the world say?
And love you as I may,
I cannot bear to think what that would be. [1]

庞德的译本间隔尾韵,语言更加迷人,也更为远离原文意象和意图:

Hep-Cat Chung, 'ware my town,
don't break my willows down.
The trees don't matter
but father's tongue, mother's tongue

---

[1] *Chinese Poetry in English Verse*, #1.

Have a heart, Chung,

        it's awful.

Hep-Cat Chung, don't jump my wall
nor strip my mulberry boughs,
The boughs don't matter
But my brother's clatter!
Have a heart, Chung,

        it's awful.

Hep-Cat Chung, that is *my* garden wall,
Don't break my sandalwood tree.
The tree don't matter
But he subsequent chatter!
Have a heart, Chung,

        it's awful.[1]

此处附上理雅各的直译版本作为对照，看看翟理斯为了用韵而牺牲了哪些内容，以及庞德为达到押韵并且用"垮掉一代"的韵脚做了什么牺牲。

I pray you, Mr. Chung,

    Do not come leaping into my hamlet;

---

[1] Ezra Pound, *The Confucian Odes: The Classic Anthology Defined by Confucius* (1954; rpt. New York: New Directions, 1959), pp. 37-38.

> Do not break my willow trees.
> Do I care for them?
> But I fear my parents.
> You, O Chung, are to be loved,
> But the words of my parents
> Are also to be feared…[1]

自维多利亚时代至今，带有韵脚的诗体译文依然通行。企鹅书系中凯尔特和盎格鲁—撒克逊诗歌的两位现代译者持截然相反的观点。《早期英文诗》（The Earliest English Poems）的译者迈克尔·亚历山大（Michael Alexander）明确主张："我不理解将诗歌翻译为诗歌以外的其他文体意义在哪里。"他还说："将一首有生命的诗从外语翻译为母语的第一要务是创造富有艺术性的作品，保持诗的生命。"[2]《凯尔特杂记》（A Celtic Miscellany）的译者肯尼思·霍尔斯通·杰克逊（Kenneth Hurlstone Jackson）则持相反观点，他为自己推崇的翻译风格提供了更宽广的背景：

> 十八、十九世纪的欣赏品味不仅可以接受而且十分推崇自由度极大的意译，至少在翻译读者所不了解的语言时是这样的。十九世纪后期，人们推崇一种可能退化至纯粹古腔古调的半圣经式英语。这些传统的痕迹至今犹在。我们还是时常看到过度意译，这在将

---

[1] Legge, Chinese Classics, vol. 4, pp. 125–126.
[2] The Earliest English Poems, 3rd ed. (Middlesex: Penguin Books, 1991), p. xxiii.

原作译为英文诗的译本中尤为多见。这样的译作常常以"翻译文意"而非文字为借口，事实上，过度意译的真实原因当然是为英文的押韵和保持格律之便。然而总体来说，现在人们对译本的准确度有了更高的要求，毕竟读者自然希望通过阅读译作，能够最大限度地接近阅读原著所获得的感受，而不是被译者的风格理念或来自押韵字典的压力削减了这种感受。[1]

第一种观点认为翻译外文诗的最终产品是另一首诗，因而是一种创作。第二种观点则认为翻译外文诗是达到理解和欣赏原文的语言学途径，其功能为辅助学术研究，因而是学者的工作。基于此，为了创作一篇像样的英文诗，庞德常常修改原文中不合用的部分。例如，钱兆明曾引述了庞德对《诗经》的翻译："令人惊叹的是，庞德对此争论一无所知，但却形成了与二十世纪《诗经》翻译理论如此接近的观点。但庞德的态度更为极端，因此在很大程度上加强了原作的不平之意，更修改了一些不符合反战主题的细节。"[2] 换言之，庞德为自己的目的写了一首与原文不同的英文诗，就这首诗来说，庞德的目的是表达反战情绪。很多对韦利翻译的现代批评都源自这种翻译策略。中国文献学家批评韦利的翻译有时过于自由（见第九章），与此同时，也有很多人批评他的英译本缺乏创新。

---

[1] Kenneth Hurlstone Jackson, *A Celtic Miscellany* (Middlesex: Penguin Books, 1971), pp. 15–16.
[2] Zhaoming Qian, *Orientalism and Modernism*, p. 75.

其中著名的批评家就是庞德的门徒——休·肯纳（Hugh Kenner）[1]。在《庞德时代》(*The Pound Era*) 中，肯纳批评韦利的翻译缺乏创意，原因是韦利的英译本毫无文采。以韦利翻译的《古诗十九首》之一为例，肯纳宣称"该译本是一个毫无灵感的人写的诗。这个没灵感的人只是书写，并转换。人们很难仅凭文献学研究硬挤出诗歌来。"一种针对所有汉学家的批判体现了同一倾向，即认为译作不是简单的语言转换而是独立的诗歌创作，这种批判当然也适用于韦利："其他翻译中文的译者，一边惊艳于庞德译本的文采，一边批评其缺乏学术性。这些人以为译本句法简单、句子长短不一就是会翻译了，其实他们没写出任何能让人记住的东西。"[2]

如前所述，翟理斯、庞德和理雅各都译过《将仲子》这首诗。我们现在来看看韦利的译本。如果将译作看作一首独立创作的诗，那么这个译本可能算不上一首值得记住的诗。但韦利译本能让人接近中文原诗的内容和表达，另附一篇比较人类学的学术性导言，因而这个译本值得反复研读：

> I beg of you, Chung Tzu,
> Do not climb into our homestead,
> Do not break the willows we have planted.
> Not that I mind about the willows,
> But I am afraid of my father and mother.

---

[1] 休·肯纳，当代美国研究庞德的权威学者，著有《庞德时代》。——译者注
[2] Hugh Kenner, *The Pound Era* (Berkeley and Los Angeles: University of California Press, 1974), pp. 195, 209.

Chung Tzu I dearly love;
But of what my father and mother say
Indeed I am afraid.

I beg of you, Chung Tzu,
Do not climb over our wall,
Do not break the mulberry-trees we have planted.
Not that I mind about the mulberry trees,
But I am afraid of my brothers.
Chung Tzu I dearly love;
But of what my brothers say
Indeed I am afraid.

I beg of you, Chung Tzu,
Do not climb into our garden,
Do not break the hard-wood we have planted.
Not that I mind about the hard-wood,
But I am afraid of what people say.
Chung Tzu I dearly love;
But of all that people will say
Indeed I am afraid. [1]

在最后一章，我们将看到很多薛爱华的观点。薛爱华论述的重点是那些试图创作诗歌的译者，而不是在语言转

---

[1] Waley, *The Book of Songs* (1937; rpt. New York: Grove Press, 1960), p. 35.

换的同时进行评论性阐释的译者。不过，我们可以引用一位近期正在进行翻译实践的译者的观点，即相比于评论，翻译与原文本的关系更为密切。我认为这一观点需要加一个前提，即这里所说的翻译指的是与原文血肉相连的译本，而非一首独立的诗。柯睿（Paul W. Kroll）讨论《楚辞》翻译的结论为："翻译水平应随着学术和注释水平的提高而提高。事实上，在跨语种研究中，对文本最深入的研究不是注释，而是翻译。我赞同瓦尔特·本雅明（Walter Benjamin, 1892—1940）[1]的观点，即翻译是文本被创作出来以后，超越其自身禀赋，向不同时代和语言的延伸。"[2]一旦译作失去与原作的有形联系，如语言的相似性与公共意象的精神同一性，那么译作就不可能将原作扩展至不同的时代或语言。毕竟，英文译作押韵是通过牺牲原作特有的意象或音调达成的。这样的延伸是短视的，甚至完全割断了原作与译作的联系。

费乐仁引用了最新的理论著作来评价理雅各对《诗经》诗化的韵文翻译。1871年理雅各出版散文体《中国经典》（Chinese Classics），1879年出版《东方圣书》（Sacred Books of the East）。在此期间，理雅各于1876年出版了《诗经》的韵文翻译（The She King, or The Book of Ancient Poetry, Translated in English Verse, with Essays and Notes）[3]。此前，一位评论家曾批评理雅各未努力将其英译本写成韵文。[4]

---

[1] 瓦尔特·本雅明，20世纪最具影响力的文学评论家和哲学家之一，他的作品在法兰克福学派批判理论的发展中扮演着重要的角色。——译者注
[2] Kroll, "On 'Far Roaming'", JAOS 116 (1996), p. 656.
[3] London: Trübner and Co., 1876.
[4] Eitel, "The She-King", The China Review 1 (1872), p. 5.

年幼的理雅各常听祖母背诵韵文体的赞美诗并爱上了这种文体,后来更是亲自将赞美诗完整地译为英文韵文。这些批评、个人趣味和经历促使理雅各开始用韵文翻译《诗经》。为此,他获得了很多人的帮助,包括他的两个侄子约翰·莱格(John Legge)和詹姆斯·莱格(James Legge)、亚历山大·克伦(Alexander Cran);理雅各的朋友 W. T. 默瑟(W. T. Mercer)则帮忙对诗歌进行了修改润色。

费乐仁在评论理雅各的韵文翻译时采用了读者反应范式(reader response paradigm):

译者不得不超越文本本身,尽力寻找合适的惯用语进行翻译。这些惯用语或许与原文所表达的意思联系并不紧密,但却能够在读者心中激起相似的反应。我们称这种翻译方式为"动态对等",意指译本在译入语读者那里产生的效果与原文在译出语读者那里产生的效果相似,甚至相同。[1]

费乐仁范式的理论来源是苏珊·巴斯奈特(Susan Bassnett)[2]和彼得·纽马克(Peter Newmark)[3]。[4] 就文学理论和文学欣赏而言,这一范式也许不仅行得通,甚至具有一定的商业推广性。我无意否定该范式所论读者的存在,

---

[1] Pfister, "James Legge's Metrical Book of Poetry", BSOAS 60 (1997), pp. 64-85, quote on pp. 69-70.
[2] 苏珊·巴斯奈特,英国学者,文化翻译学派的领军人物。——译者注
[3] 彼得·纽马克,英国翻译理论家,提倡语义翻译和交际翻译。——译者注
[4] Bassnett, Translation Studies (New York: Routlege, 1991), and Newmark, Approaches to Translation (New York: Pergamon Press, 1988).

或贬低该范式的可行性。然而,在学术范围中和学术目的下,读者并非范式中所说的文学鉴赏家,而是学者的受众。将注意力从诗人和诗本身转移到读者反应,就相当于将焦点从显而易见的文献学事实转移到心理幻想。不论这一主张的拥护者们如何雄辩,[1] 他们所说的情感反应可以来源于林中漫步、夜听马勒或风雪之夜于壁炉边的轻松一刻,这一事实使我们这些异常挑剔、在文本方面又非常保守的读者对于舍弃文献学而转论感觉的做法持谨慎态度。至少从文献学的角度看,庞德和威廉姆斯对翟理斯译本的运用并不好,但这并不影响庞德的重要性。庞德的重要性体现在为韦利搭建了平台并激励其超越翟理斯。我们在韦利对翟理斯的回应中可以清楚地看到这一点,即在当时翟理斯对韦利翻译的白居易的《琵琶行》进行了批评。[2]

词典编纂与姓氏族谱

要成为汉学研究的学者,仅仅掌握古文还远远不够,文献学功底和系统科学的研究方法也至关重要。这里所说的文献既包括古文献,也包括现代相关研究文献。马伯乐对翟理斯《中国笔记》的严厉批评就源于此。[3] 虽然翟理斯的中文能力令人羡慕,但《中国笔记》中的文章均暴露

---

[1] 例如,叶维廉(Wai-lim Yip)曾说:"显然,尽管极大地受到不通的中文和费诺罗萨译本的限制,但庞德拥有一种贴切感,一种对诗歌创作的妙悟,用艾略特的话来说就是'创造性眼光'。" Yip, *Ezra Pound's Cathay* (Princeton: Princeton University Press, 1969), p. 92.

[2] "Notes On the 'Lute-Girl's Song", in *Madly Singing in the Mountains*, pp. 297–302.

[3] Maspero, *BEFEO* 10 (1910), pp. 593–600.

了批判研究方法的缺失（除了一点初级的校勘学），以及对中国及欧洲学术研究成果的集体忽视。翟理斯从未尝试在合理的文献学基础上做任何假设或结论，这可能与文体有关。这些文章均为就随机遇到的某个特定的文本问题引发的文献学泛论。事实上，此类随笔最好以非正式的个人出版物形式面世，就像卜弼德、甘乃迪、薛爱华的随笔以及今天德国学术圈颇为流行的那些作品那样。不论如何，慕阿德的概括切中要害："翟理斯是一位原创型汉学家，但他并不知道学术研究为何物。"[1] 卜立德（David Pollard）则认为翟理斯的作品意在普及关于中国的知识，因此翟理斯的文章并非针对同辈的英国汉学家，况且当时英国还没有真正的汉学家。卜立德说："或许正是为了弥补英国关于中国知识的缺乏，翟理斯才涉及如此广泛的写作范围，并创作了数量惊人的作品。"[2] 翟理斯本人也认为自己创作的目的就在于为英国读者讲述中国，他说："我已奋斗数年，试图向英美读者讲述中国语言、文学、哲学、历史和社会生活的知识。"[3]

翟理斯在现代的声誉更多地得益于其在词典编纂和传记方面的工作。耐心细致的编纂工作更加符合翟理斯的学术脾性。

翟理斯曾这样评价英国的汉语词典编纂传统，同时将

---

[1] Moule, "British Sinology", p. 189. 只需比较翟理斯 1901 年版的《中国文学史》和格鲁贝（Grube）1902 年版的《中国文学史》（*Geschichte der chinesischen Literatur*），我们就能看出仅由一般阅读形成的观点和严谨的学术研究之间的区别。

[2] Pollard, "H. A. Giles and His Translations", p. 494.

[3] "The Memoirs of H. A. Giles", p. 19.

自己放在不断发展的学术传统中：

> 1902年10月23日，埃德蒙·巴格思爵士（Sir Edmund Backhouse, 1873—1944）[1]致信与我，说他"打算编写一本英汉词典"。我这才知道巴格思爵士已致力于汉英词典编纂多年，显然他的大作意在超越拙作。好吧，江山代有才人出，我是最期待这样一本未来之书出现的人。期望这本未来之书能够尽早面世，并有助于中文学习。1816年至1874年，中文词典编纂的蓝丝带掌握在马礼逊和麦都思这两位英国人手中；后来，蓝丝带传至美国人卫三畏手中；直至1892年，我又将这条蓝丝带夺回英国，至今（1925年）已经有33年了。当蓝丝带继续传承之时来临，若我仍"健在"，我想在自己卸任之日引用哈丽雅特·马蒂诺（Harriet Martineau）[2]于74岁高龄对人生发出的感慨："幸得共襄盛举，吾辈与有荣焉。"[3]

历经18年的努力，两卷本《华英字典》于1892年在上海出版。1912年，《华英字典》再版，其中1911年印刷的第四、五卷获儒莲奖。《华英字典》第一版面世以后，中国本土学术开始发力。得益于此，本已篇幅甚巨的《华英字典》逐渐扩充为包括1711页、10926个词条和众多图

---

[1] 巴格思爵士，英国东方学家及语言学家，著有不少有关中国晚清时期历史著作，但在他死后学术界指控大部分内容为伪作。——译者注
[2] 马蒂诺，英国社会学家、翻译家，代表作有《美国社会》。——译者注
[3] "The Memoirs of H. A. Giles", pp. 38-39.

表的鸿篇巨著。翟理斯为每个词条都配上庄延龄的方言发音，包括官话、广东话、客家话、福州话、温州话、宁波话、汉口话、扬州话、四川话，以及朝鲜语、日本语和安南语。[1]《华英字典》的韵部以《佩文韵府》为基础编写，因此读者可以从中迅速找到每个汉字。第7页的图表列出25个汉字下词条的数量。该图表展示出马礼逊（1819）、麦都思（1843）、卫三畏（1874）所编字典以及翟理斯1892年和1912年出版的两本字典在词典编纂方面的持续进步。比较翟理斯的《华英字典》和马守真（R. H. Mathews，1868—1968）[2]的《华英字典》（上海：中国内地会与长老会出版社，1931），我们发现马守真在词条数量上毫无进展，不仅如此，马守真的《华英字典》中包含的中文单字也少了3000个。当然，马守真字典的优点为简明性强，并且这部字典是供编者的传教士同僚们使用的。而翟理斯字典的受众更加需要外交及商业方面的专业词汇。"该字典致力于使中文学习化繁为简，是驻华领事及其他中文学习者的贴心之选。"如同其他作品一样，翟理斯的《华英字典》绝非完美无瑕，同时劳费尔对翟理斯的某些观点并不赞同。[3]但这并不妨碍劳费尔盛赞这部《华英

---

[1] 有关庄延龄的方言研究以及他与翟理斯之间的敌对，参见 David Prager Branner, "Notes on the Beginnings of Systematic Dialect Description and Comparison in Chinese", *Historiographia Linguistica* 24（1997），pp. 235－266 and "The Linguistic Ideas of Edward Harper Parker", *JAOS* 119（1999），pp. 12－34。

[2] 马守真，澳大利亚来华传教士，汉学家，著有《马守真华英字典》。——译者注

[3] 例如，劳费尔关于犀牛及翟理斯错误结论的长文，见 Laufer, *Chinese Clay-Figures. Part 1: Prolegomena on the History of Defensive Armor*（1914；rpt. New York：Krause，1967），pp. 75－80。

字典》为"里程碑式的"巨著,并认为该字典的"每一页都彰显着进步和全新研究成果","每一位中文学习者都应为此巨著向翟理斯致敬"。[1] 并且,劳费尔在自己的著作中讨论汉字时也习惯性地引用翟理斯的《华英字典》和《古今人名字典》。

翟理斯从1891年起开始构思《古今人名字典》。该书于《华英字典》第二版出版前面世(前言所注时间为1898年1月27日)。翟理斯编写此书的部分原因是为编写《华英字典》中的姓氏条目提供方便。该书共包括2579个词条,涉及众多古今名人。该书第981页至1018页是一份实用的"别号、绰号、封圣名及本书正文提及姓名索引"。1925年,伯希和专门为该书撰写书评,并特别称赞书中提供的准确日期。[2] 1898年,《古今人名字典》一书荣获当年儒莲奖。

总之,在从外交转向学术的学者中,翟理斯是成就最高的,也是影响力最大的。[3] 翟理斯创造了许多"第一":第一部中国文学史、第一部文学翻译选集——《古文选珍》

---

[1] Laufer, *Jade: A Study in Chinese Archaeology and Religion* (1912; rpt. New York: Kraus, 1967), p. ii.

[2] Paul Pelliot, "A propos du 'Chinese Biographical Dictionary' de M. H. Giles", *AM* 4 (1927), pp. 377-389. 伯希和提出了两点批评:一是书中的姓氏信息常常采用来历不明的二手信息,二是书中的一些日期和信息是错误的。尽管如此,伯希和在书评中用了很大篇幅来为翟理斯辩护,驳斥查赫无根据的攻击。查赫在上一期《泰东》(*Asia Major*)中曾发文批评翟理斯["Einige Verbesserungen zu Giles' Chinese Biographical Dictionary", 3 (1926), pp. 545-568]。伯希和在文中对该书内容进行了更正和补充,并提供了条目范例,以供未改版参考之用。

[3] Ishida, *Ō-Bei ni okeru Shina kenkyū*, p. 401. 这部作品里称翟理斯的著作优雅而精妙,是英国学术之精品。

(*Gems of Chinese Literature*)、第一部中国绘画艺术史、第一部中国姓氏族谱。现在,除《华英字典》和《古今人名字典》以外,翟理斯的作品都已经过时了。即便如此,我们不应忽视翟理斯作品对其同时代人的益处和对读者的启发。事实上,翟理斯在世时获得了极高的荣誉,如1897年获阿伯丁大学荣誉法学博士学位(LL. D.),1924年获牛津大学荣誉文学博士学位(D. Litt.),以及中国政府授予的二等嘉禾奖章及绶带。1914年,他担任希伯特讲座(Hibbert Lecture)主讲人,[1] 1922年获皇家亚洲文会三年一度的金奖,曾两度获儒莲奖,1924年受邀加入法兰西学院。福兰阁称翟理斯为"汉学史上最伟大的先驱之一"[2]。在很多方面,翟理斯开创的事业为阿瑟·韦利继承。盖世无双却不喜出门的韦利是最后一位自学成才、博览群书的知识分子。他阅读广泛,在不同领域均有著述并颇有建树。当韦利开始论述翻译问题时,翟理斯的中国诗歌翻译也在讨论之列。

暮年的翟理斯说,自从1867年开始汉学研究以来,他一直怀着两个心愿:"一是提供关于中文的正确知识并降低中文学习的难度,这里的中文包括书面语和口语;二是引起人们对中国文学、历史、宗教、艺术、哲学、礼仪、风俗的更加广泛而深入的兴趣。"[3] 翟理斯认为两部字典的出版完成了第一个心愿,可惜的是第二个心愿尚未完成。

---

[1] 翟理斯演讲的题目为《儒家学说及其反对派》(*Confucianism and Its Rivals*)。——译者注
[2] Franke, *Sinologie*, p. 22.
[3] "The Memoirs of H. A. Giles", pp. 85-86.

然而翟理斯实已拼尽全力。翟理斯的第二个心愿后来由其翻译界的对手——韦利继承并取得了成功。韦利在英语世界实现了中国（和日本）文学的普及。

第二节　理雅各：美梦成真

> 我在中国的那些岁月里常常期盼着在英国的学术殿堂中能有中国语言和文学的教授席位。然而我从未想过自己能占据其中之一。十八个月之前，我第一次听到这一设想时，如同在做梦一般。[1]

理雅各（James Legge，1815—1897）在建立专业化中国文献学方面所做的贡献胜过其他任何 19 世纪汉学家。他 1815 年 12 月 20 日生于阿伯丁郡的小城亨特利，这里不仅是米怜的故乡，也同样是其他一些杰出人物，如詹姆斯·黑斯廷斯（James Hastings，1852—1922）[2]和乔治·麦克唐纳（George Macdonald，1824—1905）[3]

---

[1] Legge, *Inaugural Lecture*, p. 27.
[2] 黑斯廷斯，牧师和圣经学家，编撰了五卷本的《圣经字典》和十三卷本的《宗教与伦理百科全书》。——译者注
[3] 乔治·麦克唐纳，苏格兰作家，一生中创作了三十多部小说，被誉为"维多利亚时代童话之王"。其作品多以苏格兰生活为题材。——译者注

第三章　英语国家汉学家：从中国沿海汉学到中国研究

理雅各

（James Legge，1815—1897）

英国汉学家

的故乡。[1] 作为苏格兰启蒙运动所留下的思想遗产的继承人，特别是对以托马斯·里德（Thomas Reid，1710—1796）[2] 为代表的苏格兰现实主义哲学浸淫甚深，理雅各

---

[1] 在理雅各的《中国经典》(1861-1893；香港大学出版社 1970 年重印本) 中有一个赖廉士所写的 25 页传记式简介：Lindsay Ride, Legge, *The Chinese Classics*, 5 vols (1861-1893, rpt. Hong Kong University Press, 1970), vol. 1, pp. 1 - 25。同时参见 Helen Edith Legge, *James Legge*; G. Schlegel, "Necrology: James Legge", *TP* 9 (1898), pp. 59-63。更加学术性的资料还有：Wong Man-kong, *James Legge: A Pioneer at Crossroads of East and West* (Hong Kong: Hong Kong Educational Pub. Co., 1996)。关于理雅各对中国文明的宗教性观点，特别是受到其传教士生涯的影响，可参见 Raymond Dawson, *The Chinese Chameleon: An Analysis of European Conceptions of Chinese Civilization*, London: Oxford University Press, pp. 138-141。其他对他的简短评价还有：Barrett, *Singular Listlessness*, pp. 75-76；David Hawkes, *Classical, Modern and Humane*, pp. 4-6；Treadgold, *The West in Russia and China: Religious and Secular Thought in Modern Times*, vol. 2: *China 1582-1949*, pp. 41-45。我所未见的资料还有：Lau Tze-yui, "James Legge (1815-1897) and Chinese Culture: A Missiological Study in Scholarship, Translation, and Evangelization", Ph. D. diss., University of Edinburgh, 1994。

吉瑞德和费乐仁分别完成了关于理雅各的生平、成就以及他从一个传教士翻译家到汉学家和比较宗教学者的转变过程的大部头著作。吉瑞德的著作名为 *The Victorian Translation of China: James Legge's Oriental and Oxonian Pilgrimage* (Berkeley: University of California Press, 2002)，书中将理雅各刻画为孔子和他自我认知使命的异时空对照，以及通过翻译异国文本来进行文化适应过程的范例，同时也是通过文化适应进行心理和思想上的转型。费乐仁的书为：*In Pursuit of the Whole Duty of Man: James Legge and the Sino-Scottish Encounter in 19th Century China*, 2 vols (Frankfurt am Main: Peter Lang, 2004)。其书专注于理雅各在香港的生活和工作。当中一些重要发现已经发表在数篇文章中，包括："The Fruit and Failures of James Legge's Life for China", *Ching Feng* 31 (1988), pp. 246-271; "Some New Dimensions in the Study of the Works of James Legge (1815-1897): Part I", *Sino-Western Cultural Relations Journal* 12 (1990), pp. 29-50; "Part Two", *Sino-Western Cultural Relations Journal* 13 (1991), pp. 33-48; "Clues to the Life and Academic Achievements of One of the Most Famous Nineteenth Century European Sinologists-James Legge (1815-1897)", *Journal of the Hong Kong Branch of the Royal Asiatic Society* 30 (1990), pp. 180-218; 以及 "James Legge", *Encyclopedia of Translation*, pp. 401-422。

[2] 托马斯·里德，18 世纪苏格兰启蒙运动哲学家，苏格兰常识学派创始人。——译者注

在阿伯丁大学国王学院学习时就已经相当杰出。马礼逊和米怜最早开创了阿伯丁大学与中国的联系，理雅各进一步加深了这所学校的对华关系，并且引领了一个全新的阿伯丁人前往中国从事各种工作的风潮。[1] 在做了一年学校老师之后，理雅各决定成为一名牧师，并在 1837 年进入海伯里（Highbury）神学院学习神学。1839 年，他受伦敦会派遣带着新婚妻子出发前往马六甲，并于 1840 年 1 月 10 日到达目的地。后来，理雅各担任了英华书院校长的职务，直到 1843 年，书院在其主导下迁到了刚刚开埠的香港。理雅各在香港度过了漫长的传教士和学者生涯，其间有过几次回英国探亲的旅程，1873 年从香港退休回国。由于理雅各出版的中国经典译本早已蜚声海外，他的声誉在他本人回国之前就传回了英国，他又获得了整个汉学界，包括其中的领军人物儒莲的敬重。[2]

"经由经典的" 利玛窦式文化适应

根据理雅各的自述，他曾有几个月时间跟随伦敦大学

---

[1] 在 1860 年到 1900 年，有 40 位阿伯丁大学的毕业生在中国工作，担任医生、传教士或领事外交官。参见 John D. Hargreaves, *Academe and Empire*: *Some Oversees Connections of Aberdeen University 1860－1970*（Aberdeen: Aberdeen University Press, 1994），p. 74。

[2] 儒莲和理雅各显然曾有过大量通信，但仅有 4 封保存下来，现藏于波德雷安图书馆。参见 Pfister, "Some New Dimensions, Part Two", p. 41。

学院的基德（Samuel Kidd, 1799—1843）教授学习汉语。[1]他的同学之一是米怜的儿子美魏茶（William Charles Milne, 1815—1863）[2]。理雅各还在马六甲时就开始了对中国经典的学习，他认为这对于传教事业是不可或缺的助力，因此下决心要掌握它们：

> 似乎对他（即《中国经典》作者理雅各）来说，只有彻底掌握了中国典籍，充分调查过中国圣贤们所涉及的思想领域，从中发现中国人的道德、社会和政治生活之后，才可以认为自己能够胜任传教的工作。[3]

赖廉士在纪念理雅各的文章中解释了他这一想法的可信缘由：

---

[1] Legge, *Chinese Classics*, vol. 1, p. vii. 基德牧师曾经作为一名传教士在英华书院工作过，但在服务多年后由于疾病而返回了英格兰。他著有《中国，或中国人的象征、哲学、古典、习俗、迷信、法律、政府、教育和文学》（*China, or Illustrations of the Symbols, Philosophy, Antiquity, Custom, Superstitions, Law, Government, Education and Literature of Chinese*, London: Taylor and Walton, 1841）。但他的席位是由于小斯当东爵士的捐赠而设立的，也只维持了五年时间。小斯当东爵士转而在另一竞争者伦敦大学国王学院设立汉学教授席位。1845 年，一位退休的翻译员费伦（J. Fearon）出任国王学院汉学教授，他在此工作到 1851 年这一席位到期为止。1852 年，佐麻须（又译萨默斯，Rev. James Summers）继任为国王学院的汉学教授，然而学生后来才发现他只懂上海和广东方言，这使得他的学生到达北京后陷入绝望当中。崔瑞德说，"其结果是，在伦敦对领事和外交人员的初步培训被迅速放弃了"（Twitchett, *Land Tenure and the Social Order in T'ang and Sung China*, p. 7）。关于基德和伦敦的汉语教学，参见 Twitchett, *Land Tenure and the Social Order in T'ang and Sung China*, pp. 2–7; Barrett, *Singular Listlessness*, pp. 71–72。

[2] Wong, *James Legge*, p. 15.

[3] Legge, *Chinese Classics*, vol. 1, p. vii.

为了让世界上的其他人真正了解这一庞大帝国，特别是我们的传教士要聪慧地在中国人当中去进行传教工作，从而获得持久的成果，这一工作就是非常必要的。我认为如果孔子带有译文与注释的全部经典被出版的话对将来的传教事业有很大的助益。

据赖廉士解释，理雅各"首先是他自己的民族和人民的传教士；他要为西方的学者和传教士翻译和诠释东方的教诲"[1]。这一努力不仅出于理性的原因；从情感上来说，理雅各对中国人民也由始至终有着耶稣式的共情能力。当他长时间在人们当中工作时，探望病人时，牧养信徒时，寻找皈依者时，他都曾经多次展露过这一能力。[2] 有两次他在传道工作中被投掷石块。[3] 然而当代传教士的言论和著作当中并不鲜见的种族偏见和文化误读却从未表现在理雅各身上。[4] 在这种慈善文化媒介的身份上，这一功能

----

[1] Legge, *Chinese Classics*, vol. 1, p. 10。
[2] 这一点在博罗（Poklo）事件中尤其令人信服，理雅各展现的近乎殉道的精神，使得他在香港的基督徒社团中成为民间英雄式的人物。参见 Pfister, "From the Golden Light Within: Reconsideration of James Legge's Account of Ch'ëa Kam-Kwong, The Chinese Protestant 'Proto-Martyr'"；, "James Legge: The Heritage of China and the West", An International Conference, Aberdeen, Scotland, April 8-12, 1997。
[3] 在一份写于1858年题为《理雅各教授回忆录》（*Reminiscences of Professor James Legge*）的22页手稿中，他在开头写道："我不止一次在中国一个乡村被投掷石块。"现藏牛津大学博德利图书馆，档案编号：MSS Eng. Misc., C. 812, 1。
[4] 在马礼逊的早期著作当中可以看到一个极坏的缺乏共情的例子，他这么不适宜地写道："中国人知识渊博，但他们不诚实、妒忌别人，对长官不忠诚……中国人普遍自私冷血，缺乏人性。"参见 Robert Morrison, *A View of China for Philological Purpose*, pp. 124-125。

上，理雅各堪称先驱，后来的卫礼贤也起到同样的作用。

《中国经典》

理雅各的儒家经典翻译首次把"四书五经"译为英文。[1] 历经各种改写和多次再版，[2] 傅海波曾经声称，它们甚至直到今天都仍是经典译本，因为它们信守原文，并补充了非常丰富的注释。[3] 为了完成仅有极少数读者能从中获益的详尽、密集的注解，理雅各付出了极大的努力："我想要在中国经典的翻译工作中做到尽善尽美。可能一百个读者当中有九十九个都毫不在意这些长篇注释；但第一百个人会到来，他不会觉得这些注释是多此一举。为了这

---

[1] 柯大卫（David Collie）（殁于1828年）在1822年至1828年住在马六甲英华书院，当中有一部分时间担任书院的中文教授，他曾翻译过一个"四书"的早期译本：*The Chinese Classical Works Commonly Called the Four Books*（1828）。根据巴瑞特的说法，他的译本曾经影响过爱默生和梭罗。参见 Barret, *Singular Listlessness*, p. 65。另一篇文章当中有精彩评价，参见 Pfister, "Serving or Suffocating the Sage? Reviewing the Efforts of Three Nineteenth Century Translators of the Four Books, With Special Emphasis on James Legge（1815 – 1897）", *The Hong Kong Linguist 7*（Spring and Summer 1990）, pp. 25 – 56。另一篇徐中约的评论则失之表面化、轻率和负面，参见 C. Y. Hsü, "James Legge and the Chinese Classics", *Asian-Pacific Culture Quarterly* 23（Spring 1995）, pp. 43 – 58。

[2] 理雅各所出版的《论语》《孟子》和《诗经》各有三个不同译本，《中庸》有四个译本，《尚书》有两个版本，其余经典各一个译本。参见 Pfister, "Some New Perspectives on James Legge's Multiform English Translations of the *Chinese Classics* and *Sacred Books of China*", Lecture presented at Hong Kong Baptist University for the Toth Anniversary of the Department of Chinese of the University of Hong Kong, December 10, 1997。理雅各译本经久不衰的价值在费乐仁、刘家和、邵东方最近一系列未刊的批评文章当中得到再次肯定，文章寻求将理雅各的成就放在现代西方汉学对中国经典的研究语境当中。他们所建构的批评体系非常有用。

[3] Herbert Franke, "Sinologie im 19. Jahrhundert", in *August Pfizmaier（1808-1887）und seine Bedeutung Für die Ostasienwissenschaften*, p. 40.

第一百个人我应该写。"[1]

按照翟理斯的说法，理雅各的翻译是汉学研究中最伟大的个人探索："现在那种贬低理雅各博士伟大事业的流行说法可以追溯到威妥玛时代，后者声称理氏的翻译过于'呆板'。在我看来，理雅各的著作是有史以来对汉学最伟大的贡献，并且在威妥玛的著作烟消云散之后，还会继续被后世所铭记和研究。"[2] 相反的声音来自雷蒙·道森，他认为理雅各"完全脱离当下新兴的中国研究，而接受了一种老派正统的诠释方式……他所写的英文现在看起来极为陈旧"[3]。在本章余下的部分我将会致力于展示后者的错误，即用"詹姆士王"格式来要求理雅各的散文文体，却不承认这本身就是很糟糕的做法。[4]

初读时，看起来理雅各在哲学设想上的错误似乎多于技术方面。阿瑟·韦利将理雅各《孟子》（*The Works of*

---

[1] Helen Legge, *James Legge*, p. 42.
[2] Giles, *Adversaria Sinica*, p. 346.
[3] Dawson, *The Chinese Chameleon*, p. 6. 赖廉士在他的传记性序言中提到理雅各同时代或后辈学者中持赞赏态度的有艾约瑟、薛力赫和考狄。欧阳桢（Eugene Eoyang）的著作中提供了对理雅各《论语》译本更深入和理论化的批评。欧阳桢并不认为理雅各没有跳出他那个时代的世界观或是传教士思维，相反，他试图呈现译者们的"期待视野"（Horizon of Expectations）。参见 Eugene Eoyang, *The Transparent Eye: Reflections on Translation, Chinese Literature, and Comparative Poetics*, Honolulu: University of Hawaii, 1993, pp. 170–177。
[4] 吉瑞德在他的书里的很多处都指出，理雅各所采用的古色古香的文体早就被其同代人所注意到，很显然这是一个有意识的选择，而非时代的产物。欧德理（E. J. Eitel）就是一个例子，他评论说："在理雅各博士之前的译本中，我们无法对这种僵硬刻板而导致的单调沉重视而不见，这可以说是这位译者的特色，在《诗经》翻译中这一特点表现得更加突出，他在处理这些精巧的诗句时，显然缺乏去欣赏它们的热情。"参见 E. J. Eitel, "The She-King", p. 5.

Mencius）译本中的错误归于他过度依赖朱熹神学上的解释而非赵岐训诂上的经注——理雅各所有译本的错误都可以笼统归于此。然而，如果某人想要将译本基于汉代解经式的世界观而非新儒家来进行诠释，然而由于后者在封建中国的后半部分才是正统性和常态性的，所以这种做法显然是错误的。

在《诗经》的讨论中，理雅各解释了学者毛苌和朱熹的观点：

> 《诗经》的传统解释通常认为来自《毛诗》，这是不容忽视的；当有些解释获得历史验证时，它们更被认为很有帮助。然而很多地方我们还是必须从诗中寻求意义。这就是朱熹所做的工作；由于他在批判能力上远胜前人，因此中国至今无法有人和他相提并论。[1]

理雅各对官方编辑者"明显倾向于古文学派"感到困惑，并且推断当代读者也会对此感到疑惑。[2] 当两个注释家观点一致时，理雅各满足于一种妥协的观点："起码两个学派的注家在这首诗达成了一致，我们无需再羁绊于此了。"[3] 然而他比起顾赛芬（Séraphin Couvreur, 1835—1919）[4] 更经常背离朱熹的注释，后者的法文和拉丁文翻

---

[1] Legge, *The Chinese Classics*, vol. 4, p. 5.
[2] Ibid.
[3] Ibid., vol. 4, p. 10.
[4] 法国耶稣会传教士，汉学家，翻译"四书五经"。——译者注

译非常优美准确,但按照戴密微的说法,"他从未提出原创性的诠释或个人评价"[1]。黄兆杰(Wong Siu-kit)和李家树(Li Kar-shu)对理雅各《诗经》翻译的评价也是基于同样的假设,即理雅各完全依从朱熹注解,这一点费乐仁已经从不同角度进行了有效的反驳。[2]理雅各对表达自己的学术判断从未有所迟疑。事实上,当他遇到传统解释之间反常的相左意见时,几乎很少能压抑住自己的怒气。例如在《毛诗》第5篇,他在总结传统经注时,表现出的厌恶更多于生气:"这些东西毋庸置疑是可悲的。"[3]《毛诗》第3篇他怒斥道:"没有比这更荒唐的注释了。我不能相信官方经学家们倾向于这一注解。"[4]就连朱熹也没有逃过他的怒气:"程颐对于'天'和'上帝'的注释是荒谬的,这个注释后来又被朱熹和其他后辈经学家接受并传承下来了……对于'天',超越性力量的代称,我们与程颐一样懂得它到底意味着什么。"[5]而且我们需要说明的是,理雅各只在有无可抗拒的理由时才追随朱熹。例如在翻译《毛诗》第7篇时,理雅各承认:"朱熹将'肃肃'解释为布网时小心谨慎的样子,而《毛诗》认为是指布网者恭敬

---

[1] Paul Demiéville, "Aperçu historique des études sinologiques en France", p. 465.
[2] Wong and Li, "Three English Translations of the *Shijing*", *Renditions* 25 (Spring 1986): 113-139. 费乐仁在《理雅各》一文的第 408 页至 412 页对黄和李的观点进行了整体驳斥。参见 Pfister, "James Legge"。在另一篇论文当中,费乐仁基于一个特定文本分析了理雅各《论语》翻译上赞成和反对朱熹注解的一些例子,对译本进行了重新评价。参见 Pfister, "Some New Dimensions", pp. 38-40。
[3] *The Chinese Classics*, vol. 4, p. 12.
[4] Ibid., vol. 4, p. 9.
[5] Mao #192; Ibid., vol. 4, p. 316.

的行为。这两者很难选择。"[1] 有时候他选择在译文中融合两种解释，例如在《毛诗》第 167 篇："骙骙"二字，毛诗释为"强壮"，朱熹认为是"活跃"，理雅各结合两者译为"eager and strong"[2]。有时候他甚至抛弃这两者而诉诸其他注家。[3]

当理雅各有足够的依据在两者之间选择时，他绝大多数都遵从朱熹注。例如，在《周南》的 11 首诗当中，他 26 次赞同朱熹，10 次反对，赞同率 72%，对毛注则是 16 次赞同，19 次反对，赞同率 46%。对于朱熹经注的引用，70%赞同，《毛诗》则只有 41%。对于诗的整体理解，他有 75%的概率在提到朱熹时赞同他，对毛则是 63%。确实有时候他同时引用两者并似乎都被认为有道理，但朱熹"更胜一筹"，最后在两者中胜出。[4] 然而，如果他在语言或语境方面被说服的话，他也会毫不犹豫选择毛注。[5] 如费乐仁所评价的，理雅各的译本通过征引不同的注家，为他的读者提供了更宽广的文献范围以供读者来理解判断，内容远比照搬朱注要丰富得多。[6] 然而对于由朱熹重新编排的《中庸》，理雅各曾单独翻译了 4 个不同版本，其中

---

[1] Ibid., vol. 4, p. 13.
[2] Ibid., vol. 4, p. 260; cf. Mao #116; vol. 4, p. 178.
[3] 如《毛诗》第 10 和 240 篇。参见 Ibid., vol. 4, pp. 6–17, 447。
[4] 参见理雅各的注释，ibid., vol. 4, pp. 250, Mao #164.
[5] 例如《毛诗》第 196 首："朱熹说这里鸠指斑鸠或鸽子，毛的释义同于 I. v. IV. 3 中'于嗟鸠兮'中鸠的含义，指'dove'，相比之下毛的解释更可取。毛将'翰'解释为'高'，也更加准确。" Ibid., vol. 4, pp. 333–334.
[6] Pfister, "Some New Perspectives on James Legge's Multiform English Translations of the *Chinese Classics* and *Sacred Books of China*", p. 9.

第三章 英语国家汉学家：从中国沿海汉学到中国研究

他对于朱熹这位新儒家大师的批判是很尖锐的。[1] 与雷蒙·道森认为其"完全脱离当下新兴的中国研究，而接受了一种老派正统的诠释方式"相反，理雅各对中国注经传统的广泛接受和参考受到与他同时代居住于中国的西方人的赞赏，[2] 甚至他的中国助手王韬（1828—1897）也肯定了这一点。在出版了第一、二卷之后，理雅各开始了与王韬愉快的合作，后者曾是麦都思的助手。他是一位学识广博的学者，不偏向于某种学派，理雅各也是这样的一个学者，因而王韬很欣赏他。柯文（Paul Cohen）指出："整体而言理雅各对孔颖达、郑玄的经注与朱熹、二程的同等看重。他对汉学和宋学的态度是不偏不倚的。"[3] 理雅各在《皇清经解》出版仅两年后就获知了它的内容，这是对说他"脱离当下新兴的中国研究"最好的驳斥。[4]

王韬的主要任务是搜集和整理大量的经注资料。柯文说："王韬给每个经典都搜集了大量评注，尤其是那些埋藏在非主流著作中，不易被外国学者注意到的。理雅各对他的编纂工作非常欣赏和信赖。"[5] 王韬在参与翻译第三卷

---

[1] Ibid., p.5, n.14.
[2] 欧德礼就认为："如果我们对他日常翻查的长长的中国书单进行检视，我们会发现，没有任何一本中国关于《诗经》的重要著作在两卷本的译本中没有被提到。顺便说一句，这个书单已经可以形成相当规模的图书馆了。"Eitel, "The She-King", p.4.
[3] Paul A. Cohen, *Between Tradition and Modernity: Wang T'ao and Reform in Late Ch'ing China* (Cambridge, Mass.: Harvard University Press, 1974), p.59.
[4] 我是从理雅各1895年发表在《皇家亚洲文会会刊》上的一篇文章中确认这一信息的；考虑到出版的延续时间以及书从中国运到英国的时间，两年的时间用来先接触然后消化吸收是比较合理的。关于这一点的更多内容，参阅 Helen Legge, *James Legge*, pp.30-31。
[5] Ibid., p.60.

的工作后,陆续提供了八卷《诗经》《春秋左传》《礼记》《周礼》的注释辑录。[1] 理雅各曾经这样描述自己得益于王韬的地方:"我自己的《礼记》版本是基于这两套皇家丛书,以及我的中国朋友和前助手王韬学士专门为我编纂的补注,他主要搜集的是近两百五十年的著作。"[2] 因此王韬所担任的实际上是我们称之为研究助手的工作,负责初步的文献搜集工作,而不仅仅是提供语言方面的咨询。[3] 这样理雅各既能够精准独立地掌握中国古代语言的复杂性,又能够掌握足够多的词汇量。在当时像翟理斯那样的情况更为常见,他非常依赖于本土中国助手的帮助。虽然理雅各曾经对于"没有一个可以充分讨论《礼记》复杂难懂段落的中国助手"这一点感到遗憾,但他还是相信不可避免的错误能减少到最低。[4] 理雅各既没有不理智地盲从于中国助手,也没有在语言上依赖他们。在大半生浸淫于中国经典传统之后,他不偏不倚的学术态度正是源于这种智识上的自信。

---

[1] Robert S. Britton, *Eminent Chinese of the Ch'ing Period*, vol. 2, p. 837.
[2] *Li Chi Book of Rites*, vol. 1, p. lxxxii.
[3] 参见 Lee Chi-fang, "Wang T'ao's Contribution to James Legge's Translation of the Chinese Classics", *Tamkang Review* 17/1 (1986), pp. 47-67; Wong, *James Legge*, pp. 114-126。林国辉、黄文江:《王韬研究述评》,《香港中国近代史学会会刊》1993 年第 7 辑,第 67-85 页。该文列举了相关的中英文研究;以及三篇刊登在 1998 年第 1 期《历史与文化》上关于王韬的文章。(分别是李齐芳《王韬的文学与经学》、苏精《王韬的基督教洗礼》和黄文江《王韬致理雅各的五封未刊书札》。——译者注)更加完整的研究可参阅 Lee Chi-fang, "Wang Tao (1828—1897): His Life, Thought, and Literary Achievement". Ph. D. diss., University of Wisconsin, 1973.
[4] *Li Chi Book of Rites*, vol. 1, pp. lxxxiii-lxxxiv.

作为文献学家的理雅各

在文献学的技术层面，理雅各有很多方法论上的优点。其中之一是他对中国文字的开明看法。尽管他有时会将一个难词归为无意义虚词，将其丢进无意义发音的垃圾桶，他仍然懂得单字写法的可变性，并且认识到很多叠字只是某个正体字的不同异体字。例如在《毛诗》第5首他将"螽斯羽诜诜兮"译为"Ye locusts, winged tribes, / How harmoniously you collect together!"[1] 理雅各对"诜诜"的释义很有启发性："本文中诜诜二字在《说文》当中也写作辛字羽边，或先字马边，这些叠字都是同一含义。"[2] 对于理雅各可能错把"螽斯"当成一个词而没有认识到"斯"是助词这一点，[3] 不应该使得我们低估他掌握拼写法的进步，这一点已经超过他同辈的学者。此外，理雅各把很多词作为无具体含义的助词来处理，这些词到现在仍然意义不明。例如在《毛诗》第9首中的短语"薄言"，理雅各评述说："这两个字在第二篇中已经被注明是不可翻译的助词。这里它们连写起来也无需更多说明。"[4] 韦利译为"Here we go"，许思莱（Axel Schuessler）译为"there"，尽管都用作停顿词，但都未能指明词的功能。有

---

[1] *The Chinese Classics*, vol. 4, p. 11.
[2] 这个例子也在许恩莱所著 *A Dictionary of Early Zhou Chinese*（Honolulu: University of Hawaii Press, 1987）534a 页中被证实，但并未引述理雅各。
[3] 参见 Bernhard Karlgren, *Glosses on the Book of Odes*（rpt. Stockholm: Museum of Far Eastern History, 1964），p. 91. 其中有语言学和上下文中反对理雅各的证据。
[4] *The Chinese Classics*, vol. 4, p. 15.

时候理雅各只能承认挫败并且诉之于"虚词"的说法。其中一个例子是在《毛诗》第 13 首，在详细阐述了之前注家的观点为什么站不住脚之后，他不无遗憾地表示他不得不同意王韬的说法："如王韬所说，'于以犹薄言，皆发声语助也'，我们最好的解决办法是将'于'和'以'合起来作为一个复合虚词，它是不可译的。"[1]

理雅各对表示所有格的虚词"之"的处理显示了对诗句节拍的敏感，这在金守拙那篇著名的关于诗韵不规则性的论文之前几乎从未被注意到。[2] 有问题的诗句是《毛诗》第 6 篇的首句"桃之夭夭，灼灼其华"，理雅各把"之"作为所有格，本句被直译为 "In the young and beautiful time of the peach tree"。他对这一翻译也感到不满，从上下文中他发现《诗经》当中的"之"还有一个使用相当广泛的替代用法："'之'在《诗经》当中常常被用在句子中间作为助词来延长字数，因此或许并不应该用以上方式来翻译。"幸运的是，他对《诗经》格律的敏感性战胜了对语法的严格遵守，从而有了以下另一种怡人的翻译："The peach tree is young and elegant, / Brilliant are its flowers."[3]

理雅各不可打破的首要原则是严格遵守词序。根据翟理斯所说，这一原则是"汉语书面语的金钥匙"。《中国言法》(*Clavis Sinica*) 的作者马士曼（Joshua Marshman，1768—

---

[1] *The Chinese Classics*, vol. 4, p. 22.
[2] Kennedy, "Metrical Irregularity in the *Shih Ching*", HJAS 60 (1939), pp. 284-296.
[3] *The Chinese Classics*, vol. 4, p. 12.

1837）首次广泛宣称"汉语的全部语法都基于词序"[1]。翟理斯则说："不可能用定义来穷尽一个汉语词的意义，如同卓能享（Edward Adolf Sonnenschein, 1851—1929）教授所说，每个词'就好像变色龙，它的颜色会根据环境变化'。"[2]理雅各在第一次对伟烈亚力进行面试时就发现了他这一优点："他的发音不是很准确，但他掌握了特定汉字的含义是由其所处的相对位置决定的这一原则。"[3]理雅各所认为的方法论之助力被大英博物馆东方部馆员道格拉斯认为是一个文体上的错误："没有一个词可以被完全移走而不使其完全改变其价值，或成为无意义的翻译。这样文学作品失去了其原本的流动和优美，这本质上是属于多音节语言的。"[4]理雅各似乎也对语言有着特定的感觉，如金守拙所说的："即使他的分析力滞后时，他的本能也使其随时保持警惕。"[5]

最后，作为一位初出茅庐的文献学家，理雅各最起码部分意识到了校勘学的重要性，并且在某些地方更进一步，提供了来自不同文体的异体字解读来支撑他原来底本的翻译。他这样做的动机流露出对于翻译完整性的一种值得赞赏的态度，尽管他没有完全掌握这样做的要领："在现有朝鲜再版文本的评注中……我费功夫给出了所有不同的异体

---

[1] 引自 Giles, *A Chinese-English Dictionary*, vol. 1, p. xiv.
[2] Giles, *A Chinese-English Dictionary*, vol. 1, p. viii. 卓能享是一位受训于牛津的古典学学者。作为伯明翰大学的希腊语教授，他编过平行语法丛书；他通过把所有的印欧语言用同一种专有名词来描述，从而改革了古典学教学。
[3] Cordier, "The Life and Labours of Alexander Wylie", p. 9.
[4] Douglas, *The Language and Literature of China*, p. 61.
[5] Kennedy, *Selected Works of George A. Kennedy*, ed. Li Tien-yi (New Haven: Far Eastern Publications, 1964), p. 55.

字（共有300多条），部分是出于好奇心以及为了使我的文本更完整，部分为了展示在任何一种语言的文字转写当中，一定会出现差异……然而整体上而言它们对文本意义的影响是微不足道的。"[1] 这绝非为了吹嘘他对于文献学基础的全面掌握，才强调其为提供一个好的定本所付出的很多努力，而是因为在之前诸版本中有如此多的错误，"我似乎更应当在我的译本中附上一个更正确的中文文本，而不是以前出版的那些"[2]。最后用一段令人无法反驳的引文来总结理雅各的文献学理念：

> 所有的中文文本，尤其是佛教的文本对于外国学生来说都是全新的。人们需要为它们做那些过去几百年来欧洲成百上千最优秀的学者为拉丁和希腊文经典所做的，以及在过去的18个世纪里数以千计的评论家和注释家为《圣经》文本所做的一切。在中国文献领域鲜有先行者的工作能够让现在的翻译者借鉴。我希望这可以让读者理解为什么需要如此细密和冗长的注释。[3]

总的来说，理雅各的文献学方法展示了他在技术上高于其他同时代学者，这不仅有助于他自己的研究，同时也为当代中国古典文献学打下了坚实基础。简要说来有以下几点：第一，他对于中文拼字法的表意属性的掌握；第二，

---

[1] *A Record of Buddhist Kingdoms*, p. 4.
[2] *The Nestorian Monument*, pp. iii-iv.
[3] *A Record of Buddhist Kingdoms*, p. xiii.

对节拍的敏感；第三，对词序原则的严格遵守；第四，文本直译的风格，宁可准确而非优雅；第五，对不同注疏传统的掌握以及基于文本本身所反映的证据遵循最佳权威；第六，采用最佳文本，甚至创造出一个带有简单异体字表的版本。

翻译风格：宁愿呆板也不模糊

按照倪德卫（David S. Nivison）的说法，理雅各的翻译有一个特别的优点在于他逐字逐句地翻译，而不去抹平语法和文本上的问题：英文翻译中的难点实际上是来源于文本本身的难点：

> 在很多读者的印象里，理雅各都是一个老派和笨拙的译者。一部分是因为译者是一位一百多年前的传教士。但这更大程度上是因为他的责任感，他拒绝抹平文本中让译者觉得难以捉摸之处。理雅各的笨拙实际上是他的优点，并且这并非他唯一的优点。[1]

当然，文献学家的首要职责是忠于原文的语义和风格，他不应当去预期潜在的读者希望从文本中获得什么。文献学家的任务是展示文献和它们所包含的原始信息，包括语言文字、语法的用法以及风格的细微差别这些容易被忽略

---

[1] David S. Nivison, "On translating Mencius", in *The Ways of Confucianism: Investigations in Chinese Philosophy*, ed. Bryan W. Van Nordern (Chicago: Open Court, 1996), pp. 175-201, quote on 177. 薛力赫也注意到理雅各忠于原文，没有跳过一些语法上的难处。参见 Gustav Schlegel, "Necrology: James Legge", p. 63。

的特征。一个读起来非常平顺毫无障碍的译本,例如华兹生所译的《史记》,是无法满足一个很高标准的,因此它的用途也就不太广泛了。[1] 虽然它在文体风格上可能不是那么死板,但是其含混不清的语法结构令读者在阅读时产生不快。[2] 理雅各的忠于文本是译者有意识的选择,不是缺乏品味或技巧的结果,因为他在翻译过程中翻阅了三四个独立的版本,并且每一个都会被搁置一段时间用以反思和校正。

费乐仁这样评价理雅各的翻译过程:

> 当一个文本翻译完成后,他就会先把它收起来。数年后他会重新回顾这个中文文本,然后在不参考自己从前译稿的情况下再独立翻译一个版本出来。完成整个翻译之后,理雅各才会把它和前一个版本相对照,检视彼此之间的差异,自己在哪些方面成熟了,并确认有哪些进一步的方法来处理古汉语语法和短语的整体问题。在准备出版之前,理雅各会根据每个文本的长短把它们独立翻译三到四遍。[3]

---

[1] 顾全习(C. S. Goodrich)正是因为这一点(在数个重要原因当中)而在他发表在《美国东方学会学报》[*JAOS* 82 (1962), pp. 190-202] 的评论中特别批评了华兹生,并且在回应华兹生的答辩时再次提到这一点。参见 *JAOS* 83 (1963), p. 115。

[2] 华兹生在回顾中意识到了这一点,参见他在《早期中国历史作品的一些评注》一文中的评论,文章见:"Some Remarks on Early Chinese Historical Works", *The Translation of Things Past*, ed. George Kao (Hong Kong: Chinese University of Hong Kong Press, 1982), p. 36。

[3] Pfister, "James Legge", p. 403。

正是理雅各这种极为严格的忠于原文,自身对汉语及其注释传统的掌握,以及对孟子哲学的洞察,使得他的《孟子》译本被倪德卫赞誉为"至今为止的最佳展示之一"[1]。

我们用翟理斯教授的评价作为有关理雅各经典研究部分的结尾:

> 学习理雅各《中国经典》的学生常常会被这位伟大的阿伯丁人的惊人勤奋和严谨准确性所打动……他的儒家经典翻译帮助无数在这方面不是很擅长的弟兄们正确理解了最艰深的文本,帮助他们到达原本无法企及的高度;并且也帮助不擅汉语的弟兄们独立解读那些他们实际上无法阅读的经典。[2]

理雅各大师级的成就获得了他同时代人的认可,在1875年他获颁首届儒莲汉学奖。

从传教士译者到专业汉学家

1876年,理雅各被任命为牛津大学耶稣圣体学院(Corpus Christi College)首位汉学教授,他担任这一职位直到他1897年去世为止。[3] 这一席位是由商人们捐资设立

---

[1] Nivison, "On Translating Mencius", p. 200.
[2] Giles, *Adversaria Sinica*, p. 117.
[3] 他的苏格兰同乡,伟大的辞典学家及牛津英语辞典的创始人默里选择葬在他的朋友理雅各所长眠的沃夫考特公墓(Wolvercote Cemetary)。他的墓就在理雅各的墓旁边。

的，前提是由理雅各出任。[1] 尽管作为一名非英国国教教徒的身份使得他与同事之间偶尔有点问题，理雅各与另一位与他同时代的牛津的伟大学者马克斯·缪勒之间却保持着亲密的关系。[2] 以下一段来自理雅各就职牛津前夕，缪勒致其的信件节选（1875年2月13日）显示了缪勒和儒莲对其深具敬意：

> 我将会非常高兴能够认识您。长久以来我都希望能有机会被介绍与您认识，告诉您我有多钦佩您的《中国经典》系列。
> 当然我无权对您的作品做出评价，但考虑到我的老朋友儒莲对其做出了高度赞誉，要知道他可不是一个喜欢颂扬别人的人。
> 对我而言，我所要说的就是希望能够将您的译作放进这套有关世界宗教的著作当中。[3]

理雅各也不经意提到过儒莲对自己赞誉有加：“儒莲是长篇大论的通信者。他写给我的信中满是赞美之辞。”[4] 理雅各过世后所留下的卷宗当中有数包来自这位法国汉学家的信件，“写得非常之好”，海伦·莱格说，“满是中文

---

[1] 关于席位创立的细节，参见 Wong, *James Legge*, pp. 80-89。
[2] 吉瑞德在这本书中对此有详细论述，参见 Girardot, *The Victorian Translation of China*；亦可参见 Pfister, "Some New Dimensions", Part Two, pp. 36-38。
[3] Max Müller, *The Life and Letters of the Right Honorable Friedrich Max Müller*, edited by His Wife, 2 vols (London: Longmans, Green, and Co., 1902), vol. 1, p. 483.
[4] Helen Legge, *James Legge*, p. 45.

引文和仔细粘贴的中文印刷体字条"[1]。除儒莲以外，理雅各还与薛力赫和甲柏连孜等欧洲东方学家通信。最后一个对理雅各的赞誉间接来自缪勒。在引述缪勒1876年3月10日写给理雅各的信时，缪勒夫人赞美理雅各是《东方圣书》(Sacred Books of the East)众多参与学者中唯一一位从未使缪勒失望的；特别是在交稿时间上，即使其他人常常晚了几年交稿，理雅各只要承诺一个时间，一定会在这之前完成。[2]

理雅各毕生所搜集的材料足以为西方最好的汉学图书馆添砖加瓦，利用这些材料他在学术领域又继续活跃了21年。[3]在牛津任职期间，理雅各翻译了众多意义重大的作品，包括《孝经》(1879)、《易经》(1882)、《礼记》(1885)、《佛国记》(1886)，以及《庄子》、《老子》和《太上感应篇》(1891)，此外还有《离骚》(1895)。1884年，他在出席爱丁堡大学三百周年庆典时获颁荣誉博士学位。直到去世前，理雅各还在翻译《楚辞》。他有关道家的翻译《道家典籍》，即《东方圣书》的第39和40卷，如当代一位权威学者所言，是"道家在西方的首次重要展示"[4]。

苏慧廉

苏慧廉（William E. Soothill, 1861—1935）是理雅各牛

---

[1] Helen Legge, *James Legge*, p. 45.
[2] Müller, *The Life and Letters*, vol. 2, p. 12.
[3] Pfister, "Some New Dimensions", Part Two, pp. 33-35.
[4] Kristopher Schipper, "The History of Taoist Studies in the West", in *Europe Studies China*, p. 471.

阿瑟·韦利

(Arthur Waley, 1889—1966)

英国汉学家

津席位的继任者。他也曾是一位传教士，从 1920 年接任牛津的汉学讲席直至 1935 年去世。在苏慧廉被任命前，牛津的汉学讲席空置了 20 年，由此可见牛津大学不太支持这一讲席。1938 年，即苏慧廉退休 3 年后，陈寅恪（Ch'en Yin-k'o）被任命为牛津汉学教授，但由于战争，他在第二次世界大战结束后的 1946 年才到达英格兰，并且由于眼疾一直无法承担教学任务。[1] 另一位前传教士，美国人德效骞在 1947 年被选为理雅各席位的继承人。[2] 直到 1961 年霍克斯继任，牛津的教授席位上才有了第一位在学术上而非传教工作中接受过专业训练的汉学家。无论是牛津、剑桥还是伦敦，由退休传教士或外交官占据学术席位的牢固传统在英国传承了数代，可以从德效骞追溯到理雅各，再到基德。

第三节 阿瑟·韦利：如诗人般的文献学家

> 极少会有精通文献学的诗人，或者善于作诗的文献学家。因为文献学家意在发掘外语的措辞，而诗人所关心的，是如何能纯熟地运用母语来表达。兼有两种身份的人则需同时具备两种能力。
>
> ——金守拙《选集》(*Selected Works*)[3]

---

[1] 关于陈寅恪的相关情况，参见 Howard L. Boorman and Richard C. Howard, eds., *Biographical Dictionary of Republican China*, 5 vols (New York: Columbia University Press, 1967), vol.1, pp.259-261。
[2] 对德效骞的相关讨论见本书"美国汉学家"章节。
[3] "Fenollosa, Pound and the Chinese Character", rpt. in *Selected Works of George A. Kennedy*, ed. Li Tien-yi, New Haven: Far Eastern Publications, 1964, p.460.

> 光凭片刻的灵感不足以创造出有用的东西，必须要有长期、深入的思考作为补充。因此，这就不仅仅是文献学和技巧的问题了。在这种情况下，我们不能摒弃文献学，但它也左支右绌……学识虽是必要，但它并非翻译的充分条件，甚至也不是理解文本的充分条件，而翻译就如同写诗一般，最需要的是缪斯女神的恩惠。
>
> ——维拉莫威兹《什么是翻译》[1]

阿瑟·韦利出生于伟烈亚力去世后的第二年。除两人都葬在海格特公墓以外，韦利在自学成才的东方学家中，是成就最高的一位。他不仅有独到的文学见解，还有深厚的专业知识，即便拒绝将自己的学识用于体制之内：他从来没有也不愿担任学术职务，尽管他完全可以胜任当时任何一个英文汉学教职，[2] 也大力支持相关的专业活动，常去参加会议并发表论文。如果说，理雅各享有19世纪最杰出的中文翻译家的声誉，那么，在20世纪上半叶，他的同

---

[1] Lefevere, *Translating Literature*, p. 103.
[2] 休·劳埃德-琼斯对待西方古典学者的态度，同样适用于韦利："不是所有的有识之士都在大学执教。我认识的一些最有学识的人，就在图书馆、博物馆或最好的出版社工作。"参见 Lloyd-Jones, *Greek in a Cold Climate*（Savage, Maryland: Barnes and Noble, 1991）, p. 70.

胞韦利则是他非官方的衣钵继承人。[1]

"他自始至终都是英国人"

韦利生于坦布里奇韦尔斯（Tunbridge Wells），原名阿瑟·施洛斯（Arthur Schloss），拥有德国血统。1907—1910年，他拿着奖学金读完了剑桥国王学院的古典文学专业。虽在剑桥前途大好，但由于眼疾他不得不中断学业。为讨父母欢心，他在出口行业做了一阵子工，直到1913年，大英博物馆东方书籍与绘画部给予他一个职位，聘请他在新成立的东方分部做东方学家兼诗人劳伦斯·宾扬的助手。[2]他于1929年离开大英博物馆，用了中国官场上司空见惯的请辞借口：称病辞官，遂全身心地投入到写作与翻译中。除在第二次世界大战中短暂担任过英国信息部（Ministry of Information, 1939—1945）的检察员一职，他再没有全职工作过。

韦利从未到过亚洲，也不会说现代汉语或日语。有不少知名学者都倾向于待在本国内，不愿冒着颠覆自己历史视野的危险去亲身观察，如著名的牛津大学印度学家

---

[1] 关于他的生平与著作，参见 David Hawkes, "Obituary of Arthur Waley", *AM* 12 (1966), pp. 143-147; Wong Siu Kit and Chan Man Sing, "Arthur Waley", in *An Encyclopaedia of Translation*, pp. 423-428; Ivan Morris, ed., *Madly Singing in the Mountains: An Appreciation and Anthology of Arthur Waley*; F. A. Johns, *A Bibliography of Arthur Waley* (New Brunswick, 1968)。他分分合合的爱人（曾结婚一个月）阿莉森·韦利（Alison Waley）撰写了《两个生命的一半：个人回忆录》（*A Half of Two Lives: A Personal Memoir*）(London: George Weidenfeld and Nicolson, 1982)。这本书对韦利的学术生涯只有很少的说明，反而放大了他的一些乖僻性情。

[2] 关于韦利在大英博物馆的工作，参见 Basil Grey, "Arthur Waley at the British Museum", in *Madly Singing in the Mountains*, pp. 37-44。宾扬在该书第七章中有所提及。

马克斯·缪勒。韦利与拉尔夫·拉克斯托（Ralph Rackstraw）——吉尔伯特与苏利文（Sullivan）的轻歌剧《皮纳福号军舰》（H. M. S. Pinafore）中的男主人公——的区别在于，韦利并不想在情感或者智识上"依附"于其他国家，他无比坚定地坚持自己的英国人身份。人们可能会以为韦利和缪勒都采取了一种防御的姿态，就像希腊学家英格拉姆·拜沃特（Ingram Bywater）总是回避现实的希腊，因为"现实可能会扰乱他对古代希腊的想象"[1]。

史景迁写过一篇见解独到的评论，收录于《山中狂吟：阿瑟·韦利纪念文集》（Madly Singing in the Mountains: An Appreciation and Anthology of Arthur Waley）。他详尽考察了阻止韦利游历现代亚洲的因素。[2] 最主要的原因，是他受到了十足英式的中上层阶级教育：

> 韦利是受过古典教育者；他在国王学院读书的时候，戈兹沃西·迪金逊（Goldsworthy Lowes Dickinson, 1862—1932）[3] 对这些青年的影响很大，给他们灌输唯美人文主义，这一原则也成为后来"布卢姆茨伯里派"（Bloomsbury）的核心，反复见于爱德华·福斯特（E. M. Forster, 1879—1970）[4] 的文章和小说里。迪

---

[1] Lloyd-Jones, *Blood for the Ghosts*, p. 163.
[2] 重新收录于 *China Roundabout, Essays in History and Culture*, New York: W. W. Norton, 1992, pp. 329—336。
[3] 迪金逊，英国历史学家，曾撰写过有关中国的著作《约翰中国佬信札》。——译者注
[4] 福斯特，20世纪英国作家，主要作品有《看得见风景的房间》《霍华德庄园》等。——译者注

金逊对潜伏在剑桥之外的那个丑陋、残酷和麻木不仁的世界感到心灰意冷；在如此恶劣的环境中，雅典理想何以得到保存？因此，珍视正统、正直与同情心的人必须申明自己的价值观，以免新英国人——那些"脱离自然，却对艺术一无所知；受过教育，却无学识涵养；被社会同化，却全无思考能力"的人——统领世界。[1]

因此，韦利试图超越粗鄙的现实主义，以及现代生活中常有的野蛮现实——让人痛心的是，这种现实显然存在于现代亚洲，并且，第一次世界大战时期的德意志帝国与第二次世界大战时期的第三帝国这两大势力正威胁着艰难生存的英格兰——与那些过往的灵魂之流，因为他认为可以与之分享自己美学的真理和开明的同情心。如果说，韦利对亚洲的看法之所以独具一格，完全是由于这位敏锐的知识分子广泛吸收了各种语言的经典素材，那么，他选择翻译哪位作家的作品，则是受到了道德信念与内心向往的引导。在他的精心挑选下，读者也欣然接受了他最爱的经典作品。正如史景迁所言，这些经典是"来自东方对生活之道的祈福"，我们能从中获益良多，即使它们并不总是反映现实。所以，韦利的翻译从根本上来说"是源自一种信念，即有些价值取向是不会转瞬即逝的，有些态度是不会过时的，因为它们一直是（也将永远是）真理"[2]。

---

[1] *China Roundabout*, p. 330.
[2] *China Roundabout*, p. 336.

自学成才的东方学家

由于韦利拒绝体验真实的亚洲,他所青睐的中国与日本,是通过文献研究与自我感受而虚构出来的幻景。因此,从这个意义上说,韦利又回到了19世纪东方主义的知识帝国主义,按萨义德说法,就是通过殖民主义的考据训诂,强行兜售西方的价值体系。然而,韦利所关心的显然是那个过去的文学艺术成就辉煌灿烂的中国。他的认识论极具说服力,一方面是因为他对东方美学的构建引人入胜,另一方面则来自他文笔的魅力。立足于制度化的汉学之外,如果没有自学而来的方法论的支撑,他决不可能成功。

韦利是在来到东方书籍与绘画部以后,才开始学习中文与日文的,宾扬是他名义上的指导人。韦利的继任者巴兹尔·格雷(Basil Gray)说:"他学习的方法是阅读他所能接触到的最优秀的文学作品。正因如此,自1916年起,他不断有中文和英文的译著问世,且种类多样。"[1]这股创作劲头从未停息,而且,他还会定期发表其他很多重要的学术著述。伊万·莫里斯(Ivan Morris,1925—1976)所做的统计显示,至1964年,韦利的成果已经达到"约四十部书,八十余篇论文,近百种书评,单算专著的总页数就已超过九千页"[2]。

韦利在博物馆的职责包括为馆藏的中国画提供概述、编制索引(1922年出版)。他的概述从未发行,不过其中

---

[1] "Arthur Waley at the British Museum", p. 39.
[2] Morris, "The Genius of Arthur Waley", in *Madly Singing in the Mountains*, p. 76.

一些出现在了1923年付梓的《中国画研究概论》（An Introduction to the Study of Chinese Painting）一书中。[1]

韦利一直都很关注日本文学，直到1923年为日本木版画馆藏书籍编目后，他才开始个人的研究工作。《日本诗歌：和歌选择》（Japanese Poetry: the "Uta"）和《日本能剧》（No Plays）于1919、1921年相继问世。1925年，《源氏物语》（The Tales of Genji）第一部付梓，二至六部最终在1933年悉数问世。其间，他还出版了《清少纳言的枕草子》（The Pillow Book of Sei Shonagon）。1931年在伦敦出版的《大英博物馆与德里中亚古代文物博物馆藏斯坦因敦煌所获绘画目录》（A Catalogue of Paintings Recovered from Tun-huang by Sir Aures Stein Preserved in the British Museum and the Museum of Central Asian Antiquities, Delhi）是他这一时期所编撰的最后一本参考书，具有重要意义。

在对日本文学产生兴趣之前，韦利就已醉心于中国诗歌。对中国诗歌的热爱，终其一生，从未减退。1916年，他发表了自己的首部汉英译作。不久后，他更为人所知的三部作品，即《中国诗一百七十首》（A Hundred and Seventy Chinese Poems, 1918）、《中文译作续集》（More Translation from Chinese, 1919）、《寺庙集》（The Temple and Other Poems, 1923）先后问世。

离开博物馆后，韦利依靠翻译所得的稿费便足以维持生计，因此，他终于能够全身心地投入到自己的研究事业当中，并逐渐侧重于中国思想和文学经典。这些著作都有

---

[1] London: Ernest Benn, 1923, 共262页附49张插图。

学术性的介绍与评述，包括《道及其力量》（The Way and Its Power，1934）[1]、《诗经》（The Book of Songs，1937年）、《论语》（The Analects of Confucius，1938）、《九歌：中国古代萨满教研究》（The Nine Songs: A Study of Shamanism in Ancient China，1955）。待他重回中国古诗的怀抱后，则主要是对个别诗人进行详尽的学术研究：《白居易的生平与时代》（The Life and Times of Po Chü-i，1949）、《李白的诗歌与生平》（The Poetry and Career of Li Po，1950）、《袁枚：一位十八世纪中国诗人》（Yüan Mei: Eighteenth Century Chinese Poet，1956，以下简称《袁枚》）。

会作诗的文献学家

伊万·莫里斯指出，韦利所拥有的五大特质，是他所有创作的基石。首先是他深厚的学术功底与海量的知识储备，其次是他出色的语言技巧，再次是他对英文诗歌和散文极敏锐的感受力，然后是他对文学的投入与奉献精神；最后则是他专注的能力。[2] 这番总结可能过于抽象，我试图再补充几点更为具体的内容。最重要的是，韦利出色的语言技巧为他的学术与学问造诣打下了根基。他对语言的习得就如同获得夜校学分一样轻而易举。关于古日语的学习，他有一句很有名的评价："古典语言的语法简单，词汇量也有限，所以只需学习几个月就可掌握。"[3] 他能阅读

---

[1] 即《道德经》的英文译本。——译者注
[2] "The Genius of Arthur Waley", pp. 69–77.
[3] Waley, *Japanese Poetry: The "Uta"* (1919; rpt. Honolulu: University of Hawaii Press, 1976), p. 12.

希腊语、拉丁语、梵语、希伯来语、蒙古语、土耳其语、阿伊努语、意大利语、荷兰语和葡萄牙语,法语、德语和西班牙语则既能读又能说。他将这种语言知识,尤其是人类学的文献作为深入探究的工具。例如,他翻译的《道德经》就有很多恰到好处的比较,不仅有非洲的龟卜和巴比伦的魔法仪式之间的对比,还有阿尔卑斯山脉农民的先兆传说和佛教、基督教思想之间的比较。[1]

韦利深知该如何处理语言,且特别擅长用精湛的技巧处理复杂的文言文。一个突出的例子便是他对《道德经》中多文本多层次的处理,他的翻译有时会包含自己的评注(如第三十一章),有时则把某些句子转化为格言(如第六、十二、二十四章)。他对双关语的相互影响和拟声法的微妙之处尤其敏感。他曾说道:

> 汉语的叠字很丰富……常用于拟声。这些词反映了不同程度的感受,以及声音、外表等细微差别。这些差别当然无法由象形来体现,而常常用音韵上的对等词来表达——单用和叠用同一个字,会得到迥然不同的意思。从"坎"这个字,我们能得到"坎坎"这个表达,但一般认为后面这个叠字与"坎"的意义有所不同。[2]

他的文献学技巧有一个关键之处:善于从整体把握汉

---

[1] 韦利在比较人类学方面的成就,可参见一篇关于《易经》的重要文章"The Book of Changes", *BMFEA* 5 (1933), pp. 121-142。
[2] "The Book of Changes", pp. 139-140.

语书写系统的本质。在汉语书写系统里，同一个词能有各种假借"拼写"，而即便是在今日，有些英格兰的汉学家还无法理解这一点。[1] 举例来说，韦利倾向于将孟子文章中的"征"当作"争"："我们完全有理由认为征是争的语音替代字或假借字"[2]；以及"'关'是'弯'的语音替代字。否则怎么解释这段话都不妥，或许是文本漏掉了一些东西"[3]。高本汉认为这种诠释过于灵活，对待文字过于随便，任意替换字词以符合预想的解释，而没有用注释这种直接的辩护手段：

> 在语文方面，对于难字难句的解释，（韦利）也曾下功夫研读了清代很多大师的著作。不过，学生读他的书，有时候会感觉到迷茫和困惑，因为他的书是作为一本文学书出版的，完全没有给人家一点学术性的注解或附录。（另有一本 32 页的注释，但仍无实际用处。）……
>
> 我特别反对韦利常常改动原文的做法（有几十处），按现行传本其实可以完全妥当地解释……我们必须特别注意一个原则，那就是非必要时不改传本的文字；如改，也要确实可取。[4]

---

[1] 例如，李约瑟及其同人坚持把汉字看作"表意文字"，这个观点可见于《中国科学技术史》。
[2] Legge, "Notes on Mencius", *The Chinese Classics*, vol. 2, p. viii, #126.
[3] Ibid., vol. 2, p. xii, #427.
[4] Karlgren, *Glosses on the Book of Odes*, p. 76. （译文参考《高本汉诗经注释》，董同龢译，上海：中西书局，2012 年）类似的评价可参见 Wong Siu-kit and Li Kar-shu, "Three English Translations of the *Shijing*", pp. 116-117。

高本汉在他众多的训诂著作中,竭力收集各方观点(这是值得钦佩的),却很少在其中做出取舍。这种态度所反映的,与其说是他对韦利学识的轻蔑,不如说是他的见解缺乏创新。根据文学风格和语感而做出的主观判断,对于校勘著作是非常必要的,而这正是韦利的长项。

韦利在界定和选择术语的时候,其实是非常谨慎的,有时甚至不惜脱离主题进行讨论。如他在《道及其力量》的序言中写道:

> 我还有一些词要论述。到现在,读者恐怕开始有点疑惑了:作者是不是已经把写这篇序言的初衷抛诸脑后,因为自己倾向于文献学而做起了对汉语的论述,却忘了要介绍中国的思想。我只能说,在我看来,要研究思想史,首先必须研究文字史。如果我要研究希腊、罗马、埃及、希伯来等民族的思想,也会将此方法一以贯之。[1]

人们常因韦利有诗人翻译家的美名,而忽略了他其实和专业汉学家一样,始终致力于文献学的分析研究。由于他能极度专注和投入地去探寻每个词语的意义,所以不时会长篇大论地解释语言学问题,如同在进行跨洲越海的长途跋涉,只为了将罕见的手稿和版本利用起来。例如,在《道教徒布莱克》(Blake the Taoist) 一文中,韦利探讨了布莱克是否受到了道家思想的影响。当时英格兰只有一个拉

---

[1] *The Way and Its Power* (New York: Grove Press, 1958), pp. 29-30.

丁语的《道德经》译本，最早于 1788 年被带到伦敦。于是，韦利用了一整页纸来详述该版本的传播史。[1] 当他不愿花时间去做枯燥的版本考证的时候，也至少会意识到问题所在并注意究竟是哪里缺乏考证。[2]

普及诗歌

韦利所有的作品，无论是中国诗歌、日本小说、阿依努史诗（Ainu epic），还是《蒙古秘史》（The Secret History of the Mongols），都坚持了普及东方文学的宗旨。他曾多次表明过这一意图。比如，他在《袁枚》中最后总结道：

> 虽然我之前的翻译并不完美，但它们让很多人认识到，对于诗歌爱好者而言，汉语的确是一门值得学习的语言。我希望本书也能达到同样的目的，并能有助于消除人们把中国诗歌视作老古董的偏见。[3]

因此，韦利绝大多数作品都是面向大众读者的。而这些非专业的读者群似乎证明了他在学术圈边缘的存在。这也很好地解释了他为何会避免使用专业汉学里的一些评注方法，如大量的文献资料和注释、连篇的参考目录、学术性的文献学知识以及晦涩难懂的术语。《袁枚》中还提到：

---

[1] "Blake the Taoist", in *The Secret History of the Mongols and Other Pieces* (London: George Allen and Unwin, 1963), pp. 169-175.
[2] 可参见 "Some References to Iranian Temple in the Tun-huang Region", *Bulletin of the Institute of History and Philology* 28 (1956), pp. 123-128。
[3] *Yüan Mei: Eighteenth Century Chinese Poet* (1956; rpt. Stanford: Stanford University Press, 1970), p. 204.

"本书的目标读者，主要是那些对赤化前的中国一无所知的大众……我侧重于讲述他富有人情味的生平事迹，翻译他那些不用过多解释也能被理解的诗作。"[1] 1879 年，埃德温·阿诺德（Edwin Arnold, 1832—1904）发表了《亚洲之光》(*The Light of Asia*)[2]，用史诗的形式向英国读者讲述了佛陀的一生。继他之后，只有自任中日诗歌推广人的韦利，在英语文学上打下了不朽的东方烙印。

如果韦利感到不得不用注释的方式来提供原始资料和说明性的背景，或解释结论的根据，那他情愿把它们都放在附录里，就像《道及其力量》和《李白的诗歌与生平》那样；甚至把它们单独出版，如《读〈敦煌变文集〉札记》(*Notes on the Tun-huang Pien-wen chi*)[3] 就是为《敦煌变文故事选》(*Ballads and Stories from Tun-huang: An Anthology*, 1960) 所作的说明，以及他为《诗经》和《孟子》译本所作的考证。[4] 韦利向学术界的繁文缛节让步最多的，是参考文献或诗文出处的目录。他曾不无讽刺地说道："我的书主要是写给普通读者的，然而专家们似乎把我的书当作消遣娱乐来读。所以我就附上了我所用到的汉语书目给他们看，希望他们能校对我的翻译，并指出我的

---

[1] *Yüan Mei: Enghteenth Century Chinese Poet*, preface.
[2] 参见 Philip C. Almond, *The British Discovery of Buddhism*, Cambridge: Cambridge University Press, 1988, p. 1。
[3] *Studia Serica Bernbarnd Karlgren Dedicata*, pp. 172-177.
[4] *The Book of Songs*; *Translated from the Chinese. Supplement Containing Textual Notes* (London; George Allen and Unwin, 1937); "Notes on Mencius", *AM* n. s. 1 (1949), pp. 99-108; rpt. in Legge, *The Chinese Classics*, vol. 2, pp. vii-xiv.

错误。"[1]

如前所示,韦利的著述无所不包,有的互有关联,有的则独立成篇。虽然涉猎如此广泛,但他从不浅尝辄止。有很多非专业的英国作家,习惯于提出一个异常激烈却毫无根据的观点,用新闻的体裁写出来,接着再用同样的方法处理下一个新鲜的话题。韦利和他们截然不同。他扎根于原始材料,又有着无懈可击的鉴赏力以及对文化的感受力,因此,他只会涉足自己有能力做出评判的领域。他总是在坚实的基础上,不断地探索,开辟新的疆域。

在面对尚未开垦的研究领域时,韦利表现出了适宜的克制和理性的谦逊。他在1923年付梓的《中国画研究概论》中详细解释道:

> 本书是一系列文章的合集,而不是对古代中国绘画的整体概论。我认为,现在做一本总述性质的书还为时过早,因为我们连细致、专项的研究都还很匮乏……许多文献晦涩的历史作品都已表明,如果历史学家没有掌握足够多的材料,就很难写出均衡、全面的论著。假定有位作家要撰写关于某个遥远国度的文学史,他可能对小说最感兴趣,而对诗歌兴趣不大,对哲学则兴趣全无;同时,又没有前期研究可以指导他。那么,他写的小说部分可能还算精彩,诗歌部分就沦为敷衍,而思想部分则纯属荒唐。

---

[1] *The Opium War Through Chinese Eyes* (1958; rpt. Stanford: Stanford University Press, 1968), p. 5.

第三章 英语国家汉学家：从中国沿海汉学到中国研究

出于以上认识，到目前为止我都把自己限制于我专门研究过的题目上面。此外，我尽量将论及的艺术家数量缩小，以防我的著作变成词典。[1]

或许，韦利将题目局限在了有专业论述的范畴内，但他忠实并巧妙地将每个题目置于当代历史、当下文化与文学趋势的环境中，并中肯地描述其艺术成就。事实上，这样的背景设定有时会显得过于宏大，以至于他感到必须对此做出说明：

本书相当大的一部分，是在论述中国艺术传统、美学原理及审美的历史；同时，也试图呈现古代中国文明大致的历史轮廓。如果有人以为这些知识和艺术研究无关，那么我的回应是，人类对艺术的敏感，通常也伴随着某种程度上的求知欲……对于任何时代或国家而言，如果要回答这些问题，就必须研究文学，特别是诗歌。我在写这本书时，就深受中国诗歌的启发。另外，我认为自己完全有理由做这些文学背景的补充，因为自古以来，中国的诗歌就与绘画紧密相连。[2]

译者为叛逆者[3]

《中国画研究概论》翻译了九首《诗经》作品作为范

---

[1] *An Introduction to the Study of Chinese Painting*, p. 3.
[2] *An Introduction to the Study of Chinese Paniting*, pp. 3-4.
[3] 这是一个双冠语：意大利文为"Traduttore, traditore"。这里不是指韦利本人而是指翻译的过程。——译者注

例，它们多数是原诗的节选。我们将 1923 和 1937 年的译本分别摘录于下方的左、右栏，以便通过对比，展示韦利的翻译之道。[1]

毛诗第 167 首（《采薇》）[2]

We pluck the bracken,	We plucked the bracken, plucked
The new bracken,	the bracken
The bracken springing from the earth…	While the young shoots were springing up.
"Home, home," we cry,	Oh, to go back, go back!
For the old year's ending…	The year is ending.
We have no home, no house,	We have no house, no home
Because of the Hsienyün….	Because of the Hsien-yün…

毛诗第 30 首（《终风》）[3]

All day the wind blew wild.	Wild and windy was the day;
You looked at me and laughed;	You looked at me and laughed,
But your jest was lewdness and your laughter, mockery.	But the jest was cruel, and the laughter mocking.
Sick was my heart within.	My heart within is sore.

---

[1] An Introduction to the Study of Chinese Painting, pp. 13-16；The Book of Songs (1937; rpt. New York: Grove Press, 1960).

[2] 此篇译自《采薇》第一节："采薇采薇，薇亦作止。曰归曰归，岁亦莫止。靡室靡家，玁狁之故。不遑启居，玁狁之故。"参见（宋）朱熹集传：《诗经》，上海古籍出版社，2013 年 8 月第 1 版，第 206-207 页。——译者注

[3] 此篇译自《终风》："终风且暴，顾我则笑，谑浪笑敖，中心是悼。终风且霾，惠然肯来，莫往莫来，悠悠我思。终风且曀，不日有曀，寤言不寐，愿言则嚏。曀曀其阴，虺虺其雷，寤言不寐，愿言则怀。"参见（宋）朱熹集传：《诗经》，上海古籍出版社，2013 年 8 月第 1 版，第 37 页。——译者注

续表

All day the wind blew with a whirl of dust. Kindly you seemed to come, Came not, nor went away. Long, long I think of you.	There was a great sandstorm that day; Kindly you made as though to come, Yet neither came nor went away. Long, long my thoughts.
The dark wind will not suffer Clean skies to close the day. Cloud trails on cloud. Oh, cruel thoughts! I lie awake and moan.	A great wind and darkness; Day after day it is dark. I lie awake, cannot sleep, And gasp with longing.
The sky is black with clouds; The far-off thunder rolls; I have woken and cannot sleep, for the thought of you Fills all my heart with woe.	Dreary, dreary the gloom; The thunder growls. I lie awake, cannot sleep. And I am destroyed with longing.

毛诗第115首(《山有枢》)[1]

There grows an elm-tree on the hill; And by the mere, an alder tree- You have a coat but do not wear it, You have a gown but do not trail it….	On the mountain is the thorn-elm; On the low ground the white elm-tree. You have long robes, But do not sweep or trail them….

---

[1] 此篇译自《山有枢》第一节:"山有枢,隰有榆。子有衣裳,弗曳弗娄。"参见(宋)朱熹集传:《诗经》,上海古籍出版社,2013年8月第1版,第136页。——译者注

第一个《采薇》译本保留了重复的名词"bracken"（薇），第二个译本则选择重复动词"pluck"（采），并把第三次出现的"薇"另译为"young shoots"。第二个译本的"Oh, to go back, go back"也更加忠实地再现了原文动词的反复。至于《终风》，第一个译本在第一句和第五句还原了"终"的字面意义；第二个译本则采用了一种更为学术的方法：韦利遵循王引之的注解，将"终"作动作之完成讲，相当于"既"，这是理雅各已经提到过的。这个版本的"Wild and windy"用了头韵，试图重现"终风"押尾韵的音韵特征。但是，原文第一至三小节里"终风"的反复与变化，在第一个译本里得到了更好的体现。总的来说，第二个译本的表达更加简练。这个译本的《山有枢》也显得更精练，更符合原文的句法。

随着韦利越加成熟，他不仅文风更显优雅，其译文也呈现出多维的意义，而不仅仅停留于表层。薛爱华指出，学术翻译应包含语言的三个不同层面：

> 译文若想要展现原作者的高超技艺、博学多识和丰富想象，那么，在尽可能与译入语结构一致的前提下，它必须要考虑作者语义——包括词汇（其一）、词法（其二）和句法（最后）——的微妙之处。[1]

因此，就如上面的《诗经》对比所示，文风成熟后的

---

[1] Schafer,"Preliminary Remarks on the Structure and Imagery of the 'Classical Chinese' Language of the Medieval Period", *TP* 50 (1963), p.263.

韦利，已经能够做到在表现这三个层面的语义的同时，又不牺牲格调与风雅。

然而，这两个译本不只体现了随着时间的推移，韦利在风格上的逐渐成熟，也说明了他在翻译上所用到的两种不同的基本方法：意译与直译，再创造与模仿，或者说文雅与学术。1937年的《诗经》译本，总体来说更准确地反映了原作的诗句、意象和风格，也无损原诗简洁精练的文笔与重章叠句的手法。不过，韦利认为"在翻译东方文学的时候，由于很多意蕴都不可避免地丢失了，译者必须竭尽所能以将功补过"[1]，所以他一心一意地雕琢《诗经》、《楚辞》、民谣和诗歌，尽量做到不偏不倚、雅俗共赏。为顾及读者，他又避免用脚注来解释背景或阐释意义。

伊万·莫里斯曾解释，韦利通过翻译能够为读者还原原著的艺术美感：

> 他能做到这点，是因为他对这种文体的驾驭能力已经达到了出神入化的地步，且他对此胸有成竹。所以在完全理解一个汉语或日语文本后，他能用灵活、地道、活泼的英文重写，而不是死板地逐字或逐句翻译。后者或许能传达字面意义，但必然会有损原著的艺术性。[2]

韦利自己则多次陈述过其译作的文学宗旨，最全面的

---

[1] "The Genius of Arthur Waley", p. 71.
[2] Ibid., p. 71.

一次阐述是1958年,在《山中狂吟》中的复述:"要翻译文学,就必须要在传递情感的同时,达语法之意。"[1] 因此,他认为翻译必须在母语上面下极大的功夫。而韦利作为一位身体力行的诗人,当然有灵活自如的英语语感。

他的中国诗歌翻译有一个很大的特点,就是文笔优美。他将英语里的重音与汉语的音节相对应,有人称之为"跳跃韵律"(sprung rhythm)[2]。关于这种格律形式,J. M. 科恩(J. M. Cohen)如是说:

> 于他而言,无韵诗是自然合理的韵律,它还有个好处是能和19世纪划清界限。韦利博士的"跳跃韵律"不但新颖活泼,而且朗朗上口,恰如其分地译出了白居易这样一位有深度的作家那克制却又直接的情感。[3]

韦利作为文体学家几乎是毋庸置疑的。但翻译策略的选择却令他饱受争议,特别是他用改述或选择性省略的方法来缩短长篇诗歌或散文的做法。

《源氏物语》最成功的现代英译者爱德华·塞登斯蒂克(Edward Seidensticker)十分钦佩韦利,但他把韦利最明显的缺点概括如下:

> ……韦利的翻译很自由,删节也很大胆。他删掉

---

[1] "The Genius of Arthur Waley", p. 152.
[2] Ibid., p. 158.
[3] Ibid., p. 33.

了整个第三十八章。如果仔细检查，会发现他至少有两章的标题……都不知所谓，因为它们出处所在的段落都被删掉了。有人可能会说，他通过删节来达到梳理并"改善"原文的目的。有时他可能的确做到了……但就总体而言，这不过是他主观武断的删减罢了。

更复杂或许也更有意思的是韦利所作的增补。他对原著的润色有时甚至会不可思议地改变章节的风格或人物的心理特点。或许他偶尔也起到了"改善"的作用，但他不断地增补、润色、添枝加叶，让人不得不说这正是让紫式部（Murasaki Shikibu）的行文显得更精彩。[1]

此外，塞登斯蒂克的译本保留了原著中的一百多首诗，而韦利则删掉了它们中的大多数。[2] 总之，青睐韦利的人会认为他的翻译"抑扬顿挫，赏心悦耳"[3]。韦利在翻译《西游记》时，采用了类似的方式，他将译本取名为《猴》。[4] 胡适博士为它所作的序言提到，原书本有百回之

---

[1] Edward Seidensticker, *Murasaki Shikibu: The Tale of Genji* (New York: Alfred A. Knopf, 1983), p. xiv. * 塞登斯蒂克的这部作品与下面这部作品，均由作者的同事斯各特·米勒提供。紫式部又称紫珠，是日本平安时代中期的女性作家、和歌作家，《源氏物语》的作者。——译者注

[2] 韦利在译《长春真人西游记》（*The Travels of an Alchemist*, London, 1931）时，也采用了类似的做法，原文里的一些古诗都删掉了。韦利的《诗经》译本也删节了十五首诗，一部分原因是为读者省去了所谓的"陈词滥调"，另一部分原因则是文本的问题（参见译本第一版序言）。

[3] 关于韦利与塞登斯蒂克的比较，参见 Edward Kamens, ed., *Approaches to Teaching Murasaki Shikibu's "The Tale of Genji"* (New York: Modern Language Association of America, 1993), pp. 6-11。

[4] *Monkey: Folk Novel of China by Wu Ch'eng-en* (1943; rpt, New York: Grove Press, 1958)。

多，韦利只译了三十回；虽然他儿时相当喜爱的一些内容不见于译文，胡适仍然对韦利的大部分删减表示了赞同，并认可他"删节了很多，但所译章回都大致保留了全貌"[1]的做法。当然，正因为这大致上的全貌，以及《源氏物语》中大量的增补，让韦利备受批评。不过，比较文学学者欧阳桢表示，相较于埃兹拉·庞德，韦利作为翻译家更忠实于《诗经》原文的结构、意义和风格，即便他的英译本相对平淡，而庞德更加引人深思："韦利的译作附属于原作（contingent translations），准确、得体却有些平淡乏味。庞德属于替代原作的译作（surrogate translations），其质量起伏较大，有时会因误解而造成修辞上的失败，有时又能完美地再现他们本身的生活。"[2] 当然，除非译者所偏重的是读者的情绪反馈，而不是如何通过文献学的方法来接近原作者的才能，他才会提出欧阳桢在文章开篇所抛出的问题："谁是更优秀的译者？阿瑟·韦利，还是埃兹拉·庞德？"[3] 按照汉学的惯例，这一争议应该由文献学来解决，而非现象学。至于谁是更优秀的诗人这一问题，

---

[1] *Monkey: Folk Novel of China by Wu Ch'eng-en* (1943; rpt, New York: Grove Press, 1958), p. 4.

[2] Eugene Eoyang, *The Transparent Eye: Reflections on Translation, Chinese Literature, and Comparative Poetics* (Honolulu: University of Hawaii Press, 1993), p. 208. 其中，第 183-209 页是关于韦利与庞德的系统比较，以及欧阳桢对"附属于原作的译作（contingent translations）"（适合对译出语有所了解的读者），以及"替代原作的译作（surrogate translations）"（适合对译入语一无所知的读者）的定义。

[3] 但凡没有偏见的读者，都会认可韦利在人数上就已吃了亏，因为庞德曾承认他的翻译其实是一个团队的结晶："庞德的《华夏集》（*Cathay*）译得最多的是李白的诗。他参考了费诺罗萨的札记，也得到了森槐南和有贺永雄两位教授的慷慨相助。"参见 Yip, *Ezra Pound's Cathay*, p. 3。

则属于美学范畴了。[1]

韦利常在翻译个别诗歌的时候，不惜牺牲字面意义而保全意象的完整或措辞的自然。这同他删章减节或增添内容的做法一样，只是没那么明显罢了：与其说这是为了传达原作者的文学建构，不如说是为读者的品味和期待着想。以韦利早期翻译的一首诗歌为例，他于 1919 年出版的《中文译作续集》中，有一首诗歌名为《入朝曲》（*Song of Entering the Court*），但被译为了《金陵人之歌》（*Song of the Men of Chin-ling*）。实际上这是对整首诗的描述，括号里的副标题是"回到都城"（*Marching Back into the Capital*）[2]。韦利的翻译如行云流水，完全没有突兀的新词或别扭的熟语：

> Chiang-nan is a glorious and beautiful land,
> And Chin-ling an exalted and kingly province!
> The green canals of the city stretch on and on
> And its high towers stretch up and up.
> Flying gables lean over the bridle-road.
> Drooping willows cover the Royal Aqueduct.
> Shrill flutes sing by the coach's awning,
> And reiterated drums bang near its painted wheels.
> The names of the deserving shall be carved on the Cloud Terrace.

---

[1] Yip, *Ezra Pound's Cathay*, p. 90. 张隆溪介绍了中国传统观念中的作者意图与现代批评的相对性，参见 *The Tao and the Logos: Literary Hermeneutics, East and West*, Durham: Duke University Press, 1992, pp. 133–187。

[2] *Translations from the Chinese* (1919; rpt. New York: Alfred A. Knopf, 1941), p. 99.

> And for those who have done valiantly rich reward awaits.[1]

首先，韦利变动了几个意象。原诗的第二行是"逶迤带绿水，迢递起朱楼"，韦利把"水"变为"运河"（canals），"楼"改成"高塔"（high tower），且让后者失去了原本的颜色。因此，他的译本就没有了原文中人工的红色与大自然的绿色所形成的那种鲜明对比。下一行中，原文的画面感很强，描写了道路两旁，屋脊的椽子像手一样相互"紧扣"，而韦利把"夹"译为"lean over"（俯身），就逊色了好几分。"Bridle-road"（驿道）指的是"快车道"，专供皇帝或其信使行走的御道。"Royal Aqueduct"（皇家的水道）言简意赅地表达出了"御沟"的意思。倒数第二行的动词没有充分表现出驰道上皇家仪仗的排场，韦利用"sing"（吟唱）来表现原文"翼"（保护并环绕）的意思，而"bang"（敲响）则无法替代原文的"送"。

就典故而言，韦利显然知道"Cloud Terrace"（云台阁）是档案馆，却无暇提及它是汉宫的一处，且主要用于放置二十八位汉朝开国功臣的画像。

最后，原诗的首行常被后人用来指代旧时南京即金陵的灿烂辉煌，千百年来不断被用在诗词歌赋之中。如此动人心弦、至关重要的意象，应该有所提及（并保留），韦利的"exalted and kingly province"（华贵庄严的地方）就不如原文的"帝王州"显得尊贵。

---

[1]《入朝曲》，(南朝齐) 谢朓作："江南佳丽地，金陵帝王州。逶迤带绿水，迢递起朱楼。飞甍夹驰道，垂杨荫御沟。凝笳翼高盖，叠鼓送华辀。献纳云台表，功名良可收。"——译者注

总体而言，我们认为韦利在他的诗歌及其他翻译作品中，更注重如何能创作出和中文原作有对等效果且和谐悦耳的译文来，即便这是以意象、动作、颜色的损失为代价。他放弃使用大量的注释，因而无可厚非地会饱受批评，指责他未竭力去忠于原义、保留意象，即便译作的韵律堪称完美。然而在那个时代，韦利能有如此深刻的感受力实属不易。平心而论，与其把这些诋毁看作公正的批评，不妨当作是他翻译的目标。在韦利心目中，诗歌的整体效果就是其艺术价值之所在，所以，他努力在英文中留住其艺术价值。究竟是依据诗歌体裁还是语义内容来选择翻译方法，在这一点上，他几乎从不出错。

韦利的很多翻译，都结合了他文献学家兼诗人的才干。但他的文献学技巧不断推进着他的文学主旨。在韦利所处的时代，中、日文学对于读者来说还是陌生而奇异的存在。而凭借自身精湛的英文功底，韦利翻译出了充满奇情异致却又清新自在的作品。正如史景迁所说："阿瑟·韦利挑选出中、日文学中的瑰宝，轻轻地把它们别在自己胸前。从没人这样做过，今后也不会再有。"[1]

伴随着韦利无与伦比的译文，就让这首袁枚英文诗作[2]结束对韦利的探讨吧：

---

[1] Spence, *China Roundabout*, p. 329.
[2] 《答东浦方伯信来问病》：人生将辞世，先从反常起。饮者或停杯，游者懒举趾。我性爱宾客，见辄谈娓娓。自从一病余，闻声辄掩耳。甚至妻孥来，挥手亦不理。自知大不祥，老身殆休矣。谁知理旧书，欣欣色尚喜。倚作病中诗，高歌夜不止。推敲字句间，从首直至尾。要教百句活，不许一字死。或者结习存，余生尚有几。参见袁枚：《小仓山房诗文集》，上海古籍出版社，1988年8月第1版，第1066页。——译者注

The first sign of farewell to life
Is the turning inside out of all one's tastes.
The great drinker stops caring for wine,
The traveler wants only to be left where he is.
My life-long passion was my love of company,
And the more my visitors talked, the better I liked them.
But ever since my illness came upon me
At the first word I at once stop up my ears.
And worse still, when my wife or children come
I cannot bring myself even to wave a hand.
I know that this is a very bad sign;
My old body has almost done its task.
But strangely enough I go through my old books
With as great delight as I did in former days.
And ill though I am still write poems,
Chanting them aloud till the night is far spent.
Shall it be 'push the door' or 'knock at the door'?
I weigh each word, each line from beginning to end.
I see to it that every phrase is alive;
I do not accept a single dead word.
Perhaps the fact that this habit has not left me
Shows that I still have a little longer to live. [1]

---

[1] *Madly Singing in the Mountains*, pp. 220-221.

第四节　美国汉学家

　　一般说来，我们认为地方学者没有得到足够的重视。虽然我们会让他们有适当的影响力，但我们会尽量避免出现相反的情况。我们并没有强烈地期望能找到与西方国家的艺术、科学和各种制度相抗衡的东西。我们也不期望能在天朝帝国数不胜数的巨著中找到这样的价值和权威资料，以使各时代的智者能够"改正年表，或提高《圣经》的道义"。

　　　　　　　　——《中国丛报》(*The Chinese Repository*)[1]

　　在通商口岸要想掌握中文是几乎不可能的（也许在神明指导下的传教士除外），而且无论如何也是不可取的；人们认为，这需要（引用米怜的话）"橡树之首，黄铜之肺，钢之神经，铁之体格，约伯（Job）[2]之耐心，玛士撒拉（Methuselah）[3]之寿命"——据我所知，这可能是真的。尽管可以肯定的是，汉学家会成为语言的仆人，如果不是奴隶的话，但我没有听

---

[1] "Introduction", *The Chinese Repository*, 1.1（May 1832），p. 3.
[2] 源自《圣经》人物约伯（Job），虽历经失去家人、家园和财产等磨难，依然坚持信奉上帝。——译者注
[3] 玛士撒拉（Methuselah）源自《圣经》人物，是一位族长（诺亚的祖父），据说已经活了 969 年。这里泛指寿星。——译者注

说在中国或其他地方有谁"精通"汉语。[1]

——费正清

开创性的美国人

美国商人和外交官先在中国出现，然后是晚来的传教士开始学习汉语，这之间的滞后与英国人具有类似的经历。例如，劳伦斯·汤普森（Laurence Thompson）指出，19世纪和20世纪初最著名的11位美国汉学家中，除外交官柔克义，以及两位学者劳费尔和保罗·卡鲁斯（Paul Carus），其他人都有新教传教士的背景。[2]

独立战争甫一胜利，美国人急于开拓的第一个外国市场就是中国。1783年1月15日，美国货运商船"中国皇后号"（Empress of China）驶离纽约，一年后抵达广州。山茂召少校（Major Samuel Shaw）作为参与这一联合冒险

---

[1] Ch'ing Document: An Introductory Syllabus, 2 vols. (1952; 3rd. ed., Cambridge, Mass.: East Asian Research Center, 1965), vol. 1, p. vii.

[2] 参见 Thompson, "American Sinology, 1830-1920: A Bibliographical Survey", Tsing Hua Journal of Chinese Studies, 2 (1961), pp. 244-290. （名单在275页）。关于中美早期接触，参见 Kenneth Scott Latourette, The History of Early Relations between the United States and China, 1784-1844, New Haven: Yale University Press, 1917; Earl Swisher, China's Management of the American Barbarians: A Study of Sino-American Relations, 1841-1861, with Documents, New Haven: Far Eastern Publications, 1951; Tyler Dennett, Americans in Eastern Asia: A Critical Study of the Policy of the United States with Reference to China, Japan and Korea in the 19th Century, New York: Barnes and Nobles, 1941, p. 63; John King Fairbank, The United States and China, 4th ed., Cambridge, Mass.: Harvard Unversity Press, 1979. 该书按专题编写了建议阅读书目，将中美关系的整个过程置于历史的连续统一体中。关于中美关系最近的重新评估，可以参见 Ta Jen Liu, U. S.-China Relations, 1784-1992, Lanham, Maryland: University Press of America, 1992。

事业最早的商人之一,被任命为美国驻华第一任领事。[1] 1794年,在连续任职三届后他于广州去世。"中国皇后号"开创的贸易,使茶叶、丝绸、香料、竹制品、毛皮、亚麻、大米等的贸易量在整个世纪不断扩大;[2] 但是直到1830年,第一批美国传教士才到达中国。

此时,美国公理会差会(American Board of Commissioners for Foreign Missions)向广州派遣了两名传教士,他们是裨治文和雅裨理(David Abeel,1804—1846);然而,雅裨理的作用更多地是担任在中国南海的美国海员的牧师,而不是传教。[3] 到1851年,已有88名传教士在中国忙于开展工作;1870年后,已有200余人之多。这些人都代表了新教教派(Protestant denominations)。至于美国天主教徒,相较于欧洲天主教徒来说,直到1918年才到达

---

[1] 关于"中国皇后号"的使命和山茂召的外交生涯,参见 Josiah Quincy, *Major Samuel Shaw: The First American Consul at Canton*, Boston: Crosby and Nichols, 1947。
[2] 参见 Ernest R. May and John King Fairbank, *America's China Trade in Historical Perspective: The Chinese and American Performance*, Cambridge, Mass.: Harvard University Press, 1986。同时参阅该书引用的资料来源。
[3] Kenneth S. Latourette, *A History of Christian Missions in China*, p. 217. 雅裨理的回忆录由威廉姆森(G. R. Williamson)主编,题为《已故在华传教士雅裨理牧师回忆录》(*Memoir of the Rev. David Abeel, D. D., Late Missionary to China*, New York, 1848)。雅裨理早些时候发表了自己在中国的经历,即《中国和周边国家居住日记及世界各国传教事业发端与进展的初步论述》(*Journal of a Residence in China and the Neighboring Countries with a Preliminary Essay on the Commencement and Progress of Missions in the World*, New York, 1834)。

中国。[1] 到 1930 年，中国已经有超过 3000 名美国传教士；每年有超过三百万美元的资金来自美国以支持传教士的工作。[2] 尽管美国商人和传教士很早就出现在中国，但两国之间的外交关系是在第一次鸦片战争（1840—1842）之后才发展起来的，因为从山茂召少校开始，美国驻广州的领事是从常住商人中任命的，并没有得到华盛顿的指示。传教士作为翻译和中间人，很快便展示了他们在两个国家间的重要性。其中三个人，裨治文、卫三畏和美国首位来华医疗传教士、后任公使的伯驾（Peter Parker, 1804—1888），他们协助美国第一任驻华公使顾盛（Caleb Cushing, 1800—1879）参与了 1844 年中美第一个条约——

---

[1] 这些统计数据引自胡述兆的有益调查，参见 The Development of the Chinese Collection in the Library of Congress, Boulder: Westview Press, 1970, pp. 16 - 17。关于传教士的出现，参见 Kenneth S. Latourette, A History of Christian Missions in China; Paul A. Cohen, China and Christianity: The Missionary Movement and the Growth of Chinese Antiforeignism, 1860-1870, Cambridge, Mass.: Harvard University Press, 1963; Paul A. Varg, Missionaries, Chinese and Diplomats: The American Protestant Missionary in China, 1890-1952, Princeton: Princeton University Press, 1952; John K. Fairbank, ed., The Missionary Enterprise in China and America, Cambridge, Mass.: Harvard University Press, 1974; Suzanne W. Barnett and John K. Fairbank, eds., Christianity in China: Early Protestant Missionary Writings, Cambridge, Mass.: Harvard University Press, 1985。艾丽斯・H. 格雷格（Alice H. Gregg）介绍了传教士教育家的特殊个案，参见 China and Educational Autonomy: The Changing Role of the Protestant Educational Missionary in China, 1807 - 1937, Syracuse: Syracuse University Press, 1946; Jessie Gregory Lutz, China and the Christian Colleges, 1850-1950, Ithaca: Cornell University Press, 1971。

[2] Liu Kwang-ching, Americans and Chinese: A Historical Essay and a Bibliography, Cambridge, Mass.: Harvard University Press, 1963, p. 14。

《望厦条约》的谈判。[1]

在19世纪美国所有来华传教士中,有两位传教士对美国汉学发展影响最大,一位是首位汉学家裨治文,另一位是词典编撰先驱和历史学家卫三畏。[2]

1830年2月,裨治文刚到广州就在"马礼逊及其伟大的字典"的帮助下,开始跟威廉·C.亨特(William C. Hunter,1812—1891)学习汉语,亨特当时是来自纽约的托马斯·史密斯(Thomas H. Smith of New York)的广州工厂的雇员。[3] 多亏了亨特和马礼逊,裨治文成为第一个有机会系统学习汉语的美国人。[4] 作为英国汉学奠基人马礼逊的好朋友,裨治文于1832年创办了英文期刊《中国丛报》(*The China Repository*),并一直任主编到1847年。该刊由美国商人D. W. 奥莱芬特(D. W. Olyphant,1789—1851)包销,此人还赞助了裨治文和雅裨理的海上航行。1841年,裨治文出版了百科全书式的鸿篇巨著《广东方言读本》(*Chinese Chrestomathy in the Canton Dialect*)。这本书共728

---

[1] Tyler Dennett, *American Policy in China, 1840–1870*, Washington, D. C.: The Endowment, 1921. 这本书探讨了美国官方对华政策的开端。此外,费正清分析了1898年前美国的早期对华政策,参见 John King Fairbank, *China Perceived: Images and Policies in Chinese-American Relations*, New York: Vintage Books, 1976, pp. 85–101。
[2] 这些传教士和其他早期传教士的介绍,可参见 Arthur Hummel, "Some American Pioneers in Chinese Studies", *Notes on Far Eastern Studies in America* 9 (1941), pp. 1–6。
[3] 亨特于1825年13岁时来到广东,后就读于马六甲的英华学校,他的两本书具有历史和文化意义。参见 Hunter, *The 'Fan Kwae' at Canton before Treaty Days, 1825–1844*, 1882; *Bits of Old China*, 1885。另可参阅 Sung, "Sinological Studies in the United States", *Chinese Culture* 8 (1967), p. 133。
[4] Arthur Hummel, "Some American Pioneers in Chinese Studies", p. 3. Hu Shu Chao, *The Development of the Chinese Collection in the Library of Congress*, p. 31。

页，有英文、中文和罗马字母注音三个专栏，并附有注释和评论，分为家庭事务、商业事务、人体、建筑、农业以及诸如此类的多个专题章节。这是最早通过罗马字母注音教授汉语的文本之一。后来，裨治文成为新成立的皇家亚洲文会北华支会（North China Branch of the Royal Asiatic Society）的第一任会长，于1857年至1859年任职。他为《中国丛报》撰写的许多文章，以及他的《广东方言读本》，都使其有资格成为美国第一位汉学家。[1] 劳伦斯·汤普森对《中国丛报》这份最早的汉学期刊的价值给予了高度评价："这20卷不仅是关于那些年代所发生事件的宝贵的资料来源，至今为止也是中国研究仍具参考价值的'宝藏'。"[2]

1833年，也就是《中国丛报》创办后的一年，卫三畏来到中国，负责印刷所的管理工作。[3] 和伟烈亚力一样，他也是被招募到中国去负责一家传教印刷所。[4] 卫三畏几乎是一到中国就开始在《中国丛报》上发表文章（共约100

---

[1] Sung, "Sinological Studies in the United States", p. 134; Thompson, "American Sinology, 1830-1920", pp. 245-247. 另参见 Eliza J. Gillet Bridgman, ed., *The Pioneer of American Missions in China*: *The Life and Labors of Elijah Coleman Bridgman*. New York, 1864; Elly Mei-ngor Cheung, " 'Bona Fide Auxiliaries': The Literary and Educational Enterprises of Elijah Coleman Bridgman in the Canton Mission (1830—1854)", M. Phil. Thesis, Hong Kong Baptist University, 1998。需要注意的是，此处的裨治文不能与另一位将马若瑟的汉语语法译成令人费解的英文的美国传教士裨雅各（J. G. Bridgman）相混淆了，他于1850年去世。参见 Christoph Harbsmeier, "John Webb and the Early History of the Study of the Classical Language in the West", *Europe Studies China*, p. 338, n. 42。

[2] Thompson, "American Sinology, 1830-1920", p. 246.

[3] 关于卫三畏生平，见其子卫斐列（Frederick W. Williams, 1857-1928）所写的书：*The Life and Letters of Samuel Wells Williams, L. L. D.*: *Missionary, Diplomatist, Sinologue*, New York: G. P. Putnam's Sons, 1889。

[4] 他是被其父威廉·威廉姆斯（William Williams）提名的，参见 *The Life and Letters of Samuel Wells Williams*, p. 39。

篇），并于1848年接替裨治文担任主编，直到1851年。卫三畏最有影响力的著作包括《中国总论》（*The Middle Kingdom*，1848），该书至今仍是一个有趣的信息宝库；还有《汉英韵府》（*Syllabic Dictionary of the Chinese Language*，1874），直到1892年才被翟理斯的《华英词典》取代。1852年4月22日，在写给友人耶鲁大学教授詹姆斯·D.达纳（James D. Dana）的信中，卫三畏详尽地评价了汉语词典编纂人员的辛劳：

> 词典编纂不是一个人所能从事的最有活力的研究事业，我意识到脚下有大量沼泽，泥泞难行，以我们目前对这门语言的有限了解，无法完全测量。从当地字典中推测出汉字的含义，这有点像在矿物学中敲打出标本；由于中国人和我们自己在习惯、观念和知识上的差异，导致大量汉字定义出现误差，使汉语词典编纂乏味且不尽如人意。当一个人把整个语言打包在一个小范围内时，就像希伯来语中的创世纪；或者根本没有任何文学作品，就像印度人和非洲人一样，我有时会认为，这比起把这篇古老的演讲从巴别塔（Tower of Babel）[1]和它庞大的参考书目上剪下来，要容易得多。[2]

《汉英韵府》耗费了卫三畏11年辛劳，甫一出版便在中国传教士读者中大受欢迎。这些中国传教士认为这本词典就

---
〔1〕 古代巴比伦未建成的通天塔。泛指空中楼阁，空想的计划。——译者注
〔2〕 Frederick W. Williams, *The Life and Letters of Samuel Wells Williams*, pp.179-180.

是为他们准备的，并对其中的 12527 个汉字和许多短语的简明定义大加赞扬。相比而言，马礼逊的词条就显得有些冗长了。[1] 导言长达 70 页，主要处理诸如官话或官场语言、罗马拼音系统、音调、古音和过时的发音、部首和方言等话题。

卫三畏会说流利的日语和几种汉语方言，曾作为翻译陪同佩里（Mathew Perry，1794—1858）远征日本。后来任美国驻华公使馆秘书。卫三畏最终回到美国，并于 1876 年担任耶鲁大学新设立的汉学讲座首任教授。[2]

美国传教士、外交官和教育家在 19 世纪留下了大量汉语启蒙读物和字典。[3] 不过，除那些关于晦涩方言的手册和指南之外，也许今天唯一能保留其实用性的著作，就是富善（Chauncey Goodrich，1836—1925）多次再版的《华英袖珍字典》[A Pocket Dictionary (Chinese-English) and Pekingese Syllabary, 1891][4]。富善在中国生活了 60 年，1865 年首次来华，在教育和翻译领域最为活跃，其中包括把《圣经·新约》的部分内容翻译成蒙古文，并于 1872 年与白汉理（Henry Blodget，1825—1903）合作完成了基督教赞美诗《颂主诗歌》（Christian hymnal）的中译本。富善是著名

---

[1] See the selection of reviews included in Williams, *The Life and Letters of Samuel Wells Williams*, pp. 397-400.
[2] 其子卫斐烈继承了卫三畏在耶鲁的教席，尽管他的学术贡献落后于其父。卫斐烈最著名的作品包括《美中关系概要》（*A Sketch of the Relations between the United States and China*, 1910）和《蒲安臣与中国第一次赴外使团》（*Anson Burlingame and the First Chinese Mission to Foreign Powers*, 1912）。
[3] 由汤普森按时间顺序注明。
[4] 包括 1918 年上海版、1941 年北京版、1943 年哥伦比亚大学版。最近是 1964 年由香港大学出版社出版，以及后来的几次再版。

汉学家、美国哥伦比亚大学终身教授傅路德的父亲。[1] 他的《袖珍字典》中 10587 个条目中的每一条，都是按照威妥玛—翟理斯式拼音法（Wade-Giles romanization）字母顺序排列的。这部作品的一个显著特点是每一条目都有其部首的标识。早期版本还包括对卫三畏词典相应页面的交叉引用。

尽管 19 世纪对宗教、人种学、历史，当然还有词典学和教育学都有重要贡献，但只有一位学者从理论上为语言学的发展做出了贡献。他就是彼得·杜邦索（Peter. S. Du Ponceau，1760—1844），他是 1842 年成立的美国东方学会（American Oriental Society）第一任主席。杜邦索在《论汉语书写体系的性质和特征》（*A Dissertation on the Nature and Character of the Chinese System of Writing*，1838）一书中认为，汉字代表文字，而不是思想，因此他是第一个攻击意识形态异端的人。他的理论在当时不被接受——卫三畏的反应具有代表性：认为杜邦索的书是"经过精雕细琢的虚构之作"[2]。但杜邦索关于汉字是"词汇"的主张，在更正式的术语"语标"中，如今已经胜利了。[3]

柔克义

柔克义是美国早期外交官中具有代表性的汉学家，事

---

[1] 富善的简短传记见香港大学版《袖珍词典》序言，1965 年出版。
[2] *The Chinese Repository*, XVIII (1849), p. 408; cited in Thompson, "American Sinology", p. 247.
[3] 见本书后文关于语标的讨论。

实上也是最杰出的学者。[1] 柔克义是世界性的行动家：受教于法国圣西尔军校（St. Cyr，该校相当于美国的西点军校），在法国外籍军团（French Foreign Legion）服役3年，后在美国新墨西哥州开办了一个养牛场。1883年在中国开始外交生涯之前，他已经学习了藏文和梵文，并出版了几部作品，其中包括以藏文原始材料为基础的《佛陀的生平及其教派的早期历史》（The Life of the Buddha: and the Early History of His Order, 1884）。1884年，他在北京任美国驻华公使馆秘书。他妻子继承的遗产使他得以周游各地。1888年，为了自由旅行，他辞职前往西藏。1893年，由于旅行和出版的专著对西藏和蒙古地理知识做出的贡献，他获得了伦敦皇家地理学会（Royal Geographic Society of London）金奖。

柔克义在艰苦的条件下，徒步完成亚洲之旅，留下两部游记作品：《喇嘛之国》（The Land of The Lamas, 1891）和《1891—1892年蒙藏旅行日记》（Diary of a Journey through Mongolia and Tibet in 1891 and 1892, 1894）。他曾被邀请担任加州大学东方语言学教授，这表明其作为一名学者的地位，但他拒绝了这一邀请。1893年，柔克义重新加入美国外交部，担任多种职位，包括助理国务卿、希腊公使和远东顾问等职。他是世纪之交对华门户开放政策的主要策划者，并以美国专员的身份参与了解决义和团运动后续问题的谈判。1904年，柔克义被罗斯福总统

---

[1] Paul A. Varg, *Open Door Diplomat: the Life of W. W. Rockhill*, Urbana: University of Illinois Press, 1952. 柔克义著作目录见该书第133-136页参考目录部分。

（President Roosevelt）任命为美国驻华公使，并在申请庚子赔款（Boxer indemnity）资助在美中国留学生教育方面发挥了重要作用。此时，他已经向国会图书馆捐赠了大约6000册中文图书。1909年，柔克义任美国驻俄罗斯大使，但1911年改任美国驻土耳其大使；1913年最终被伍德罗·威尔逊（Woodrow Wilson）的新政府解职。他还担任过中华民国第一任总统袁世凯的顾问，直到1914年去世。

对国际贸易和外交的兴趣，促使柔克义创作了不少相关的论著，其中在雅典完成的对鲁布鲁克（William of Rubruck）的重要研究达到顶峰，该著作目前仍是沿用至今的标准学术版本。[1] 后来的著作包括《自15世纪至1895年的中朝关系史》（China's Intercourse with Korea from the XVth Century to 1895, 1905）和《中国宫廷里的外交观众》（Diplomatic Audiences at the Court of China, 1905），这两本著作都是以期刊上发表的早期文章为基础的。柔克义的代表作是在去世3年前与夏德合作翻译的《赵汝适：论12和13世纪中国与阿拉伯贸易的著作〈诸蕃志〉》（Chau Ju-Kua: His Work on the Chinese and Arab Trade in the Twelfth and Thirteenth Centuries, Entitled Chu-Fan-Chi）。[2] 翻译工作显然是由夏德完成的，柔克义则提供了历史导论和大量注释。该书为保罗·惠特利（Paul Wheatley）后来的宋代海洋贸易研究奠定了"坚实的基础"，后者得出结论："他们的地

---

[1] The Journey of William of Rubruck to the Eastern Parts of the World, 1253-1255, as Narrated by Himself: With Two Accounts of the Earlier Journey of John of Pian de Carpine, London, 1900.

[2] Rpt. New York: Paragon, 1966; reviewed at length by Pelliot in TP 13 (1912), pp. 446-481.

图为随后所有的研究者提供了一个框架，文中的图一是对他们学术的致敬。"[1]

自始至今，似乎有一条线贯穿在讲英语的汉学家的整个研究发展历程中，那就是对技术和自然世界的兴趣。其中，从伟烈亚力开始，最具创造性。例如，伟烈亚力对中国石棉的研究是同类型中最早的一个，[2] 翟理斯和劳费尔则紧随其后。在下一代汉学家对这些领域的研究中，或许伟烈亚力最有成就的接班人是埃米尔·瓦西里耶维奇·布雷特施奈德（Emile Vasilievtch Bretschneider, 1833—1901），1866年至1883年曾任俄国驻北京公使馆医生。这位学识渊博的医生虽然不是美国人也不是英国人，但他主要以英文发表文章，其宝贵价值甚至超越了他在历史地理学上的贡献。在历史地理学方面，至今仍有三本重要著作。[3] 而《中国植物志》（Botanicon Sinicum）为中国历史植物学奠定了基础。[4] 该书第一部分是中国历史植物学概论及1143部中国植物学、药物学、农业、历史地理学等传统著作的注释目录。第二部分分析了中国古典文献中出现

---

[1] Paul Wheatley, "Geographical Notes on Some Commodities involved in Sung Maritime Trade", *Journal of the Malayan Branch*, *Royal Asiatic Society* 32 (1959), p. 10.
[2] Wylie, *Chinese Researches*, "Part III", pp. 141-154.
[3] 《中国中世纪西游札记》（*Notes on Chinese Medieval Travelers to the West*, 1875）、《中世纪中亚和西亚历史地理介绍》（*Notices of the Medieval Geography and History of Central and Western Asia*, 1876）和《15世纪中国与中亚和西亚各国的交往》（*Chinese Intercourse with the Countries of Central and Western Asia during the Fifteenth Century*, 1877）。
[4] "Botanicon Sinicum: Notes on Chinese Botany from Native and Western Sources", *Journal of the North-China Branch of the Royal Asiatic Society*, n. s. 16 (1881), pp. 18-230; 25 (1890-1891), pp. 1-468, rpt. Nendeln, Liechtenstein: Kraus, 1967; "Botanicon Sinicum, Part III: Botanical Investigations into the Materia Medica of the Ancient Chinese", Shanghai, 1895.

的植物。第三部分讨论了《神农本草经》和《名医别录》中的 355 种药用植物。他的两卷本《欧洲植物在华发现史》（History of European Botanical Discoveries in China, 1898），也同样令人感兴趣。

劳费尔

劳费尔是另一位母语为非英语的学者，早在李约瑟致力于中国科学的研究之前的很长时间，他就已经开展这项工作了。劳费尔使伟烈亚力和布雷特施奈德创立的这一传统在实质上达到了巅峰，他成为考古学、技术、人类学和自然科学领域中最博学的汉学家。[1]

从 1908 年开始，劳费尔的大部分时间是在芝加哥菲尔德自然历史博物馆（Field Museum of Natural History in Chicago）工作，但他完全接受了德国式训练：受教于在格鲁比领导下的柏林大学，福兰阁的柏林研讨会，以及孔好古领导下的莱比锡大学。[2] 在他去世时，劳费尔被认为是美国最顶尖的汉学家。但是，甚至连傅海波都不知道将他归为何类，德国人还是美国人？自夏德 1917 年从哥伦比亚大学退休到卜弼德、金守拙和傅路德这代人崛起，他是这

---

[1] 关于其生平和著作，参见 H. G. Creel, *MS* 1 (1935), pp. 487-496; Walter E. Clark, et al., "Berthold Laufer, 1874-1934", *JAOS* 54 (1934), pp. 349-362; Arthur Hummel, "Berthold Laufer, 1874-1943", *American Anthropologist*, n. s. (2nd) 38 (1936), pp. 101-111。下面这部作品列出了约 31 种传记公告、赏析和讣告，参见 *Kleinere Schriften von Berthold Laufer, Teil 1: Publikationen aus der Zeit von 1894 bis 1910*, 2 vols, ed. Hartmut Walraven, Wiesbaden: Steiner, 1976, vol. 1, pp. xxii-xxiv。

[2] 他在德国的早期训练，福兰阁做了简要评论，参见 Franke, *Erinnerungen aus zwei Welten*, pp. 148-149。

一漫长空档期美国唯一一位著名的专业汉学家。

劳费尔第一部小型文集的前言由李约瑟撰写，这是恰如其分的。让我们从中摘录一段构成劳费尔学术取向影响力的评价：

> 劳费尔是一位专业的民族志学者和人类学家。第一次世界大战前，他在野外花费了近十年时间，率领四支探险队前往中国内陆及西藏地区和北太平洋地区进行实地考察。据说，他的长处在于将民族学的原则和方法应用于亚洲历史文明。因此，他自然应该对物质文化感兴趣，这是科学家和工程师们自己占据的"现实"，而从事人文教育的人则很少如此……于是，劳费尔是一位民族学家，大概他自己也是这样认为的；但事实上，他非常关注世界历史和科学技术史前史。[1]

劳费尔运用多种语言工作，他是自伯希和之后、卜弼德之前所有汉学家中知识面最为广博者。[2] 他是第一个像使用希腊语资源一样有效利用汉语资源的人，一直到闵海芬（Otto Maenchen-Helfen）出现为止。[3] 劳费尔在多个领

---

[1] "Foreword", *Kleinere Schriften*, pp. vii-viii.
[2] 包括闪米特语、希腊语、拉丁语、土耳其语、波斯语、梵语、马来语、日语、满语、蒙古语、德拉威语（Dravidian）和藏语。
[3] 参见 Laufer, *The Diamond: A Study in Chinese and Hellenistic Folk-lore*。

域做出了杰出贡献：艺术和考古学[1]、自然史（特别是植物学和动物学）[2]、文化[3]、民族志和人类文化学[4]、历史和技术[5]、文学[6]、语言学[7]和书目学[8]。他最有价值的著作包括《中国汉代陶器》(Chinese Pottery of the Han Dynasty, 1909)、《玉：中国考古与宗教研究》(Jade: A Study in Chinese Archaeology and Religion, 1912)、《中国陶俑，第一部分：防御性装甲史绪论》(Chinese Clay-Figures, Part 1: Prolegomena on the History of Defensive Armor, 1914)，还有他无与伦比的作品《中国伊朗编：中国对古代伊朗文明史的贡献》(Sino-Iranica: Chinese Contributions to the History

---

[1] 例如以下一些论著：Chinese Grave-Sculptures of the Han Period, London: E. L. Morice, 1911; "Confucius and His Portraits", Open Court 26 (1912), pp. 147-168、202-218; "Chinese Sarcophagi", OL 1 (1912), pp. 318-334。
[2] Notes on Turquoise in the East, Chicago, 1913; "Arabic and Chinese Trade in Walrus and Narwhal Ivory", TP 14 (1913), pp. 315-365; "Rye in the Far East and the Asiatic Origin of Our Word Series 'Rye'", TP 31 (1935), pp. 237-273.
[3] "The Bird-Chariot in China and Europe", BOAS Anniversary Volume (1906), pp. 410-424.
[4] 参见"Preliminary Notes on Explorations Among the Amoor Tribe", American Anthropologist n. s. 2 (1900), pp. 297-338。
[5] 即："The Relations of the Chinese to the Philippine Islands", Kleinere Schriften, vol. 2, pp. 248-284; The Prehistory of Aviation, Chicago, 1928; Paper and Printing in Ancient China, Chicago, 1931。
[6] Milaraspa: Tibetische Texte in Auswahl übert ragen, Darmstadt, 1922.
[7] "Loan Words in Tibetan", TP (1916), pp. 403-552; "The Si-Hia Language: A Study in Indo-Chinese Philology", TP 17 (1916), pp. 1-126; The Language of the Yüe-chi or Indo-Scythians, Chicago, 1917.
[8] "Skizze der Mongolischen Literatur", Kleinere Schriften, vol. 2, pp. 1120-1216; "Skizze der Manjurischen Literatur: Kleinere Schriften", vol. 2, pp. 1295-1347; Descriptive Account of the Collection of Chinese, Tibetan, Mongol and Japanese Books in the Newberry Library, Chicago, 1913.

of Civilization in Ancient Iran, 1919）。[1]

劳费尔的大部分著作是为了对菲尔德博物馆的藏品进行编目，其中许多物品是他在野外亲自搜集的。例如，在《中国汉代陶器》一书中讨论过的111件汉代陶器，其中大部分是1903年劳费尔在西安获得的，并以私人收藏品作为补充。他研究玉石的明确目的，就是"为菲尔德博物馆的玉石藏品提供必要信息"，但"没有假装是对汉学的贡献"。[2] 大量的野外工作和许多详细的报告使劳费尔在金石学和考古学方面成为沙畹的继承者，极大地扩展了这些研究的范围。[3]

他曾经评论过中国古代研究中的文本来源与物质器物之间的关系：

> 如果说中国考古学必须以中国文本的知识为基础，采用与古典考古学相同的方法，那么从考古学研究的事实出发，以及从比任何纸上传递的证据都更加坚实的石头、黏土或金属等留存的物品出发，对古代文本的解释将有很大的借鉴意义。如果我不得不偏离毕欧、理雅各和顾赛芬等权威人士的观点，我恳请我的批评家们不要将这种不得已解释为我的傲慢或自以为更了解情况的狂热，而应将其解释为对这里提供的新材料

---

［1］ 如上所述，每一份讣告包含大约150项参考书目，包括多个重印本在内的完整书目大约有490项，参见 *Kleinere Schriften*, vol. 1, pp. xxix-lxxx。
［2］ *Jade*, p. i.
［3］ 关于劳费尔对金石学的贡献，参见 Hartmut Walravens, "Berthold Laufer and His Rubbings Collection", *JAOS* 100 (1980), pp. 519-522。

之思考所暗示的建议。[1]

尽管劳费尔的许多作品具有技术特性，但他仍致力于更广泛的人文目标，即将中国古代文化理解为一种特定文明的物质表现，并体现其最高的精神价值。他特别擅长将一种态度、一个艺术主题或一件艺术品放在更广泛的亚洲背景下。一个很好的例子是《中国汉代陶器》，其中有一节叫作"西伯利亚艺术和文化对中国古代的影响"[2]，它处理了这些适应中国文化的外来事物，如骑兵编队、猎鹰术和家具。当然，这种态度是劳费尔最伟大的作品《中国伊朗编》背后存在的精神。

在这部开创性的著作中，劳费尔的目的是"追踪所有物质文化对象的历史，特别是从波斯传到中国的著名栽培植物、药品、产品、矿物、金属、宝石和纺织品，以及从中国传到波斯的其他物品"[3]。在劳费尔的著作中，除完全掌握上述李约瑟提及的人类学、民族学和考古学的方法之外，他还采用了另一种方法，就是比较语言学，并运用得很有技巧和判断力。在高本汉编纂并介绍研究中国历史音韵学成果之前的时代，劳费尔在伯希和及马伯乐著作的基础上使用了自己的重建研究：

---

[1] *Jade*, pp. 15-16.
[2] *Chinese Pottery of the Han Dynasty* (1909; 2nd ed., Rutland and Tokyo: Charles E. Tuttle, 1962), pp. 212-236.
[3] *Sino-Iranica*: *Chinese Contributions to the History of Civilization in Ancient Iran, with Special Reference to the History of Cultivated Plants and Products* (1919; rpt. New York: Kraus Reprint Corporation, 1967), p. 188.

迄今为止，已经根据历史原因确定了伊朗的地理和部落名称，有些是正确的，有些是不准确的，但几乎没有人试图将中国的文字记录恢复到他们正确的伊朗原型上……在我看来，我们首先要做的就是按照伯希和与马伯乐成功开创和应用的方法，尽可能准确地将中国抄本记录在其古老的语音外衣中，然后从这个安全的基础上重建伊朗模式。根据严格的语音原则准确地恢复中文形式是必不可少的，这比任何偶然做出的鉴定猜测都重要得多。[1]

总之，劳费尔并不是一位传统意义上的汉学家，他关注的是翻译文本，并将其在语境和阐释方面的魅力展现出来。然而，正如沙畹所说，劳费尔通过其"语言之博学"发掘了丰富的历史文献，[2] 并利用物质世界的资源来揭示中国古代文化中数不胜数的迷人之处，尽管英年早逝，但他赢得了充分的赞誉。

傅路德

傅路德是富善的儿子，继承了劳费尔科学治学的许多方面。[3] 他长期在母校哥伦比亚大学任汉学教授，重点研

---

[1] Sino-Iranica, pp. 186–187.
[2] *TP* 14 (1913), pp. 486.
[3] 关于附有书目的简短传记，参见 Thomas D. Goodrich, "Luther Carrington Goodrich (1894–1986): A Bibliography", *JAOS* 113 (1993), pp. 585–592.

究明清史。尽管傅路德以其对目录学和传记的贡献而闻名，[1] 但他的《中华民族简史》(*A Short History of Chinese People*, New York, 1943) 却设法在政治史的狭隘范围内讨论了中国对科学技术的贡献。胡适称之为"欧洲语言所出版的最好的中国历史"[2]。傅路德修订了卡特（Thomas Carter）的著作《中国印刷术的发明及其西传》 (*The Invention of Printing in China and Its Spread Westward*, New York: Ronald Press, 1955)，增加了如此多的新材料，以至于该书通常被认为是两人的合作成果。在他以文章形式论述的许多科学课题中，我提到了植物和食品[3]、技术[4]，以及最突出的印刷术[5]。

恒慕义

在传教士遗产中培养出来的最后一批汉学家的代表是

---

[1] *The Literary Inquisition of Ch'ien-lung* (Baltimore, 1935; 2nd ed., with addenda and corrigenda, New York: Paragon, 1966); *Dictionary of Ming Biography*, 2 vols., editor, with Chao-ying Fang (New York: Columbia University Press, 1976). 后面这部著作于 1976 年获得儒莲奖。

[2] 引自 Thomas D. Goodrich, "Luther Carrington Goodrich", p. 585。

[3] "Early Notices of the Peanut in China", *MS* 2 (1936 -1937), pp. 405 - 409; "Early Prohibitions of Tobacco in China and Manchuria", *JAOS* 58 (1938), pp. 648 -657; "Cotton in China", *ISIS* 34 (1943), pp. 408 -410.

[4] "The Revolving Bookcase in China", *HJAS* 7 (1942), pp. 130 - 161; "Suspension Bridges in China: A Preliminary Inquiry", *Sino-Indian Studies* 5 (1956), pp. 53 -61; "The Early Development of Firearms in China" (with Feng Chia-sheng), *ISIS* 36 (1945-1946), p. 114 -123.

[5] "The Origin of Printing in China", *JAOS* 82 (1962), pp. 556 - 557. "The Development of Printing in China and Its Effects on the Renaissance under the Sung Dynasty", *Journal of the Hong Kong Branch of the Royal Asiatic Society* 3 (1963), pp. 36 -43. "Movable Type Printing: Two Notes", *JAOS* 94 (1974), pp. 476 -477.

任职国会图书馆的恒慕义。

恒慕义在芝加哥大学接受教育，1909年毕业。[1] 1911年获得硕士学位。在美国公理会差会这个受人尊敬的机构赞助下，恒慕义在山西汾州男子中学任教10年。他的闲暇时间花在收集大量古钱币以及同样重要的旧地图上，这些地图后来成为"国会图书馆恒慕义中国珍稀地图收藏"（Hummel Collection of Rare Chinese Cartography in the Library of Congress）的基础。鉴于恒慕义在中国文物方面的专长，1927年他返回美国后被邀请加入国会图书馆，并继续致力于建立亚洲馆藏。1928年，他被任命为新成立的中国文献部主任，后来任东方部主任，1954年退休。

1931年恒慕义从莱顿大学获得博士学位，这是基于他对学术研究的杰出贡献，以及他的论文《一位中国历史学家的自传》（The Autobiography of a Chinese Historian）。由于恒慕义熟悉中国新生代历史学家中的主要参与者，戴闻达鼓励他对顾颉刚《古史辨》第一册的自传体序言进行研究。它本质上是一个荣誉博士学位，而非以带有评注的熟练翻译成果而获得的。

根据恒慕义的个人经历、喜好和专长，国会图书馆在地方志、丛书和善本等领域的收藏尤为丰富。[2] 事实上，中文藏书的基础是丛书，国会图书馆获得的头10部中文图

---

[1] 参见 Edwin G. Beal and Janet F. Beal, "Arthur W. Hummel 1884-1975", *JAS* 35 (1976), pp. 265-276. 该文附有完整的文献目录。Hu Shu Chao, *The Development of the Chinese Collection in the Library of Congress*, pp. 134-139.

[2] Hu Shu Chao, *The Development of the Chinese Collection in the Library of Congress*, p. 137.

书，是1869年恭亲王奕䜣赠送的礼物，由10部丛书组成。[1] 恒慕义关于藏品性质和用途的一篇专门文章，包括一个由5部分组成的分类系统，至今读来仍然很有趣。[2] 著名目录学家王重民编纂的善本藏本重要指南本身就是由恒慕义发起的。[3] 而恒慕义对汉学发展的最大贡献是他编辑的《清代名人传略》（*Eminent Chinese of the Ch'ing Period*）。

为了完成这个需要协作的传记项目，恒慕义不得不寻求众多机构的支持；而他自己已经为促进东亚研究的制度化做了很多工作。他是亚洲研究协会（Association for Asian Studies）的创始主席（1948—1949），并于1940年担任美国东方学会（American Oriental Society）主席。1930年至1934年，作为美国学术团体理事会中国研究促进委员会（Committee for the Promotion of Chinese Studies of the American Council of Learned Societies）的主席，恒慕义利用其办公室发起的筹款机会，创作了这部清代传记词典。它有两个目的：第一个是学术性的，第二个是教学性的。这两个目的都被恒慕义写进了各卷的"编辑说明"中：

> 这项工作源于美国国会图书馆和美国学术团体理

---

[1] Hu Shu Chao, *The Development of the Chinese Collection in the Library of Congress*, pp. 43-46。关于哈佛燕京图书馆的收藏基础，参见 Serge Elliséeff, "The Chinese-Japanese Library of the Harvard-Yenching Institute", *Harvard Library Bulletin* (1956), pp. 73-76。

[2] Hummel, "T'sung Shu", *JAOS* 51 (1931), pp. 40-46.

[3] Edwin G. Beal, Jr., "Preface", *A Descriptive Catalogue of Rare Chinese Books in the Library of Congress*, 2 vols., ed. T. L. Yuan, Washington, D. C.: Library of Congress, 1957.

事会的共同合作，在洛克菲勒基金会（Rockefeller Foundation）的协助下，给国会图书馆提供一个中心，供学习中国文化的高级学生在此研究利用历史和文学材料，从而可能获得更多的经验。人们认为，他们从这些材料的使用中获得的最宝贵经验就是着手编写一部"清代传记词典"；因为不难预见……如果没有对中国名人、重大事件以及丰富多彩、几乎取之不尽的文献更详细的指南，我们西方人就不可能对中国人民有充分的了解。[1]

书中包括800多部个人传记，由大约50位学者撰写。据序言作者胡适所说，"这是近300年来中国能找到的最详尽、最精彩的历史。它以传记的形式写成，收录了800名创造历史的男女。顺便说一句，这种形式符合中国史学的传统"[2]。

德效骞

另一位成长于中国的美国汉学家是德效骞。[3] 他出生在伊利诺伊州，但在湖南长大，父母是传教士。德效骞从耶鲁大学哲学专业毕业后，1916年在哥伦比亚大学获得硕士学位，[4] 并在纽约协和神学院（Union Theological

---

[1] Hummel, "Editor's Note", *Eminent Chinese of the Ch'ing Period*, 2 vols. (Washington: U.S. Government Printing Office, 1943), p. viii.
[2] Hu Shih, "Preface", *Eminent Chinese of the Ch'ing Period*, vol. 1, p. v.
[3] 参见 L. Carrington Goodrich, "Homer Dubs (1892-1969)", *JAS* 29 (1970), pp. 889-891. 这篇文章附有完整的参考书目。
[4] 他的硕士论文题目为《机制对抗生命主义》（*Mechanism Versus Vitalism*）。

Seminary）获得硕士学位。在南京和湖南传教一段时间后，德效骞回归学术生涯，1925 年以一篇关于《荀子》（Hsün-tzu）研究的论文获得芝加哥大学博士学位。这引发了他的第一部重要译作《荀子：古代儒学之塑造者》（Hsün-tzu, the Moulder of Ancient Confucianism, 2 vols., 1927—1928）。他的许多文章，主要涉及哲学[1]、汉族历史和史学[2]、早期科学[3]或宗教问题[4]，都是哲学敏锐性和语言技巧相结合的典范。德效骞接受培训的广度，尤其是希腊和拉丁古典文学，使其在亚洲背景下，即中国与罗马文化的接触中，在对中国历史的研究方法上发挥了良好的作用。[5]

德效骞在明尼苏达大学（University of Minnesota, 1925—1927）和马歇尔学院（Marshall College, 1927—1934）教授哲学期间完成了一本关于哲学的通用教科

---

[1] 特别值得注意的是这两篇文章："The Political Career of Confucius", JAOS 66 (1946), pp. 273-282; "Did Confucius Study the 'Book of Changes'?", TP 25 (1928), pp. 82-90。
[2] 例如这两篇文章："Wang Mang and his Economic Reforms", TP 35 (1940), pp. 219-265; "The Reliability of Chinese Histories", FEQ 6 (1946), pp. 23-43。
[3] 即这两篇文章："Solar Eclipses During the Former Han Period", OSIRIS 5 (1938), pp. 499-532; "The Beginning of Alchemy", ISIS 38 (1948), pp. 62-86。
[4] 即这两篇文章："An Ancient Chinese Mystery Cult", Harvard Theological Review 35 (1942), pp. 221-240; "The Archaic Royal Jou Religion", TP 46 (1958), pp. 217-259。
[5] 特别是他的短篇专著：A Roman City in Ancient China, London, 1957。以及一篇早期论文："A Military Contact Between Chinese and Romans in 36 B. C.", TP 36 (1942), pp. 64-80。德效骞甚至在古典期刊上发表文章，即以下两篇："An Ancient Military Contact Between Romans and Chinese", American Journal of Philology, 42 (1941), pp. 322-330; "A Roman Influence on Chinese Painting", Classical Philology 38 (1943), pp. 13-19。

书。[1] 后受美国学术团体理事会的委托，德效骞开始翻译其中的一部王朝历史。1934 年至 1937 年德效骞与两位中国合作者一起在国会图书馆工作，后来在杜克大学工作，适时出版了三卷本的《前汉书》（*The History of the Former Han Dynasty*, Baltimore: Waverly Press, 1938, 1944, 1955）。这部作品将《汉书》（*Han-shu*）的本纪和王莽传翻译成英文，并附有许多学术性的附录。正如沙畹翻译《史记》（*Shih-chi*）那样使用注释的精湛技巧，德效骞的作品也是精准翻译和详尽评注的典范。其注释的一个显著特征是，通过与自然科学界的顶尖科学家进行沟通咨询，以回答汉学家正常范围之外的问题：例如美国国家博物馆生物学馆馆长伦纳德·史泰纳格博士（Dr. Leonard Stejneger）解决了斗蛙（fighting frogs）的问题，史密森学会（Smithsonian Institute）自然人类学部助理馆长斯图尔特博士（Dr. T. D. Stewart）解答了皇家刘氏家族中多毛的脚掌和手掌的情况，居住在山东的王尔德博士（Dr. George D. Wilde）帮助区分了各种天鹅的种类。为了解决类似的文本问题、科学问题和历史编纂中的过渡问题，他同时为这部重要的历史作品的基本编年提供了一个具有可读性的译本，德效骞因《汉书》的第二卷译本获得了 1947 年的儒莲奖。

卜德非常赞赏他的作品，尤其是他的翻译风格：

---

[1] *Rational Introduction: An Analysis of The Method of Science and Philosophy*, Chicago: University of Chicago Press, 1930.

至于翻译本身，准确且非常接近文本。事实上，如果允许更多的原创性自由，英语翻译有时可能会变得更流畅和轻松。但许多学者可能会认为，这样获得的准确性只是证明了这种文字的正确性。与几乎所有的中文译本一样，偶尔也有人对某些翻译提出异议，但这些反对意见既不多也不重要。[1]

杨联陞在第三卷的评论中认为，"只有少数几个地方"建议更改和修正。[2]

在第一卷前言中，德效骞承诺要出一卷导论，并且在最后一卷包括专有名称词汇表和索引。显然，这个词汇表的手稿在不同的汉语专家之间来回传递，却从未找到一位积极肯干的编辑来帮助完成它。该手稿现存于牛津大学的博德利图书馆。[3] 德效骞承诺的另一个项目是用他自己特有的汉字拉丁化方案创造一本经典的字典。它试图将22个拉丁字母、5个元音重音和30个中文部首结合起来。[4] 十年后，在对华兹生《中国伟大史学家》（*Grand Historian of China*）的评论中，德效骞删掉了音调标记，并添加了数字1、2、3或4。[5] 在这篇评论（第218页）中，他提供了一张自己使用过的字符表，并用以下语句介绍："这些中国

---

[1] *American Historical Review* 44 (1939), pp. 641-642.
[2] 参见 Yang, *HJAS* 19 (1956), pp. 435-442。
[3] 参见韩大伟与英国牛津大学中国研究所图书馆馆长安东尼·D. 海德 (Anthony D. Hyder) 的个人通信 (1997年4月21日)。
[4] 参见 "A Practical Alphabetic Script for Chinese", *FEQ* 10 (1951), pp. 284。他在这里介绍了威妥玛—翟理斯式拼音法之"加德纳—德效骞"简化法。
[5] *JAS* 20 (1961), pp. 213-218.

汉字的字母拼写是从超过 16000 个字符列表中提取出来的，每个汉字的发音都有一个独特的拼写，为此我正在寻找出版资金。"唉，他的字典条目卡片也被搁置在博德利图书馆！但正如我们所看到的那样，美国汉学家金守拙和卜弼德也展现了同样的有关正字法的冒险精神，他们试图将尽可能多的信息纳入拉丁化体系中，就如同在汉字图像中所发现的那样。

德效骞晚年于 1947 年担任了牛津大学汉学教授，该职位自 1935 年苏慧廉去世以及陈寅恪由于视力问题无法到任而一直空缺。他在扩充建立博德利图书馆的中文藏书和创建东方研究所图书馆方面发挥了重要作用，经常与霍古达就书目获取问题进行交流。[1]

德效骞的性格展示了另一面，即使不是特别阴暗，至少也会使他的公众形象成为笑柄。这是一种以各种方式表现出来趋于滑稽可笑的举动，从把摩托车停在东方研究所的走廊到他在神秘学中的涉猎。在后一项活动中，他加入了牛津大学同代人、更加著名的希腊语钦定讲座教授多兹（E. R. Dodds）的行列。[2] 多兹涉足他所谓的各种各样的"通用问号"（universal question mark）或心理研究的"陷阱小径"（booby-trapped by-ways）已经众所周知，并为其

---

[1] 例如，参见德效骞 1949 年 5 月 2 日致霍古达的信，请求他协助购买大型文选。1950 年，德效骞帮助哈佛燕京学社（Harvard-Yenching Institute）获得一套《四部备要》和《四部丛刊》；另参见牛津大学中国研究所"东方研究所图书馆基金会德效骞文件"中的存档信件。
[2] 一本关于先知的书的作者莱茵（J. B. Rhine）致德效骞一封未署日期的信函，参见 Bodleian Library, MS. English, miscellaneous, d. 706。

在牛津大学更有名的前任希腊语教授吉尔伯特·默里所分享。[1] 我提到德效骞个性的这一方面，只是因为这可能有助于解释他学术上的某些古怪之处，尤其是他古怪的汉字罗马拼音方案。德效骞似乎对数字也有着固定的看法，这些数字在他职业生涯的早期和晚期都有体现：在其硕士论文的最后一页，他列出了五章中的每一章，再加上引言和参考书目所包含的单词数（共29360个单词）；在他捐赠给圣安妮学院（St. Anne's College）的《汉书》版本中，在第一章第一个主题（1A.1a页）部分末尾用铅笔做了多余的页边注释："文本汉字约35字，注释1200字"。

尽管德效骞在美国只教授哲学，1962年至1963年还在夏威夷大学东西方中心访问一年，他的许多出版物却影响了美国汉学的发展。事实上，除了劳费尔，他是在那个时代以英语出版最多产的专业汉学家，也是英国或美国汉学家中最杰出的哲学史家。

金守拙

金守拙，像德效骞、恒慕义和傅路德一样，具有传教士背景。他出生在浙江，父母是传教士。从小就说吴语的一种方言，他喜欢称汉语为母语。可能是在福兰阁的指导下，金守拙1937年在柏林大学获得博士学位，后被耶鲁大学聘为助理教授。1943年1月，他晋升为副教授，1954年晋升为教授。第二次世界大战期间，1942年至1944年他

---

[1] 参见 Dodds, *Missing Persons: An Autobiography* (Oxford: Clarendon Press, 1977), pp.97-111, 194。

担任耶鲁大学军事情报学院和陆军特种训练项目的主任。在许多方面,金守拙与卜弼德相似。虽然金守拙缺乏卜弼德敏锐的天才或者说广泛的研究范围程度,但他与在伯克利同时代的卜弼德有着相似的知识素养和兴趣。

首先,他对教学很感兴趣,正如其参考书目所展示的优点那样。[1] 这一承诺在每份出版物中都很明显。他的《汉学导论:〈辞海〉指南》[An Introduction to Sinology: Being a Guide to the Tz'u Hai (Ci hai)] 是这种关切的最正式的体现。这是一本关于汉语技能和习俗的文献学工作手册,通过实际使用《辞海》来实施。本书还介绍并说明了汉学家的其他工作工具,如传记概要、地理词典和年表。总而言之,对于方法论的入门课程来说,这是一个实用的教学大纲,而方法论的正确性是金守拙在每个环节都试图强调的主题:

> 对早期传教士来说,无论中国丛林是多么神秘和难以穿越,其林下灌丛已经被一代又一代热忱的学者们清除了,并且在这里或那里开辟了通道。然而这些通道只不过是方法,而那些最能为译者服务的方法就是文献学的方法。[2]

其次,金守拙和卜弼德有着同样的狡黠语气和轻松表

---

[1] 关于完整书目,可参见 Li Tien-yi, ed., *Selected Works of George A. Kennedy*, New Haven: Far Eastern Publications, 1964, pp. 513-525。

[2] Kennedy, review of William Charles, *An Album of Chinese Bamboos*, rpt. *Selected Works*, p. 488.

达，即便他规避了卜弼德创造新词的倾向。然而，金守拙首先忠诚的是其读者，而非文本，因为他更喜欢让学习中文的普通学生能接触到他的翻译。

再次，金守拙在语言学、语法、词源学方面提出了许多创新的方法。他对汉字及其罗马拼音法、统计分析以及汉字速记法的兴趣，都与卜弼德的技术实验有着相同的精神。然而，借用一个音乐的隐喻，金守拙在这方面的远足很少超出音调的范畴；即使他有时听起来像阿尔班·伯格（Alban Berg, 1885—1935）[1]，但从未接近过卜弼德的阿诺德·勋伯格之"十二音体系"。金守拙甚至会满语，尽管在其发表的作品中并没有充分利用它。

最后，对传记的兴趣吸引了他们两人。卜弼德关于十六国时期显赫的匈奴单于传记主要出版在他私人印制的系列丛书中，与之相似的是，金守拙在《清代名人录》（Eminent Chinese of the Ch'ing Period）中也撰写了关于满族、中国统治者和官员的 72 份传记。在这些传记提要中，金守拙展示了他对中国传统资源的掌控，当然，他还利用了中文、日文和德文的二手文献，以及满洲的档案资料。[2] 还应该指出的是，金守拙和卜弼德一样，也编撰了自己的私人系列文集，其中包括其他学者在汉学领域的贡献。

金守拙出版的大多数作品都涉及语法或语言学问题。蒲立本认为他对古典汉语语法的贡献至今仍有价值，但提

---

[1] 阿尔班·伯格，奥地利作曲家，是勋伯格的高足，与勋伯格、韦伯恩一起开创了"新维也纳派"，表现主义音乐的代表人物。——译者注

[2] 参见金守拙对满文版《清太祖实录》文本传统的讨论，收录于《清代名人录》。又参见 Eminent Chinese of the Ch'ing Period, vol. 1, p. 599。

出的解决历史音韵学问题的方案虽准确地指出了高本汉在重构中的困难,却没有改善其问题。[1] 不过,金守拙自己的汉字罗马拼音体系试图反映泛方言的特征,甚至还包含了中古汉语中的反切拼写的区别。[2]

金守拙的几部作品值得重读。他的第一个重要贡献是对"《春秋》的解读"[3]。金守拙使用了大量表格和统计,这是其大部分作品的特点。他考察了《春秋》中表述统治者死亡的专业术语的使用情况,在此基础上得出的结论是:与中国传统的观点相反,也与其导师福兰阁在《儒家学说的历史研究》(Studien zur Geschichte des konfuzianischen Dogmas, 1920)中的观点相反,在这部沉闷的经典作品中,我们无法从词汇中汲取任何道德训诫,更不用说深奥的含义了。金守拙证明,这些数据是根据作者孔子在旅行过程中提供的事实而得出的。"不规则的韵律存在于《诗经》中"[4] 遵循这种统计思路,他从重音和韵律上对《诗经》诗学作出了重要结论:当一条线偏离了正常的四字音节时,它通常在韵律上相当于四个节拍。高本汉通过对一个或两个词汇项或句法元素进行统计研究,在此基础上得出全面结论,[5] 在他那个时代,金守拙对这种新工具的限

---

[1] E. G. Pulleyblank, *Review of Li, Selected Works of George A. Kennedy*, AM n. s. 12 (1986), pp. 127-130.
[2] 参见 Hugh Stimson, "About the Transcription System", in Kennedy, *An Introduction to Sinology*, pp. ix-x。
[3] *JAOS* 62 (1942), pp. 40-48; rpt. in *Selected Works*, pp. 79-103. 该文于 1935 年首次发表在《泰东》(*Sinica*)杂志, 1936 年中文版发表于《民族》(*Mintsu*)杂志。
[4] *HJAS* 60 (1939), pp. 284-296; in *Selected Works*, pp. 10-26.
[5] 参见高本汉的这两篇文章:Karlgren, "On the Authenticity and Nature of *Tso Chuan*", and "The Authenticity of Ancient Chinese Texts"。

定性应用是一个令人钦佩的例子。

也许金守拙最重要的文章是《关于虚词"焉"的研究》,[1]虽然再次严重依赖于统计表格,但它体现了金守拙表达方式的另一个典型特征,即语气轻快且幽默感十足。[2]金守拙认为虚词不仅仅是标点符号的辅助工具,他把它们当作词来处理,并努力区分出它们的精确功能:"在处理古典文本时,第一个任务通常是断句,以提供标点符号,并且根据出现在句子开头或结尾的虚词作为断句的辅助手段。但是,我们必须时刻警惕一个非常容易犯下的错误:它们(虚词)只是为了这个目的而存在。"[3]通过对虚词"焉"的语法用法和语音形式的分析,金守拙认为它是介词"于"和代词"之"的融合。[4]在这个示例性的方法论研究中,他还提出了语言学分析中的其他词汇和问题。

金守拙是另一位注重句法的汉学家,他把句法作为阅读古典汉语的关键。根据蒲立本的说法,金守拙未能完成的《孟子》语法以"古典汉语中的词类"之名发表,[5]试图分析语言的句法模式。该文将《孟子》中最常出现的两百个图示在语境中的"相对位置"隔离开来:"这种语境是一个可引用的片段,可以在其前后停顿,因而具有某

---

[1] *JAOS* 60 (1940), pp.1-22、193-207.
[2] 这种金守拙式的风格也许可以在这几篇文章的附录中找到,参见"The Monosyllabic Myth", *JAOS* 71 (1951), pp. 161-166, rpt. *Selected Works*, pp. 104-118; "The Butterfly Case (Part One)", *Wennti* 8 (March 1955), rpt. in *Selected Works*, pp. 274-322。
[3] "A Study of the Particle *Yen*", *Selected Works*, p. 30.
[4] 另一篇处理融合词的文章参见"Negatives in Classical Chinese", *Wennti Papers* 1 (1954); rpt. *Selected Works*, pp. 119-134。
[5] *Wennti* 9 (April 1956); rpt. in *Selected Works*, pp. 323-433.

种句法的统一性和独立性。以《孟子》的语法作为研究之始再好不过了。"[1]"尽管不完整,而且我会质疑有些细节,"蒲立本总结道,"但在我看来,这篇文章仍然是迄今为止对各种古典汉语语法解释的最好尝试。"[2]尽管儒莲和甲柏连孜的语法中已经提到了这两条著名的"金守拙法则",但它们与金守拙的名字有紧密联系,并首次出现在《关于虚词"焉"的研究》一文中:(1)如果一个正常的及物动词缺少宾语,它就变为被动语态;(2)如果一个正常的不及物动词附带宾语,它就变为使役动词。[3]总而言之,金守拙就古典汉语的专业化研究做了很多工作,他认识到这是一门科学,而不是技能。[4]

费正清与区域研究的建立

20世纪30年代,恒慕义和哈佛—燕京学社[5]的叶理绥等人为东亚研究提供制度化资助所做的努力,最终出现了费正清所描述的美国汉学发展四阶段中的第四阶段。

费正清是现代区域研究运动的创始人和守护神。作为

---

[1] *Selected Works*, p. 330.
[2] Pulleyblank, review of Kennedy's, *Selected Works*, p. 129.
[3] *Selected Works*, pp. 34–35.
[4] See his "Foreword" to *An Introduction to Sinology*, pp. vii-viii.
[5] 哈佛燕京学社于1928年在马萨诸塞州成立,其主要目的是管理从查尔斯·马丁·霍尔(Charles M. Hall)遗产基金和哈佛大学获得的资金,以加强关于中国文化的高等教育,并在哈佛大学建立一个远东地区教学和研究中心。该学社成立的故事参见 Dwight Edwards, *Yenching University*(New York: United Board for Christian Higher Education in Asia, 1959), pp. 173–177、274–278; Philip West, *Yenching University and Sino-western Relations*(Cambridge, Mass.: Harvard University Press, 1976), pp. 187–194; Egan, *A Latterday Confucian: Reminiscences of William Hung*(1893—1980), pp. 111–118。

第三章　英语国家汉学家：从中国沿海汉学到中国研究

费正清

(John King Fairbank，1907—1991)

美国汉学家

哈佛大学在这个新兴领域的权威之声,他把对资料来源的一般认识与当代中国场景的第一手材料结合起来。通过自己的开创性著作和所指导学生的职业生涯,费正清将美国历史的研究方向从他认为的第二次世界大战前过时的条约—港口叙事史学模式转向社会科学的新历史模式,这正是他的优点。作为一位坚定的反文献学偏见的历史学家,他与传统汉学家形成了鲜明的对比。

费正清在南达科他州(South Dakota)出生并长大。在一本部分自省、部分忏悔、部分独立报道的自传中,费正清回忆了他在埃克塞特学院(Exeter Academy)、威斯康星(Wisconsin)、哈佛和牛津的学习历程,在北京的训练,战时为政府的工作以及哈佛的职业生涯。[1] 他用轻松自信的语调讲述了自己一生的故事,有时自嘲,更多的是因为机智而不是谦逊。我们可以看到,作为牛津大学罗兹(Rhodes)奖学金得主的费正清,通过努力工作和避免接受一个公认的学术计划而变成了区域研究之父的费正清形象:"如果我受过适当的训练,我就永远不可能把中国研究的各

---

[1] John Fairbank, *Chinabound: A Fifty-Year Memoir*, New York: Harper Colophon Books, 1982. 埃文斯(Paul M. Evans)在《费正清与美国对现代中国的理解》(*John Fairbank and the American Understanding of Modern China*, New York: Basil Blackwell Inc., 1988)一书中,将费正清的生平和成就置于国家利益、冷战和国际学术发展的多元背景中。另参见 Paul A. Cohen and Merle Goldman, Compilers, *Fairbank Remembered*, Cambridge, Mass.: John K. Fairbank Center for East Asian Research, 1992。

种方法结合起来。语言培训会占用我所有的时间。[1] 在一个成熟领域进行论文研究也会占用我所有的时间。我决不会有时间通过休闲旅行来获得第一手的'区域'体验。我的方法组合之所以可能,是因为我完全独立,而不是在任何人的指导下。"[2]

尽管费正清对中国研究和语言学习采取了"散弹枪"的方法,但他相信,如果不是为了一般目的而掌握文言文,至少要在中国"地区"某一特定角落的材料来源方面有一个基本了解。他选择了与外交有关的清代文献,特别是《夷务始末》(I-wu-shih-mo)。[3] 对此,他解释说:

> 我不打算在洪业这样的学者指导下,甚至在巴黎或莱顿的主要中心学习中国古典文本。欧洲汉学界坚持认为,一个西方的汉学研究者必须能够自己使用大量的中文参考文献来处理汉语文本。它反对传教士和领事们的中国口岸汉学,当他们难以应对时,他们忠

---

[1] 他的政治对手是历史学家韦慕庭,韦慕庭坚定地支持中华民国,而费正清则坚决支持中华人民共和国。韦慕庭也表达了同样的观点:"我在语言学习上花费的时间本来可以更好地用于获得更广泛的教育。"参见 Wilbur, *China in My Life: A Historian's Own History*, ed. Anita M. O'Brien, Armonk, New York: M. E. Sharpe, 1996, p. 307。费正清和韦慕庭所持有的这种态度,不利于对汉语进行初步研究,也导致了马若孟(Raymond Myers)和墨子刻(Thomas Metzger)的悲观性评价,即到 20 世纪 80 年代,在从事现代中国研究的美国历史学家中,几乎没有人能"很好地掌握"汉语,无论是口语还是各种体裁的阅读。幸运的是,今天他们的这种评价已经不再有效了。参见"Sinological Shadows: The State of Modern China Studies in the U. S.", *Australian Journal of Chinese Affairs* (1980), vol. 4, pp. 1-34。

[2] *Chinabound*, p. 94.

[3] On Fairbank's scholarly approach, "documentary history", see Evans, *John Fairbank*, pp. 49-71.

实的老师总是可以在后面的房间里提供参考,就像我似乎在做的那样。[1]

当然,费正清不仅仅是一位中国通,他还与中国和日本学者合作,将翻译和注释的细节留给经验丰富的他们。例如,费正清《清代政府研究三题》(*Ch'ing Administration: Three Studies*)[2] 的合著者,邓嗣禹(S. Y. Teng)帮助他完成了《中国对西方的反应:文献通考(1839—1923)》(*China's Response to the West: A Documentary Survey 1839—1923*)[3]:"在65份主要文件中,邓嗣禹起草了大部分译文,并整理了大部分关于作者的资料,我则编纂了最终文本,将这些文献勾连在一起。"[4] 费正清的编辑范围似乎仅限于润色英语,而不是检查译文的准确性。

然而,他的目的与其说是对特定文本本身进行语言学处理,不如说是通过背景研究建立一个资料库,以便日后进行更加精细的阐释研究:

> 因此,我们的主要工作是促进和协助这一领域任何思想进步所必需的专题研究。对于西方社会科学家

---

[1] On Fairbank's scholarly approach, "documentary history", see Evans, *John Fairbank*, p. 98.

[2] *Ch'ing Administration: Three Studies* (Cambridge, Mass.: Harvard University Press, 1960).

[3] *China's Response to the West: A Documentary Survey 1839—1923*, Cambridge, Mass.: Harvard University Press, 1954. 一个类似的汇编是与康拉德·布兰特(Conrad Brandt)和史华慈(Benjamin Schwartz)合编的《中国共产主义文献史》(*A Documentary History of Chinese Communism*, Cambridge, Mass.: Harvard University Press, 1952).

[4] *Chinabound*, p. 329.

来说，将新的解释应用于迄今为止中国近代史上贫乏的记录是不够的。事实并不充分。我们不能依靠宣传的"学问"，教条式的无视真理……来给我们事实的真相。对于那些受过训练、能力胜任的亚洲和西方学者来说，花长时间独自或者合作进行翻译和研究是必要的，否则我们将永远不知道自向西方开放以来中国到底发生了什么。[1]

尽管翻译工作得到费正清的认同，但即便是对清朝行政文书入门资料，他也谨慎地将有用的语言工具与烦琐甚至分散注意力的语言学习任务分开——他警告说，"对于历史学家来说，问题在于使用语言而不是被它使用"[2]；它是"一种工具，而不是目的"[3]。费正清最重要的目标是利用中国历史的事实，从任何相关和可获取的资料中挑选出来，以确认从社会科学产生的模型中所设计的阐释框架。但是，语言学和社会科学方法论之间的这种基本鸿沟不仅仅是操作和流程方面的功能性差异；它标志着一种方法比另一种方法更具优越性和实用性的基本问题。费正清从根本上把传统汉学看作一种个体的、无望的甚至是徒劳的努力，一个与理解和改善现代中国人状况无关的前现代文献

---

[1] Teng and Fairbank, *China's Response to the West*, pp. 5-6.
[2] *Ch'ing Documents: An Introductory Syllabus*, vol. 1, p. vii. 相似的课程大纲对享受文学语言的魅力没有任何限制，参见 Philip A. Kuhn and John Fairbank, Compilers, *Introduction to Ch'ing Documents, Part One*; *Reading Documents: The Rebellion of Chung Jen-Chieh*, 2 vols, Cambridge, Mass.: John King Fairbank Center for East Asian Research, 1986.
[3] 参见 Evan, *John Fairbank*, pp. 38-39, 该文章提供了上述引用的内容，以及费正清对语言学习态度的知识背景。

体系。即使传入美国,它也是旧世界的一个关注点。相反,"中国区域研究"是一个由美国领导的学者群体的共同努力,无论在哪个领域,都采用了普遍适用的科学技术。在这种观点中,汉学并不代表一种有竞争力的方法论,而是一种古老而衰弱的方法论。这在费正清的汉学分期中可以清楚地看到。[1]

汉学的分期

根据费正清的定义,汉学是"通过中国语言和书写系统研究中华文明,积累事实根基以构筑学问的大厦(或至少积累知识)",他继续写道,"创立微观汉学的传统,这种传统是由中国传统'考证学'(为了事实而建立文本事实)所培育的"[2]。虽然默认了传统汉学的文献学基础,但费正清的分期更加集中于将汉学研究应用于满足社会科学家的利益问题。因此,汉学在每一阶段的科学化和制度化程度越高,其成熟度就越高。

第一阶段是"杰出的业余汉学",其特点是传教士学者如裨治文和卫三畏的作品。第二阶段是随着美国学术团体的建立而引入的;我们可以补充说美国大学中设立了汉语教席:1876年在耶鲁大学,1879年在哈佛大学,1890年在加利福尼亚大学,1901年在哥伦比亚大学。[3] 第三阶段

---

[1] Fairbank, *China Perceived*, pp. 211-215. 关于另一个汉学的分期方案,参见 John Lam, "The Early History of Chinese Studies in America", *Hong Kong Library Association Journal* 2 (1971), pp. 16-23。

[2] Fairbank, *China Perceived*, p. 211.

[3] Surveyed in Hu, *The Development of the Chinese Collection at the Library of Congress*, pp. 35-40。

相当于 20 世纪的前三分之一，"史学和汉学都受到社会科学的挑战，并经历了相对缓慢的发展"[1]。这种停滞的一个表现是，当时为数不多的几个活跃的美国汉学家，如柔克义、夏德和劳弗尔等人，对美国唯一的东方学杂志《美国东方学会学报》（Journal of the American Oriental Society）的汉学投稿很少，他们更倾向于在欧洲发表研究成果。引用傅路德的说法，"直到过去 10 年左右（20 世纪 20 年代），让美国人感到羞愧的是——在北美大陆上几乎没有任何专业活动"[2]。傅路德教授继续说，在美国汉学的这个时期，该领域已经足够成熟，但劳动者却很少："坦率地说，我们有非常好的基础研究资料：书籍、拓本、艺术品和考古学，以及各种社会学材料；然而我们却几乎没有那些经过训练的人能达到思想鉴赏的水平。"[3] 直到 20 世纪 20 年代初，汉语和日语的专业培训仍是临时和零星的；随着 1925 年美国太平洋学会（American Institute of Pacific Relations）的建立，这种专业培训变得集中起来；1928 年后，随着哈佛—燕京学社和美国学术团体理事会远东研究促进委员会（Committee on the Promotion of Far Eastern Studies of the American Council of Learned Societies）的成立，这种趋势更为突出。20 世纪 40 年代开始了大规模的创建语言学校运

---

[1] Fairbank, *China Perceived*, p. 213. 关于了解完整的汉学分期及其缘由，可以参见 Maribeth E. Cameron, "Far Eastern Studies in the United States", *FEQ* 7 (1948), pp. 115-135。

[2] L. Carrington Goodrich, "Chinese Studies in the United States", *Chinese Social and Political Science Review* 15 (1931), p. 67.

[3] L. Carrington Goodrich, "Chinese Studies in the United States", *Chinese Social and Political Science Review* 15 (1931), p. 76.

动,为第二次世界大战培训口译员和情报分析员。这导致了费正清所言的第四个也是最后一个阶段,即第二次世界大战后的"自我意识的成熟和融合"。[1]

为解决当代亚洲的政治、社会和经济问题及帮助亚洲从战争的破坏中实现重建,美国学术界对社会科学产生了强烈的兴趣,从而牺牲了人文学科,这场辩论也在英国同时发生。[2] 美国东方学会(American Oriental Society)始建于1842年,一直保持着文献学的基础,并专注于近代文明。[3] 因此,对于新一代对现代亚洲状况感兴趣的专业学者来说,这是一个不能令人满意的出路。"亚洲研究",而不是19世纪传统汉学的东方主义或者更有针对性但学科仍然狭窄的汉学,成了战后的号召。为了满足这一需要,1948年成立了远东协会(Far Eastern Association),1957年更名为亚洲研究协会(Association for Asian Studies)。[4] 它的第

---

[1] 关于最后一个阶段的发展,参见 Cameron, "Far Eastern Studies in the United States"。另一篇文章从目的论的角度追溯了汉学的发展,参见:Richard C. Howard, "The Development of American China Studies: A Chronological Outline", *International Association of Orientalist Libraries*, Bulletin 32-33 (1988), pp. 38-49。

[2] 对于这场辩论以及伦敦大学亚非学院从语言学转向相当于美国"地区研究"的新动力,请参阅 Michael McWilliam, "Knowledge and Power: Reflections on National Interest and the Study of Asia", *Asian Affairs* 26 (1995), pp. 33-46。

[3] Nathaniel Schmidt, "Early Oriental Studies in Europe and the Work of the American Oriental Society, 1842-1922", *JAOS* 43 (1923), pp. 1-10. Elizabeth Strout, ed., *Catalogue of the American Oriental Library*, New Haven: Yale University Library, 1930.

[4] Charles O. Hucker, *The Association for Asian Studies: An Interpretive History* (Ann Arbor: AAS, 1973), pp. 9-19. 早在20世纪20年代,苏联汉学的知识分歧就发生在老派的列宁格勒汉学家和在莫斯科以革命为中心的历史学家之间,参见 Gafurov and Gankovsky, eds., *Fifty Years of Soviet Oriental Studies*, p. 6。

一任会长是恒慕义。[1] 由协会赞助的《远东季刊》(Far Eastern Quarterly)，即后来的《亚洲研究杂志》(Journal of Asian Studies)，通过强调研究历史、文化、地理、经济、社会学和政府等广泛领域，使这种新方法得以实现。1940年3月14日，哥伦比亚大学的执行编辑赛勒斯·H.皮克(Cyrus H. Peake)向加利福尼亚州南帕萨迪纳市的一位拟投稿人发出拒绝信，强调了对现代背景的承诺："我们认为不能接受更多文献类文章和翻译材料，因为我们的重点是现代时期的历史、经济和政治问题。"[2] 这类新史学家所观察到的最早时期是明代，只是因为它在清代崛起和宋明理学的成熟过程中发挥着基础作用。

随着1959年当代中国联合委员会(Joint Committee on Contemporary China)的成立，这种对现代中国"区域研究"的关注达到了制度性的顶点。联合委员会由美国学术研究理事会和社会科学研究理事会(American Council of Learned Studies and the Social Science Research Council)牵头，得到了福特基金会(Ford Foundation)的财政支持。一位研究人员表示："联合委员会给予的教师研究和研究生培训补助金，以及福特基金会和美国政府提供的更多机构拨款，有助于激发美国对当代中国经济、政治体制和社会的第一轮研究。"[3]

---

[1] "Appendix Three"，有一个包括了直到1970年的全部学会会长名录。
[2] Letter attached to the inside cover of the first volume of *FEQ*, Harold B. Library, Brigham Young University.
[3] Harry Harding, "The Evolution of American Scholarship on Contemporary China", in *American Studies of Contemporary China*, ed. David Shambaugh, Washington, D.C.: Woodrow Wilson Center Press, 1993, p. 14. 更为广泛的历史和制度介绍，参见 John M. H. Lindbeck, *Understanding China: An Assessment of American Scholarly Resources*, New York: Praeger Publishers, 1971。

用费正清的话说，地区研究被称为"区域研究"，"区域是具有哈佛特色的（Harvardese），一个特殊地方的特殊名称……这两个术语都意味着跨学科的研究，更具体地说，集中运用社会科学的方法技能来研究世界的某个地方"[1]。对费正清来说，区域研究的兴起以及社会科学与历史的结合，与其说是学术之路上的可替代路径，不如说是最后的终结："从思维方式、历史、社会科学以及包括汉学在内的区域研究来看，现在似乎都已经相遇并融合在一起了。他们不再处于不同的知识渠道中，如果不融入对方，人们就不能进行研究。"[2] 在费正清的追随者看来，由于汉学所享有的少数几条学术美德现在已被纳入新的泛学科和全方位的"亚洲研究"，因此，许多美国学者，甚至是现代政治史领域的学者，只是在逆向思考中国以及用过时方法研

---

[1] 参见 Chinabound, p.324。史华慈对作为一门学科的区域研究进行了批判性评估，同时也为区域研究受到太多限制提供了辩护，其原因在于一方面他认为区域研究是东方主义的直系派生物，另一方面则是区域研究在伊曼纽尔·沃勒斯坦学派（School of Immanuel Wallerstein）更为相关的"全球模式"和"世界体系"之下过于局限。参见 Schwartz,"Area Studies as a Critical Discipline", *China and Other Matters* (Cambridge, Mass.: Harvard University Pess, 1996), pp.98–113。

[2] 柯文触及了将社会科学理论应用于以中国资料为基础的历史问题的困难。参见 Paul A. Cohen, *Discovering History in China: American Historical Writing on the Recent Chinese Past* (New York: Columbia University Press, 1984), p.184。

究中国时会提及。[1] 然而，费正清确实承认，在本质上，区域研究不是一门学科，而是一项活动；不是通过硕士项目，而是通过博士学位，这项活动才可能实现。[2] 这项研究让另外两位哈佛学人，一位在理论上，一位在实践中，澄清了一个领域（如历史）和一个学科（如语言学）之间的概念性区别。他们认识到，历史和其他"思维模式"的发展并没有削弱文献学基础的必要性，也就是说，获取文献资料中包含的主要资料只是扩大了学术对文本的作用。理论家是加德纳，他是《哈佛亚洲研究杂志》最初的编辑之一，也是远东协会的第二任会长。实践的文献学家是柯立夫。

加德纳

加德纳在哈佛大学获得学士和硕士学位，1955年获得博士学位。[3] 其毕业论文《清史稿基本编年》（*A Chapter of the Basic Annals from the Draft Tsing History*）延续了他对史

---

[1] 例如，在20世纪50年代和60年代，列文森的史学风格在传统的"条约口岸"史学家看来是异域的、激进的；而如今，列文森的过时史学（superannuated historiography）被认为是"古老的西方汉学传统"。参见 Maurice Meisner and Rhoads Murphey, eds., *The Mozartian Historian: Essays on The Works of Joseph R. Levenson* (Berkeley and Los Angeles: University of California Press, 1976), p.14. 另外一个例子是柯文将列文森的观点称为超越"美国汉学的狭隘主义"（即史学）的努力。参见 Cohen, *Discovering History in China*, p.62. 格特鲁德·希梅尔法布（Gertrude Himmelfarb）以具有洞察力和娱乐性的方式，介绍了一般情况下历史竞争性品牌的压力和重负。参见 Gertrude Himmelfarb, *The New History and the Old: Critical Essays and Reappraisals*(Cambridge, Mass.: Harvard University Press, 1987).

[2] *Chinabound*, p.325.

[3] "Charles Sidney Gardner, January 1, 1900—November 30, 1966", *HJAS* 27 (1967), pp.329-330. 该文附书目。

学的兴趣,而这一兴趣首次体现在他最重要的著作《中国传统史学》(Chinese Traditional Historiography)一书中,此书 1938 年由马萨诸塞州哈佛大学出版社出版。[1] 1933 年,他被哈佛大学聘为讲师,1937 年升为副教授。1944 年至 1945 年,他在哥伦比亚大学和韦尔斯利大学(Wellesley)任教。他的参考书目列出了大约十项类目,其中包括两本私人印刷品,表明了他对参考书目和汉学史的兴趣:即《汉学家书目》(Bibliographies of Sinologists, Cambridge, Mass., 1958),以及《14 位美国远东专家书目和一些传记笔记》(Bibliographies of Fourteen American Specialists of the Far East with a Few Biographical Notes, Cambridge, Mass., 1960)。

加德纳在其最著名的《中国传统史学》这部简短而细致的作品中,为利用中国传统资源进行历史研究奠定了基础。《中国传统史学》基本上是一部历史学家的文献学速成课程。由于大多数历史学家似乎都摒弃文本工作,用芮玛丽(Mary Wright, 1917—1970)的话来说,就是"我们的文本在知识上简单,但技术上需要经过严格鉴定、日期考证等程序"[2]。加德纳至少需要强调枯燥流程(如果必要的话)的重要性:"它的目的是系统地介绍这些总体思路的一部分,而这些思路对于任何一位处理中国资料的历史学家来说都是必要的装备。"同样必要的是为汉学家引入

---

[1] 1961 年的第二次印刷包含了杨联陞教授对原书第 107-110 页所做的补充说明和更正。

[2] Mary C. Wright, "Chinese History and the Historical Vocation", *JAS* 24 (1964), p. 515.

历史研究的原则："它主要是为新入门的汉学家铺平道路，警示前进道路上的特殊危险和困难，并提醒他考据的这些准则有可能助其避免一些陷阱。"[1]

第二章"动机"是该书研究的主要内容，加德纳在这里讨论了历史写作的起源和动机。他认为，最初的历史可被视为用于宗教和占卜仪式的记忆记录，这些记录后来发展成为宫廷档案和编年史。其中唯一幸存下来的是鲁国的《春秋》，它的编纂方式表明了此后一直到现代中国所有的官方和正统历史著作的主要特征。对于编撰者来说，叙述那些事实只是为了从正面或负面证明他所支持的道德规范和原则。因此，对历史的道德阐释和史官支持政治清廉的责任成为中国典范史学的两个基本特征。[2]

第三章关于文本校勘，也许是该书最有价值的一章，主要论述了文本损坏、版本谱系、作者身份、时代错误、隐晦的评注与衍文、书目以及文本传播等诸多问题（包括今古文之争）。接下来是有关历史考证、综合和风格的简短章节。

第四章题为"形式分类"，是对不同类别历史著作的详细讨论。在这一章中，如同整本书一样，加德纳解释了关键的中文术语以及它们是如何被使用的。这个讨论足够宽泛，可以澄清哪些术语实际上是同义的，哪些术语反映了功能差异。

---

[1] *Chinese Traditional Historiography*, p. ix.
[2] 范例史学是一种旨在建立和灌输从历史实例中得出的道德和实践行为模式的方法。参见 Michael C. Rogers, *The Chronicle of Fu Chien: A Case of Exemplar History*, Berkeley: University of California Press, 1968。

在整本著作中,加德纳广泛地引用了二手文献,这些文献要么为进一步阅读提供指导,要么代表他的主张所依赖的权威。他对中国史学的分析,几乎是完全基于"法兰西学院汉学大家沙畹、伯希和和马伯乐"的学术贡献和方法论范例,而较少立足于高本汉的研究。事实上,尽管加德纳感谢高本汉对汉学进步所做出的贡献,但暗中确实支持法国汉学学派,反对高本汉因词汇研究系统化而带来的僵化方法,以及将复杂的语言问题简化为统计学确定性的尝试。例如,高本汉"忽略了这样一个事实,即历史更多关注的是可能性,而不是可以用科学证明的事实"[1]。加德纳总结说,历史批判的准则虽然从未被凝练或抽象地讨论过,但杰出学者的个人作品已经说明这一点。[2]

柯立夫

柯立夫1911年7月14日出生于波士顿。[3] 1933年从达特茅斯学院(Dartmouth)古典文学专业毕业后,于哈佛大学学习比较语言学,1934年获得硕士学位,1947年获得

---

[1] *Chinese Traditional Historiography*, p. 22, n. 10. 参见该页的第11个和第12个脚注,以及关于第18-19页的讨论。
[2] 同上,第18-19页。
[3] 关于他的生平,参见 Elizabeth Endicott-West," Obituary: Francis Woodman Cleaves (1911-1995) ", *Journal of Sung-Yuan Studies* 27 (1997)。该讣告两页,未分页。另见:John R. Krueger," In Memoriam Francis Woodman Cleaves [July 13th (sic)] 1911-1995 (Dec. 31st) ", *Permanent International Altaistic Conference (P. I. A. C.) Newsletter* 25 (May 1997), pp. 2-3。我在杨百翰大学的前同事,大卫·莱特教授很慷慨地为我提供了一整套柯立夫在《哈佛亚洲研究杂志》上发表的文章,并为我提供了讣告,所有这些都使对他的评价方式大大简化了。

远东语言学博士学位,毕业论文是关于 1362 年的汉蒙铭文。[1] 第二次世界大战前,柯立夫于 1934—1935 年在巴黎参加了伯希和的讲座,并于 1937 年至 1941 年在北京长期逗留期间认识了田清波(Antoine Mostaert, 1881—1971)[2]。战后,他作为一名海军军官开始在哈佛大学教书,后来又与田清波合作。他们最终完成了许多蒙古文本的摹本或抄本,这些文本由柯立夫编辑,哈佛燕京学社以《蒙古抄本集刊》(Scripta Mongolica Series)系列出版,其中最重要的是《蒙古黄金史》(Altan Tobči, 1952)[3]、《蒙古源流》(Erdeni-yin Tobči, 1956)和《水晶念珠》(Bolor Erike, 1959)。《蒙古抄本集刊》中的一期,是柯立夫与田清波合作的另一本专著《伊尔汗国完者都汗 1289 年和 1305 年致法王菲力普的信》(Les Lettres de 1289 et 1305 des ilkhan Aɣ ɣun eyölfeitü à Philippe le Bel, 1962)。这些作品背后的基本原理与促使费正清编写文档概要的文献学动力是相同的,编辑柯立夫在《蒙古抄本集刊》第一卷的开篇序言中也表达了这一点:

> 目前,蒙古历史或文献专业的学生从事基础研究要么不可能,要么极其困难,因为无论是印刷的还是手稿形式的原始资料都几乎无法获取。正因为这个原

---

[1] 后来发表时改了一个题目:Francis Cleaves, "The Sino-Mongolian inscription of 1362 in Memory of Prince Hindu", *HJAS* 12 (1949), pp. 1-133。
[2] 田清波,美国著名蒙古学家。生于比利时,发起并出版了蒙古历史文献丛刊《蒙古抄本集刊》,著作中约有一半以上内容研究鄂尔多斯的语言、历史和文学。——译者注
[3] 该书也被称为《蒙古年代记》。——译者注

因，哈佛燕京学社计划再版一系列重要但很难获取的蒙古文本印刷品或手稿。[1]

为了再版《蒙古黄金史》的文本，柯立夫借用了欧文·拉铁摩尔（Owen Lattimore，1900—1989）所拥有的美国唯一的抄本。[2]

柯立夫继续出版珍稀且难以获取的蒙古语文献，以密集翻译的方式进行大量注释，并通常带有相关铭文或文献的铭牌。无论是关注历史、传记还是语言，他的方法都从未改变过：在对文献进行长时段的回顾之后，他从一个特定的单词、短语或文本中脱离出来，对其进行详尽注释，通常在前几个注释中优雅地公开表达感激之情。[3] 他编辑《哈佛亚洲研究》（Harvard Journal of Asiatic Studies）十多年了，在其版面上出现了几十处这样的文本。他与田清波多次合作，[4] 有时非正式地说确实真是伯希和从方法论上给了他最大的帮助。事实上，柯立夫的翻译和注释方法以及他的研究范围——中国与蒙古（Sino-Mongolia），都不可磨灭地带有伯希和式的个人兴趣和方法论偏好的烙印。即使是注释的密度，以及对书目、历史和传记背景的各个方面

---

[1] *Altan Tobči*, p. v. 在詹姆斯·鲍森（James Bosson）出版的《密勒日巴传》的前言中也表达了同样的哀伤和崇高的希望。参见 James Bosson, *Mila-yin mamtar*, Taipei, 1967, p. 23。

[2] *Altan Tobči*, p. vi.

[3] 在他发表的第一篇文章中，这种格式和方法是最容易辨别的。参见 "K'uei-K'uei or Nao-Nao?", *HJAS* 10 (1947), pp. 1-12。该文有 3 幅插图。

[4] "Trois documents mongols des archives secrètes Vaticanes", *HJAS* 15 (1952), pp. 419-506, 该文有 8 幅插图。

的关注，也效仿了伯希和的做法。

有一次，柯立夫解释他为何在文本的文献学土壤中具有如此深入挖掘的热情："在相关资料相对容易获取的范围内，我试图遵照伯希和的建议'将所有重要的蒙古文资料重新汇集在一起'。"[1] 然而，当他觉得有必要对诏书或诗歌中似乎每一个词都加以注释时，这种一心一意对文字训诂的关注有时会达到极端。例如，在《柯九思的十五首宫廷诗》(The "Fifteen Palace Poems" by K'o Chiu-ssu) 一文中，柯立夫为"万国"这一常用汉学用语提供了最具权威性的解释。[2] 他对"九宾"这个词长达两页的历史性梳理，也是不必要的离题，因为这个标题仅仅是为了暗示其"宏伟"的色调而使用的。[3] 另一方面，为了理解这首诗的背景，有一个更长的说明，占用了三页的篇幅，介绍了朝佛的做法。[4] 在前述引用的《公元1362年〈西宁王忻都公神碑〉上的中-蒙文字》(The Sino-Mongolian Inscription of 1362 in Memory of Prince Hindu) 对折页中可以找到他对蒙古文本的注释。在该文第98页的注释23，我们在一个蒙古术语中找到了赘余，或者说至少是不必要的详尽注释："*jaya γada γsabar* 这个词在 *jaya γada-*的*-γsabar* 中是一个融合词，是动词 *jaya γa-*（注定）在*-da* 中古老的被动形式"。到目前为止还不错，但他继续引入令人恼火的蒙古语法的基本成分，而这些基本成分应该是蒙古语背景的必要组成

---

[1] "The Sino-Mongolian Inscription of 1346", *HJAS* 15 (1952), p. 2.
[2] *HJAS* 20 (1957), pp. 391-479. 例子在第425页，注释1。
[3] 同上，第425-426页，注释3。
[4] 同上，第453-455页，注释124。

部分："不及物的-*bar* 是工具式，而-γ*sa* 是-γ*san* 的变体，是 *nomen perfecti* 的后缀……"下面的注释，即第98页注释24和第99页注释27，讨论了在任何词典中都找不到的两个罕用词的益处，即"*narbai*"（全部，都）和"*ümedü*"（北方）这两个词。从教育学的角度来看，柯立夫对注释的热情是可以理解的：他的所有作品都被蒙古语和中国蒙古史的学生们当作语言学的摇篮热切地阅读。当然，对于读者们来说，忽略一个冗长或不必要的注释要比独自追踪文本或解决语言的奥秘容易得多。注释的程度取决于译者，柯立夫很可能像伯希和一样嗜好详尽的注释，就像他对文献完整性的承诺一样，这是出于对读者的关注。

柯立夫是一位真诚热情和富有同情心的人，充满了基督徒的慈善和虔诚，他经常通过将单篇文章题献给以前的老师和导师、同事甚至学生来表达自己的感情，如他的弟子傅礼初（Joseph Fletcher, 1935—1984）[1] 和毕晓普（John Bishop）。例如，在1949年发表的一篇文章中，柯立夫写道："诚挚纪念最杰出的教师伯希和（IN PIAM MEMORIAM/PAVLI PELLIOT/MAGISTRI ILLUSTRISSIMI）。"[2] 他献给以下几位的拉丁文题词更长，更富有表现力，[3] 包括田清波、科特维奇（Wladyslaw Kotwicz, 1872—1944）[4]、马德

---

[1] 傅礼初，美国著名的蒙古史学家，柯立夫的得意门生，哈佛大学中国史与内亚史讲座教授，世界级的内亚史研究顶尖学者，于49岁因病英年早逝。——译者注
[2] *HJAS* 12（1949），pp. 1-133.
[3] *HJAS* 13（1950），p. 1；# 15（1952），p. 1；# 16（1953），p. 1；# 17（1954），p. 1；#18（1955），p. 1, and # 46（1986），p. 184.
[4] 科特维奇，波兰裔俄罗斯蒙古学家，俄罗斯科学院通讯院士，被誉为波兰蒙古语研究的鼻祖。——译者注

喜·米哈拉米（Medhi Bahrami）、弗拉季米尔佐夫（Boris Yakovlevič Vladirmircov, 1884—1931）[1]（柯立夫巧妙地用拉丁文命名为"BORISII IACOBI FILII"），以及给董纳姆（Wallace Brett Donham）[2]。对于同事和自己的研究对象蒙古人来说，柯立夫的人文关怀在一份献词中得到了令人感动的表达，这预示着卜弼德将游牧民族引入其全球人文主义的承诺：

> 向圣母圣心会的田清波神父致以我的感激之情，自1938年以来我与他一直保持着如此密切的友谊，我翻译了这本13世纪最伟大的一位蒙古人的传记，来表达我对他的高度敬意和深厚感情。田清波担任了鄂尔多斯蒙古人的神父——这些蒙古人的后裔中曾有许多不朽的传教士到访，其中包括柏朗嘉宾和鲁布鲁克，他们与教皇的关系构成了中世纪历史上伟大的篇章之一——蒙古人民最坚定的朋友和最亲密的兄弟。"朋友乃时常亲爱，弟兄为患难而生。"没有人比这位谦卑的神父更能向西方世界展示蒙古文化遗产之丰富，生活方式之美好，及其历史之辉煌。[3]

可惜的是，翻译精湛又古色古香的《蒙古秘史》译本

---

[1] 弗拉季米尔佐夫，波兰裔俄罗斯蒙古学家，精通梵文、藏文和古突厥文。——译者注
[2] 董纳姆，又译为唐翰、唐纳姆等，曾任哈佛大学筹款委员会主席、哈佛大学商学院院长等职，曾为哈佛燕京学社筹款。——译者注
[3] *HJAS* 19 (1956), p.185. 此外，柯立夫对叶理绥表达了同样冗长而热情的致谢，参见 *HJAS* 20 (1957), p.391.

迟迟二十五年没有出版，有可能是由于他的情感深度所致。[1] 柯立夫绅士般地不愿违背洪业关于《蒙古秘史》年代测定的观点，可能导致了出版延迟。[2] 此外，在资金问题上他显然与费正清发生了争执。柯立夫曾希望按照勒布文库（Loeb library）的方式出版中国古典文本双语翻译系列，而费正清则希望利用相同的资助推出自己的一系列历史专著。费正清最终胜出，这让柯立夫对哈佛的未来及自己已经准备好但尚未发表的一组翻译作品不再抱有幻想。柯立夫不欣赏费正清对汉语的那种漫不经心的态度，我也不认为费正清会欢迎柯立夫关于出版物的文献学取向或者中世纪亚洲的选题范围。尽管访问哈佛大学的许多亚洲汉学家更愿意拜访柯立夫而不是费正清，但这也不无道理；似乎柯立夫对多种语言的文献学敏锐度比费正清的理论滴定法更适合他们的工作。

所有这一切，可能都促使柯立夫决定自1976年之后在《哈佛亚洲研究杂志》上不再发表文章，除了1985年是个例外。[3] 20世纪70年代中，柯立夫在《哈佛亚洲研究杂志》上仅有的文章是相对较短的琐事，如《男孩和他的大

---

[1] 该书标题的翻译与17世纪英国"詹姆斯国王钦定本散文"一样古典雅致：*The Secret History of the Mongols/ For the First Time/ Done into English out of the Original Tongue/ and/ Provided with an Exegetical Commentary*, vol. 1 (Cambridge, Mass.: Harvard University Press, 1982). 标题页内附有说明性的评注："这项著作于1956年完成，1957年完成排版。由于个人原因，这本书被搁置了，直到现在才出版。"引言和评注中承诺的第二卷从未出现。参见 review by Walther Heissig, *HJAS* 44 (1984), pp. 587-590。

[2] Krueger, "In Memoriam Francis Woodman Cleaves", p. 3.

[3] "The Eighteenth Chapter of an Early Mongolian Version of the *Hsiao Ching*", *HJAS* 45 (1985), pp. 225-254.

象》(The Boy and His Elephant)，以及《关于马可·波罗离开中国的汉语资料来源及其抵达波斯的波斯语资料来源》(A Chinese Source Bearing on Marco Polo's Departure from China and a Persian Source on His Arrival in Persia)。[1] 而在20世纪40年代，柯立夫在该杂志发表了4篇文章；20世纪50年代是17篇；20世纪60年代是3篇。当然，《哈佛亚洲研究杂志》对文献学研究本身的敌意也很难回避。事实上，柯立夫于1992至1993年提交的一篇文章就是基于这样的理由被拒绝的。在后来的数年里，他转向了其他的学术刊物，如《泰东》、《蒙古研究》(Mongolian Studies)、《宋辽金元研究》(Journal of Sung and Yuan Studies) 或《土耳其研究》(Journal of Turkish Studies)。[2] 他无与伦比的个人图书馆以及许多未发表的手稿现在不在哈佛大学，而是在新罕布什尔州吉尔福德 (Gilford, New Hampshire) 一个天主教堂的地下室里。用柯立夫以前的学生 Ruby Lam（刘元珠）博士的话说，它的功能"既是宝库又是圣地"。[3]

卜弼德与加德纳和柯立夫是同时代的人。跟柯立夫相比，卜弼德在阿尔泰学方面的造诣略逊一筹，但在汉学上的成就却比他们都要大。卜弼德和他的学生薛爱华沿着裨

---

[1] HJAS 35 (1975), pp. 14-59; HJAS 36 (1976), pp. 181-203.
[2] 柯立夫最后的作品参见 "The Memorial For Presenting the Yüan Shih", Asia Major 3rd ser. 1 (1988), pp. 59-69; "The Fifth Chapter of an Early Mongolian Version of the Hsiao-Ching", Mongolian Studies 16 (1993), pp. 19-40; "The Sixth Chapter of an Early Mongolian Version of the Hsiao-Ching", Mongolian Studies 17 (1994), pp. 1-20。
[3] 参见柯立夫1997年5月28日的个人通信。关于该图书馆的报告参见 David C. Wright, "The Papers of Professor Francis Woodman Cleaves (1911—1995)", Journal of Sung-Yuan Studies 28 (1998), pp. 284-291。

治文与卫三畏所开创的文献学之路成为出色的典范：卜弼德主要在词典学编纂领域，薛爱华则按照劳费尔或傅路德的方式在文化与自然科学领域。他们共同发起创立了伯克利汉学学派（Berkeley school of sinology），以大量注释和文本精读为出发点，既立足于文化和自然世界，又扎根于文献学。卜弼德和薛爱华都值得分别叙述，并将以他们二人结束这一部分关于美国汉学家的介绍。

第五节　卜弼德：
文献学研究的人文精神与全球化汉学[1]

> 我不记得卜弼德是何时去世的，不是两年前就是三年前。
> 陈（世骧）也一样，是去年或者前年。
> 我们到达后不久，卜弼德温和地沉思着。
> 说很难习惯这里的晚上，
> 因为这里没有春天、冬天或秋天。
> 他言及"我一直梦见雪和白桦林。
> 那里变化甚微，你几乎不会注意到时间流逝。
> 你会看到，这是一座魔山"。
> ——切斯瓦夫·米沃什 [《魔山》(*A Magic Mountain*)，自《冬日钟声》(*Bells in Winter*)]

---

[1] 本章较早的一个版本题为"Philologist as *Philobarbaros*: The Altaic Studies of Peter A. Boodberg"。刊载于：M. D. Even, ed., *L' Eurasie centrale et ses contacts avec le monde ocidental* (Paris: Centre d'études mongoles, 1997, pp. 59-70)。

彼得·阿力克西斯·布德伯格（Peter Alexis Boodberg），中文名卜弼德，是一位出色的汉学家和阿尔泰语学家。他在教学及研究中体现出来的鲜明的个人特质深刻影响了其学生和同事。凭借其出色的语言能力、严谨的治学方法、超群的记忆力及丰富的想象力，卜弼德成为少数几个能够与伯希和相媲美的学者之一。[1]

卜弼德于1903年4月8日出生在符拉迪沃斯托克（海参崴）——俄罗斯远东的经济中心和西伯利亚大铁路的东端终点。作为贵族的儿子，他在古典文学和欧洲语言方面受到了良好的教育。卜弼德曾在圣彼得堡军事学校受训，第一次世界大战爆发后，他被送到哈尔滨避难。在海参崴读大学期间，卜弼德曾两次前往日本，后来被迫在革命期间流亡。1920年，他在定居旧金山结束其逃亡生涯时，已经掌握了好几种亚洲语言。

1924年，卜弼德从加利福尼亚大学毕业，获得了东方语言文学学士学位。随后，他选择在这所大学的不同系别继续深造。卜弼德在汉学研究上采取"全球化"方法，即

---

[1] 卜弼德生平资料的主要来源可参见 Edward H. Schafer, "Peter A. Boodberg, 1903-1972", *JAOS* 94.1 (1974), pp.1-7; Alvin P. Cohen, "Bibliography of Peter Alexis Boodberg", *JOAS* 94.1 (1974), pp.8-13。这两篇文章都收录到下面这本书中，参见 Alvin P. Cohen, ed., *Selected Works of Peter A. Boodberg* (Berkeley and Los Angeles: University of California Press, 1979), pp. ix-xix, 496-501。另有一篇较短的生平介绍收录在本书中，参见 *University of California: Asiatic and Slavic Studies on the Berkeley Campus, 1896-1947* (Berkeley: University of California Press, 1947), p.10。此外这篇文章介绍了卜弼德对东方学系的影响，参见 Doris Chun, "The Agassiz Professorship and the Development of Chinese Studies at the University of California, Berkeley, 1872—1985", ed. D. diss., University of San Francisco, 1986。

将中国研究置于亚洲其他地区的背景之下。这一点早在他选择研究生课程时就已初现端倪,即在东亚文化课程之外,还选择学习高级阿拉伯语和高级亚述—巴比伦语(今天称为阿卡德语)。这是因为卜弼德对"东方"的理解不仅仅局限于远东,还包括近东。是故,他于1930年获得博士学位时,已掌握了足够的东方学知识,几乎可以立即为"全球化汉学"做出重大贡献。[1]

中国大陆背景和游牧民族史学

20世纪上半叶,研究中国与其北方及西方邻国关系的历史在学界内十分热门。[2] 或许卜弼德是被这个研究兴趣所吸引,他在中国边境度过的童年亦让他自然而然地走向这一学术领域。卜弼德从哈尔滨当地人那里学到了汉语,但传说他拥有"满洲公主"通古斯血统(Tungusic blood),因为他的外祖母高摩洛夫公主(Princess Gautimooroff),是一个蒙古部落王子的后代,"这个部落曾在俄罗斯征服之前统治过西伯利亚"。[3] 如果硬要区分的话,那就是卜弼德的阿尔泰血统源自旁系的蒙古人祖先而非直系的满洲人祖先。

卜弼德认为,全球化汉学是传承了法国最优秀的汉学家沙畹和伯希和的遗产,他将其描述如下:

---

〔1〕 William Popper 教授和 Henry Frederick Lutz 教授都是他毕业答辩的专家委员,负责考察他的闪米特语。

〔2〕 参阅 David B. Honey,"The Sinologist and Chinese Sources on Asia", *Phi Theta Papers* 17 (1987), pp. 21-27。

〔3〕 出自我珍藏的卜弼德姐姐瓦伦蒂娜·弗农(Valentina Vernon)女士于1972年9月30日写给薛爱华的信。

伯克利分校的东方学院及任职于这里的学者要永远遵循这一原则来研究中国，即只有把中国视为整个欧亚大陆一个不可分割的部分，才能正确理解这个国家的发展。这种"全球化"方法要求研究者们特别关注中国在远古及中古时期与草原邻国以及通过草原邻国和欧亚"远西地区"在语言、历史和文化上的关联。[1]

但卜弼德并不满足于仅在与中国接触时才注意到阿尔泰人，或者借助中国人眼中的幻觉来考察阿尔泰人，他试图立足该人种本身展开研究。

卜弼德的研究可谓脱离常规意义上的综述及附有肤浅注释的简单译介，其原因在于：首先，他可以充分利用原始文献。他不仅掌握相关的东方语言，对中国史料的了解也并不局限于《史记》中的《匈奴列传》或《汉书》中的《张骞传》，他也可以将"二十四史"和其他历史文献进行对比，从而提炼信息。其次，卜弼德是一位文献学大师。他在处理烦琐的语音重建、借词的定义、词源的界定和文

---

[1] 东方学院的工作进度报告，被薛爱华收录在卜弼德《选集》（*Selected Works*, xiii）。下面是卜弼德对莱格（S. H. Leger）博士问卷的含糊回应："在过去十五年里，学院已经意识到把中国作为国家置于恰当的大陆框架之内进行研究，这不是一种流行的做法，甚至是非常孤立的一种做法。但是如果从它的邻居开始扩大历史和文化范畴，以中国研究为中心考察直接或间接的活动，学院认为就需建构与中国文化有直接联系的相关语言。因此，在那段时间，至少开设了10种不同长度和强度的亚州语言课程。"这些语言包括日语、蒙古语、满语、藏语、汉语、泰语、马来语、土耳其语、爪哇语、梵文、安南语（越南语）等。参阅我珍藏的20世纪40年代的8页打印稿。

本的批评整理等问题上均游刃有余。他对汉语、蒙古语、土耳其语及藏语的处理也是信手拈来。另外，同样重要的还有卜弼德卓越的推理和判断能力，毫无疑问，这跟他在不同文化之间的个人经历有关，使他能够在表面或文本语言证据与文化模式、历史因素的周密考虑之间取得平衡。

卜弼德曾在 1951 年阐述过他这一观点背后的理论基础：

> 伯希和的解决方案本质上反映了我们这代人的学术精神，即试图只根据人种学和语言因素来解决中亚历史上的种种问题。在讨论中亚民族的形成及发展时，对于 18 世纪晚期和 19 世纪早期的学者而言，有一种较老派的但往往被大家忽视的典型方法，比如德经和比丘林（Hyacinth Bichurin，1777—1853）神父，他们倾向于强调政治经济是草原联盟形成的主导因素，并不在意语言的不和谐。他们在塑造人类社会的政治力量方面，也许提供了一种更可靠的见解，因为继承者们太倾向于把民族和种族因素作为重建亚洲鼎盛历史的首要因素，因此他们对于继承者的失败存在一种本能的先见之明。[1]

这种观点使卜弼德将同一游牧联盟中的语言元素进行混合，从而避免了从部分社会群体的语言（如统治集团或

---

[1] "Three Notes on the T'u-chüeh Turks", *University of California Publications in Semitic Philology*, vol. 9 (Berkeley, 1951), pp. 1 – 11; 1; rpt, in *Selected Works*, pp. 350-360.

其他社会实体的语言）出发去推导整体的民族特征。

他在处理中国语言资料的过程中体现了这一灵活性：

> 我们对中国古汉语词的精确重建，特别是高本汉系统，是基于对韵书的研究，它将音节的音值都标示了出来。然而，在分析多音节词的音标时，依靠这些韵书的重建并不一定对每个音有效，甚至还可能会对非重音音节产生误导。[1]

卜弼德还举了一些汉语标音的例子，如"*t'siet-nuo 吐奴"，意为"狼"，在蒙古语中是"*činoa"，"*t'siet"的尾音"-t"是不发音的。另有汉语中间音"*liuk/ luk/ lak"分别对应"六、鹿、洛"（类似于"阿、六、敦"或者其他），它们的发音与土耳其语中的中间音"-l"相同，如"*altun"，意为"金子"。[2]

由于卜弼德是一名优秀的阿尔泰语专家，不仅精通字典查阅，他还将同样的技巧运用到阿尔泰语语音重建上。事实上，鲍培在回忆录中称卜弼德为出色的阿尔泰语专家。他的阿尔泰语专业造诣得到了全国认可。卜弼德与他的同事闵海芬曾一同被邀请参加 1958 年 9 月 30 日在哥伦比亚大学主办的"乌拉尔—阿尔泰研究会议"，讨论这一常被忽视却无比重要的学术领域的未来，可惜的是他们二位因故未能出席会议。

---

[1] "Three Notes on the T'u-chüeh Turks", p. 2.
[2] 参见 *Selected Works*, pp. 260-261。

文献学的人文精神

卜弼德对中国—阿尔泰研究的最大贡献在于对历史及史学的分析。他在这方面的代表作主要有《拓跋魏的语言》(The Language of the T'o-Pa Wei)[1]、《中国边疆史札记二则》(Two Notes on the History of the Chinese Frontier)[2]、《北朝史补注》(Marginalia to the Histories of The Northern Dynasties)[3]。不过卜弼德在文学、辞书及史学文本方面的研究成就更大。我之所以提到"文本",是因为卜弼德就算在诠释唐诗时也总会从文本着手,而这实际上是他颇具个人特色的一种文献学研究方法。

> 与语言学家不同,文献学家对传统中的文献如何运作特别敏感。作为现代世界的公民,他明白革命性变革是不可避免的。作为一个精神上生活在过去的人,他认为自己的职责在于把握历史的连续性与互动性,从而将过去与现在连接起来。将那些至今还在发挥重要作用的元素及文献保留下来。他自认为责无旁贷。[4]

这或许是与过去伟大学术传统的一次重要连接,也是

---

[1] *HJAS* 1 (1936), pp. 167-185.
[2] *HJAS* 1 (1936), pp. 283-307.
[3] *HJAS* 3 (1938), pp. 223-253; 4 (1939), pp. 230-283. 所有的都被收录到卜弼德的《选集》中,参见 *Selected Works*, pp. 221-349.
[4] *UCI: An Interim System of Transcription For Chinese* (Berkeley: University of California Press, 1947), Introduction. 在上文内容之后有一小册子,参见 *UCJ: An Orthographic System of Notation and Transcription For Sino-Japanese* (Berkeley: University of California Press, 1947).

卜弼德对其学生影响最深远的方面。他大学的教学生涯全程在伯克利大学。他训练学生尽快用中文文献展开研究。在初级文言文汉语课程的第一个期末，他不仅考查学生的翻译水平，而且还会考查干支纪年法、汉字的部首及类别、反切的作用，甚至是重构阿尔泰语和古音韵系统的方法论。[1] 卜弼德除了教授基本的研究方法，还会努力向学生传达何谓人文学术的真正精神，常常会借助当代最好的汉学家著作来阐释这种精神。比如，初级课程中一旦涉及孔子和司马迁时，他同时会介绍沙畹、伯希和及劳费尔，因为他既想向学生介绍汉学研究中存在的问题，还想提供相应的解决方法。总之，卜弼德认为自己是在培养学者，而非简单地讲授文言文。[2]

他关于游牧民族的人文主义研究方法对学生影响深远。在伯克利所谓游牧民族史学派中，卜弼德处于主导地位。许多关于游牧民族的重要文献都在他的翻译和注释下以论

---

[1] 参阅 Boodberg, "Ancient and Archaic Chinese in the Grammatonomic Perspective", *Studia Serica Bernhard Karlgren Dedicata*, p. 212。"有二十年的时间，我们雄心勃勃地想要在加州伯克利开设文言文初级课程，这个课程立足于高本汉教授划时代的研究基础之上，具有坚实的文献学根基，通过设计出一套有效的汉语语法入门方法，来帮助学生在学习汉语语法之前就可以掌握它的基本规律"。

[2] 卜弼德教授的另一门研究生课程体现出他内心的崇高目标："东方语言 188"（Oriental Languages 188），名为"文献学方法：东亚的语言和文学"，参见 *Asiatic and Slavic Studies on the Berkeley Campus 1897–1947*, p. 30。

文形式出版。[1]同时,他还讲授阿尔泰语,并在1939年至1940年主持了"满蒙文献研究导论"的课程。[2]该课程的内容是研读阿尔泰语选本,主要针对那些在雷兴的指导下学习语言的学生。[3]该课程的成果之一便是部分转录了《孙子》的满语版本,后来在1933年4月出版,名为《胡天汉月方诸》(*Hu T'ien Han Yüeh Fang Chu*)[4]。

迈克尔·C.罗杰斯(Michael C. Rogers,1923—2005)原来是卜弼德的学生,后来成为他的同事。他在《苻坚本纪》(*The Chronicle of Fu Chien*)一书的序言中,颇具说服力地阐述了卜弼德在学术上对学生的影响。

　　这一切源于在卜弼德教授指导下完成的一篇博士

---

[1] 卜弼德的学生关于游牧民族及相关主题的研究成果可参阅如下论著:Thomas D. Carrol, S. J., *Account of the T'u-yu-hun in the History of the Chin Dynasty* (Berkeley, 1953); Gerhard Schreiber, "The History of the Former Yen Dynasty, Part I", *MS* 14 (1949), pp. 374-480; "Part II", *MS* 15 (1956), pp. 1-141; Richard B. Mather, *The Biography of Lü Kuang* (Berkeley, 1959); Roy Andrew Miller, *Accounts of Western Nations in the History of the Northern Chou Dynasty* (Berkeley, 1959); William G. Boltz, "A Biographical Note on T'an Shih-huai", *Phi Theta Papers* 10 (1967), pp. 44-46; Michael C. Rogers, *The Chronicle of Fu Chien: A Case of Exemplar History*; Albert E. Dien, "Elite Lineages and the T'o-Pa Accommodation: A Study of the Edict of 495", *JESHO* 19 (1976), pp. 61-88; Chauncey S. Goodrich, "Riding Astride and the Saddle in Ancient China", *HJAS* 44 (1984), pp. 279-306; and Dien, "The Stirrup and Its Effect on Chinese Military History", *Ars Orientalis* 16 (1986), pp. 33-56。薛爱华的系列著作,包括对草原地区和热带地区的研究,都因为与卜弼德的相似兴趣而得到了称赞,至少是获得了支持。
[2] Schafer, in Boddberg, *Selected Works*, p. xiii.
[3] 我珍藏的一份学院的打印件,由卜弼德在1965年7月15日编纂,题为《东方语言与文学》(*Oriental Languages and Literature*)。
[4] 该版本藏于伯克利远东图书馆,手稿里有备注,鲍则岳认为是丁爱博(Albert Dien)加上去的。

论文，他对这篇论文的贡献以及对作者关于远东文明研究方法论的影响甚大，三言两语难以说清。得益于卜弼德学派的学术训练，使我可以快速摆脱在处理中文文献时常会遇到的挫折，尽管我对语义轮廓及典故范式的理解仍旧模糊，但在他的指导之下，我比之前要敏锐很多。[1]

卜弼德对他同事的影响不亚于对学生的影响，这种影响并不仅体现在作为著名汉学家的他曾在1948年至1950年担任过系主任，还体现在他开创了东方学研讨会，并发挥了中流砥柱的作用。该研讨会一个月举办一次，主要是旧金山湾区志同道合的学者参加，其中有伯克利的学术泰斗恩斯特·坎托洛维奇（Ernst Kantorowicz，1895—1963）[2]、雅科夫·马尔基尔（Yakov Malkiel，1914—1998）[3]、闵海芬、W. B. 恒宁（W. B. Henning，1908—1967）[4]、林怀特（Lynn White，1907—1987）[5] 和列奥纳多·奥尔什基（Leonardo Olschki，1914—1998）[6] 等

---

[1] Rogers, *The Chronicle of Fu Chien*, p. xi.
[2] 坎托洛维奇，美籍德裔中世纪史专家，代表作为《国王的两个身体：中世纪政治神学研究》。——译者注
[3] 马尔基尔，美籍俄裔浪漫语文学家，提出了覆盖面最广、影响力最深的词典分类学说。——译者注
[4] 恒宁，英国语言学家、伊朗学大师。——译者注
[5] 林怀特，美国历史学家，中世纪史学教授，曾任职于普林斯顿大学、斯坦福大学、加州大学等。——译者注
[6] 奥尔什基，德国犹太裔罗曼语教授。——译者注

人。[1] 卜弼德与伯克利社会学系的创建人弗雷德里克·J. 梯加特建立了深厚的友谊，曾在其作品《罗马与中国》（Rome and China）的中文文献方面提供帮助，并在切斯瓦夫·米沃什声名鹊起之前，就已表达过他对这位波兰诗人的欣赏。

预辨性的文献学

卜弼德的学术成果并不多，尽管在他去世之前，几部手稿已经基本完成，但却从未出版过一本专著，[2] 因此，文章的数量不那么令人瞩目。但是在亚洲、欧洲和美国汉学界，可以感受到他研究成果的影响力。他发表的最重要的文章之一是《有关古代汉语演变的一些预期理论》（Some Proleptical Remarks of the Evolution of Archaic Chinese）[3]，该文章一定程度上受到了高本汉的语音学研究的启发。当他面对高本汉研究后继无人，特别是顾立雅就古汉语性质研究方面提出

---

[1] 在研讨会发表过的报告，后来已经出版的有：Kantorowicz, "Synthronus, Throne Sharing with the Deity"; Maenchen-Helfen, "Hercules and the Swan Maiden in China"; Olschki, "Guillaume Boucher: A Parisian Artist at the Court of the Khans in Mongolia"; Henning, "The First Indo-Europeans in History"; Malkiel, "The Origin of the Word Marrano"。卜弼德的两篇出版论文有 Chronology of the Danube Bulgars 和 In Search of Analogues，后者发表在1971年2月24日举办的一次纪念性研讨会上，也是第236次会议。

[2] 薛爱华提到卜弼德在1963年已经完成关于孔子生平的一部手稿，只是还未润色，同时还完成了老子的研究，参见 Selected Works, p. xvi。柯文列出的这些内容共计四章，另有308页的手稿，来自计划完成的两卷本著作《中国词汇学研究》（Studies in Chinese Lexicology）中的前两章（Selected Works, p. 500）。我们可以进一步引用柯文的观点："卜弼德好像毁了好几部他写的关于中国边疆的语言和历史的手稿"，参见 Selected Works, p. 500。

[3] HJAS 2 (1937), pp. 329–372; rpt. in Selected Works, pp. 363–406.

的倒退性理论，[1] 卜弼德十分沮丧，便写了这篇文章来反对顾立雅《有关汉语象形文字的性质》（*On the Nature of Chinese Ideography*）当中的观点。[2] 卜弼德的这篇文章是捍卫和促进音韵学研究的一次明智尝试，主张音韵学在文献研究中应具备与文字学相同的重要地位。[3] 而他之后亦沿着这一思路，在研究中国语言和文本的过程中提出了许多杰出洞见。

观念上的对头：顾立雅

顾立雅是卜弼德在这场论辩中的对手，他毕业于芝加哥大学，曾做过记者。在中国旅行和学习的经历，使他走上了近现代中国考古研究的道路。他的前几部作品掀起了考古发现引发的热潮，向美国读者介绍了早期的中国历史、

---

[1] 卜弼德与顾立雅在期刊上的这次争论被德范克（John De Francis）置于理论范畴进行了讨论，参见 *The Chinese Language: Fact and Fantasy*（Honolulu: University of Hawaii Press, 1984), pp. 85-87。

[2] *TP* (1936), pp. 85-161。卜弼德根据顾立雅的反驳再次发表了批驳性的文章《表意文字还是象形信仰》（*Ideography or Iconolatry*），参见 *TP* (1940), pp. 266-288。尽管卜弼德不好战也不粗鲁，但是他对卜德翻译冯友兰的两卷本《中国哲学史》（*A History of Chinese Philosophy*）发表了书评，刊于：*FEQ* 12 (1953), pp. 419-422; 13 (1954), pp. 334-337。这篇文章又引发了另一场论战，卜德不得不回应卜弼德对他在翻译哲学概念方面的质疑，于是他撰文《论中国哲学概念的翻译》（*On Translating Chinese Philosophical Terms*），刊于：*FEQ* 14 (1955), pp. 231-244, rpt. in *Essays on Chinese Civilization*, ed. Charles Le Blanc and Dorothy Borei（Princeton: Princeton University Press, 1981), pp. 395-408。也许卜德还对卜弼德发表的关于他早期著作的书评耿耿于怀，虽然那篇书评语气委婉但同样具有批判性，参阅"Tolstoy and China—A Critical Analysis", *PEW* 1.3 (1951), pp. 64-76, rpt. in *Selected Works*, pp. 481-493。

[3] 在研究中国语言学时，音韵学也许要比表意学更为重要。鲍则岳称"一个汉字的意义是（甚至完全是）由它在词组中的位置决定的"，参见 William Boltz, "Studies in Old Chinese Word Families", Ph.D. diss. University of California, Berkeley, 1974, p. 30。一般情况下，鲍则岳是将音韵学和表意学结合起来去确定一个词的意义，参阅 William Boltz, "Word and Word History in the Analects: The Exegesis of Lun Yü LX. I", *TP* 69 (1983), pp. 261-271。

文化和思想。鲁惟一（Michael Loewe）曾评论顾立雅的著作可以吸引学术圈子之外的读者：

> 顾立雅除提出可以设定中国文明起源和成长的主题之外，还做出另一项宝贵的贡献——以吸引非专业人士兴趣的形式公开发表他的发现，这将引起新来学生的注意，并将向学术界表明，中国研究值得采取积极的学科方法。[1]

顾立雅最值得关注的著作是《中国之诞生》（The Birth of China）和《孔子：其人与其神话》（Confucius: The Man and the Myth）[2]。此外，还有《中国治国之道的起源》（The Origins of Statecraft in China）第一卷《西周帝国》（The Western Chou Empire）。顾立雅立足于丰富的历史文献和青铜铭文资料，首次系统地考证了周王朝兴起过程中的机构组织、思想基础和历史背景。[3] 然而，除出版过一部

---

[1] Michael Loewe, *A Service in Memory of Herrlee G. Creel 1905—1994* (Chicago: Division of the Humanities and Department of East Asian Languages and Civilizations, University of Chicago, 1994), p. 15. 其他的参与者还有顾立雅的同事夏含夷、余国藩（Anthony Yu）和钱存训（Tsuin-hsuin Tsien），以及他以前的学生骆思典（Sydney Rosen），和他的历史学伙伴吉德炜（David N. Keightley）。这个篇幅简短但内容丰富的小册子是由夏含夷教授免费赠予的。顾立雅在 1977 年的著作则被芮效卫（David T. Roy）和钱存训编纂收录到下面这本书中，参见 *Ancient China: Studies in Early Civilization* (Hong Kong: Chinese University of Hong Kong Press, 1978), pp. 343–346。

[2] *The Birth of China* (1937; rpt. New York: F. Unger, 1954). *Confucius: The Man and the Myth* (1949; rpt. Norwalk, Conn: Easton Press, 1994).

[3] *The Origins of Statecraft in China*, vol. 1 (Chicago: University of Chicago Press, 1970). 顾立雅的许多文章又在同年被重新收录到下面这部作品，参见 *What is Taoism? And Other Studies in Chinese Cultural History* (Chicago: University of Chicago Press, 1970)。

使用广泛的中国经典读本之外,[1] 顾立雅其实是一名历史学家和哲学家,而不是文献学家或是教育家,因此,即使在猛烈辩护的言论下,他关于汉语表意性质的观点从一开始就注定要失败。[2]

为了反对顾立雅的象形理论,卜弼德首先对其主要论点进行概述,得出"一些预辩性观点",从总体上反驳了顾立雅的一般原则。卜弼德曾说:

> 在证明汉字象形性和反对古老文字的音韵特点方面,(他)这是一个表达得最好但也是最徒劳的尝试。伯希和教授对这篇文章的评论谴责了顾立雅博士惯于将书面语与口语分开的做法。且不论他这篇不可思议的文章,我们还必须对该文章中发现出来的普遍倾向表示遗憾(可惜,这种倾向在这块大陆的汉学研究中太突出了),即认为汉语在其书面语发展过程中,遵循了一些神秘的原则,从而走上了与其他民族完全不同的道路。[3]

---

[1] *Literary Chinese By The Inductive Method*, 3 vols (Chicago: University of Chicago Press, 1938–1952). 参阅金守拙的书评: *JAOS* 73 (1953), pp. 27–30。
[2] 关于顾立雅(而非卜弼德)在西方研究中国古文字过程中的地位,参见巴纳(Noel Barnard) 的文章: Noel Barnard, "The Nature of the Ch'in 'Reform of the Script' as Reflected in Archaeological Documents Excavated Under Conditions of Control", *Ancient China: Studies in Early Civilization*, pp. 183–184。
[3] "Some Proleptical Remarks", rpt. in *Selected Works*, pp. 364–365, n. 2, Kennedy, *Selected Works of George A. Kennedy*, pp. 489–493. 该书回顾了三本著作:顾立雅的《归纳法学文言》(第三册)(*Literary Chinese by the Inductive Method*, vol. 3)、德范克和 Elizabeth Jen Young 合著的《论中国历史》(*Talks on Chinese History*),以及费正清的《清季史料入门》(*Ch'ing Documents, An Introductory Syllabus*)。在回顾过程中,卜弼德指责顾立雅过于关注汉字的字形,而忽视了字形所代表的字(word)本身。整个争论都是在语言学角度进行的,比较拥护卜弼德观点的,可参见 Paul Serruys, "Philologie et linguistique dans le études sinologiques"。

鉴于大部分人都不太了解古汉语中声符和意符的演变，卜弼德先指出了一些关于古汉语性质的谬论，随后他假设了一些音韵学规律，包括字形轮廓、联绵词的形成、多音字、元音的变化和分割等等。最后，他用这些规律来解决形态和语义问题。简言之，卜弼德充分展示了语音学作为文献学工具的用途。

作为偶像崇拜的表意文字

由于地理的隔绝和历史的隔膜，出于对中国文化自身优越性的部分认识，信息匮乏的西方人将中国塑造成了一个真实的乌托邦。从马可·波罗和早期耶稣会士到狄德罗和伏尔泰，一直到20世纪的旅行家凯塞铃伯爵（Count Hermann Alexander von Keyserling，1880—1946）都将中国视为一个理想中的文明存在，人民怡然自得，有睿智的官员，有独特的传统，有深刻的信仰和哲学，还有丰富且优美的文学艺术，它是历史长河里面一种空前的文化现象。不幸的是，一些当代汉学家根据中文书写系统相对于其他书面语言的独特性，而将其定义为表意文字，认为书写者可以不受语音的影响，用文字便可直观地表达观点。[1]

卜弼德谴责使用"表意文字"（ideography）这一术语，认为在研究汉语书面语演变过程中，正是该术语的使用引起了诸多误解，同时将研究象形字本体的注意力（音韵

---

[1] 德范克，早期支持"象形字迷思"，后来改变观点，又以同样的题目《中国语言：事实与幻想》（*The Chinese Language: Fact and Fantasy*）专门进行了深度讨论。

学）转移到象形字的形状上面（表意学）。因此，他建议使用"意音性"（logographic）来说明汉字书面语的特点。[1] 尽管他没有使用这个特定的术语，但是金守拙描述了"意音文字"的特点：

> 每个学生将很快了解到，汉语里的汉字总是会不断地任意地被借用到其他的同音字上，如果他们仔细思考，则会推断出唯一不变的与汉字符号有关的是它的读音。所以，语言中一个特定的读音是代表着意义的，从根本上说，使用什么特定图形并不重要。[2]

形音义（GSP）和切分语言学

为了给解释汉字结构的新方法创造条件，卜弼德先是总结出在大部分文字系统发展过程中起决定性因素的若干基本原则。随后他还介绍并定义了一系列的学术术语：

1. 一个字符最好只代表一个"义素"（semanteme）和一个"音素"（phoneme）。

2. 字符往往会约定俗成为特定的音义内涵，从而可以在语言的书面文字中表达出音义。

3. 字符和音义之间的"约定俗成"需要经过长时间的

---

[1] 赵元任赞同并支持这一新术语，他之前也提议过使用相似的术语。参阅 Chao Yuen-Ren,"A Note on an Early Logographic Theory of Chinese Writing", *HJAS* 5 (1940), p. 189. 其他的追随者还有司礼义、福兰阁，最新的研究则有鲍则岳等人。参见 Paul Serruys, "Philologie et linguistique dans les études sinologiques", p. 175; Franke, *Sinologie*, p. 59; William G. Boltz, *The Origin and Early Development of the Chinese Writing System* (New Haven: American Oriental Society, 1994).

[2] Kennedy, *Selected Works*, p. 490.

使用，而非一蹴而就。一旦发生后，此关系不会轻易地解散。

4. 意音文字常会出现多音字（polyphony）和多义字（polysemy）。单音节词也可以由多拼法字（polygraphy）组成。[1] 这些区别都是由象形符号的模糊性造成的。

5. 意音文字这种复杂的特点（包括多音字、多义字、多拼法字）使得它如果想要发展成为一种精确的语言，就需要将一个字符和另一个模糊的字符拼合起来，从而确定它的读音或字意。

6. 许多语音限定词（phonetic determiners）可以当作语义限定词（semantic determiners），反之亦然。这些词可以做特定的词源限定词（etymonic determiners）。

阐述清楚这些原则并形成新的术语体系之后，卜弼德开始用其解决语言改革过程中产生的那些老问题，特别是关于汉语的翻译问题。

古汉语研究中存在的一个严重问题是忽略或不谈多音字的重要性，从而产生了许多附加性读音被忽略（没有注意到另一种读音，则没有注意到另一种新意）的问题。举一个例子，"名"这个字，根据许慎的《说文解字》，"从口从夕。夕者，冥也"。表意文字学家将许慎对"夕"的注释，理解为"夕"意为"天黑"，如果按照表意文字这种解释，"夕"应该读为"冥"（*mieng）。这个例子里，

---

[1] 多音字、多义字和另一种新形式（同义字）后来都发展到课程教学中了，参见 David B. Honey, "The Word Behind the Graph: Three Notes on the Logographic Nature of Classical Chinese", *Journal of the Chinese Language Teachers Association* 24 (October 1989), pp. 15-26。

表意文字学家就忽略了"夕"字的多音性,抛弃了它的语音特点,意识不到它的这一语音会直接引到其他的同音字上,如"鸣"(声音)和"命"(命令),这样也就没有认识到"夕"字从"口",所以也应该读"*mieng"。"口"的额外读音肯定会带给它额外的意义,如果察觉不到的话,将会影响到在不同语境中对该字的准确理解。所以,忽略多音字就是忽略了一种基本的文献学工具。

忽略许多字符的语音元素,使得这些字被归类为会意字(ideographs),但若仔细研究,其中的大部分会意字可以重新归类到形声字中。少数几个真正的会意字只是无所事事的学者们"咬文嚼字"之举,是原始象形图或符号的图形变化,或者是"对'最初'开发的语音复合体的不正当合理化"。

字符读音的变化促使卜弼德开始关注汉语文字发展过程中的重要阶段,即语音限定字在内部被同化为原始字符的简化版。这就可以解释早期象形字"马",其头部的奇怪形状。它肿胀的眼睛(目,miok)只是为了表达这个字符的读音,当不再呈现出一个奇怪的马头形状的时候,它就代表了读音"mieg",与"目"字同音。

另外,高本汉和马伯乐还提出来一个长期被汉学家忽视的语音问题,即古汉语中辅音做声母的复杂现象。根据这些孤立的古汉语词根揭示出许多字之间的语源学关系,那些后来拥有不同的单个辅音声母的字可以被视为同源字。

卜弼德在研究首音(initials)方面取得的丰硕成果阐述了语言的切分过程(dimidiation)并确定了双声联绵词的性质。他证明了这类联绵词源于拼写方法,用来补充复杂单音节词的语音结构（这是语音限定词的又一拓展）。比如，"佝偻"这个词，意"驼背"，有辅音丛"gleu"，为了展示这一读音，需要两个字符，"句 gxu"和"娄 lxu"。这两个字符的拼合只是用来表示字中的辅音丛，不应该被视作一个联绵词，虽然后人还是把它看作联绵词。这个方法中国本来就有，而且在"反切"拼写系统中也可以看到。（顺便提起，反切不是受到佛教僧侣之影响所创造的。）卜弼德对联绵词的研究展现了古代辅元音切换的复杂性。他还假设了另外两种系列，即 DN（唇齿音/鼻音）和 BD（双唇音/唇齿音）。[1]

从这些确凿的语音学材料出发，卜弼德能够去谴责象形崇拜，且他对文本的阐释也要优于大部分汉学家。于是，他可以通过追溯早期文本中的字词和句子，来加深我们对早期中国思想和神话的理解。比如，他证明了"我"（nga）和"義"（nga）之间的词源关联，从而更精准地定义后期出现的"我们性"（we-ness）（"对集体主义的忠诚"）。这种对直系亲属的忠诚是与作为国家中的"人"（nien）相对立的，就如同"仁"（nien）字所代表的"社会性"和"他人主义"等。[2]

卜弼德在《预期理论》一文中对汉学的持久贡献并不在于他提出的关于文字的真知灼见，以及通过这些见解对

---

[1] 卜弼德的弟子鲍则岳围绕之前的语音学调整了他的博士论文。最特别的是他在研究切分语言学时，提出了"佝偻"这个例子。参见 William Boltz, *The Origin and Early Development of the Chinese Writing System*, pp. 171-172。

[2] 卜弼德在这篇文章中还对其他的关键哲学术语进行了同样的处理，参见 "The Semasiology of Some Primary Confucian Concepts", *PEW* 2.4（1953），pp. 317-332, rpt. in *Selected Works*, pp. 26-40。

早期中国哲学和神话的理解,而是在于他清晰地提出了大量关于重建和应用古汉语音韵学的原则,这些原则有助于将汉学提升至一个建立在普遍适用方法上的科学的水平。金守拙对卜弼德在中国经典方面的贡献赞许有加,但对切分语言学的过程持保留意见,"我还没有完全接受切分语言学理论,但是我正在理解"。虽然如此,他承认"现在如果有人在学习汉语的时候没有注意到卜弼德的理论,那他就是没有在认真学习"[1]。

荒野中的孤独呐喊

也许是卜弼德的才能导致他与同事之间无法合作。在他处理214个部首时,他习惯借用拉丁语、希腊语的词根来形成新词,从而让他的翻译更准确。[2] 但他在古典语言方面的卓见以及将英语改造成他个人风格的做法,都让那些想借鉴的人望而生畏。[3] 随着第二次世界大战结束,汉学研究开始侧重从社会学、人类学和比较文学领域借鉴方法论,从而导致他的研究方法即"文献学人文主义"不再流行。

他的大部分成果都收录在《卜弼德著作选集》(*Selected Works by Peter A. Boodberg*)中,该书在重版后收

---

[1] Kennedy, *Selected Works*, p. 492.
[2] 参看卜弼德的私人印刷品:Boodberg, "Cedules From a Berkeley Workshop in Asiatic Philology", nos. 41-51 (Berkeley, 1955)。
[3] 比如,卜弼德对王维《鹿柴》(*Deer Park Hermitage*)的翻译就遭到了诗人艾略特·温伯格(Eliot Weinberger)的鄙视,"对于我来说,这听起来就像是霍普金斯(Gerard Manley Hopkins, 1844-1889)吃了迷幻药一样"。参见 Weinberger and Octavio Paz, *Nineteen Ways of Looking at Wang Wei* (Mt. Kisco, New York: Moyer Bell, 1987), p. 51。

到了各种评论,一是因为出版比较匆忙,二是因为一些原创性的结论停留在初创阶段。[1] 如果阅读一些卜弼德的艰涩研究,就会发现他的方法论十分完备,即使囿于能力无法全部理解,但不可否认他的许多发现至今仍十分有价值。比如,在谈到《老子》第一章的时候,卜弼德认为"妙"可能是"眇"的一种异体字。[2] 而最近在马王堆出土的《老子》,则确定了他的这一观点。[3] 杜润德(Stephen Durrant)在评论刘殿爵(D. C. Lau)翻译的《论语》(Analects)时,曾祝贺这位中国学者对经典术语"仁"作出了新颖而正确的翻译。[4] 事实上,卜弼德在20年前就这个字亦曾提出了相同的解释。[5] 最后,卜弼德在《中国早期蛮族记录中的等测法札记》(Notes on Isocolometry in Early Chinese Accounts of Barbarians)[6] 一文中提供了精确术语和方法论,亦有利于断句。可是何四维在1979年展开的关于中国文献中游牧民族文本校勘学方面历史的讨论并

---

[1] 这几位学者都持支持态度,参见 Paul W. Kroll, *CLEAR* 4 (1981), pp. 271-273; Albert E. Dien, *JAOS* 102.2 (1982), pp. 422-423; Sarah Allen, *BSOAS* 45.2 (1982), pp. 390-392。蒲立本的态度是不偏不倚,参见 E. G. Pulleyblank, *Pacific Affairs* 52.2 (Fall, 1979), pp. 513-514。下面这篇文章则是完全持否定态度,参见 Roy Andrew Miller, *Early China* 5 (1979-1980), pp. 57-58。
[2] "Philological Notes on Chapter One of the Lao Tzu", *HJAS* 20 (1957), pp. 598-618, rpt. in *Selected Works*, pp. 460-480. 此处引自该书第473页。
[3] 参阅 Kroll, *CLEAR* 4 (1981), p. 272。这是另一个现代学术证实卜弼德道家翻译的例子。
[4] Stephen W. Durrant, "On Translating Lun Yü", *CLEAR* 3 (1981), pp. 109-119。
[5] "The Semasiology of Some Primary Confucian Concepts", rpt. in *Selected Works*, pp. 36-37。
[6] *Oriens* 10 (1957), pp. 119-127, rpt. in *Selected Works*, pp. 451-459.

没有利用卜弼德的文章。[1]

以上这些例子都充分展现了卜弼德学术研究的价值。但是，更持久的价值将使人们对指导其研究的原理产生兴趣。"文献学人文主义"这个词完美诠释了卜弼德的学术目标。无论是什么主题，他总是认真地去探究每个字或文本背后的人文主义精神及文化因素。因此，即使他的研究是在讨论技术性的语言问题，也可以帮助我们更深入地理解古代。[2] 他曾经将他的原则描绘成一种诗意的、几近宗教性的论说，即"一个文献学家的信条"，这一描述收录在他未刊的手稿里。因为在理解他的学术方法之外，理解其学术精神和内涵更为重要，故在此全文列出：

一个文献学家的信条

哦，年青人啊，请你们使用天使的语言发声——鉴于他们还未出生，那就让我用地球上最古老的语言陈述吧。

我坚信语言是无数声音的合唱，是无数思想的成果，是全世界无所不包的艺术，是逝去岁月巨大而持久的丰碑，也坚信于字词，是世上思想的铸模和真理的载体，是坟墓中先人的召唤！也坚信于照亮世界之

---

[1] Hulsewé, *China in Central Asia: The Early Stage, 125 B.C.-A.D. 23* (Leiden, 1979), p. 18. 他还有另外一篇更早的文章，参见 Hulsewé, "The Problem of the Authenticity of *Shi-chi* ch. 123, The Memoir on Ta-yüan", *TP* 61 (1975), pp. 83–147. 在这篇文章中，何四维至少承认了卜弼德的研究成果，尽管没有从中获得裨益。

[2] 他的文章《蒙古早期地名》是一个绝佳的例子，参见 "An Early Mongolian Toponym", *HJAS* 19 (1956), pp. 407–408, rpt. in *Selected Works*, pp. 361–362。

初的光，又穿过坟墓般的黑暗和寂寥，照亮每个人的心灵。

我坚信记忆是灵感之母，是希望之源。而且我亦知：沃土中的种子，在记忆深处，硕果终会丰收，记忆则将被数代铭记。然而，由播种人撒下的种子，不乏自以为是、骄傲自大、愚昧无知，却会因为没有沃土而衰败，在次日太阳升起之际便已凋零。

我见过人类用其勤劳的双手创造奇迹，目睹愈来愈多的创造与发明开始出现，看啊：太阳之下亦产生了很多新鲜事物。一代人逝去，一代人到来，尽管心中总是萦绕着愚笨。这一切，我相信，是非常好的：即去听从、去探索、去整理先人的判断，因为这样，人类的智慧才可能流传下来。

于是我紧握着古经古籍，抚摸着泛黄的羊皮卷纸，心怀敬畏去追溯先人足迹，去聆听文字中他们的声音，去解读他们的征兆，听着那鲜活的声音，仿佛读到未来的预示。哦，年青人，关于我的世界里和你的世界里的奇迹，我与先人们进行交谈，我全身心地靠近他们，理解他们，在他们骸骨之上，献上我的全部身心，将你我的希冀融入到他们的呼吸之中。

我祝福也铭记锡安圣地（Zion thrice-hallowed）中的尼姆罗德塔，同样铭记歌珊（Goshen）地[1]的悲伤、永恒之城的荣耀、赫拉斯（Hellas）的公正与智

---

[1] 歌珊地，上帝赐给以色列人民的埃及之丰饶乐土，参见《旧约·创世纪》。——译者注

慧。我关心所有的语言、部落和民族。人们用双手、大脑和心灵在创造生活。随即我把目光投向远方,飘到印度,飘到中国,飘到哥革和玛各(Gogs and Magogs),穿越了荒原、草地和田野,翻过了群山、河流和大海,飘到人们生存、痛苦和死亡的居所,飘到人们犯罪、辛劳和歌唱的地方。我充满喜悦,我又为他的历史和遗迹掩面哭泣,我赞美着他的荣耀,又分担着他的遗憾。

哦,年青人,今天我与你们一样活着并期盼着现在的人们可以在太阳下生活,但,谁能阻止太阳?因为夜幕降临,今日之躁动已飞逝成为昔日之寂寥,因此,作为雅努斯(Janus)[1]的凡人面孔,我欣然学习并传授尘世间的真理。为了更好地为世人服务,我,身为世人之一,被过往视为未出生的人,并被未来的后裔视为一种已经忘掉的记忆,我以信心、希望和仁慈来侍奉活死人,并卑微地期盼宏大计划得以实现。当时间流逝,我们可以一起去感受自身的存在和灭亡,感受我们的开始(Alpha)[2]和终结(Omega)[3],感受那可以使太阳和其他行星运行之爱。

卜弼德这种挥之不去的人文主义精神,在研究中亚那些竞争与互动的亚洲民族特殊案例时得到了充分的体现。

---

[1] 雅努斯,罗马人的门神和守护神,具有前后两个面或是四方四个面孔。他是起源神,执掌着开始和入门,也执掌着出口和结束,同时又被称为"门户总管",永远象征着世界上矛盾的万事万物。——译者注
[2] 希腊文的第一个字母:A(Alpha)。——译者注
[3] 希腊文的最后一个字母:Ω(Omega)。——译者注

1942年在伯克利的一次学术讲座中,他演讲的题目是《古代亚洲的土耳其人、雅利安人和中国人》(Turk, Aryan and Chinese in Ancient Asia),这成为卜弼德《卜弼德著作选集》的第一篇,用来介绍其个人著作中的学术理论和方法论。[1] 卜弼德用富有同情心的平衡度和语言学的精度在探讨游牧民族、丝路上的绿洲居民以及定居的中国人的历史作用时,同时展现了文化的媒介作用。卜弼德如此定义他的研究方法:"今晚我是作为一个文献学家在讨论阿尔泰游牧民族历史角色的若干方面,而不是作为一个历史学者或人类学家。我会用三个名词即雅利安人、土耳其人、中国人——首先指的是语言上的区别。"[2] 他对历史和文化的挖掘,呈现出这些民族在历史上相互交流的发展模式。一些特定的政治经济词语在传播过程中隐藏在大量的亚洲文献里,只有文献学大家才能进行识别研究,之后才能阐释这些游牧民族的历史。卜弼德认为,游牧民族控制了雅利安人和中国人在中亚的贸易,其中游牧民族政治联盟的形成过程、统治者所发挥的角色、游牧民族入侵的原因,都已经在近来的研究中得到解决。比如托马斯·巴菲尔德(Thomas Barfield)[3] 从人类学角度、约翰·史密斯(John Smith)和约瑟夫·弗莱彻(Joseph Fletcher, 1934—

---

[1] 来源于《卜弼德著作选集》中所收录的72页手稿,第1到21页手稿现在由作者收藏。
[2] Selected Works, p. 3.
[3] 巴菲尔德,美国人类学家,波士顿大学教授,研究重点为阿富汗,著有《危险的边疆》。——译者注

1984)[1] 从生态学角度均对其进行了探讨,还有许多学者在《剑桥早期内亚史》(*Cambridge History of Early Inner Asia*)中就此进行了历史学的阐释。

1972年,汉学研究改革的任务还未完成,卜弼德便在遗憾中离世。他的研究方法不仅对于文献学家而言意义重大,而且在汉学研究的很多学科,其研究方法有着同样重要的地位。很可惜,像文献学有时会被抨击一样,这位大师的作品,虽充满智慧,亦会被诟病。他也许低估了自己成功中的天资因素,更别说还有他对人文主义精神的深度关怀。但无论是他的聪颖还是对人文主义的理解,都不容易被他人学习或模仿。

他最出色的三个学生证明了这个问题。就研究著作的质量和数量而言,他最优秀的学生是司礼义、薛爱华和马瑞志(Richard Mather,1913—2014)。前者作为文献学家和语言学家都十分成功,但却不是一个人文主义者。后两位则出版了丰富的人文主义著作,其准确度和博学度不亚于司礼义的著作。导致他们学术类型不同的是这三个人的内心精神,而不是方法论。出于同样的学术兴趣,薛爱华和马瑞志更早地跟随卜弼德学习,也是因为此,卜弼德传授给他们的不仅仅是学术方法。我们几乎找不到第二个像卜弼德这样的学者,他在文献学研究中体现出来的严谨精神、锲而不舍的毅力、大无畏的勇气以及对人文主义的孜孜追求,实在值得我们铭记。

---

[1] 约瑟夫·弗莱彻,美国哈佛大学中国和中亚史教授,著名的满文学家,参与过《剑桥晚清中国史》的编纂。——译者注

第六节　薛爱华：诗学考古与唐朝世界[1]

　　成为文献学家，便意味着他相信语言是人类最伟大的功绩，而文学，甚至是微不足道的文学，都是人类心智最主要的活动。文献学家对具体事物、抽象概念、制度风俗的名称极感兴趣，同时也关注这些词语在文学潮流中的生命力，以及它们在人类理性、幻想和情感的生活中所起到的作用。

——薛爱华

　　薛爱华是研究唐诗和中古中国物质文化的大师，他拥有世界一流的自然生态学知识，并用此阐释唐代诗学视野里比比皆是的实体意象，即关于人类、自然、宇宙世界以及想象世界的意象。

　　1913 年 8 月 23 日，薛爱华出生于美国西雅图。本科在加州大学洛杉矶分校攻读人类学并从伯克利分校毕业。硕士期间，他获得夏威夷大学的奖学金并在夏威夷完成论文。后来，1940 年，他进入哈佛大学攻读博士，同时开始修日语和阿拉伯语。然而，第二次世界大战让他中断了学业。在海军情报局工作时，他继续精进日语。后来，除日语外，他还精通法语、德语、意大利语、西班牙语、中古英语、

---

[1] 本节主要参考以下资料：David B. Honey, "Edward Hetzel Schafer (1913 - 1991)", *Journal of Asian History* 25 (1991), pp. 181-193.

古典和中古拉丁语，并对古埃及语、科普特语、阿拉伯语、越南语及其他东南亚语种有所了解。第二次世界大战后，他回到伯克利继续攻读博士，在1947年终于取得博士学位。

从他研究生时期的论文，就已能看到他学术成熟期的影子，其主题与方法论基本上都是一以贯之的。从他1940年的硕士论文《中国唐代的波斯商人》（*Persian Merchants in China during the T'ang Dynasty*）和1947年的博士论文《南汉后主刘鋹的统治时期：译〈五代史〉并考察当代中国文明的相关阶段》（*The Reign of Liu Ch'ang, Last Emperor of Southern Han: A Critical Translation of the Text of Wu Tai shih, with Special Inquiries into Relevant Phases of Contemporary Chinese Civilization*），可以看出他已充分把握住了文献学的关键：对文本的驾驭以及精细透彻的阐释。这两篇论文所确定的范围——唐代的舶来品与外来影响，以及选择的方法——精准翻译诗歌、散文并作注释和评论，贯穿了薛爱华毕生的学术事业。

从这两部论文中提炼出来的文章，很快就得以发表。[1] 其中，题为《古代中国的暴巫仪式》（*Ritual Exposure in Ancient China*）的长文体现了他早期的研究方法，即通过重建一系列的词族，来追溯同音同源词中某一词语的语言

---

[1] "Iranian Merchants in T'ang Dynasty Tales", *Semitic and Oriental Studies*, University of California Publications in Semitic Philology 11 (1951), pp. 403–422. 这篇文章综合了硕士论文和博士论文的部分章节。"Ritual Exposure in Ancient China", *HJAS* 14 (1951), pp. 130–184. 这篇文章主要是以博士论文第四章为基础。其他相关论文还包括："The History of the Empire of Southern Han according to Chapter 65 of the *Wu-tai-shih* of Ou-yang Hsiu", in *Silver Jubilee Volume of the Zinbun-Kagaku-Kenkyusyo* (Kyoto, 1954), pp. 339–369; "War Elephants in Ancient and Medieval China", *Oriens* 10 (1957), pp. 289–291。

源流。[1] 薛爱华的研究运用了文献学家所擅长的各种方法,几乎在他所有的出版物中,都对这些方法的用处进行了探讨,并警告修正主义与旁门左道的学术倾向。[2] 由此可见他致力于改善并宣传文献学学科的努力与坚持。[3]

文献学家的信念

薛爱华师承汉学家卜弼德,他所开拓的文献学极具个人风格,兼有伯希和对文本和文本谱系的严格把控、马伯乐独到的训诂才学、葛兰言对古代风俗的创造性再现、劳费尔对物质世界的科学认知,以及韦利深厚的英语语言功底。

---

[1] 最先使用这种方法的汉学家是卜弼德和石泰安,分别参见 Peter Boodberg, "Proleptical Remarks on the Evolution of Archaic Chinese", in *Selected Works*, pp. 398-402; R. A. Stein, "Jardins en miniature d'Extrême-Orient", *BEFEO* 42 (1942), p. 54。可惜的是,只有以柏夷、夏德安(Donald Harper)为首的薛爱华的学生,还有他的高足柯睿以及卜弼德的弟子鲍则岳,沿用了薛爱华的方法论并取得了耐人寻味的成果。

[2] 参见 "Non-translation and Functional Translation—Two Sinological Maladies", *FEQ* 13 (1954), pp. 251-260。书评是薛爱华手中的一个重要武器,用来警告那些有伤害倾向的假设和方法,诸如中国化、普通话化——即透过现代汉语或中国语言的面纱来看待古典汉语,以及对作者传记和心理学的依赖,等等。

[3] 薛爱华教授的方法论原则,对中国动植物、矿物、织物等名词的处理,关于官僚及其他专用术语标准化的建议,详见 David B. Honey and Stephen R. Bokenkamp, "An Annotated Bibliography of the Works of Edward H. Schafer", *Phi Theta Papers* 16 (1984), pp. 8-30。柯睿为美国东方学会学报(*JAOS*)薛爱华专刊[106.1 (1986)]所做的介绍,很好地概括了薛爱华对汉学的影响及其作品的精巧,但他也对在如此简短的赞词中去探究薛爱华著述的广度不抱什么希望。该文 241-245 页的著作目录囊括了薛爱华 1985 年前的所有作品,并提供了其他的书目,但未收录 1984 年在 *Phi Theta Papers* 上发表的书评等。柯睿教授与菲利斯·布鲁克斯(Phyllis Brooks)所撰讣告,参见 *JAOS* 111.3 (1991), pp. 441-443; *T'ang Studies* 8-9 (1990-1991), pp. 3-8。亦参见 Stephen R. Bokenkamp, "In Memoriam: Edward H. Schafer (1913-1991)", *Taoist Resources*, pp. 97-99。关于薛爱华的个人生活与道教研究,参见 Phyllis Brooks, "Discovering a Religion", *Taoist Resources* 4.2 (1993), pp. 1-8。

他的研究通过语言艺术,表现了唐代中国的观念与符号体系。薛爱华曾这样界定自己的学术角色:

> 作为一名文献学家,我热爱和物质文明相关的中古中国文学,并以(比方说)比鲁尼(al-Biruni,973—1048)[1]、阿格里科拉(Agricola,1494—1555)[2] 乃至乔叟(Geoffrey Chaucer,1340—1400)[3] 等研究者为准绳。我宁愿被看作是不成功的文献学家,也不愿被冠上"不逊的历史学家"或"狂态的语言学家"的头衔。我曾被认为上述二者兼而有之。[4]

薛爱华之所以会做这样的自我界定,起因是"汉学家"一词的使用模糊不清,给学界带来了一些问题。他撰写这段文字的时候,学者们正在报刊上大打笔仗。其中一方谴责其他汉学家的研究为异端,因为他们没有奉行前者所提倡的学科方法及准则——虽然双方都称自己是正宗的汉学家。有些马虎草率的方法论,仅因为和汉学的名字沾亲带故,便得到了宽容,汉学似乎变得和"博爱"一样,掩盖了诸多方法论的过失。[5] 薛爱华旨在提醒接受了汉语和汉学"洗礼"的同行,不管"信仰"如何,都必须忠于自己

---

[1] 比鲁尼,波斯学者,著名的科学家、史学家、哲学家,学识渊博,被后世学者誉为"百科全书式的学者",在伊朗科学文化史上享有崇高的声誉。——译者注
[2] 阿格里科拉,德国学者和科学家,被誉为"矿物学之父"。——译者注
[3] 乔叟,英国中世纪著名作家,代表作有《坎特伯雷故事集》。——译者注
[4] "Communication to the Editors", *JAOS* 78(1958), p. 120; *JAS* 17(1958), p. 509.
[5] 《圣经》典故。《新约·彼得前书》:"因为爱能遮掩许多的罪"。——译者注

学科的"戒律"。无论是"新教"的社会科学家、"天主教"的历史学家、"禁欲主义"的文献学家、"不可知论"的人类学家,还是"无神论"的语言学家,他都一视同仁,因为他们对汉学"圣殿"的贡献都是独一无二的。然而,他无法容忍"重生"文学理论家(区别于文学批评家),并认为他们的"信仰"浅薄无根,只是在传播对某些"邪教"专家的迷恋罢了。无论如何,薛爱华的这封信并非是让他人"皈依"于他所"信仰"的文献学,即使他坚信文献学是被其他"信仰"所抛弃的基石。[1] 这封信的主旨是希望所有"信仰"都能躬身自省并保持学科的规范性:"在研究中运用了一种或多种东方语言的学者,是一位艺术历史学家,或考证学家,或文学评论家,或科学史学家等等。换言之,他的作品必须和属于同一学科的学者而不是和所谓的'亚洲研究学者'相比较。"[2] 当然,薛爱华对单调乏味的文笔、草率错误的研究方法以及狭隘、市侩的治学态度愤愤不平,因此,在表达上可能会过于尖刻。[3] 但原则上,他允许任何严谨学科的和平共存,这就为文献学争取到了和平实践"信仰"的权利。1958年到1963年,薛爱华是《美国东方学会会刊》的主编,在此前后他担任过该刊物东亚研究的副主编(1955—1958,1964—1967),并在1975年到1976年任东方学会会长。

---

[1]《圣经》典故。《新约·使徒行传》:耶稣"是你们匠人所弃的石头,已成了房角的头块石头"。——译者注

[2] "Asian Studies", *American Council of Learned Societies Newsletter* 13 (January, 1962), p.20.

[3] 薛爱华对反文献学人类学派系的严厉评论,可参见 *Perspectives on the T'ang*, reviewed in *JAOS* 95 (1975), pp.466-467。

他雷厉风行、公正不阿，竭力主张并身体力行汉学领域最为严格的文献学基本原则。[1]

薛爱华直言不讳对现代文学理论家的反感，也不可避免地沉浸于自己的理论架构之中——它以英美新批评理论为基础，并带有一丝俄国形式主义的痕迹，经由教学需要而不断打磨成型。下面这段文字节选自《唐诗翻译札记之二：诗歌》（Notes on Translating T'ang Poetry, Part Two: Poetry）[2]的序言。在文中，薛爱华对诗歌形式上的组成部分下了定义。而这段文字则表述了他个人理论依据的纲领：

> 诗歌是由字词构成的独特之物。论证诗与作者、诗与读者、诗与历史、诗与神以及诗与诗之间的形而上（即不可知）或心理学关系的任务，大可交给那些被捧上神坛、昙花一现的文学理论专家——那些前结构主义者、结构主义者、后结构主义者——如弗莱（Northrop Frye, 1912—1991）[3]、海德格尔（Martin Heidegger, 1889—1976）[4]、德里达（Jacques Derrida, 1930—2004）[5]、

---

[1] 关于薛爱华如何看待文献学及其在汉学领域的位置，参见 What and How is Sinology? Inaugural Lecture for the Department of Oriental Languages and Literatures (University of Colorado, Boulder, 1982), rpt. in T'ang Studies 8-9 (1990-1991), pp. 23-44。
[2] Schafer Sinological Papers 31 (Berkeley, Sept. 21, 1985), p. 1.
[3] 弗莱，加拿大学者，结构主义文学批评家。代表作有神话原型批判的巅峰之作《批评的剖析》。——译者注
[4] 海德格尔，德国哲学家，20世纪存在主义哲学的创始人和主要代表之一。代表作有《存在与时间》《形而上学导论》等。——译者注
[5] 德里达，法国哲学家，20世纪下半叶法国最重要的思想家之一，西方解构主义的代表人物，法兰西学院名誉教授。代表作有《论文字学》《另一个欧洲》《马克思的幽灵》等。——译者注

布鲁姆（Benjamin Bloom, 1913—1999）[1]、克默德（Franke Kermode, 1920—2010）[2]、克里格（Murray Krieger, 1923—2000）[3]等人，以及他们暂时虔诚的信徒。而我们，则满足于发掘诗歌本身这一常被忽略的首要任务。我们同时应避免这些深不可测的议题，如诗节间距的可能意义。

开场白"诗歌是由字词构成的独特之物"，就已指明作者属于形式主义与新批评派的阵营："要享受诗歌英华的乐趣，需具备对字词的敏感性和洞察力，同时也需要足够的细心、想象力和熟练度去汲取它们的旨趣……"[4] 两种学派都将诗歌看作语言的最高表现形式（以本章引语为证）；诗歌作为一种语言的艺术，最好是运用内部、机械的文学手法来分析和鉴赏，因为这样才能构建和表现诗歌独特的本质。文学之外的体系，如政治、经济、意识形态、神话、历史、作家经历等，最终都跟诗歌分析无关，更不必说鉴赏了。[5] 薛爱华很喜欢引用弗拉基米尔·纳博科夫

---

[1] 布鲁姆，美国当代著名心理学家、教育学家，曾担任美国教育研究协会会长，提出了关于"人类特性"和学校教学、"掌握学习"的理论。——译者注
[2] 克默德，当代英语文学界最重要的文学批评家，剑桥大学荣休教授，研究领域甚广，代表作有《经典》《关注的形式》《历史与价值》。——译者注
[3] 克里格，美国当代著名批评家、理论家。代表作有《批评旅途——六十年代之后》。——译者注
[4] I. A. Richards, *Practical Criticism: A Study of Literary Judgement* (New York: Harcourt Brace Jovanovich, 1929), p.191.
[5] 参见 Leroy F. Seale, "New Criticism"; Heather Murray, "Practical Criticism"; Karen A. McCauley, "Russian Formalism"; in *The Johns Hopkins Guide to Literary Theory and Criticism*, ed. Michael Groden and Martin Kereiswirth (Baltimore: Johns Hopkins University Press, 1994), pp.528-534, 589-592, 634-638。

(Vladimir Nabokov，1899—1977)[1] 的一句话："是字词、语句、意象，而非思想，造就了文学。"[2] 所以，他轻易（或许也过于轻率）就把所有文本以外的文学手段，无论是精神分析批评（"诗与作者"）、现象学（"诗与读者"）、马克思主义批评（"诗与历史"）、神话批评（"诗与神话"）、正典批判和比较文学（"诗与诗"）等，都排除在考虑范围之外。但是这些以文本为基础的文学理论，通过艾弗·阿姆斯特朗·瑞恰慈（Ivor Armstrong Richards，1893—1979)[3]、雅各布森（Jakobson，1896—1982)[4] 等人的鼓吹，实际上对老派文献学家，如薛爱华对拉哈恩（Balachandra Rajan，1920—2009)[5] 的阐释是有所裨益的。[6] 后者乐于创作博学精深、文笔优雅的"关于创作过程的注释"，而瑞恰慈的"实用批评"不仅是一种适合于课堂教学的方法，同时也为防止各种阐释性的谬误提供了理论依据。除了瑞恰慈在《实用批评》（*Practical Criticism*，是薛爱华唐诗课的必读书目）里所单独提出的谬

---

[1] 纳博科夫，20世纪公认的杰出小说家、文体家、翻译家。二十世纪四十年代移居美国，对美国文坛乃至世界文坛产生了深远影响。代表作有《洛丽塔》《庶出的标志》《微暗的火》等。——译者注
[2] 引自"Notes on Translating T'ang Poetry, Part Three: Deponents"，*Schafer Sinological Papers*, 33 (Berkeley, Nov. 6, 1985), p. 5。
[3] 瑞恰慈，著名文学批评家、美学家、诗人、语言教育家，曾在英国剑桥大学、中国清华大学、美国哈佛大学任教，"新批评派"理论的创始人之一，是英美形式文论的第一个推动者，对20世纪文学批评影响巨大。——译者注
[4] 雅各布森，俄罗斯著名语言学家，莫斯科语言学圈的主导者，也是"布拉格学派"的创始人之一。在语言学、文学理论、结构人类语言学、符号学等领域卓有建树，堪称20世纪最具影响力的知识分子之一。——译者注
[5] 拉哈恩，印度学者、诗人、文学批评家。——译者注
[6] *The Johns Hopkins Guide to Literary Theory and Criticism*, sub "T. S. Eliot", p. 222.

误，薛爱华还增加了自己总结的一组汉学常见谬误："永恒之谬、高雅或帝国主义之谬、苍白或呆板之谬、同义之谬、半吊子或蹩脚诗人之谬。"[1]

薛爱华的实用批评以文本精读为基础，而后者又依赖于文献学原理。他在一篇序言中介绍道：

> 古典派汉学家的首要任务，不是娱乐读者并说服读者相信他们能写出高雅的英文甚至是优秀的诗作；与此同时，汉学家也不是哲学家或神学家。他们作为学者的职责，是阐释"诗歌本身"[2]。它们神秘而晦涩，以古老、典雅甚至是"死了"的语言写成，无法在现行的语言中找到一种能与之对应。所以，翻译即是变形：学术翻译只能作为一种阐释或评注的方法；还需要有其他方法的补充，才能让读者尽可能准确地理解这种古老语言的形式与趣味。[3]

这里所说的"其他方法"，包括语源学、碑铭学、古文字学、校勘学、历史语音学、语法、阐释等所有的专业技能，它们共同构成文献学这一学科。正是文献学使得文本

---

[1] "Notes on Translating T'ang Poetry, Part Two: Poetry", pp. 12–15. 关于薛爱华对阐释谬误的看法，参见 W. K. Wimsat, *The Verbal Icon: Studies in the Meaning of Poetry* (Lexington: University of Kentucky Press, 1954), pp. 3–65。

[2] 薛爱华在注释中表示，这是一本书的名字，参见 *The Poem Itself*, ed. Stanley Burnshaw (Fayetteville: University of Arkansas Press, 1995)。

[3] "Notes on Translating T'ang Poetry, Part Two: Poetry", p. 1.

精读成为可能,而后者又是新批评的核心。[1] 瑞恰慈总结说:"一切优秀的诗歌都需要文本精读。它鼓励读者注意到诗歌真正的意思,并通过自己的理解力去发现和辨别。这种自主性更符合诗歌的旨意,不似小说那样更看重事实或连贯性。"[2] 瑞恰慈对文本和字面意义以外的诠释体系的认可,只会加重文献学在进行初步"文本精读"时所发挥的基础性意义。

现代文献学家休·劳埃德-琼斯,在古典学领域内有着和薛爱华相当的博学声誉和影响力。他巧妙提炼出了这门备受误解的学科之精髓:

> 大多数英格兰人,都以为"文献学"就是"比较文献学",而"比较文献学"则意味着"语言比较研究"。然而准确地说,语言学只是文献学的一个部分。自公元前3世纪,亚历山大港地区就已经开始使用文献学一词了,它恰到好处地表现了人对文学、思想以及一切可用词汇表述之事物的热爱……遗憾的是,现在我们英格兰人滥用、误用了这个重要的词语。[3]

维拉莫威兹堪称古典学术界的沙畹,他曾强调文献学所涉及的范围之广,能够"重现诗人的歌谣、哲人的思

---

[1] 关于语文文献学是文本批评的基础,参见 Wilfred L. Guerin, et al., *A Handbook of Critical Approaches to Literature* (Oxford: Oxford University Press, 1992), pp.18–21, subtitled "Textual Scholarship: A Prerequisite to Criticism"。

[2] Richards, *Practical Criticism*, p.195.

[3] Hugh Lloyd-Jones, in the Introduction to Wilamowitz-Moellendorff, *History of Classical Scholarship*, p. vii.

想……庙宇的圣洁、信徒与异教徒的情感、市场与港口的熙攘、陆地与海洋的地貌特征,以及人类的勤劳与嬉闹"[1]。据其学生爱德华·弗伦克尔(Eduard Fraenkel)[2]透露,维拉莫威兹能达到如此的成就,是因为他从不把学科分隔开:"于他而言,校勘、历史语法、格律、宗教史、古代法等等都不是密不透风的隔舱;研究方法的各个部分都是平等并重的,不存在厚此薄彼;它们必须互相合作并服从于同一个目标,即恰当地诠释手头的文本。"[3] 而薛爱华就在学术生涯的某些阶段,对中国学和亚洲研究领域内的上述所有课题及大部分学科,都做过细致的论述和权威的研究。

诗学考古

薛爱华著作等身,加州大学付梓的一系列经典之作更是其中精华。[4] 这些作品建立了全新的学术写作式样,或许我们可以将它定义为"诗学考古",因为薛爱华拥有无

---

[1] Ibid.
[2] 弗伦克尔,拉丁语专家,研究古罗马诗人贺拉斯的权威学者。——译者注
[3] Eduard Fraenkel, ed., *Aeschylus: Agamemnon* (Oxford: Clarendon, 1950), pp.60-61.
[4] 《杜绾〈云林石谱〉评注与概要》(*Tu Wan's Stone Catalogue of Cloudy Forest: A Commentary and Synopsis*, 1961),《撒马尔罕的金桃:唐代舶来品研究》(*The Golden Peaches of Samarkand: A Study of T'ang Exotics*, 1963),《朱雀:唐代的南方意象》(*The Vermilion Bird: T'ang Images of the South*, 1967),《珠崖:12世纪之前的海南岛》(*Shore of Pearls: Hainan Island in Early Times*, 1970),《神女:唐代文学中的龙女与雨女》(*The Divine Woman: Dragon Ladies and Rain Maidens in T'ang Literature*, 1973),《步虚:唐代奔赴星辰之路》(*Pacing the Void: T'ang Approaches to the Star*, 1977),《时间之海上的幻境:曹唐的道教诗歌》(*Mirages on the Sea of Time: The Taoist Poetry of Ts'ao T'ang*, 1985)。

与伦比的才华,能通过对文字作品的"田野调查"以及诗作的"现场发掘"来重建中古时代的中国。后期对道教的痴迷大大拓宽了他的研究维度。早在1963年,薛爱华就发表了一篇分析佛教诗歌意境的文章《贯休仙境诗中的矿物意象》(*Mineral Imagery in the Paradise Poems of Kuan-hsu*)[1],预示着此后的转向。《步虚:唐代奔赴星辰之路》虽然代表了他潜心钻研唐朝道教的高峰,但此后他对道教的热情也并未减退。与此同时,这也未曾改变文献学的方法在其学术活动中所占据的根本地位,也没有束缚其大胆的文风、机智的笔触,或限制他得以支撑研究结论的渊博学识。

下文引自薛爱华的一部皇皇巨著,集中体现了他学术的精髓——轻快的语调、讽刺的幽默、低调的押韵、丰富的措辞以及严谨准确的翻译:

> 在唐代,新拓展的南部边境出现了女性至上的蛮夷之风,想必大大激怒了北方的贵族男子,他们迫切希望将其废除。7世纪初,占婆(Chams)就处在一位皇家公主的统治之下。这个世纪晚些时候,在长安和洛阳听命于武后的保守派们,如果得知蛮夷有这样无法无天的行径,是不是会感到羞愧呢?如果那段关于9世纪中期"女蛮国"遣使进贡的故事是真的,那么她们的魅力差不多可以补偿其礼俗之不当:"其国人危髻金冠,璎珞被体,故谓之'菩萨蛮'。当时娼优遂制

---

[1] *AM* 10 (1963), pp.73-102.

《菩萨蛮》曲,文士亦往往声其词也。"[1]

这段文字是薛爱华在学术生涯中期所写,在他另一篇出色的论文《吴筠的〈步虚词〉》(*Wu Yün's "Cantos on Pacing the Void"*)[2]中,这种笔酣墨饱、辞致雅赡的特点,似乎更是得到了极致的展现。文章最后的道教词汇索引显示了他炉火纯青的训诂技巧。薛爱华为释义吴筠诗词而写的戏仿英雄体(mock heroic)诗,则体现了他在学术写作中,不仅对英文用词、文体、音色的掌控游刃有余,也对英文乃至世界文学意象的运用得心应手,这都是他在做训诂研究时所用到的辅助技巧。

薛爱华常常旁征博引一些英文文学或者其他语言的诗歌和格言作为书上个别章节的简短题词。在《步虚:唐代奔赴星辰之路》的序言里,他清楚地解释了自己为什么要征引中国诗人以外的作家来凸显中国的意象:

> 读者会发现,书中零星有些结束语和章句——不仅仅是在每章的引言题词部分——是出自欧洲文学。我希望读者不要将它们看作是我为了附庸风雅或彰显学识而故意生搬硬套来的。我希望读者能视之为原始精神(protopsyche)和三星体(Triaster)、鲜明的衬托、不完全的思考和令人惊讶的类比。它们旨在通过

---

[1] *The Vermilion Bird*, pp. 80-81. * 该译文参考程章灿、叶蕾蕾译:《朱雀:唐代的南方意象》,北京:生活·读书·新知三联书店,2014年,第161-162页。——译者注

[2] *HJAS* 41 (1981), pp. 377-415.

强调或对比来阐释中古中国意象之独特,甚至是离奇,而西班牙、希腊或古英语作家恰好也具有此等奇绝的风韵。[1]

谈罢语言,再说到物质世界,薛爱华的作品对于中国历史学家而言,有着无法估量的价值,不仅仅是因为它们对鸟兽、矿物、颜色的词汇以及其他专业术语进行了基础的辨别和考证。[2] 薛爱华还再现了那个经受过历史波澜、催生了丰富故事的物质环境:道教天界如实反映了广州的地势,[3] 像考证外来词汇的传播那样去追溯洗浴风俗的演变,[4] 像精英手中的玩意儿一样精确地描绘贸易产品的特质[5]。薛爱华对中古中国物质世界的细致刻画,有着重要的历史研究意义,同时也践行了一个文学目标:他教的中国文学学生应该"努力了解每位作家所身处的世界——那个真实、具体、丰富的本土世界。一旦具备了这样的知识基础,他们就能够如实地诠释作家眼中的独特世界,并通过精挑细选的意象表现出来。由此也能反映出他们自己关

---

[1] *Pacing the Void*, p. 7.
[2] 参见 "The Camel in China down to the Mongol Dynasty", *Sinologica* 2 (1950), pp. 165-194, 263-290; "Notes on Mica in Medieval China", *TP* 43 (1954), pp. 265-286; "Rosewood, Dragon's Blood, and Lac", *JAOS* 77 (1957), pp. 129-136; "Parrots in Medieval China", *Studia Serica Bernhard Karlgren Dedicata* (Copenhagen, 1959), pp. 271-282; "The Transcendent Vitamin: Efflorescence of Lang-kan", *Chinese Science* 3 (1978), pp. 27-38。
[3] "A Fourteenth Century Gazetteer of Canton", in *Oriente Poliano* (Rome, 1957), pp. 67-93.
[4] "The Development of Bathing Customs in Ancient and Medieval China and the History of the Floriate Clear Palace", *JAOS* 76 (1956), pp. 57-82.
[5] "Local Tribute Products of the T'ang Dynasty", *Journal of Oriental Studies* 4 (1957-1958), pp. 213-248 (with B. Wallacker).

于创作、占星、政权、责任、武术、饮食、英雄主义等方面的独到见解。"[1] 同时，专攻亚洲历史的学生也会受益于薛爱华的研究，因为他特别注意把中国的风土民俗与物质享受置于亚洲文化的大背景之下，从而追溯它们输入的线路和原理。此外，他也继承了梯加特所创立的学术传统，即用地理学的方法处理亚洲历史。所以，薛爱华主张自己门下的古汉语专业博士生必须通过内亚、日韩、南亚与东南亚，以及西藏历史的博士笔试。当然，他自己也努力不懈地利用有关历史和人类学的文献，把自己研究的人、地、物与历史背景联系起来；"站在巨人的肩膀上"是他的自谦之词，表达了他对前辈和同代人的感激之情。

和卜弼德一样，薛爱华的整个执教生涯都以加州大学伯克利分校为中心。自1947年他取得博士学位至1953年获得终身教席，再从1958年任教授到1984年退休，他保持并增进了伯克利汉学学派的声誉。薛爱华担任东方语言文学阿加西讲席教授[2]（1969年至退休）的时间比所有声名显赫的前任都要长。在学术生涯的后期，他源源不断地创作，让节奏缓慢的出版商望尘莫及。于是，薛爱华也和卜弼德一样，私印了一套名为《薛爱华汉学论文集》(*Schafer Sinological Papers*) 的出版物，编撰了自1984年1

---

[1] "Notes on Translating T'ang Poetry, Part Two: Poetry", pp. 12-13.
[2] 根据以下事实写一个关于该教授职位的简短说明：东方语言文学阿加西讲席教授职位——1872年，爱德华·汤普金斯（Edward Tompkins, 1815-1872）是一位美国律师，他帮助创立了加利福尼亚大学，并且是第一届摄政评议委员会的成员。他向委员会出示了一份要出售的47英亩土地的契约，这笔钱被留作东方语言文学教授基金的捐赠基金。汤普金斯先生还指出，教授的职务应以表彰路易斯·阿加西（Louis Agassiz, 1807-1873）为名。路易斯·阿加西是著名的美籍瑞士动物学家和地质学家。

月29日至1989年8月4日共计三十八篇论文,赠予十名幸运的友人和弟子。[1]

薛爱华所开设的古汉语硕士、博士专业,证明了他非常注重保持自佛尔克、卜弼德延续下来的传统学科价值。可惜的是,这门课程几乎是随着他的离开就寿终正寝了。因为在薛爱华退休后,几乎没有学生敢于在缺少他的统筹指导之下,承担如此严格的任务。薛爱华辞世一个月后,东方语言系旋即投票宣告了这门课程的终止。[2]

归根到底,薛爱华最为人所知的,是他作为文献学家的躬行实践,创作了非常地道、博学的诗学注释。因为他兼具学者的渊博与文体学家的风雅,其关于文学的著述是在韦利之后最别具一格的。为此,半是学者半是诗人的薛爱华,是位名副其实的研究唐代文学的大家。

附录B:薛爱华汉学论文集 (*Schafer Sinological Papers*)[3]

1984年1月29日至1989年8月4日

1. "The Oriole and the Bush Warbler"
2. "Notes on T'ang Geisha. 1. Typology"
3. "Kiwi Fruit"
4. "Notes on T'ang Geisha. 2. The Masks of T'ang

---

[1] 具体论文名参见本章附录。
[2] 此古汉语项目,参见作者"自序"。
[3] 为了展现这38篇论文的原貌,此处保留了原文名称,未作翻译,特此说明。——译者注

Courtesans"

    5. "Cosmic Metaphors: The Poetry of Space"

    6. "Notes on T'ang Geisha. 3. Yang-chou in T'ang Times"

    7. "Notes on T'ang Geisha. 4. Pleasure Boats"

    8. "The Anastrophe Catastrophe"

    9. "Brightness and Iridescence in the Chinese Color Words"

    10. "The Fibrous Stars"

    11. "The Other Peach Flower Font"

    12. "Table of Contents to Wang Hsüan-ho, *San tung chu nang*"

    13. "Annex to 'Combined Supplements to Mathews' part I"

    14. "Annex to 'Combined Supplements to Mathews' part II"

    15. "Ts'ao T'ang and the Tropics"

    16. "Annex to 'Combined Supplements to Mathews' part III"

    17. "The Tourmaline Queen and the Forbidden City"

    18. "Annex to 'Combined Supplements to Mathews' part IV"

    19. "An Early T'ang 'Court Poem' on Snow"

    20. "Annex to 'Combined Supplements to Mathews' part V"

    21. "The Eight Daunters"

    22. "Annex to 'Combined Supplements to Mathews' part VI"

    23. "The Moon's Doubled Wheel"

    24. "Annex to 'Combined Supplements to Mathews' part VII"

    25. "Mildewed Apricots"

    26. "Annex to 'Combined Supplements to Mathews' part VIII"

    27. "Notes on Lord Lao in T'ang Times"

    28. "The Moon Doubles its Wheel Once More"

29. "Notes on Translating T'ang Poetry. Part One"

30. "Passionate Peonies"

31. "Notes on Translating T'ang Poetry. Part Two: Poems"

32. "The World Between: Ts'ao T'ang's Grotto Poems"

33. "Notes on Translating T'ang Poetry: Part 3: Deponents"

34. "The Moth and the Candle"

35. "A Vision of Shark People"

36. "Moon Cinnamons"

37. "A Chinese Chough"

38. "The T'ang Osmanthus"

结束语：汉学中的传统与寻真

> 传统是死者的活信仰，传统主义却是活人的死信仰。……正是传统主义才给传统带来了如此糟糕的名声。[1]
> ——耶罗斯拉夫·帕利坎（Jaroslav Pelikan, 1923—2006）[2]

> 文献学……是所有迷信的两大对头之一。[3]
> ——尼采（Friedrich Nietzsche, 1844—1900）

以翻译家、编撰者和编辑身份出现的耶稣会准汉学家，19世纪驻外领事、商人、传教士汉学家，以及19世纪中后叶第一批法国"书斋汉学家"（Sinologues du chambre），他们为现代汉学的构建奠定了基础。之所以这么说，是因为这些人给20世纪初期的汉学研究留下了一种既粗糙又不成体系的方法论和研究课题，其实这两者都源自中国本土

---

[1] Jaroslav Pelikan, *The Vindication of Tradition* (New Haven: Yale University Press, 1984), p.65.

[2] 帕利坎，耶鲁大学历史学教授，著名的历史神学家，代表作有《基督教与古典文化》《基督教的传统：教义发展史》等。——译者注

[3] 引自 Henderson, *Scripture, Canon, and Commentary*, p.211。顺便说一句，另一个对头是医学。

学者和注经家。沙畹继承了这一传统,并将工作方法系统化,为后继者建立了一种文献学的新正统。第二次世界大战之前,这种文献学方法与学术规划在大多数汉学圈子里仍然毫无疑问地占有支配地位,直至第二次世界大战爆发,各种刚刚建设起来的学科,被匆忙召唤进来为国家服务,要它们对各种迫在眉睫的问题作出回答。因此,今天的汉学研究包含了更多学科,不只是文献学。可是,过去与现在的汉学事业之目标仍然是寻求与中国相关的真理,无论是通过从古代文献的考据中去整理,还是依据新的科学架构研究新概念。

在追寻汉学发展过程中的文献学研究取径的某些基本方法时,我选择了每个阶段中至关重要的学者作为关注点,并注重作为典型方法论的文本研究。这"十位顶尖汉学家"可不是出自我个人的选择,他们大多数可谓是实至名归。试借用托马斯·卡莱尔(Thomas Carlyle, 1795—1881)[1]的"伟人模式"加以表述,"顶尖汉学家"其实是一种抽象符号,它既取决于读者对汉学家的中国文明观所作的回应,又同样取决于读者对汉学家构思大作的思维能力,或是对汉学家表达内容之文学价值的客观评价。我们所讨论的汉学家皆为文献学传统的榜样,在方法论运用上也堪称典范。这既不意味着其他汉学家没有做出重大贡献,也不意味着其他方法论不可以在文本外的空间里操作。

然而由于文本研究,即所谓文献学取径所固有的局限

---

[1] 卡莱尔,苏格兰哲学家、评论家、历史学家,是维多利亚时代颇具影响力的学者,代表作有《法国革命》《论英雄、英雄崇拜和历史上的英雄事迹》等。——译者注

性，一个问题随即出现：那些习惯于忽视对社会科学进行更多理论关注的文献学家，其研究视野是否狭隘？其研究方法是否陈腐？从某种角度看似乎如此，尤其当他们致力于历史语言的重建或者烦琐章句的异体字处理时更是如此。但是，假如将文献学理解为对全部文献加以翻译、注释，且要进行文学分析的话，那么，这种文献学取径的研究范围与任何其他学术领域如历史学，同样地广阔。事实上，这样的取径和领域与其他的取径和领域相比较，都会在某些方面存在不足。例如，一般认为，与社会学运用的流行方法相比，历史学被看成是为了具体细节的研究而牺牲了普遍研究模式。[1] 亚里士多德（Aristotle）早在他的《诗学》（*Poetics*）第九卷中，首次对历史学提出这样的指责。[2] 从某种程度上讲，兰克的19世纪新史学研究，虽然从概述性的、派生性的编年体史书转向官方原始档案，但在受制于文本研究这一点上，仍与传统的文本范畴的文献学没有本质区别。

彼得·伯克（Peter Burke）[3] 对新史学的文献学基础作了如下总结："与兰克的名字联系在一起的史学革命最终是史料学与方法论的革命，即从利用早期历史著作或'事

---

[1] Peter Burke, *History and Social Theory* (Ithaca: Cornell University Press, 1992), p. 3.
[2] 关于历史学的概括归纳趋势与诗歌艺术的普遍化关怀之间争论的语境，参见 M. I. Finely, *The Use and Abuse of History* (1971; rpt. New York: Penguin Press, 1987), pp. 11-12。
[3] 伯克，英国著名历史学家，剑桥大学荣休教授，研究专长为西方史学思想和欧洲文化史，致力于史学与社会学理论的沟通，探索文化史写作的新领地，是当代最著名的新文化史学家之一。代表作有《图像证史》《语言的文化史——近代早期欧洲的语言和文化共同体》等。——译者注

件编年'转向利用政府的官方记载。历史学家开始中规中矩地研究档案史料,并创制出一整套逐步完善的持续体系来对资料的可信程度进行评估。"[1] 这样,处理文本考据的特殊方法,至少在某个层面上,似乎使历史学家与文献学家关联了起来,并且保护他们二者免于视野狭窄或取径陈腐的指责。[2]

本书所采用的时期划分,尽管主要按照国别学派来呈现,更多是依照与文献学学科相关的特殊研究技术的创造、运用及成熟作为标准。简言之,我们将技术方法发展的长期过程划分成几个不同的阶段。

首先是耶稣会士时期。耶稣会士们在中国定居,借助于日渐娴熟的口语,找到了进入本土解经学、诠释学及应用伦理学等学术传统的门径,发展了一种最早的探寻中国文献传统的路径。他们文献学研究的特点可以概括为:在运用当时刚刚萌生的技法来翻译古代汉语文本以及写作他们自己的科学论文和传教手册时,表现得既不成熟也不太成体系。可以很恰当地称他们是前汉学家。

其次是法国"书斋汉学家"。这一时期的法国汉学家们是自学且在家研习的学问家。他们没有亲身感受中国文化

---

[1] Burke, *History and Social Theory*, p. 6.
[2] 依据海顿·怀特(Hayden White)和多米尼克·拉卡普拉(Dominick LaCapra)的说法,在呈现形式方面,甚至也应该更多地借鉴文学。传奇小说、悲剧、喜剧和讽刺文学中独特的文学成分,为历史叙事"赋予了情节",参见 Hayden White, *Metahistory: The Historical Imagination in Nineteenth-Century Europe* (Baltimore: Johns Hopkins University Press, 1973)。关于历史学家们所借用的修辞手法,参见 Dominick LaCapra, "Rhetoric and History", *History and Criticism* (Ithaca: Cornell University Press, 1985), pp. 15–44; Peter Gay, *Style in History* (New York: W. W. Norton, 1988).

和语言的经历，却掌握了文献学。他们首次发展了一套复杂的技术方法，不仅用于通过阅读使用文献，而且更重要的是在文本传统之中批判性地评估文献的价值及地位并且提出独立的解释。这直接有助于证实汉学研究的技术更多来源于对古典学术成就和比较文献学的吸收，较少来自对中国注释传统的借鉴。尽管研究方法有所创新，终究受制于欧洲图书馆有限的原始资料。由于当时讲求理性及方法学的研究环境，吉瑞德和费乐仁称他们为汉学东方主义者（Sinological Orientalists）。他们中的佼佼者为儒莲，他不仅从未到过中国，而且以在"冷漠无情的文本研究"中从未利用过本土助理而自傲。直到第二次世界大战之后，随着区域研究的发展，美国汉学家们，作为国别汉学的最后一批遗老，才放弃了这种坚守在家的姿态，开始到中国旅行，与中国同行开展了大规模合作。[1]

再次是英美领事、传教士及商务代表走到前台。在这个阶段，我们看到了拥有中国居住经验的专家和离不开图书馆的法国"书斋汉学家"相互整合的开端。这一时期，考古学、碑铭学、民族学、人类学、民俗学等学科方法的田野工作刚刚起步。居住在中国的兼职汉学家们当中，理雅各是最有影响的杰出人物，继儒莲之后成为汉学大师级的人物。他在1876年坐上牛津大学汉学首任教授的交椅，由此确立了英美汉学相对于法国汉学的优势地位。在那时，

---

[1] 杜维明在发表于《世界汉学》1998年第1期的访谈中提出了这个论点，但他没有局限于美国汉学家；他坚持认为，这种封闭心态是大多数"著名西方汉学家"的特征。沙畹及其明星学生，德国的葛禄博、海尼士和孔好古的田野经验，会反驳这个评价；当然，这个评价显然不适用于以前由传教士或领事官转过来的汉学家。

法国学派在德理文执掌教席期间正经历着一个短暂但十分明显的低迷阶段。于是，理雅各的牛津生涯标志着整合时代的开始。

然后是沙畹建立了第一个当代汉学学派，综合了前汉学家、法国书斋学派及驻外兼职学派等各个不同学派的学术特点。从耶稣会士那里，他学会了对本土传统怀有深深的崇敬之情；从法国学者那里，他继承了一种精确的文献学研究的头脑和方法，及法国图书馆学的可贵遗产；从领事—传教士—商人兼任的汉学家那里，他了解到第一手田野考察经验和精通现代汉语的重要性。最终产生了以沙畹为代表的学术派别，有助于超越汉学东方主义的智识局限及赫尔墨斯主义（Religious Hermeticism）、文化平行主义（cultural parallelomania）以及殖民者或传教士家长作风的心态局限。现代汉学（modern science of sinology）及其对于跨学科取径的广泛关注，是沙畹的直接遗产，应当归功于他不仅综合了各不相同的旧方法，而且率先尝试运用新方法。

最后是对于沙畹以后汉学发展的分期，我在本书中是按照民族与语言谱系加以划分的（说英语、德语或用英语、德语出版的汉学家），为的是追溯某些新技术的发展过程。也许，为了不要总是从方法论角度，而是从至少能够区分文献学家与历史学家及其他社会科学家在研究目的与任务方面的不同，应该引进一种新的分期方案。这样的话，该方案应当以学术任务及其思想意图的概念而不是以实现意图所用方法论的发展作为基础。这正是历史学家芮沃寿所建议的分期方案。

作为传统的汉学

在芮沃寿对过去数个世纪之中身处与中国思想交往不同阶段的汉学家之意识形态富有价值的总结中,他继续向文献学家掷过来一系列既咄咄逼人但也受到欢迎的概念投枪(conceptual gauntlets),它们不断地对文献学家提出挑战。耶稣会遭遇的是这样一个中国:它在过去几千年里被具有自觉意识的文士集团加以解释与表达,借用艾尔曼(Benjamin Elman)[1]在中国研究中所运用的思想范式概念,它已经形成了前后一致的"话语:拥有学术表述与意义的共享体系"[2]。这种话语是一种"思想体系",或是一种"'认识论''认知型'的'考古学'"("Archaeology" of systems of thought or "episteme")[3]。当代社会学家更愿将其指定为"思想模式""信念系统"或"认知地图"。这些都可追溯到涂尔干将心态抽象出来的方法。所谓"心态",据伯克说,是涂尔干所说的集体态度、不需明说的假设、特有的文化常识以及信念系统结构的集合体。[4]

芮沃寿将这一"话语"或者说"心态"(他称之为传统)刻画为文士们为了维护优越地位,以及为使学者的价值观和研究取径永久化这一目标服务的自画像。芮沃寿评

---

[1] 艾尔曼,美国汉学家,曾在加州大学洛杉矶分校、普林斯顿大学东亚系任教,主要研究中国思想与文化史、明清时期科技史、中日文学艺术交流史等。——译者注

[2] Benjamin Elman, *From Philosophy to Philology: Intellectual and Social Aspects of Change in Late Imperial China* (Cambridge, Mass.: Council on East Asian Studies, Harvard University, 1984), p. xx.

[3] 引自 Burke, *History and Social Theory*, p. 92。

[4] 引自 Burke, *History and Social Theory*, pp. 91-92。

论说:

> 当欧洲人……开始付出艰苦努力,对这个遥远文化实体的理解取得一些进展时,在主题及阐释方法的选择上他们受到了来自中国本土学术传统的引导。毕竟,没人比中国学者更加权威……因此,欧洲人在他们的早期研究中,在某种意义上是他们所研究的传统和中国文明自画像的俘虏,而这种传统的传承者已经发展了数千年的历程。[1]

在这种意义上,汉学东方主义天真地全盘接受了中国人心目中的东方世界;而不是像萨义德为一般的东方主义心态所假设的那样,从对中国自我赋权的刻板印象中制造出来,作为文本殖民主义尝试的一部分。但是,既然欧洲人站在这一封闭文人共同体之外,他们就没有作为讨论者参与谈话。尽管如此,他们还是受到了它的影响,用安东尼奥·葛兰西(Antonio Gramsci,1891—1937)[2] 所定义的词语说,这是一种"文化霸权"[3]。当这种文化霸权选择了认识中国的方法和将这种认识付诸笔端的方法后,它产生了无处不在但却几乎不被察觉的影响。于是芮沃寿在评价西方、中国或日本汉学的进展时,是以依附还是摆脱这一盘踞多年的霸权传统为基准的。就西方汉学而言,首

---

[1] Arthur Wright, "The Study of Chinese Civilization", *Journal of the History of Ideas* 21 (1960), p. 233. 同样观点在吉瑞德著作的序言中也得到了强调,参见 Girardot, *The Victorian Translation of China*, p. 2。
[2] 葛兰西,意大利共产党的创始人。——译者注
[3] 参见 Burke, *History and Social Theory*, p. 86。

先是富有浪漫色彩和亲华倾向的阶段，它是"早期耶稣会士和十八世纪启蒙运动的遗产"。接着是汉学东方主义，它是遍及欧洲的对于东方事物热情关注的组成部分：那种像嵌藏在琥珀中的一只昆虫一样，超越于历史进步趋势的能力或必要性之上、没有变化的静态社会之中的艺术瑰宝和哲学真理。[1]

浪漫的亲华人士与汉学东方主义者共同采用的方法论，与中国传统学者团体所倡导的是同一种取径，即翻译注释（translation-annotation）的取径，这并不令人吃惊。芮沃寿总结说："'释义学模式'，顺从于传统中国学术，直至十九世纪九十年代，一直构成欧洲汉学的特色。"[2] 直到沙畹从事考古学和历史学，葛兰言从事社会学，福兰阁从事史学，"东方主义的梦魇"才被驱赶出去，汉学才从传统的窒息般的掌控中解放出来。[3]

芮沃寿评价说，沙畹超越了被神秘封存的传统"街区"，将单独的时代与作者辨别了出来，从而"引导了对待历史批判方法的新途径"。芮沃寿接着评价葛兰言："他阅读了那些表面上反映知识界文化观的全部古典文本，并读懂了其后的社会真实。"最后，他认为福兰阁是从欧洲史学中学习，而不是从中国文人学士传统那里汲取研究方法

---

[1] Arthur Wright, "The Study of Chinese Civilization", pp. 240-242.
[2] Arthur Wright, "The Study of Chinese Civilization", p. 243.
[3] 西方关于中国的学术中似乎带有"思想帝国主义"色彩，这方面是其以欧洲标准来对中国加以比较和对比。这明显可以从万济国到甲柏连孜的早期语法学中看出来。他们借助于来自拉丁语生硬而不太合适的范畴对中国语言进行了分析，而不是根据中国语言自身的内在运行规律作研究。关于这一点，参见 Wolfgang Franke, *China and the West*, trans. R. A. Wilson (Oxford: Basil Blackwell, 1967), p. 146。

的第一位历史学家。此外,芮沃寿加上了马伯乐,认为他发展了沙畹的方法,将其运用在传统思想的正统界限之外的领域,甚至研究道教这样的非正统领域。[1]

尽管芮沃寿具有文献工作经验,但是他外在的历史学家与内在的文献学家身份之间所引起的深层次心理冲突,使他忽视了沙畹、马伯乐和葛兰言差不多所有工作的文献基础。[2] 更为引人注目的是沙畹——他可是芮沃寿眼中的历史学先驱——对于翻译—注释取径的提倡。当然,芮沃寿强调的是人们利用资料可以做些什么。也许,文献学家以合适的理由,在处理文本时也可以拥有同样尺度的回旋余地,甚至比注释传统和释义学余量(exegetical excesses)所允许的尺度更大。从操作程序上讲,文学家对一首诗歌的注释,与费正清对清政府档案材料翻译的"评论说明"、韦慕庭对汉代的奴隶史料或中国共产主义档案的翻译所做

[1] Wolfgang Franke, *China and the West*, pp. 246-247. 最早期汉学家的方法论,是从儒家经典诠释全盘照搬过来的,这一方法论的焦点是正统与理性超越了宗教和超然者,同样被热切地接纳了。非儒家传统的学者,例如佛教徒,出自原本的学术偏见,对利玛窦多有指责。福赫(Bernard Faure)评论说:"尤其是,他(利玛窦)对佛教和中国宗教的偏见产生了持久后果;他通过排斥中国思想文化和宗教生活的整体领域,为汉学划定了范围。因此,我们想知道在多大程度上'每位西方汉学家会承认他是自己的先驱'。"(引自戴密微)。参见 Faure, *Chan Insights and Oversights: An Epistemological Critique of the Chan Tradition* (Princeton: Princeton University Press, 1993), pp. 19-20。根据这个传统偏见,马伯乐对于佛教的开创性研究也应当赢得有助于打破儒学一统学术的赞誉。关于西方汉学固有偏见的更多资料,参见 Norman Girardot, "Chinese Religion and Western Scholarship", *China and Western Christianity: Historical and Future Encounters*, ed. James D. Whitehead, Yu-ming Shaw, and Norman J. Girardot (Notre Dame: University of Notre Dame Press, 1979), pp. 83-111。
[2] 可以证明芮沃寿对佛教文本具有超凡的注释翻译能力,下面这个作品的五章中有三章是关于佛家传记和原始资料的文献学研究,参见 *Studies on Chinese Buddhism*, ed. Robert M. Somers (New Haven: Yale University Press, 1990)。

的"说明注释"之间,我几乎看不出有何分别。[1] 然而,正是顾颉刚及其疑古学派久享盛名的对文本考据的应用,在中国宣告了一种新史学的诞生,其后傅斯年及历史语言研究所的同事们又使得这一立场有所缓和与收敛。[2] 随着古文字学领域的迅速发展,长期窖藏的写在丝帛、竹简和青铜器上的文书等被发现,在二十世纪八十年代和二十世纪九十年代几乎每年都有报道,要将它们作为历史资料加以利用,对这些文献资源进行文献学处理是不可或缺的预备环节。[3]

芮沃寿本人知道,从根本上讲,顾氏这派新史学家的史学工作仍是文献学性质的:

在历史学领域,顾颉刚代表了这些年中国研究重

---

[1] C. Martin Wilbur, *Slavery in China During the Former Han Dynasty* 206 *B. C. - A. D.* 25 (1943; rpt. New York: Krause Reprint Co., 1968). (with Julie Lien-ying How), *Documents on Communism, Nationalism, and Soviet Advisers in China 1918 - 1927: Papers seized in the 1927 Peking Raid* (New York: Columbia University Press 1956). 这本书后来大大扩充为下面这部作品,参见 *Missionaries of Revolution: Soviet Advisers and Nationalist China 1920 - 1927* (Cambridge, Mass.: Harvard University Press, 1989)。

[2] 下面这部作品中分析了这次史学的革命,参见 Laurence A. Schneider, *Ku Chieh-kang and China's New History: Nationalism and the Quest for Alternate Traditions* (Berkeley and Los Angeles: University of California Press, 1971)。关于傅斯年和文献学与史学的结合,参见 Wang Fan-sheng, *Fu Ssu-nien: An Intellectual Biography*; Ph. D. diss., Princeton University, 1993, chapter two。

[3] 夏含夷在他为《早期中国历史的新史料:金文与简帛导读的序言》一书所作的前言中强调,为了利用这些新材料,要对史学与文献学进行整合。参见 *New Sources of Early Chinese History: An Introduction to the Reading of Inscriptions and Manuscripts*, ed. Edward L. Shaughnessy (Berkeley: Society for the Study of Early China and The Institute of East Asian Studies, University of California Press, 1997), pp. 1 - 14。

新定向的趋势。他的批判精神以及对研究中国历史的新方法的运用，反映了史学研究从中国文化仰赖的神话及传统秩序所认可的探索方法中解放了出来。儒家经典被重新审视，根据可靠性与真实性程度的不同及其创作时代与作者的可分析性关系，经典文本被当作历史文献，而不是当作智慧的宝藏被逐一研究。[1]

具有讽刺意义的矛盾是，一方面，芮沃寿对文献学家的翻译—注释取径心怀反感，另一方面却赞同从历史学家角度运用翻译—注释取径。这一矛盾也许可以通过他自己创造的术语来解决：顾颉刚的"批判精神"决定他如何处理文本。换句话说，在批判精神的指导下，顾颉刚的文本批判主义方法论，会将文本置于一个新的范式之中。在此范式中，文本是史料，而非偶像；是可供钻研的文献，而非供人欣赏的文学作品。换句话讲，如同本章第二条篇头语所说，他按照尼采所建议的那样运用文献学，将其作为迷信——或是作为固执的世界观——的一个对头。在现代法国的"东方主义"之中，文献学与历史学具有同等价值，都是基础学科，因为亚洲的文明是"书写型文明"（written civilizations）[2]。

诚然，在知识领域，将经典还原为具有历史意义的产

---

[1] Wright, "The Study of Chinese Civilization", p. 251. 关于新史学家在经典研究方面所开创的范式转移，请参见 Henderson, *Scripture, Canon, and Commentary*, pp. 200–223.

[2] "文献学与历史学构成了这个科学领域必不可少的基础，因为亚洲文明尤其是一种书写文明。"参见 *Livre de l'orientalisme française* (Paris: Société Asiatique, 1992), p. 15.

物，即从经典的文献学转向历史学解读，的确要经历一种艰辛的理性的重新定向，这可不是总能够在观念改良或在心平气和的情绪下协商而成的。比如，根据列文森的说法："章炳麟（1869—1936）有些苦涩地承认，传统经典已从不可动摇的指导者变成了历史资料，它们再也不能够自始至终地控制人们，相反得接受人们的审查，人们允许它们在历史中只能存留一个历史时代。"[1] 经典作为真理宝库的地位消失了，接踵而来的是将它们看作平凡的可资盘剥利用的档案文献而对它们进行反击，这标志着近代思想文化的重要转折。正如约翰·亨德森所总结的那样，他在行文中还引用了保罗·利科（Paul Ricoeur, 1913—2005）[2]的话：

> 解经学焦点从经典向古典时代的转移、"从人类的大名著过渡到支撑它们的历史关联"的转移，是人类学术发展史上最有冲击力的事件之一。这一转变既发生在十八、十九世纪的欧洲历史研究中，也发生在清代学术界……不是所有清代的学者都为这一历史主义的通见而着迷。[3]

---

[1] Joseph Levenson, *Confucian China and Its Modern Fate*, vol. 1, p. 93. 关于章炳麟的资料，参见 Shimada Kenji, *Pioneer of the Chinese Revolution: Zhang Binglin and Confucianism*. Trans. Joshua Fogel (Stanford: Stanford University Press, 1990)。

[2] 利科，法国著名哲学家，当代最著名的诠释学家之一。2004 年被美国国会图书馆授予有人文领域的诺贝尔奖之称的克鲁格人文与社会科学终身成就奖。代表作有《意志哲学》《历史与真理》《活的隐喻》。——译者注

[3] Henderson, *Scripture, Cannon, and Commentary*, pp. 214-215. Levenson, *Confucian China and Its Modern Fate*, vol. 1, pp. 79-94. Schneider, *Ku Chieh-kang and China's New History*, pp. 188-217.

在本章第一条篇头语中，当帕利坎提出，史册不是用来复原传统而是对传统的再发现时，他在尊崇原始资料与利用原始资料之间做了同样的区别："特别是在十九世纪及其后的时期中，有许多学者认为，对那些他们曾经不经批判就加以肯定之传统的再发现与批判研究，导致了对那些传统的否定……再发现往往导致摈弃。"[1] 如果说崔述（1740—1816）的这种再发现并没有导致全盘否定作为道德价值宝库的过去，那么对顾颉刚来说的确是这样做的。[2]

文献学家们需要确信他们超越传统并运用批判性范式而非文化性范式的手段工作，从过去及其传统的束缚中解放出来。然而实施的唯一前提是，这一工作的目的是借助于批判手段对原始资料中的真理重新加以发现，而不是以凭借中国爱好者的身份在精神上加以误导，从而恢复传统中的文化根源。

汉学中的真理

伯希和的同门、同事及后继者们，包括国别学派的创立者，例如戴闻达和阿列克谢耶夫等人，坚持要忠于文本，将文本看成是真理的最终裁决者。这无疑是一项危险的事业，因为某些文本甚至还不如爱情不专者，它们不忠于历

---

[1] Pelikan, *The Vindication of Tradition*, pp. 23-24.
[2] Joshua Fogel, "On the Rediscovery of the Chinese Past: Ts'ui Shu and Related Cases", *Perspectives on a Changing China: Essays in Honor of Professor C. Martin Wilbur on the Occasion of His Retirement*, ed. Joshua A. Fogel and William T. Rowe (Boulder: Westview Press, 1979), pp. 219-235.

史，并对文献学的劝诱与甜言蜜语无动于衷。然而，它是那个时代的一个公理，对今天的文献学家来说，也仍然是通常的工作法则。例如，"阿列克谢耶夫要求他的学生注重文本的高度准确性，尤其是要一丝不苟地恪守文本本身。他认为这是最主要的学术证明方法。就是说，他坚持将客观资料列为首位，而反对所有形式的思辨推测"[1]。按照他的说法，文本是"真理的最高尺度"[2]。

这一对文本神圣天性的敬畏和对文本顶礼膜拜的态度，颇有几分19世纪晚期法国历史学家旧实证主义史学的风格。对于他们来说，所有的真理都安安稳稳地存放在文本之中——只可惜它也通常处于晦暗不明的状态。历史需经过缜密的文献处理——就如同实验室中化学家要按部就班、有条不紊地工作——让真理解放出来，从而有益于智慧的活跃、人文的引导及社会的进步。有努马·德尼·甫斯特尔·德·库朗日（Numa Denys Fustel de Coulanges, 1830—1889）[3]为证，他鼓吹"文献实证主义"。根据埃内斯特·布赖沙克（Ernest Breisach）的说法，库朗日1891年在巴黎出版的六卷本《古代法兰西政治制度史》（*Histoire des institutions politiques de l'ancienne France*）中论辩道："文献中没有的就根本不存在。"库朗日主张，只有通过对"每一时代本身所遗留的文字记载及档案加以悉心研究"，

---

[1] L. N. Men'shikov, "Academician Vasilii Mikhailovich Alekseev (1881-1951) and His School of Russian Sinology", *Europe Studies China*, p. 138.

[2] L. N. Men'shikov, "Academician Vasilii Mikhailovich Alekseev (1881-1951) and His School of Russian Sinology", *Europe Studies China*, p. 136.

[3] 努马·德尼·甫斯特尔·德·库朗日，法国著名历史学家，代表作有《古代城邦：古希腊罗马祭祀、权利和政制研究》。——译者注

人们才能够"充分地摆脱现时的成见并充分地摈弃各种各样的偏好与偏见,以便能够精确地想象前人的生活"。[1] 伯希和正是这一传统最为典型的代表。

另外,马伯乐尽管是一位富有天分的文献学家,但他摆脱了实证主义对待文本的成见,对于古代中国政治、社会、经济,以及诸如道教仪式和信仰的宗教史等方面作了大量的综合阐述与分析。这些工作建立在严谨的、大量的文本阅读的基础上,但他最终跳出文本之外,对可利用的资料进行整理与协调,形成了概况性的总结和暂时性的结论。对于使用现代术语来解释每一历史阶段方面,他并不像历史实证主义者那样谨慎克制、犹豫不决,然而他也还没有像葛兰言走得那样远以至于接纳了新生的社会学。

不同于文献学的路数,当代社会科学的模式重在理解,而不是在文本中发现真理。该模式的长处是,它们脱离了中国传统的束缚,可以客观地加以建构并付诸运用。这就避免了巴斯蒂夫人提醒我们注意早期历史学家的问题:他们赋予中国历史以独特性,其实,这一独特性通常是由早期汉学家给予中国语言与文字的。[2] 这一客观模式立即在与其他文化和人民进行的比较研究中派上了用场。这也有助于确保超越注释传统所鼓励的自我肯定的中国中心观。

由于沙畹使汉学传统攀至顶峰,伯希和使文献学技巧达到完美境地,历史学家马伯乐扮演一位过渡性人物,而

---

[1] Ernst Breisach, *Historiography: Ancient, Medieval, and Modern* (Chicago: University of Chicago Press, 1983), p. 276.

[2] Marianne Bastid-Bruguière, "Some Themes of 19th and 20th Century European Historiography on China", *Europe Studies China*, p. 231.

社会学家葛兰言在引进概念模式等方面起到重要作用,因此我们得到一个看似矛盾的结论:沙畹及其三个追随者奠定了现代汉学的基础。而这三个追随者却标志着传统汉学出现了分化,一枝独秀的局面被打破,另一种趋势则崛起:福兰阁在历史研究领域,龙彼得在文献校勘方面,理雅各的经典翻译,高本汉的语言学研究,以及韦利和薛爱华的文学研究,劳费尔的博物学研究和卜弼德的亚洲词源学研究,等等。他们都凭借其独特的个性化路径而成为一个个传统高峰的代表人物,而这一传统本身即便还没有消亡,在第二次世界大战后也由于其他学科的发展而日益边缘化,无疑在走向衰落。

然而,在一个考古发现不断增多的时代,跨学科取径尤其重要。[1] 由于考古发现中包含有文献史料,不仅需要对这些新的文本进行文献学审查,而且还要依据这些新出土的文献和考古发现,对整个文献传统进行文献学探查,尤其是在历史音韵学和校勘学学科领域日益复杂,文学批评和比较文学领域新取径有了发展的情形之下更是如此。休斯(H. Stuart Hughes)小心翼翼地指出:"历史学家似乎忘记了——假如他们曾经确切地知道过——一个简单的真理:所谓研究工作的进步不仅仅来源于新资料的发现,对已有材料进行新解读的功劳至少不在其下。"[2] 我们也不期望回到笛卡儿式的对于理性的盲目信仰——巧妙地装扮成哲学、数学和物理模式——好像它是唯一通向真理的途径。正如费舍尔所警告的那样,"方法论神话"总会出

---

[1] 这一根本性需要得到了鲁惟一的强调,参见 Michael Loewe, "The History of Early Imperial China: The Western Contribution", *Europe Studies China*, p. 247。
[2] 引自 LaCapra, *History and Criticism*, p. 20。

现，它既具有诱惑力，[1] 又使人产生盲目性。

有时候，模型有其自身的生命，它为证据所启发，可是并不一定得到证据的支持："信念的跃迁"（leaps of faith）。无论是对于历史学家，还是对于文本批评家，"信念的跃迁"都同样地具有风险。例如，狄奥多尔·汉莫若（Theodore Hamerow）将整个事业比作艺术史家的工作：

> 社会科学历史学家就如同古代艺术品的守护者，他试图将一大堆零散碎片拼合成一件罗马石画。结果似乎可以接受；但它永远不过是一种想象性的重构。方法论所得出的结论往往巧妙而富有说服力，甚至可以证明它是合适的。但我们可以据此确认它们代表了客观事实，而非主观认识的结果吗?[2]

在这一设想的方案中，手段成为目的。对文献学家来说，方法论达到物质文本（physical texts）的目的。在我看来，历史学和其他社会科学是构建阶段性结论的方法论手段，这些结论本身往往只是手段的投影；它们不是独立的实体，仅仅是难以表述的并且变化着的抽象观念的建构体。

---

[1] David Hackett Fischer, *Historians' Fallacies: Toward a Logic of Historical Thought* (New York: Harper Torchbooks, 1970), pp. xx-xxi.

[2] Theodore Hamerow, *Reflections on History and Historians* (Madison: University of Wisconsin Press, 1987), p. 187. 同时参见 Hamerow, "The New History and the Old", *Reflections on History and Historians*, pp. 162-204。他的这篇完整论文应与下面这部作品一起阅读，参见 Gertrude Himmelfarb, *The New History and the Old: Critical Essays and Reappraisals* (Cambridge, Mass.: Harvard University Press, 1987)。这样可以对新的可利用模式保持警惕，并对其应用的方法小心对待。

(当然,我们在回避直接回答一个本体论问题,那就是,究竟是否任何人都可以真正"读"懂一个文本并且发现作者意图,而从文献学家的观点来看,这个问题无关宏旨。)另外,萨义德指出:"这似乎是一种常见的人性弱点:比起与人接触时的迷茫,人们似乎更愿意接受模式化的文本权威。"[1] 因此,即使一个特定的文本或档案具有共同的论点和资料来源的优势,也必须抑制逃避到安全而弧独的书面资料中去的欲望,无论它们提供了多么安全且看似可靠的避风港。

今天,检验汉学家——无论他忠诚于哪一门学科——的试金石都将是对真理的不断探索。在这一情形下,真理不是某种"客观现实",既不是通过严格而忠实的应用方法,也不是凭借醍醐灌顶的洞悉力来领悟的新发现:真理就是方法本身,以真实的方式加以应用。给真理下这样的定义会在客观理想与人永远带有偏向性这一现实之间造成不可避免的鸿沟。对此,彼得·诺维克(Peter Novick)[2] 曾做过假设并给出了富有说服力的证明。[3] 有鉴于此,保罗·利科坚持认为,历史学家——或任何其他学科的学者——不要为了掌握抽象、无限、终极的真理而空耗气力。与此相反,他们应试图抓住那具体、有限、转瞬即逝的答

---

[1] 引自 Clifford, review of Said, *Orientalism*, p. 212。
[2] 彼得·诺维克,美国芝加哥大学历史学荣誉教授。主要代表作有《反抗维希:解放后的法国对通敌者的肃清行动》和《那高尚的梦想:"客观性问题"和美国历史学界》,后者荣获美国历史学会所授予的美国历史学年度最优秀著作奖。——译者注
[3] Novick, *That Noble Dream: The "Objectivity Question" and the American Historical Profession* (Cambridge: Cambridge University Press, 1988)。

案。因而，真理存在于"我作为一名历史工作者（workman of history）去合乎伦理地完成工作任务的过程"[1]之中。伊曼努尔·沃勒斯坦（Immanuel Wallerstein）[2]通过将真理的讨论拉回到给客观性下定义而澄清这场争论：

> 学者的角色是在他所笃信的准则下，分辨清楚他所研究现象的当下真实状况，并从研究中引申出普遍原则，并根据这些原则，最终付诸具体的应用。"真理"在改变，因为社会在改变。在任何给定的时刻，无物连续；一切都同时发生，即使那些过去发生的事情。现在，我们都必定是我们的成长背景、专业训练、个人性格、社会角色及我们生活中的结构化压力等诸因素的产物。

他总结说："客观性就是此框架内的诚实性（Objectivity is honesty within this framework）。"[3] 文献学家的真理，则是将文献学取径的最佳技艺与方法，以符合学科规范的方式客观地付诸应用。

在本书中所描述的汉学家们提供了大量有用的典型文献学家工作的事例。这就是为什么将劳费尔列为拥用卓越

---

[1] Paul Ricoeur, *History and Truth*, tr. Charles A. Kelbley (Evanston: Northwestern University Press, 1965), p. 8.
[2] 沃勒斯坦，美国社会学家、历史学家、经济学家和政治学家，"世界体系理论"的主要代表人物和当代社会科学多学科综合研究的倡导者，也是当今最具创见的科学家之一。他的代表作有《现代世界体系》。——译者注
[3] Wallerstein, *The Modern World System*, vol. 1: *Capitalist Agriculture and the Origins of the European World-Economy in the Sixteenth Century* (New York: Academic Press, 1974), p. 9.

技巧的汉学家，尽管他独立为学，没有建立任何学派。倘若说我对汉学制度发展的描绘尚有遗漏的话，即我没有将足够的汉学学派及其师承详尽明确地登记在册，更别说我还试图描述一个汉学理论史和学术思想史，然而至少我还是介绍了某些特定取径的潜在问题和成功方面。

我所采用的谱系学模式是能将我对汉学家的论述协调编排起来的模式。借用詹姆斯·克利福德（James Clifford）[1]的话说，这一谱系化取径使我绕过了思想文化史，以追溯过往和持续不断的形式描述了文献学类型的汉学（philological sinology）的"结构和方法论"；在19世纪及20世纪早期，这种文献学型的汉学就实现了它的经典形态。[2]假若有人进一步观察那些我最用心关注的汉学家，这一传记框架必然在不知不觉之中就会被打破，成为一个个"伟人"的记述传统，并表现为不可避免地让中国人感到别扭的世俗化的"三位一体"——由英国传教士、领事汉学家马礼逊、理雅各和翟理斯组成的三重奏；由傅尔蒙、雷慕沙和儒莲组成的法国汉学书斋学派的三驾马车，由大师级汉学家沙畹、伯希和和马伯乐组成的三巨头；由德国汉学家霍古达、福兰阁和流亡者劳费尔组成的三重奏；以及由盎格鲁—美利坚人文主义者韦利、卜弼德和薛爱华组成的三剑客。这一由九位汉学家（从沙畹到薛爱华）组成的系列，也许应当单独分章，以示光荣，用埃德蒙·斯宾

---

[1] 克利福德，美国加州大学圣克鲁兹分校思想史教授，著名的人类学者。——译者注
[2] Clifford, review of Said, *Orientalism*, p. 207.

塞（Edmund Spenser, 1552—1599）[1]对天使的分类法，即分为三等和三级，合起来，共有"三三得九"（trinall triplicities）九个等级。

将汉学置于一个由伟大的个体典范所组成的历史过程中，比将它们看成是无缝同步的"学术霸权"或"学术话语"，可能更加平易近人且易于分析，也许有时还更易于效仿。但是，制度化的汉学将通过整个学科领域的实践者在许多层面上的优势介入来保持其传统，这既是为了确保长期的可靠性，也是为了保持与学科外领域对话的翔实性。然而，倘若在该领域内不能定期地出现这样的英雄形象，那么面对日益加剧的资金、资源配置和赞助的竞争，且要想让文献学在大型图书馆内拥有一个独立的小单间，也许就会变得愈来愈困难。这一困难境地的一个典型例子就是当代荷兰学派。正如伊维德（Wilt Idema）[2]所感叹的那样：

> 荷兰汉学一直以踏实的文献基本功引以自豪。这一研究中国文化的综合性路数，却由于两个因素而难以生存：一是日益增长的学科方法尖端化要求，以及与之相应的日益增长的专业化要求；二是由于政府对

---

[1] 斯宾塞，英国文艺复兴时期诗人。——译者注
[2] 伊维德，著名荷兰汉学家，哈佛大学东亚语言与文学系荣休教授，荷兰皇家艺术和科学院院士。主要研究方向为中国俗文学研究，主要中文专著有《朱有燉的杂剧》等，参与编著《剑桥中国文学史》，撰写"说唱文学"部分。——译者注

于大学本科教学年限和研究生工作时间的严格控制。[1]

在这种压力下,像汉学这样以保守主义的恋旧情结、不时髦的方法取径和传统主义的沉重负荷而闻名的学科,只好通过持续不断地证明其与整个人文科学研究的联系,尤其是对于中国学研究的重要性,来抵制全方位的学科萎缩,保持其在学术中的狭小空间。多米尼克·拉卡普拉(Dominick LaCapra)[2]警告说:"当过去不再与现实发生关联,关注过去就会被讥讽为'好古癖'。"[3]我们不能允许让"好古癖"与其他的棍子和帽子合在一起来指责这个世纪以及以往世纪从事文献学路数的汉学家。要做到这一点,唯有忠实地面对由该著作所论述的权威们所倡导、发展起来的传统;与此同时,我们还得对文献学家的技能装备库进行有效的处理,并清楚简明地表述出来,从而对我们的同龄人能勤奋地从事重新审阅、分析和介绍中国文献遗产的工作有所裨益。然而,当我们满怀敬意地在学术的祭坛前净手焚香阅读他们的著作,思考他们的理论时,别忘了同样重要的是他们提供的灵感,那将有助于我们不断提升高精水平的技术、拓宽研究的语境,使我们自己的工作与时代更加契合。这是过往的历史所能给予我们的最大价值。

---

[1] Idema, "Dutch Sinology: Past, Present and Future", *Europe Studies China*, p. 107.
[2] 拉卡普拉,美国著名的历史理论和文学批评理论学者。
[3] LaCapra, *History and Criticism*, p. 30.

参考书目

本参考书目仅限于有关汉学历史及其背景，机构或图书馆藏书和奖学金的现代研究。汉学家的个人著作和有关传记的资料太多，无法在此列出。它们可以在前文注释中引用的个人介绍中找到。

1. Philip C. Almond, *The British Discovery of Buddhism*, Cambridge: Cambridge University Press, 1988.
2. Suzanne W. Barnett and John K. Fairbank, eds., *Christianity in China: Early Protestant Missionary Writings*, Cambridge, Mass.: Harvard University Press, 1985.
3. Timothy Barrett, *Singular Listlessness: A Short History of Chinese Books and British Scholars*, London: Wellsweep, 1989.
4. Wilhelm Barthold, *La Découverte de l'Asie: Histoire de l'orientalisme en Europe et en Russe*, french translation by Basile Nikitine, Paris: Bovin, 1947.
5. Marianne Bastid-Bruguière, "Some Themes of 19th and 20th Century Historiography on China", in *Europe Studies*

China: Papers from an International Conference on the History of European Sinology, London: Han-Shan Tang Books, 1995, pp. 228-239.

6. Giuliano Bertuccioli, "Sinology in Italy 1600—1950", in Europe Studies China, pp. 67-78.

7. C. R. Boxer, ed., South China in the Sixteenth Century, London: Hakluyt Society, 1953; "Some Aspects of Western Historical Writing on the Far East, 1500—1800", in Historians of China and Japan, edited by E. G. Pulleyblank and W. G. Beasley, London: Oxford University Press, 1961, pp. 306-321.

8. Ernst Breisach, Historiography: Ancient, Medieval and Modern, Chicago: University of Chicago Press, 1983.

9. Peter Burke, The French Historical Revolution: The Annales School 1929—1989, Cambridge: Cambridge University Press, 1990; History and Social Theory, Ithaca: Cornell University Press, 1992.

10. Meribet E. Cameron, "Far Eastern Studies in the Unite States", FEQ 7 (1948), pp. 115-135.

11. Centre franco-chinois d'études sinologiques, Deux siècles de sinologie française, Peking, 1943.

12. John Chalmers, "Is Sinology a Science?", China Review 2 (1873), pp. 169-173.

13. Chang I-tung, "The Earliest Contacts Between China and England", Chinese Studies in History and Philosophy 1 (1968), pp. 53-78.

14. Jerome Ch'en, *China and the West: Society and Culture 1815—1937*, London: Hutchinson, 1979.
15. Chou Fa-kao, *Han-hsüeh lun-chi*, Hong Kong: Ke-ta shu-chü, 1964.
16. Paul A. Cohen, *China and Christianity: The Missionary Movement and the Growth of Chinese Antiforeignism, 1860—1870*, Cambridge, Mass.: Harvard University Press, 1963; *Discovering History in China: American Historical Writing on the Recent Chinese Past*, New York: Columbia University Press, 1984.
17. Michael Cooper, "The Portuguese in the Far East: Missionaries and Traders", *Arts of Asia* 7 (1977), pp. 25-33.
18. Henri Cordier, "Les Etudes chinoises sous la révolution et I'empire", *TP* 19 (1920), pp. 59-103.
19. C. R. Crone, *The Discovery of the East*, New York: St. Martin's Press, 1972.
20. Raymond Dawson, *The Chinese Chameleon: An Analysis of European Conceptions of Chinese Civilization*, London: Oxford University Press, 1967.
21. J. W. de Jong, *A Brief History of Buddhist Studies in Europe and America*, New Delhi: Bharat-Bharati, 1976.
22. Paul Demiéville, "Aperçu historique des études sinologiques en France", in *Choix d'études sinologiques (1921—1970)*, Leiden: E. J. Brill, 1973, pp. 443-487.

23. Jean-Pierre Drège, "Tun-huang Studies in Europe", in *Europe Studies China*, pp. 513-532.
24. Homer H. Dubs, *China: The Land of Humanistic Scholarship*, An Inaugural Lecture Delivered before the University of Oxford on 23 February 1948, Oxford: Clarendon Press, 1949.
25. George Dunne, *Generation of Giants: The Story of the Jesuits in China in the Last Decades of the Ming Dynasty*, South Bend: Notre Dame University Press, 1962.
26. J. J. L. Duyvendak, "Early Chinese Studies in Holland", *TP* 32 (1936), pp. 293-344; *Holland's Contribution to Chinese Studies*, London: The China Society, 1950.
27. James Bromley Eames, *The English in China*, London: Curzon Press, 1909.
28. Dwight Edwards, *Yenching University*, New York: United Board for Christian Higher Education in Asia, 1959.
29. Serge Ellisséeft, "The Chinese-Japanese Library of the Harvard-Yenching Institute", *Harvard Library Bulletin* (1956), pp. 73-93.
30. Benjamin Elman, "From Value to Fact: The Emergence of Phonology as a Precise Discipline in Late Imperial China", *JAOS* 102 (1982), pp. 493-500; *From Philosophy to Philology: Intellectual and Social Aspects of Change in Late Imperial China*, Cambridge, Mass.: Council for East Asian Studies, Harvard University, 1984.
31. Eugene Eoyang, *The Transparent Eye: Reflections on*

Translation, Chinese Literature, and Comparative Poetics, Honolulu: University of Hawaii Press, 1993.

32. Fan Tsen-chung, *Dr. Johnson and Chinese Culture*, London: The China Society, 1945.

33. Herbert Franke, *Sinologie*, Bern: A. Francke, 1953; *Sinologie an Deutschen Universitäten*, Wiesbaden: Franz Steiner Verlag, 1968; *Sinology at German Universities*, Wiesbaden: Franz Steiner Verlag, 1968; "Sinologie im 19. Jahrhundert", in *August Pfizmaier (1808—1887) und seine Dedeutung für die Ostasienwissenschaften*, ed. Otto Ladstatter and Sepp Linhart, Vienna, 1990, pp. 23-40; "In Search of China: Some General Remarks on the History of European Sinology", in *Europe Studies China*, pp. 11-25.

34. Otto Franke, "Die sinologischen Studien in Deutschland", *Ostasiatische Neubildungen* (Hamburg, 1911), pp. 357-377.

35. Wolfgang Franke, "The Younger Generation of German Sinologists". *MS* 5 (1940), pp. 437-446; *China and the West*, trans. R. A. Wilson, Oxford: Basil Blackwell, 1967.

36. José Frèches, *La Sinologie*, Paris: Presses Universitaires de France, 1975.

37. B. G. Gafurov and Y. V. Gankovsky, eds., *Fifty Years of Soviet Oriental Studies: Brief Reviews (1917—1962)*, Moscow: Nauka, 1967.

38. Charles S. *Gardner, Chinese Traditional Historiography*,

1938; rpt. Cambridge, Mass.: Harvard University Press, 1970.

39. Gregory Eliyu Guldin, *The Saga of Anthropology in China: From Malinowski to Moscow to Mao*, Armonk, N. Y. : M. E. Sharpe, 1994.

40. John B. Henderson, *Scripture, Canon, and Commentary: A Comparison of Confucian and Western Exegesis*, Princeton: Princeton University Press, 1991.

41. Hugh Honour, *Chinoiserie: The Vision of Cathay*, London: John Murray, 1961.

42. Peter Hopkirk, *Foreign Devils on the Silk Road*, London: John Murray, 1982.

43. Richard C. Howard, "The Development of American China Studies: A Chronological Outline", *International Association of Orientalist Libraries*, Bulletin 32-33 (1988), pp. 38-49.

44. Hu Shu Chao, *The Development of the Chinese Collection in the Library of Congress*, Boulder: Westview Press, 1970.

45. Charles O. Hucker, *The Association for Asian Studies: An Interpretive History*, Ann Arbor: AAS, 1973.

46. Arthur W. Hummel, "Some American Pioneers in Chinese Studies", *Notes on Far Eastern Studies in America* 9 (1941), pp. 1-6; ed. *Eminent Chinese of the Ch'ing Period (1644—1912)*, 2 vols, Washington: United States Government Printing Office, 1943.

47. Wilt L. Idema, "Dutch Sinology: Past, Present, and

Future", in *Europe Studies China*, pp. 88-110.

48. George C. Iggers, *The German Conception of History: The National Tradition of Historical Thought from Herder to the Present*, Middletown, Conn.: Wesleyan University Press, 1983.

49. Mikinosuke Ishida, *Ō-Bei ni okeru Shina kenkyū*, Tokyo, 1942.

50. George A. Kennedy, *An Introduction to Sinology: Being a Guide to the Tz'u Hai (Ci Hai)*, 1953; rpt. New Haven: Far Eastern Publications, 1981.

51. Kiang Kang-Hu, *Chinese Civilization: An Introduction to Sinology*, Shanghai: Chun Hwa Book Co., 1935.

52. E. Stuart Kirby, *Russian Studies of China: Progress and Problems of Soviet Sinology*, New Jersey: Rowman and Littlefield, 1976.

53. C. Kiriloff, "Russian Sources", in *Essays on the Sources for Chinese History*, ed. Donald Leslie, Donald D., Colin Mackerras, and Wang Gungwu, Columbia, S. C.: University of South Carolina Press, 1973, pp. 188-202.

54. John Lam, "The Early History of Chinese Studies in America", *Hong Kong Library Association Journal* 2 (1971), pp. 16-23.

55. Kenneth S. Latourette, *The History of Early Relations between the United States and China, 1784—1844*, New Haven: Yale University Press, 1917; *A History of Christian Missions in China*, New York: Macmillan, 1929.

56. Joseph R. Levenson, "The Humanistic Disciplines: Will Sinology Do?", *JAS* 23 (1964), pp. 507–512.
57. Li Huang, *Fa-kuo Han-hsüeh lun-chi*, Kowloon: Chu Hai College, 1975.
58. John M. H. Lindbeck, *Understanding China: An Assessment of American Scholarly Resources*, New York: Praeger, 1971.
59. Liu Kwang-ching, *Americans and Chinese: A Historical Essay and a Bibliography*, Cambridge, Mass.: Harvard University Press, 1963.
60. Michael Loewe, "The History of Early Imperial China: The Western Contribution", in *Europe Studies China*, pp. 245–263.
61. Knud Lundbæk, "The Establishment of European Sinology, 1801—1815", in *Cultural Encounters: China, Japan and the West. Essays Commemorating 25 Years of East Asian Studies at the University of Aarhus*, ed. Søren Clausen, Roy Starrs, and Anne Wedell-Wedellsborg, Aarhus: Aarhus University Press, 1995, pp. 15–54.
62. Jessie Gregory Lutz, *China and the Christian College, 1850—1950*, Ithaca: Cornell University Press, 1971.
63. Göran Malmqvist, "On the History of Swedish Sinology", in *Europe Studies China*, pp. 161–174.
64. P. Martino, *l' Orient dans la littérature française aux XIIIe et au XVIIIe siècles*, Paris: Hachette, 1906.
65. Henri Maspero, "La Sinologie", in *Société Asiatique, Le Livre du centenaire, 1822—1922*, Paris, 1922,

pp. 261−283; "La Chaire de Langues et Littératures chinoises et tartares-mandchoues", in *Le Collège de France, Livre jubilaire composé a l' occasion de son quatrième centenaire*, Paris, 1932, pp. 355−366.

66. Ernest R. May and John K. Fairbank, *America's China Trade in Historical Perspective: The Chinese and American Performance*, Cambridge, Mass.: Harvard University Press, 1986.

67. Frederick W. Mote, "The Case for the Integrity of Sinology", *JAS* 23 (1964), pp. 531−534.

68. A. C. Moule, "British Sinology", *The Asiatic Review* 44 (1948), pp. 187−192.

69. David E. Mungello, *Curious Land: Jesuit Accommodation and the Origins of Sinology*, Wiesbaden: Franz Steiner, 1985; ed., *The Chinese Rites Controversy: Its History and Meaning*, Nettetal: Steyler Verlag, 1994; *The Great Encounter of China and the West, 1500—1800*, New York: Rowman and Littlefield, 1999.

70. William H. Nienhauser, Jr., et al., eds., *The Indiana Companion to Traditional Chinese Literature*, Bloomington: Indian University Press, 1986.

71. Peter Novick, *That Noble Dream: The "Objectivity Question" and the American Historical Profession*, Cambridge: Cambridge University Press, 1988.

72. Edwin G. Pulleyblank, "How Do We Reconstruct Old Chinese?", *JAOS* 112 (1992), pp. 365−382.

73. Charles Ronan and Bonnie Oh, eds., *East Meets West: The Jesuits in China, 1582—1773*, Chicago: Loyola University Press, 1988.

74. Arnold H. Rowbotham, "A Brief Account of the Early Development of Sinology", *The Chinese Social and Political Science Review* 7 (1923), pp. 113 - 138; *Missionary and Mandarin: The Jesuits at the Court of China*, Berkeley: University of California Press, 1942, edited by Donald Leslie, et al., Columbia, S. C.: University of South Carolina Press, 1973, pp. 176-187; *K'ung-tzu or Confucius: The Jesuit Interpretations of Confucianism*, Sydney: Allen and Unwin, 1986.

75. Edward H. Schafer, *What and How is Sinology?* Inaugural Lecture for the Department of Oriental Languages and Literatures, University of Colorado, Boulder, 14 October, 1982, University of Colorado, 1982; "Rudiments of a Syllabus on Sinological History", Berkeley, n. d. Photocopy.

76. Kristopher Schipper, "The History of Taoist Studies in the West", in *Europe Studies China*, pp. 467-491.

77. Raymond Schwab, *La Renaissance orientale*, Paris: Editions Payot, 1950. Tr. Gene Patterson-Black and Victor Reinking, under the title *The Oriental Renaissance: Europe's Rediscovery of India and the East, 1680—1880* (New York: Columbia University Press, 1984).

78. See Sung, "Sinological Studies in the United States", *Chinese Culture* 8 (1967), pp. 133-170.

79. Paul L-M. Serruys, "Philologie et linguistique dans les études sinologiques". *MS* 8 (1943), pp. 167-219.
80. David Shambaugh, ed., *American Studies of Contemporary China*, Armonk, N. Y.: Woodrow Wilson Center Press, 1993.
81. Stuart Simmonds and Simon Digby, eds., *The Royal Asiatic Society: Its History and Treasures*, Leiden: E. J. Brill, 1979.
82. G. William Skinner, "What the Study of China Can Do for Social Science", *JAS* 23 (1964), pp. 517-522.
83. Vladislav F. Sorokin, "Two and a Half Centuries of Russian Sinology", in *Europe Studies China*, pp. 111-128.
84. Nikolai Speshnev, "Teaching and Research on Chinese Language at St Petersburg University in the 19th and 20th Centuries", in *Europe Studies China*, pp. 129-135.
85. W. E. Soothill, *China and the West: A Sketch of Their Intercourse*, London: Oxford University Press, 1925.
86. Elizabeth Strout, ed., *Catalogue of the American Oriental Society Library*, New Haven: Yale University Library, 1930.
87. Traian Strianovich, *French Historical Method: "Annales" Paradigm*, Ithaca: Cornell University Press, 1976.
88. Earl Swisher, *China's Management of the American Barbarians: A Study of Sino-American Relations, 1841—1861, with Documents*, New Haven: Far Eastern Publications, 1951; "Symposium on Chinese Studies and

the Disciplines", *JAS* 23 (1964), pp. 505-538; 24 (1964), pp. 109-114.

89. C. Y. Tao (T'ao Chen-yü), *Shih-chieh ke-kuo Han-hsüeh yen-chiu lun-wen-chi*, Taipei: Kuo-fang yen-chiu-yüan, 1962.

90. Ting Tchao-ts'ing, *Les Descriptions de la Chine par les Français, 1650—1750*, Paris, 1928.

91. Laurence G. Thompson, "American Sinology, 1830—1920: A Bibliographical Survey", *Tsing Hua Journal of Chinese Studies. New Series* 2 (1961), pp. 244-290.

92. Donald W. Treadgold, *The West in Russia and China: Religious and Secular Thought in Modern Times*, vol. 2: *China 1582—1949*, Cambridge: Cambridge University Press, 1973.

93. Denis Twitchett, *Land Tenure and the Social Order in T'ang and Sung China*, London: Oxford University Press, 1962; "A Lone Cheer for Sinology", *JAS* 24 (1964), pp. 109-112; *Printing and Publishing in Medieval China*, London: Wynken De Worde Society, 1983.

94. Paul Varg, *Missionaries, Chinese and Diplomats: the American Protestant Missionary in China, 1890—1952*, Princeton: Princeton University Press, 1952.

95. Isabelle Vissière and Jean-Louise Vissière, *Lettres édifiantes et curieuses de Chine par des missionnaires jésuits 1702—1776*, Paris: Garnier-Flammarion, 1979.

96. Philip West, *Yenching University and Sino-Western Relations*,

Cambridge, Mass.: Harvard University Press, 1976.

97. Eric Widmer, *The Russian Ecclesiastical Mission in Peking during the 18th century*, Cambridge, Mass.: Harvard University Press, 1976.

98. Arthur Wright, "The Study of Chinese Civilization", *Journal of the History of Ideas* 21 (1960), pp. 233-255; (1964), pp. 513-516.

99. Yuan Tung-Li, *Russian Works on China, 1918—1960*, New Haven: Far Eastern Publications, 1961.

100. Zhang Longxi, *The Tao and the Logos: Literary Hermeneutics, East and West*, Durham, N. C.: Duke University Press, 1992.

101. E. Zürcher, "From 'Jesuit Studies' to 'Western Learning'", in *Europe Studies China*, pp. 264-279.

102. Harriet T. Zurndorfer, *China Bibliography: A Research Guide to Reference Works About China Past and Present*, Leiden: E. J. Brill, 1995.

人名对照表

A

A. 巴特（August Barth）

阿恩德（Carl Arendt）

阿尔班·伯格（Alban Berg）

阿尔伯特·冯·勒柯克（Albert von le Coq）

阿尔伯特·格伦威德尔（Albert Gruenwedel）

阿尔弗雷德·爱德华·豪斯曼（Alfred Edward Housman）

阿格里科拉（Agricola）

阿兰-勒内·勒萨日（Alain-René Lesage）

阿里斯塔克斯（Aristarchus）

阿历克谢耶夫（Vassili Mikhailovitch Alekseev）

阿诺德·勋伯格（Arnold Schönberg）

阿瑟·韦利（Arthur Waley）

埃德蒙·巴恪思（Edmund Backhouse）

埃德蒙·斯宾塞（Edmund Spenser）

埃德温·阿诺德（Edwin Arnold）

埃丽莎·莫迪（Eliza Moody）

埃米尔·瓦西里耶维奇·布雷特施奈德（Emile

Vasilievitch Bretschneider）

　　埃姆斯（James Bromly Eames）

　　埃内斯特·布赖沙克（Ernest Breisach）

　　埃兹拉·庞德（Ezra Pound）

　　艾伯华（Wolfram Eberhard）

　　艾尔曼（Benjamin Elman）

　　艾弗·阿姆斯特朗·瑞恰慈（Ivor Armstrong Richards）

　　艾丽斯·H. 格雷格（Alice H. Gregg）

　　艾略特·温伯格（Eliot Weinberger）

　　爱德华·弗伦克尔（Eduard Fraenkel）

　　爱德华·福斯特（E. M. Foster）

　　爱德华·塞登斯蒂克（Edward Seidensticker）

　　爱德华·泰勒（Edward Teller）

　　安德鲁·沃兹（Andrew Walls）

　　安东尼·格拉夫顿（Anthony Grafton）

　　安东尼奥·葛兰西（Antonio Gramsci）

　　奥古斯特·博克赫（August Boeckh）

　　奥托·克伦佩勒（Otto Klemperer）

　　奥托·曼森-黑尔芬（Otto Maenchen-Helfen）

B

　　巴雷特（Timothy Hugh Barrett）

　　巴罗斯（Joao de Barros）

　　巴纳（Noel Barnard）

　　巴斯蒂夫人（Marianne Bastid-Bruguière）

　　巴维（Victor Pavie）

巴耶（Theophilus Siggfried Bayer）

巴赞（Antoine Bazin）

巴兹尔·格雷（Basil Gray）

白安妮（Anne Birrell）

白汉理（Henry Blodget）

白乐日（Etienne Balazs）

白牧之（Bruce Brooks）

白日昇（Jean Basset）

白一平（William H. Baxter）

白佐良（Giuliano Bertuccioli）

柏夷（Stephen R. Bokenkamp）

柏应理（Phillipe Couplet）

保罗·赫尔（Paul Hyer）

保罗·惠特利（Paul Wheatley）

保罗·卡鲁斯（Paul Carus）

保罗·利科（Paul Ricoeur）

保罗·马斯（Paul Maas）

保罗·欣德米特（Paul Hindemith）

鲍登（C. R. Bawden）

鲍蒂埃（Jean-Pierre-Guillaume Pauthier）

鲍格洛（Timoteus Pokora）

鲍培（Nicholas Poppe）

鲍则岳（William G. Boltz）

贝利（Harold Walter Bailey）

贝林柯（C. O. Brink）

比埃尔·培尔（Pierre Bayle）

比鲁尼（al-Biruni）

比丘林（Hyacinth Bichurin）

彼得·阿力克西斯·布德伯格（Peter Alexis Boodberg）

彼得·伯克（Peter Burke）

彼得·杜邦索（Peter S. Du Ponceau）

彼得·芒迪（Peter Mundy）

彼得·纽马克（Peter Newmark）

彼得·诺维克（Peter Novick）

彼特拉克（Franciscus Petrarch）

毕尔（Samuel Beal）

毕汉思（Hans Bielenstein）

毕欧（Edouard Biot）

毕晓普（John Bishop）

裨治文（Elijah Coleman Bridgman）

波焦·布拉乔利尼（Poggio Bracciolini）

波利齐亚诺（Angelo Poliziano）

伯驾（Peter Parker）

伯里（John Bagnell Bury）

伯希和（Paul Pelliot）

博克舍（C. R. Boxer）

博马舍（Beaumarchais）

卜弼德（Peter A. Boodberg）

卜德（Derk Bodde）

卜立德（David Pollard）

卜弥格（Michael Boym）

布莱尔（Michel Breal）

布鲁姆（Benjamin Bloom）

布鲁诺·瓦尔特（Bruno Walter）

C

查赫（Erwin von Zach）

常安尔（E. H. von Tscharner）

晁德莅（Angelo Zottoli）

陈寅恪（Ch'en Yin-k'o）

茨威科（Zoe Zwecker）

崔瑞德（Denis Twichett）

D

D. W. 奥莱芬特（D. W. Olyphant）

达娜·波尔格里（Dana Bourgerie）

大卫·莱特（David C. Wright）

戴何都（Robert des Rotours）

戴密微（Paul Demiéville）

戴南（Emerson Tennent）

戴遂良（Léon Wieger）

戴维森（Jeremy Davidson）

戴闻达（J. J. L. Duyvendak）

丹尼斯·拉宾（Denys Lambin）

丹尼斯·塞诺（Denis Sinor）

但丁（Dante Alighieri）

但尼士（Nicholas Belfield Dennys）

岛邦男（Shima Kunio）

道格拉斯（Robert Kennaway Douglas）
德奥特莱（Michel Le Roux des Hauterayes）
德经（Joseph De Guignes）
德里达（Jacques Derrida）
德理文（Marquis d'Hervey de Saint-Denys）
德效骞（Homer H. Dubs）
邓嗣禹（S. Y. Teng）
狄奥多尔·汉莫若（Theodore Hamerow）
迪亚兹（Francisco Diaz）
笛卡儿（Rene Descartes）
丁爱博（Albert Dien）
杜尔阁（Anne Robert Jacques Turgot）
杜赫德（Jean Baptiste du Halde）
杜润德（Stephen Durrant）
杜西埃（Lois Dussieux）
多罗西·费古埃娜（Dorothy Figueira）
多兹（E. R. Dodds）

E

俄耳甫斯（Orphic）
恩迪柯特-维斯特（Elizabeth Endicott-West）
恩内斯特·费诺罗萨（Ernest Fenollosa）
恩斯特·坎托洛维奇（Ernst Kantorowicz）

F

凡·格塞尔（Van Gessel）

范·林斯科顿（Jan Huygen van Linschoten）
菲利普·马松（Phillippe Masson）
菲诺（Louis Finot）
费琅（Gabriel Ferrand）
费乐仁（Lauren Pfister）
费涅尔（Fresnel）
费正清（John King Fairbank）
费之迈（August Pfizmaier）
冯秉正（Joseph de Mailla）
佛尔克（Alfred Forke）
弗德里希·谢林（Friedrich Shelling）
弗拉基米尔·纳博科夫（Vladimir Nabokov）
弗拉季米尔佐夫（Boris Yakovlevič Vladirmircov）
弗拉维奥·比昂多（Flavio Biondo）
弗莱（Northrop Frye）
弗兰克尔（Hermann Frankel）
弗兰西斯·培根（Francis Bacon）
弗朗茨·葆朴（Franz Bopp）
弗朗西斯科·米歇尔（Francisque Michel）
弗雷德里克·J. 梯加特（Frederick J. Teggart）
弗里德里希·冯·施莱格尔（Friedrich von Schlegel）
弗洛伦斯·艾思柯（Florence Aiscough）
伏尔泰（Voltaire）
福华德（W. Fuchs）
福兰阁（Otto Franke）
傅尔蒙（Étienne Fourmont）

傅海波（Herbert Frank）
傅礼初（Joseph F. Fletcher）
傅路德（Luther Carrington Goodrich）
傅吾康（Wolfgang Franke）
富善（Chauncey Goodrich）
富特文格勒（Wilhelm Furtwängler）

G

G. R. 威廉姆森（G. R. Williamson）
盖尔·金（Gail King）
盖塞尔（Van Gessel）
高本汉（Bernhard Karlgren）
高慕柯（Michael Gasster）
高延（J. J. M. de Groot）
戈洛夫金（Golovkin）
戈兹沃西·迪金逊（Goldsworthy Lowes Dickinson）
歌德（Johann Wolfgang von Goethe）
格鲁塞（R. Grousset）
葛兰言（Marcel Granet）
葛禄博（Wilhelm Grube）
葛玛丽（A. von Gabain）
葛瑞汉（Angus Charles Graham）
古德里奇（Chauncey S. Goodrich）
古向德（Scott Galer）
顾立雅（Herlee G. Creel）
顾赛芬（Séraphin Couvreur）

顾盛（Caleb Cushing）

郭实腊（Karl Friedrich Gützlaff）

H

哈丽雅特·马蒂诺（Harriet Martineau）

哈珀（Donald Harper）

海德格尔（Martin Heidegger）

海尼士（Erich Haenisch）

海涅（Heinrich Heine）

郝爱礼（Eric Hauer）

郝沃斯（Henry Howorth）

何大伟（David Helliwell）

何莫邪（Christoph Harbsmeier）

何四维（A. F. P. Hulsewé）

贺登崧（W. A. Grootaers）

黑格尔（Georg Wilhelm Friedrich Hegel）

亨利·考狄（Henri Cordier）

亨利·裕尔（Henri Yule）

恒慕义（Arthur W. Hummel）

洪若翰（Jean de Fontaney）

洪业（William Hung）

侯思孟（Donald Holzman）

胡贝尔曼（Bronislaw Hubermann）

胡果·格劳秀斯（Hugo Grotius）

华兹生（Burton Watson）

黄嘉略（Arcadius Huang）

黄兆杰（Wong Siu-kit）
霍夫曼（Johann Joseph Hoffmann）
霍古达（Gustav Haloun）
霍华德·古德曼（Howard Goodman）
霍克斯（David Hawkes）

J

J. M. 科恩（J. M. Cohen）
基德（Samuel Kidd）
基歇尔（Athanasius Kircher）
吉川幸次郎（Yoshikawa kōjirō）
吉德炜（David N. Keightley）
吉尔伯特·默里（Gilbert Murray）
吉瑞德（Norman Girardot）
纪尧姆·比代（Guillaume Budé）
加德纳（Charles S. Gardner）
加里·威廉斯（Gary Williams）
加斯东·马斯伯乐（Gaston Maspero）
甲柏连孜（Georg von der Gabelentz）
榎一雄（Enoki Kazuo）
江亢虎（Kiang Kang-Hu）
杰拉尔德·曼利·霍普金斯（Gerard Manley Hopkins）
金尼阁（Nicholas Trigault）
金守拙（George A. Kennedy）

K

卡尔·宾格尔（Karl Bünger）

卡特（Thomas Carter）

康达维（David Richard Knechtges）

康拉德·布兰特（Conrad Brandt）

柯大卫（David Collie）

柯恒儒（Julius Klaproth）

柯立夫（Francis Woodman Cleaves）

柯睿（Paul W. Kroll）

柯文（Paul Cohen）

科特维奇（Wladyslaw Kotwicz）

克拉维奥（Christopher Clavius）

克里格（Murray Krieger）

克鲁斯（Gaspur Cruz）

克默德（Franke Kermode）

肯尼思·霍尔斯通·杰克逊（Kenneth Hurlstone Jackson）

孔好古（August Conrady）

寇茨（P. D. Coates）

L

拉尔夫·拉克斯托（Ralph Rackstraw）

拉哈恩（Balachandra Rajan）

拉赫曼（Karl Lachmannn）

拉克伯里（Terrien de Lacouperie）

莱布尼茨（Gottfried Wilhelm Leibniz）

莱辛（Gotthold Ephraim Lessing）

赖廉士（Lindsay Tasman Ride）

兰克（Leopold von Ranke）

劳费尔（Berthold Laufer）

劳伦斯·宾扬（Laurence Binyon）

劳伦斯·汤普森（Laurence Thompson）

勒南（Ernest Renan）

雷慕沙（Abel Rémusat）

雷兴（Ferdinand Lessing）

李渡南（Donald Daniel Leslie）

李家树（Li Kar-shu）

李明（Le Comte）

李希霍芬（Baron Ferdinand de Richthofen）

李约瑟（Joseph Needham）

理查德·本特利（Richard Bentley）

理查德·波森（Richard Porson）

理查德·斯科特（Richard Scott）

理查德·西蒙（Richard Simon）

理雅各（James Legge）

利奥波德·耶斯纳（Leopold Jessner）

梁凤清（Cécile Leung）

列奥纳多·奥尔什基（Leonardo Olschki）

列维（Sylvain Lévi）

列文森（Joseph R. Levenson）

林怀特（Lynn White）

刘殿爵（D. C. Lau）

龙彼得（Piet van der Loon）
龙伯格（Knud Lundbæk）
卢公明（Justus Doolittle）
卢斯（Gordon H. Luce）
卢西恩·坎弗拉（Luciano Canfora）
鲁道夫·普法伊费尔（Rudolf Pfeiffer）
鲁惟一（Michael Loewe）
吕西安·费弗尔（Lucien Febvre）
伦纳德·史泰纳格（Leonard Stejneger）
罗伯特·查德（Robert Chard）
罗伯特·洛斯（Robert Lowth）
罗伯特·斯科特（Robert Scott）
罗明敖·黎尼妈（Domingo de Nieva）
罗士恒（Arthur Elder von Rosthorn）
洛伦佐·瓦拉（Lorenzo Valla）
骆思典（Sydney Rosen）

M

马伯乐（Henri Maspero）
马丁·德·拉达（Martin de Rada）
马尔库斯·奥列利乌斯（Marcus Aurelius）
马可·波罗（Marco Polo）
马克·布洛赫（Marc Bloch）
马克思（Karl Heinrich Marx）
马克思·莱因哈特（Max Reinhard）
马克斯·缪勒（Max Müller）

人名对照表

马克斯·韦伯（Max Weber）

马克西诺维茨（Maxinowicz）

马礼逊（Robert Morrison）

马瑞志（Richard Mather）

马若孟（Raymond Myers）

马若瑟（Joseph de Premare）

马守真（R. H. Mathews）

马修·克里斯腾森（Matthew Christensen）

玛丽·费诺罗萨（Mary Fenollosa）

迈克尔·C. 罗杰斯（Michael C. Rogers）

迈克尔·亚历山大（Michael Alexander）

梅蒂维埃（Méthivier）

梅尼克（Friedrich Meinecke）

梅维桓（Victor Mair）

美魏茶（William Charles Milne）

门采尔（Christian Menzel）

门多萨（Juan González de Mendoza）

蒙田（Montaigne）

孟德斯鸠（Baron de La Brède et de Montesquieu）

孟德卫（Darid E. Mungello）

弥尔顿（John Milton）

米怜（William Milne）

米诺尔斯基（Minorsky）

米歇尔·福柯（Michel Foucault）

闵海芬（Otto Maenchen-Helfen）

缪勒（Andrew Müller）

莫里斯·奥兰德（Maurice Olender）

莫里斯·弗里德曼（Maurice Freedman）

墨子刻（Thomas Metzger）

牟复礼（Frederick Mote）

慕亨利（Henry Moule）

慕稼谷（George Evans Moule）

慕维廉（William Muirhead）

N

纳卡·纳尔逊（Narka Nelson）

南怀仁（Ferdinand Verbiest）

尼尔森（Narka Nelson）

尼禄（Nero Claudius Drusus Germanicus）

倪德卫（David S. Nivison）

倪豪士（William H. Nienhauser）

努马·德尼·甫斯特尔·德·库朗日（Numa Denys Fustel de Coulanges）

O

欧德理（E. J. Eitel）

欧特曼（Wilhelm Othmer）

欧文·拉铁摩尔（Owen Lattimore）

欧阳桢（Eugene Eoyang）

P

帕金森（Dil Parkinson）

佩里（Mathew Perry）

彭恩华（Eduard Peng）

Q

钱存训（Tsuin-hsuin Tsien）

乔叟（Geoffrey Chaucer）

乔治·肯尼迪（George A. Kennedy）

乔治·麦克唐纳（George Macdonald）

乔治·钱纳利（George Chinnery）

切斯瓦夫·米沃什（Czeslaw Milosz）

瞿乃德（Franz Kühnert）

R

冉·拉·科勒尔克（Jean Le Clerc）

柔克义（William F. Rockhill）

儒莲（Stanislas Julien）

芮玛丽（Mary Wright）

芮沃寿（Arthur Wright）

芮效卫（David T. Roy）

若泽·弗雷歇（José Frèches）

S

萨义德（Edward Said）

塞纳（Emile Senart）

塞内克（Jean Seznec）

赛钦·雅契（Sechin Jagchid）

桑兹（J. E. Sandys）
沙畹（Édouard Chavannes）
山茂召（Samuel Shaw）
商克（S. H. Schaank）
舍费尔（Charles Schefer）
申得乐（Bruno Schindler）
施茨涅亚克（Boleslaw Szczésniak）
施坚雅（G. William Skinner）
施珀伦克尔（Otto Van der Sprenkel）
施特劳斯（Richard Strauss）
施瓦布（Raymond Schwab）
施舟人（Kristofer Schipper）
石泰安（Rolf Stein）
石田干之助（Ishida Mikinosuke）
石秀娜（Anna Seidel）
史华慈（Benjamin Schwartz）
史景迁（Jonathan D. Spence）
硕特（Wilhelm Schott）
司各特（Walter Scott）
司礼义（Paul Serruys）
司汤达（Stendhal）
斯宾诺莎（Baruch de Spinoza）
斯蒂芬·茨威格（Stefan Zweig）
斯各特·米勒（Scott Miller）
斯坦因（Aurel Stein）
斯图尔特（T. D. Stewart）

斯文·赫定（Sven Hedin）

宋君荣（Antonine Gaubil）

苏埃托尼乌斯（Seutonius Gaius Suetonius Tranquillus）

苏慧廉（William E. Soothill）

苏珊·巴斯奈特（Susan Bassnett）

T

塔西佗（Publius Cornelius Tacitus）

谭朴森（Paul Thompson）

唐纳德·拉赫（Donald Lach）

唐艳芳（Tang Yan fang）

陶振誉（C. Y. Tao）

特奥多尔·蒙森（Theodor Mommsen）

提图斯·卢克莱修（Titus Lucretius）

田清波（Antoine Mostaert）

涂尔干（Emile Durkheim）

托勒密（Claudius Ptolemy）

托马斯·巴菲尔德（Thomas Barfield）

托马斯·卡莱尔（Thomas Carlyle）

托马斯·里德（Thomas Reid）

托马斯·曼（Thomas Mann）

W

W. B. 恒宁（W. B. Henning）

W. T. 默瑟（W. T. Mercer）

瓦尔特·本雅明（Walter Benjamin）

瓦格纳（Wilhelm Richard Wagner）
瓦纳尔·耶格尔（Werner Jaeger）
瓦西里耶夫（V. P. Vasil'ev）
万济国（Francisco Varo）
王安国（Jeffrey Riegel）
王尔德（George D. Wilde）
威尔海尔姆·富尔特文格勒（Wilhelm Furtwängler）
威廉·C.亨特（William C. Hunter）
威廉·冯·洪堡（Wilhelm von Humboldt）
威廉·卡洛斯·威廉姆斯（William Carlos Williams）
威廉·柯特内斯（William Courteenes）
威廉·琼斯（William Jones）
威廉·渣甸（William Jardine）
威妥玛（Thomas Francis Wade）
韦慕庭（C. Martin Wilbur）
维科（Giambattista Vico）
维拉莫威兹（U. von Wilamowitz）
伟烈亚力（Alexander Wylie）
卫德明（Hellmut Wilhelm）
卫斐列（Frederick W. Williams）
卫匡国（Martino Martini）
卫礼贤（Richard Wilhelm）
卫三畏（Samuel Wells Williams）
魏汉茂（Hartmut Walravens）
温克尔曼（Johann Joachim Winckelmann）
沃尔夫（Friedrich August Wolf）

沃尔特·雷利（Walter Raleigh）

渥太贝（Kazzy Watabe）

伍德罗·威尔逊（Woodrow Wilson）

武尔被齐（Eugenio Zanoni Volpicelli）

X

西门华德（Walter Simon）

夏德（Friedrich Hirth）

夏德安（Donald Harper）

夏含夷（Edward L. Shaughnessy）

小德经（Chrétian Louis Joseph De Guignes）

辛德勒（Bruno Schindler）

休·肯纳（Hugh Kenner）

休·劳埃德-琼斯（Hugh Lloyd-Jones）

休伯（Eduard Huber）

许理和（Erik Zücher）

许思莱（Axel Schuessler）

薛爱华（Edward H. Schafer）

薛力赫（Gustav Schlegel）

Y

雅裨理（David Abeel）

雅各布森（Jakobson）

雅科夫·马尔基尔（Yakov Malkiel）

雅努斯·格鲁特（Janus Gruter）

亚历山大·克伦（Alexander Cran）

颜复礼（Fritz Jäger）
叶慈（W. Perceval Yetts）
叶理绥（Serge Elisséeff）
叶乃度（Eduard Erkes）
叶尊孝（Basilio Brollo）
伊本·白图泰（Ibn Battutah）
伊壁鸠鲁（Epicurus）
伊格斯（George Iggers）
伊拉斯谟（Desiderius Erasmus）
伊纳爵主教（Igantius, the Patriarch of Antioch）
伊万·莫里斯（Ivan Morris）
伊维德（Wilt Idema）
殷铎泽（Prosper Intorcetta）
英格拉姆·拜沃特（Ingram Bywater）
尤思德（Jost Oliver Zetzsche）
余国藩（Anthony Yu）
雨果（Victor Hugo）
约翰·哥特弗雷德·赫尔德（Johann Gotfried Herder）
约翰·亨德森（John Henderson）
约翰·莱格（John Legge）
约翰·史密斯（John Smith）
约翰·韦伯（John Webb）
约翰·韦德尔（John Weddell）
约翰·翟理斯（J. A. Giles）
约翰内斯·罗伊希林（Johannes Reuchlin）
约翰内斯·施密特（Johannes Schmidt）

约瑟夫·弗莱彻（Joseph Fletcher）

约瑟夫·斯卡利杰（Joseph Scaliger）

Z

泽诺多托斯（Zenodotus）

翟兰思（Lancelot Giles）

翟理斯（Herbert Giles）

翟林奈（Lionel Giles）

詹姆士·马地臣（James Matheson）

詹姆斯·鲍森（James Bosson）

詹姆斯·D. 达纳（James D. Dana）

詹姆斯·黑斯廷斯（James Hastings）

詹姆斯·克利福德（James Clifford）

詹姆斯·莱格（James Legge）

詹姆斯·乔治·弗雷泽（James George Frazer）

詹妮弗·迈尔斯（Jennifer Myers）

湛约翰（John Chalmers）

诸桥辙次（Morohashi Tetsuji）

竺沙雅章（Chikusa Masaaki）

庄延龄（E. H. Parker）

卓能享（Edward Adolf Sonnenschein）